KB039033

색·채·심·리

파버·비렌 / 김화중 옮김

색채심리 / **차례**

머리글

놀라울 정도로 광범위한
색채의 영향

이 책이 처음으로 출간(出刊)되었던 당시, 학술지(學術誌)에 실렸던 서평(書評)은 매우 만족스러운 것이었다. 그때도 물론 단서(但書)는 따랐지만—특히 내가 신비주의(神秘主義)로 빠져들었던 부분에서—그래도 의료업계(醫療業界)에 종사하고 있던 서평가(書評家)들은 대체로 이 책의 주제가 상당한 관심거리라는 점을 인정했었다.

오늘날에 와서는 인간의 정신이 육체와 분리될 수 없다는 점을 인정하는 정신병의학이 발달하여 색채요법이 해야 할 설명을 잘 대변해 주고 있다. 즉 궤양(潰瘍)이나 천식(喘息), 또는 알레르기를 일으키는 공포와 긴장이 제거될 수 없다면, 그런 증세를 앓고 있는 사람은 절대로 치유될 수가 없다는 것이다. 실로 정신질환에 대한 색채요법의 가치는 부정될 수 없는 것이지만, 내가 이 책에서 밝히려고 노력했던 바와 같이, 색채의 영향은 결코 정신병적인 영역에만 국한(局限)되는 것은 아니며, 새로운 연구자료들이 집적(集積)되어감에 따라 색채가 생물학적·생리학적(生理學的)인 요인들에 미치는 효과 또한 급속히 규명(糾明)되어지고 있다.

이 책의 초판이 출간된 이래, 나는 나 자신의 연구를 계속해

오는 동시에 전 세계의 다른 연구자들과도 서신을 교환해 왔
다. 그리고 그 결과로써 1950년으로부터 현재에 이르기까지의
연구성과를 토대로 한 몇 가지 좀 더 중요한 연구의 개요(概要)
가 이번 개정판에서 새로 추가된 제 5부 「새로운 생물학적·심
리학적 발견들」에 수록되어 있다. 그러므로 장래에는 이 책이
색채심리학 분야에서 하나의 표준적인 참고서로 받아들여졌으
면 하는 것이 나의 바램이다.

파버 비렌 (Faber Biren)

색채연구의 세계적 권위자

파버 비렌은 누구이며, 이 책은 어떤 책인가

파버 비렌은 한낱 이론가로만 그치는 사람이 아니라 매우 실제적인 기능인(技能人)이기도 하다. 그러므로 그는, 그가 읽는 책이 신비주의자의 저술이건 생물학자의 저술이건, 또는 심리학자의 저술이건 간에 어떤 이론적인 체계를 세우기 위해서 그런 책들을 읽고 연구하는 것은 아니다. 따라서 혹자는 그를 이렇게까지도 평할 수 있을 것이다. —그는 단지 정신병원이나 전함(戰艦), 미사일 기지 등에 필요한 색을 선택하거나 또는 새로운 종류의 색도(色度) 인쇄용지 및 건축용 착색(着色) 벽돌을 제조한다든가 혹은 새로 산 집을 멋지게 꾸민다든가 하는 데 도움이 될 항목(項目)들을 찾아내려는 것 외에는 그런 책을 쓴 사람들의 말이 옳은지 그른지조차도 알지 못한다고 말이다.

우리는 대체로 무슨 일을 하건 간에 선입견과 편견을 갖게 되기 쉽다. 우리는 마치 눈가리개를 씌운 경주용 말과도 같아서 우리가 가도록 정해져 있는 방향으로만 가려고 한다. 그러나 파버 비렌이 지닌 실제성은 매우 비범하고도 효과적인 것이어서 어떠한 경우에도 그 실제성에 편견 따위가 개입(介入)되지는 않는다. 더구나 그는 우리들 대부분과는 달리, 그가 청년이었을 때와 마찬가지로 누구에게서나 기꺼이 배우려고 한다. 그는 가지각색의 사람들로부터, 즉 서로 반박하고 비방하는 사람들로부터, 생물학자나 불가지론(不可知論) 철학자들로부터, 그리고 심지어는 밀교(密敎) 신봉자와 신비주의자들로부터도 가르침을 받아왔다. 말하자면 그에게는 과학자들로부터 뿐 아니라 밀교신봉자와 신비주의자들로부터도 가르침을 받을 용기가 있는 것이다.

이 책의 전반부, '역사적 관점'을 간과(看過)하지 말도록 강조해 두어야 하겠다. 만일 그렇게 해두지 않는다면, 독자들에게는 이 부분이 지나가버린 과거에 대한 주마간산(走馬看山)격의 논평을 한 것 쯤으로 여겨질 것이므로, 좀 더 진짜 과학지식이 담겨 있는 뒷부분으로 넘어가기 전에 나오는 배경설명 정도로만 읽혀질 지도 모르기 때문이다. 파버 비렌은 이 부분에서 자기는 그런 것들에 빠져들지 않았다는 것을 보여주기라도 하려는 듯이 '미신'이니 '숭배'니, 또는 그와 유사한 비위 거슬리는 용어들을 구사하고 있다. 그러나 그가 이러한 용어들을 사용했다고 해서 신비주의적 기법(技法)으로 인해 커다란 덕을 보았다고 최대한의 감사를 드렸던 점이 흐려질 수는 없다. 또 한 가지 곤란한 점은 이 책의 첫 부분이 그 방대(尨大)한 내용에 비하여 길이가 너무 적다는 점이다. 그리고 또 예를 하나 밖에 들지 않았으므로 독자들은 이 책에 인용(引用)된 단 하나의 구절만 가지고서는 부적에 관한 E. A. W. 버지(Budge)의 위대한 연구가 어떤 것인지를 제대로 파악하지 못할 것이다. 이 책의 전반부 가운데서 가장 내용이 충실한 부분은 에드윈 D. 배비트(Edwin. D. Babbit)의 연구에 관한 부분이다. 그러나 독자들은 비렌이 그 가운데서 어느 것을 받아들이고 어느 것을 받아들이지 않았나를 알아내기가 어려울 것이다. (나는 파버 비렌이 여러분들에게 배비트이 저서인「빛과 색의 본질」의 축약본을 증정키로 했다는 것을 즐거운 마음으로 알린다) 또한, 배비트의 연구에 관하여 흥미를 느끼는 독자가 있다면, 이 파버 비렌의 저서 전반부를 배비트의 책에서 언급된 용어들을 이해하는 데 길잡이로 사용하는 편이 가장 좋을 것이다.

파버 비렌은 1920년 시카고 대학에 입학하여 교육학을 전공했다. 그는 곧 색채의 연구를 필생의 과업으로 삼았으나, 당시에는 그러한 연구를 교수(敎授)하는 교육기관이 없었으므로 비렌은 2년 후에 대학을 그만두고 자신의 연구에 착수했다. 그 후로 그는 시카고 대학 도서관과 미국의학협회 도서관에서 자기가 구할 수 있는 빛과 색에 관한 책들을 모두 읽는 한편, 유럽에 있는 심리학자, 정신과의사 및 안과의사들과도 서신을 교환하기 시작했다. 그리고 또 한편으로는 자기 자신의 실험도 계속했다.

그는 '지하감옥의 벽을 빨간색으로 칠하면 죄수가 미쳐 버린다'는 옛말의 진위(眞僞)를 실험해 보기 위해 자신의 방을 벽과 바닥은 물론 천정까지도 모두 빨간색으로 칠한 다음, 창문에는 빨간 유리를 끼우고 빨간 커튼을 드리웠으며, 전구까지도 빨간 것으로 갈아끼웠다. 그러나 그렇게 하고 수 주일을 지내보니까, 주위가 온통 빨갛다는 것이 오히려 그의 기분을 '매우 안락하고 유쾌하게' 해줄 뿐이라는 것을 알아냈다. 자신의 연구를 처음 시작했을 무렵에 파버 비렌은 생계를 유지하기 위하여 출판사에 근무하는 한편, 이따금씩 의학잡지와 기술(技術) 잡지에 색채에 관한 글을 기고(寄稿)하기도 했다. 그는 1934년에 시카고에서 사무실을 임대하여 색채상담(色彩相談) 업무를 시작했으나 제조업계(製造業界)에서 그가 하는 일에 흥미를 보였던 것은, 그가 브런즈위크―발크 합자회사의 문제점을 해결하고 난 이후였다.

브런즈위크―발크 합자회사의 문제점은 사람들이 지하 오락실에 설치할 당구대를 구입하지 않는다는 것이었다. 비렌은 그 원인이 대체로 색채심리에 기인한다는 점을 알아차렸다. 즉 미국의 부인들이 초록색 천을 깐 당구대를 집안에 들여 놓으려고 하지 않는 이유는, 그것이 싸구려 유흥장이나 도박장을 연상케 하기 때문이라는 점을 알아냈던 것이다. 그래서 비렌은 회사측에 당구대의 천을 연한 자주색으로 바꿔보도록 권고했다. 회사측에서는 비렌의 권고를 받아들였고, 그 결과 자주색 천을 깐 당구대의 가정판매(家庭販賣)가 급증했다.

비렌은 뉴욕으로 출장가는 일이 매우 잦았기 때문에 1935년에는 그의 사무실을 아예 그곳으로 옮겨버렸다.

마셜필드 회사의 남부(南部) 직물공장에서 비렌은 벽의 밑둥을 밝은 녹색으로 바꿈으로써 근로자들의 피로를 감소시켰고, 교환대의 장식에 노란색을 도입함으로써 수천명이나 되는 전화 교환수들이 권태를 느끼지 않게 해주었을 뿐 아니라, 캐터필러 트랙터 회사에서는 72에이커의 공장 단지에 새로운 색채 체계를 고안해 줌으로써 사고를 줄이기도 했다. 또 한편으로는 형광등이 출현하여 비렌에게 여러 가지 새로운 이점들을 가져다 주었는데, 그 이유는 작업자들에게서 눈의 피로를 방지하고 작업의 대상물에 혐오를 느끼게 하지 않으려면 특수한 색채 조작이 필요했기 때문이었다.

파버 비렌이 밀교 신봉자들로부터 입은 은혜를 충분히 이해하기 위해서는, 이 책의 제 20장 '색채의 처방'에 수록된 파버 비렌 자신의 견해와 이 책의 첫 부분에 수록된 밀교 신봉자들의 견해를 비교해 보아야 한다. 나는 여기서 단 한 가지만을 예로 들겠다.

포니족(미시시피강의 한 지류인 .플라트 강 기슭에 살던 북미토인 : 역주)의 신관(神官)에게는 빨간색이 생명을 나타내는 색이었다. 또 이집트인들에게는 빨간색이 그들 자신을 나타내는 색이었으므로 의식(儀式)과 의전(儀典)에 쓰이는 글은 모두 빨간 잉크로 쓰여졌으며, 그런 연유로 마술사가 사용하는 주문(呪文)도 대개는 빨간 잉크로 쓰여졌다. 부적의 경우에도 가장 흔히 쓰이는 색은 빨간색이었다. '빨간색은 마법에 의한 치료에 쓰이는 모든 색들 가운데서 가장 흥미있는 색이다.' 이 점에 관한 파버 비렌의 간단한 언급이 59 페이지와 60 페이지에 실려 있는데, 그것을 특히 주의해 보기 바란다.

이제 다시 318페이지로 돌아가기로 하자. 파버 비렌은 그 자신의 이름으로 빨간색을 규정(規定)했는데, 나는 그 가운데서 처음 몇 구절만을 인용하겠다.

"빨간색은 가장 강렬하고 힘찬 색일 것이다. 빨간색이 지닌 에너지는 식물의 성장에 강한 영향을 미친다. 또 이 색은 특정한 하등동물의 발육을 촉진시키고 호르몬의 활동과 성적(性的) 활동을 증진시키며 상처를 치료하기도 한다는 점이 알려져 왔다."

지금까지 파버 비렌은 우리에게 자기의 입장을 지지하는 과학들을 상당히 많이 소개해 왔다. 그러나 그는 과학에 ─ 그 자신의 말로는 ─ 고가 밀

16

교 신봉자들로부터 배웠던 말을 사용하여 대담한 확실성을 부가(附加)하
고 있다.

파버 비렌은 설명할 수 없는 개념들을 교묘히 얼버무리려고 들지는 않
는다. 그는 이 점에 관하여 썩 훌륭한 말을 하고 있다.

"심리적인 현상과 정신적인 현상을 설명하기란 항상 쉬운 일만은 아니
다. ―또한 그럴 필요도 전혀 없다. 인간은 색채에 관한 한 이상스럽고
도 또 설명할 수도 없는 불가사의를 많이 지니고 있다."(255페이지)

비렌이 지닌 실제적 경향과 그가 밀교(密敎) 용어로부터 취했던 이점(利
點)을 상기한다면, 여러분들이 이 책에서 얻는 바가 훨씬 많아질 것이다.

이제, 나는 독자들에게 파버 비렌의 실제적 경향과 그 밖의 모든 것들
이 그에게 얼마나 많은 도움이 되었는가를 이야기할 수 있게 되어 기쁘게
생각한다. 그는 인생을 성공적으로 영위함으로써 그리고 공개 입찰(入札)
에서 수주(受注)를 획득함으로써 그러한 점을 실증하였다.

저자 파버 비렌은 죠셉 비렌(Joseph . P . Biren)과 크레센챠 비렌
(Crescentia Lang Biren) 사이에서 세 자녀 중의 하나로 태어났다. 그의
아버지는 룩셈부르크로부터 이주(移住)해 와서 성공을 거둔 풍경화가였
다. 비렌은 어린 시절부터 그림그리기와 색의 혼합에 재능을 보였고, 좀
더 자라서는 가족들의 모습을 묘사한 벽화를 그려 집을 장식하기도 했다.
1918년에 시카고에 있는 니콜라스 센 고등학교를 졸업한 그는, 역시 시카
고에 위치한 예술 전문학교에 다니면서 초상화와 회화(繪畫)를 배웠다.

2차대전이 발발하자 수백만의 미숙련 노동자들이 공장에 취직했고 그에
따라 사고율이 급증하게 되었다. 그 당시에 파버 비렌은 수십 개의 공장
들을 순회했고―어떤 때는 하루에 두 군데씩― 밤이면 자기가 제안한 것
들을 받아쓰게 했다. 그러면 공장에서는 그의 권고를 실천에 옮기기 위해
페인트공들을 불러들였고 그런 다음에는 사고로 피해를 입는 사람이 줄어
들었다.

미 육군수송부의 보고에 따르면, 비렌이 고안한 안전색(安全色)을 채용
한 결과 몇몇 국영공장에서는 전쟁기간 중 사고율이 1,000명당 46.14명에

서 5.58명으로 급격히 감소했다고 한다.

그가 미 해군에서 했던 작업은 '유사(有史)이래 가장 거대한 단일 색채 조화 작업'이라고 평가되었다. 그는 그 작업을 수행하면서 해군기지에 있는 시설물의 내부와 외부를 가릴 것 없이, 눈에 보이는 모든 것들에 쓰일 색을 면밀히 분류했는데, 심지어는 함정에서 일하는 사람들과 부두에서 일하는 사람들이 쓸 헬멧의 색까지도 다르게 정했다. 그 결과 그후 3년 동안에 걸쳐 해군은 사고율을 6.4포인트에서 4.6포인트로─18%가 감소됨─떨어뜨렸다.

비렌이 고안한 안전색은 미국뿐 아니라 영국, 일본, 이탈리아, 아르헨티나, 우루과이 등 멀리 있는 나라들에서도 채용되었다.

비렌은 런던에도 사무실을 가지고 있었는데, 그곳에서는 그의 색채 분류법이 페인트, 타일, 공업용 플라스틱, 상용(商用) 및 공공(公共) 건물 등에 이용되었다.

그의 업적은 미국의학협회의 산업위생위원회에 의해 인정되어 왔고 또 추천을 받아왔다.

1955년 미 국무성은 그를 로마에서 열린 생산성, 안전성, 산업위생에 관한 국제회의에 파견하였는데, 그는 그 회의에 참석했던 유일한─그리고 세계에서 가장 저명한─색채연구의 권위자였다.

현재 그의 주요한 고객으로는 듀퐁, 후버, 제네럴 일렉트릭, 메이스니트, 미네소타 광업, 내셔널 레드, 하우스 앤드 가든 매거진, 웨스트 버지니아 펄프 제지회사 등이 있다.

이제, 어쩔 수 없이 파버 비렌이 가장 좋아하는 색이 무엇인지도 밝혀야 하겠다. 그것은 적갈색이다.

펠릭스 모로우 (Felix Morrow)

• • • • • • •

제 1 장

신(神)의 계시를 받은
신비주의자들

고대 (古代)의 색채표현 양식은 거의 모두가 다 신비주의 및 삶과 죽음이라는 불가사의와 깊은 관련을 맺고 있었다. 그러므로 그 시대의 사람들이 어떤 심미적 (審美的)인 충동 같은 것에 이끌려서 어떠어떠한 색을 좋아했으리라는 견해는 좀 잘못된 견해일 듯싶다. 실제로, 고대에는 색이 초자연적인 것들과 깊이 연관되어 있었기 때문에, 그것이 단지 감각적인 즐거움을 주는 것으로서만 고려되었던 것은 아니며, 그보다는 훨씬 더 중요한 의미를 갖고 있었다. 그리고 위의 사실을 알려주는 증거들 또한 상당히 많이 알려져 있다.

초기 문명단계에서의 인간은 햇빛을 생명의 근원이라고 여겼다. 그리고 또 색채는 빛이 현시 (顯示)된 것이었으므로 매우 신성한 의미를 지니고 있었다. 색채에 관한 역사의 기록들을 들추어 보더라도, 고대인들은 색채의 물리적 성질이나 그것이 지닌 추상적 아름다움에는 거의 관심을 기울이지 않았으며, 그보다는 오히려 창조라는 난해한 작용을 해명하고 그 창조작업에 개성적·인격적 의미를 부여하기 위한 상징적 의의에 더 큰 관심을 두었던 것이다.

신(神)의 눈

조로아스터교(拜火敎)의 성전(聖典)에는 다음과 같은 구절이 적혀 있다. "우리는 빠른 말을 탄, 영원히 빛나는 태양에 재물을 바치노라. 태양의 빛이 점점 따뜻해지고 태양의 광명이 점점 따뜻해지면 하늘에서는 수백 수천의 정령(精靈)이 나타나 태양의 영광을 내려보내며, 신성한 세상을 늘이기 위해, 신성한 피조물(被造物)을 늘이기 위해 빠른 말을 탄, 영원히 빛나는 태양을 늘이기 위해 아후라(Ahura ; 조로아스터교의 신. 광명, 진리로 표시되는 선의 근원임 : 역주)가 만든 지상에 태양의 영광을 쏟아 붓노라."

태양숭배는 태고적부터 있어왔던 것이다. 이집트의 태양신인 라(Ra)는 자신을 스스로 창조하여 한때는 지상에서 거주하다가 인간이 죄악을 범했으므로 하늘로 올라갔는데, 그 눈은 태양이 되었다고 한다.

고대에는 태양이 남성적인 신의 덕을 대표했고 달이 여성적인 신의 덕을 대표했던 예가 여러 곳에서 발견된다. 한편, 고대 이집트인들은 색채에 대하여 의미심장한 상징적 의의를 부여했었는데 그 상징적 의의가 모든 예술과 문화에까지 침투했다. 그들에게는 무지개의 여러 빛깔이 언어와 마찬가지로 의미심장한 것이었기 때문에, 무지개의 빛깔들은 대체로 상형문자(象形文字)의 한 부분이 되었다. 또 그들의 사원이나 부적, 호신부(護身符), 부장품(副葬品) 등에도 색채를 지닌 유물들이 풍부한데, 그것들은 자기네들의 판단이 신성하다는 것을 표시하기 위해 파란색의 가슴가리개를 착용했던 마술사들에 의해 처방된 것들이었다.

고대 그리이스인도 이집트인과 마찬가지로 색채를 우주의 질서와 동일한 것으로 보았다. 그들이 모시던 신의 개념 속에는, 신의 몸체는 신의 덕이었고 신의 옷은 신의 업적이었다. 아테나(Athena ; 전쟁과 평화의 신이며 아테네의 수호신 : 역주) 여신은 황금빛의 옷을 입고 있었으며, 빨간

양귀비는 세레스〔Ceres ; 풍작의 여신. 그리이스 신화의 데메테르(Demeter)
에 해당한다 : 역주〕여신에게 바쳐진 것이었다. 그들은 오딧세이
(Odyssey ; 일리아드의 후편으로서 율리시즈가 트로이로부터 돌아오는 과정
을 그린 서사시)를 상연할 때면 표류하는 율리시즈〔Ulysses ; 앗티카
(Atticca)의 왕. 오딧세이의 주인공 : 역주〕를 표현하기 위해서 자주색의 옷
을 입었고, 또 일리아드(Iliad ; 그리이스 반도의 도시국가들이 트로이를 정
복한 것을 그린 서사시 : 역주)를 암송할 때면 그 서사시(敍事詩)에 표현된
혈전(血戰)의 상징으로서 진홍빛의 옷을 입었다.

  영국의 드루이드〔Druid ; 영국 고대 켈트(Kelt)족의 승려 : 역주〕들도 미
신적이기는 마찬가지였다. 그들 역시 태양신을 모시는 신전(神殿)을 지었
는데, 그들의 문화는 로마가 영국을 정복했던 무렵(영국은 기원전 1세기
경에 로마에 정복되었던 적이 있다 : 역주)까지 거슬러 올라간다. 엘리파스
레비(Eliphas Levi)는 그의 저서인 「마법의 역사」에서 드루이드에 관하여
다음과 같이 적고 있다. ‘드루이드들은 성직자인 동시에 의사였다. 그들
은 자력(磁力)을 써서 치료했으며, 자력의 영향과 더불어 부적을 사용하
기도 했다. 그들이 흔히 상용했던 약재(藥材)는 겨우살이〔식물이름·반
(半) 기생식물 : 역주〕, 구렁이의 알 등이었는데, 그 이유는 그런 것들이
특별한 방법으로 별빛을 빨아들인다고 생각했기 때문이다.’(이 책에 관하
여 좀 더 알아보려면 별도로 수록된 참고도서 목록을 볼 것. 이 책에 인용된
다른 책들에 대하여도 마찬가지임)

  동양의 경우, 브라만교(인도의 토착민인 드라비다족에 의해서 성립된 종
교. 힌두교의 모체가 됨 : 역주)의 교도들은 노란색을 신성한 색이라고 여
겼다. 힌두교의 우파니샤드(Upanishad ; 브라만교를 배척하고 제식보다는
지식을 중시하여 범아일체를 주장한 철학) 철학자들은 인간 그 자체에 대하
여 다음과 같이 말한다. ‘인간의 몸 속에는 히타(Hita)라는 핏줄이 있는
데, 그것들은 머리카락처럼 가늘며 수천 갈래로 갈라지고 그 속은 흰색,
파란색, 노란색, 초록색, 빨간색으로 가득 차 있다.’

  부처의 색도 힌두교에서와 비슷한 노란색, 또는 황금색이었다. 그러나

부처가 인생의 무상함에 대하여 깊이 생각할 때는 붉은 옷을 입었다. '그리고 해탈한 자는 두 겹의 붉은 천으로 된 옷을 입고 허리띠를 매고 오른쪽 어깨 위에 상의를 걸치고 면벽대좌(面壁對坐)하여 명상에 잠긴다.'(두 겹의 붉은 옷은 장삼, 상의는 가사, 명상에 잠기는 것은 참선을 의미함 : 역주)

공자도 역시 우리에게 노란색을 연상케 하지만 그는 대체로 검은 옷과 흰 옷을 입었다. 논어의 향당(鄕黨)편에는 색채와 관련된 내용이 이렇게 적혀 있다.

"공자께서는 붉은 자주색이나 암갈색으로(향당의 원문에는 연보라색이나 꽃자주색으로 되어 있음 : 역주) 동정깃을 만들지 않으셨다. 공자께서는 검은 무명옷에 염소 가죽의 갖옷을 껴입으셨고 흰 옷에는 흰 사슴가죽의 갖옷을 껴입으셨으며 누런 옷을 입으실 때는 누런 여우가죽의 갖옷을 껴입으셨다."

공자 자신의 저서에도 그가 자주색을 싫어했었다는 점이 잘 나타나 있다.

"나는 자주색을 싫어한다. 왜냐하면 그 색은 빨간색과 혼동되기 때문이다. 나는 군자연(君子然)하는 사람을 싫어한다. 왜냐하면 그들은 군자와 혼동되기 때문이다."

그러나 이슬람교도들에게는 초록색이 모든 색 가운데서 으뜸가는 색이었다. 이슬람교의 경전(經典)인 「코란」에는 다음과 같은 구절이 적혀 있다.

"믿는 자와 선행(善行)하는 자…… 그들을 위해 영생(永生)의 낙원이 마련되도다. 그들은 그 낙원에서 황금 팔찌로 몸을 치장하리니. 초록색 비단옷을 입게 되리니. 그리고 옥좌(玉座)에 앉아 편히 쉬리니……"

유태교와 기독교 경전(즉 구약성서와 신약성서)을 보아도 색채가 그에 못지 않게 찬양되어 있다. 이들 종교에서는 파란색이 주 여호와의 색이었다. 출애굽기에 적혀 있는 구절을 잠시 보기로 하자.

"모세와 아론과 나답과 아비후와 이스라엘 장로 70인이 올라가서 이

스라엘 하나님을 보니 그 발 아래에는 청옥을 편 듯하고 하늘같이 청명
하더라.”

유태교의 경우에는 빨간색, 파란색, 자주색 및 흰색이 신성한 색이다.
이 점에 관하여 죠세푸스(Josephus ; 유태인 역사가. A. D. 37~95 : 역
주)는 다음과 같이 기술했었다.

“네 가지 색으로 짜여진 성막(聖幕)도 역시 4원소를 나타내는 것이다.
즉 가는 삼베실(흰색)은 땅을 나타내기에 적합하다. 왜냐하면 삼은 땅
에서 자라기 때문이다. 자주색은 바다를 나타낸다. 왜냐하면 그 색은
바다의 조개피(血)로 물들여졌기 때문이다. 파란색은 공기를 나타낸다.
그리고 진홍색은 원래 불을 나타내는 색이다.”(「구약성서」 중 출애굽기
에는 가늘게 꼰 베실과 청색, 자색, 홍색 실로……등 4가지 색에 대한 구절
이 많이 나온다 : 역주)

그러나 기독교의 경우에는 파란색이 초록색보다 덜 중요했었기 때문에
예배 의식에서는 파란색이 거의 쓰이지 않았다. 성배(聖杯 ; 그리스도가 최
후의 만찬때 사용했던 잔 : 역주)도 에메럴드(녹색)로 만든 것이었다. 또 요
한계시록에는 다음과 같은 구절이 적혀있기도 하다.

“보좌(寶座) 위에 앉으신 이가 있는데 앉으신 이의 모양이 벽옥과 홍보
석 같고 또 무지개가 있어 보좌에 둘렸는데 그 모양이 녹보석(綠寶石)
같더라.”

인종과 색채

아메리카 대륙의 인디언족인 포니족〔Pawnee ; 플라트강(미시시피강의
지류) 기슭에 살던 북미 토인 : 역주]의 신관은 태양을 ‘아침해는 우리들 인
간이리니, 우리는 아침놀에 붉게 물든다. 붉은 빛은 생명의 빛이리니…
…’라고 찬미했다.

이 세상의 여러 인종들 사이에서는 색채가 항상 종족의 자부심과 관련

되어 왔다. 고대 이집트에서 최초로 생겨났던 화장술도 실상은 종족의 구분을 뚜렷이 하기 위해 빨간 염료를 사용했던 것에서 그 기원을 찾을 수 있다. 이 점에 관하여 다아윈은 다음과 같이 적고 있다.

"우리는 어떤 종족이건 간에 피부색이 그네들의 아름다움에 매우 중요한 요소로 간주되어 왔다는 것을 알고 있다."

북구 지방의 사람들에게는 순백색이 이상적인 종족상(種族像)을 나타내는 표상이 되어 왔으며 동양에서는 순노란색이나 황금색이, 그리고 흑인들 사이에서는 완전히 검은색이 이상적인 종족상을 나타내는 표상이었다.

고대 이집트인들은 이 세상에 네 가지의 인종이 있다고들 믿었었다. 빨간색은 그들 자신의 색이었고, 노란색은 아시아인들의 색이었으며, 흰색은 지중해 건너편에 사는 사람들의 색이었고, 검은 색은 흑인들의 색이었다. 앗시리아인들도 이집트인들과 같은 생각을 했었다. 그러나 아랍인들은 이 세상에 두 종족이 있다고 생각했는데, 그 하나는 빨간색 또는 붉그스름한 색의 종족이고 다른 하나는 검은색의 종족이었다. 아프리카인들의 신화 가운데는, 처음 잡은 소의 허파와 피를 먹은 사람들의 후손은 빨간색의 종족이 되었고, 간을 먹은 사람들의 후손은 검은 종족이 되었다는 신화가 있다.

인도에서의 4계급 제도(카스트 제도)도 색채와 관련을 맺고 있다. 그들의 신화에 따르면 인류는 네 종족으로 이루어져 있다고 한다. 즉 조물주의 입으로부터 생겨나온 브라만은 흰색의 종족이고 성직자가 되도록 정해져 있으며, 조물주의 팔로부터 나온 크샤트리아는 빨간색의 종족이고 무사가 되도록 정해져 있다는 것이다. 또 넓적다리로부터는 바이샤가 나왔는데 그들은 노란색의 종족이고 상인이 되도록 정해져 있으며, 발로부터는 신분이 가장 천한 수드라가 나왔는데 그들은 노예가 되도록 정해진 검은색의 종족이라고 한다. 이상의 것이 바로 네 가지 '바르나'인데 바르나는 인도의 고대어인 산스크리트어로 색채라는 뜻이다.

아라비안나이트에는 「마법에 걸린 왕자의 이야기」가 나오는데, 그 왕자의 사악한 부인은 '검은 섬'에 사는 주민들에게 이런 주문을 외웠다고 한다.

"그리고 너희들, 이슬람교와 기독교와 유태교와 마기교(조로아스터교의 다른 이름 : 역주)를 믿는 자들아. 너희들은 내 마법에 걸려 물고기로 변할 것이다. 이슬람교를 믿는 자들은 흰 물고기가 되고, 마기교를 믿는 자들은 빨간 물고기가 되고, 기독교를 믿는 자들은 파란 물고기가 되고, 유태교를 믿는 자들은 노란 물고기가 되리."

방위(方位)와 색채

색채에 신성한 치료효험이 있다는 믿음은 고대인들이 채용했던 모든 상징적 의의—그것이 종교적인 것이건 또는 다른 영역에 속하는 것이건 간에—에까지 널리 침투되어 있었다. 또 한편으로 그 당시는 인간의 생존이 무수한 위협들로 둘러싸여 있었기 때문에 인간의 삶이란 곧 보이는, 또는 보이지 않는 힘들과의 투쟁인 동시에 험난하고 알지도 못하는 길을 헤쳐나가야 하는 여행이었다.

고대의 모든 문명은 실제로 동서남북의 4방위를 색채와 동일한 것으로 보았다. 고대 이집트의 예를 보면, 왕은 자기가 상이집트 왕국의 통치자임을 상징하기 위해서는 흰색의 왕관을 썼고, 하이집트 왕국에도 자기의 권위가 미친다는 것을 주장하기 위해서는 빨간색의 왕관을 썼다. 또 사원(寺院)의 천정은 대개 파란색 바탕에 성좌도(星座圖)가 그려진 것이었으며, 바닥은 흔히 나일강변의 색과 같은 초록색이었다.

중앙아시아의 티베트 고원에서 살던 부족들 사이에서는 이 세상이 '수무르'라는 높은 산으로 둘러싸여 있다고 믿어졌었다. 그들이 믿었던 바에 의하면, 태초부터 이 세상이 점점 자라남에 따라 꼭대기도 점점 하늘로 솟아올라가서 신들이 거주하기에 알맞는 장소를 이루었다고 한다. 또 수무르산의 모습은 꼭대기가 떨어져 나간 피라밋처럼 생겼는데, 산의 사방은 각각 다른색—북쪽은 노란색, 남쪽은 파란색, 동쪽은 흰색, 서쪽은 빨간색—을 띠어 보석처럼 빛났다고 하며, 그 각 방향마다 바다에 둘러싸인 대륙이 하나씩 있었는데, 그 대륙에는 각각 얼굴이 네모진 종족, 갸름한 종족, 초생달처럼 생긴 종족, 둥글게 생긴 종족들이 살았다고 한다.

이러한 색채상징은 서로 멀리 떨어져 있는 지역들, 즉 이집트, 아일랜드, 중국, 아메리카 등지에서도 발견된다. 고대의 아일랜드에서는 검은색은 북쪽을 표시했고 흰색은 남쪽을, 자주색은 동쪽을 그리고 암갈색은 서쪽을 표시했다. 중국에서는 검은색은 남쪽, 초록색은 동쪽, 그리고 흰색은 서쪽을 상징하는 색이었다.

아메리카 대륙에서도 이와 비슷한 전통이 있었다. 나바호족(애리조나, 뉴멕시코, 유타주 등의 소류지에 거주하는 미국 최대의 인디언 종족군 : 역주)의 전설에 따르면, 수천년 전에는 사람들이 높은 산으로 둘러싸인 땅에서 살았다고 하며 그 산들이 올라갔다 내려갔다 함에 따라 밤과 낮이 생겨났다고 한다. 또 남쪽에 있는 산은 파란색이며 새벽을 만든다고 생각되었고 동쪽에 있는 산은 흰색이며 낮을 만든다고 생각되었다. 서쪽의 산은 노란색이었고 황혼을 가져다 주었으며, 북쪽의 산은 검은색이었고 이 세상을 어둠으로 묻어버리는 것이었다.

아메리카 인디언들에게도 지하세계를 나타내는 색은 대체로 검은 색이었고, 지상세계를 나타내는 색은 여러 가지의 다채로운 색이었다. 또 그들의 얼굴에 새겨진 문신이라든가, 가면, 초상 및 오두막집 등에 그려진 여러 빛깔들은 모두 신비한 의미로 가득 찬 것들이었다. 그들은 색채를 자기네들의 노래, 의식(儀式), 기도 및 유희에까지도 연관시켰다. 색채는 그들의 삶과 죽음에 어떻게든 영향을 미쳤던 것이다.

혹성의 색채상징

고대인들은 자기네들의 운명이 하늘에 있는 신비한 힘에 의해 지배된다고 믿어 왔다. 그들은 또 온세상이라는 대우주와 개인의 영혼이라는 소우주는 모두 어둠으로부터 나와서 빛으로 들어가는 것이라고 믿었다. 모든 지식은 영원 속에서 사는 신과 더불어 있는 것이라고 믿었다. 모든 지식은 영원 속에서 사는 신과 더불어 있는 것이었고 혹성과 항성들이 생명의 신비에 관한 해답을 쥐고 있었다.

기원전 2000년 이전부터도 점성술은 중요한 학문이 되어 왔다. 고대 이집트인들은 시간을 '영원히 지속하는 파란 것'이라고 불렀다. 칼데아인 (메소포타미아 지방에 살던 옛부족 : 역주)들은 또 하늘을 쳐다보며 혹성과 태양의 운행을 관찰했다. 하늘에는 영원의 법칙이 적혀 있었기 때문이었다. 그들은 혹성이 지구를 지배하고 지구상에 있는 모든 것들에 영향을 미친다고 믿었다. 또 혹성 하나하나마다 인간을 지배할 수 있는 힘을 지니는 시간이 정해져 있어서 그 시간 동안 혹성들이 인간의 정신과 영혼을 형성하고 인간들에게 건강과 행운과 질병과 죽음을 가져다 준다고 믿기도 했다.

고대의 건축물들에는 대체로 태양 및 여러 혹성들과 관련된 색채상징이 포함되어 있다. 이에 관하여 레오나르드 울리(C. Leonard Woolley)는 그의 저서인 「점성가들의 도시 우르(Ur : B. C. 3000년경 수메르인이 메소포타미아 남부에 건설한 도시)」에서, 현대에 들어와 바그다드와 페르시아만 사이의 지역에서 발견된 '신의 산'이라는 유적에 관하여 적고 있는데, 그는 그 건축물이 기원전 2300년 경까지 거슬러 올라가는, 역사상 가장 오래된 건축물의 하나이며 원래는 아브라함(Abraham : 구약성서에 나오는 성인 : 역주)이 살던 집으로 추정된다고 했다.

그 건축물은 4층의 탑으로 건조되었는데, 맨 아래층은 검은색으로 되어 있었고 맨 윗층은 빨간색으로 되어 있었다. 또 사당(祠堂)은 푸른 유약을 입힌 타일로 덮여 있었고 지붕에는 금박을 입힌 금속조각이 덮여 있었다. 울리는 그 건물에 표현된 색채들에 관하여 '이런 색들은 신비적인 중요성을 지니고 있으며 우주, 어두운 지하세계, 인간이 사는 세상 및 태양과 천국을 여러 가지로 구분지어 나타내는 것이다'라고 기술했다.

다른 탑들이나 지구라트(고대 바빌로니아인들이 건조했던 탑처럼 생긴 건조물 : 역주)들에 대해서는 기원전 5세기 경의 헤로도투스(Herodotus ; 그

리이스의 역사학자. 역사학의 아버지로 불리며「역사」라는 저서를 남겼음 : 역
주)가 기술했던 바를 보기로 하자.

"메디아(앗시리아가 멸망한 후 지금의 이란 지방에 생겨났던 왕국 : 역주)
인들은 현재 엑바타나라고 불리는 도시를 건설했는데, 그 도시의 성벽
은 규모가 매우 클뿐 아니라 길이도 상당히 길고 여러 겹으로 쌓아 올
려져 있다……성벽은 일곱 겹으로 쌓아 올려져 있는데, 왕궁과 보물창
고는 가장 안쪽에 있는 성벽 속에 위치해 있다……이 성벽에 뚫려 있는
화살구멍은 가장 바깥쪽의 것이 흰색이고 그 안쪽은 검은색, 세번째는
자주색, 네번째는 파란색, 다섯번째는 주황색으로 되어 있는데 모두 도
료로 칠해져 있다. 그리고 가장 안쪽에 있는 두 겹의 성벽은 그 화살구
멍이 각각 은빛과 금빛으로 칠해져 있다."

헤로도투스는 또 바르시파(Barsippa ; 신바빌로니아 왕국의 수도, 바빌론
을 일컬음 : 역주)에 있던 거대한 사원인 네부카드네자르(Nebuchadnezzar
; 신바빌로니아 왕국의 왕으로서 바빌론 유수를 일으킴 : 역주) 사원에 관해
서도 상세히 언급했는데, 최근에 밝혀진 바에 의하면 그 사원의 벽돌에는
바빌로니아 왕조의 문장(紋章)이 찍혀있다고 한다. 또 제임스 퍼거슨
(James Fergusson)은 이 건축물의 상징적 의의에 관해 명쾌한 해석을 내
리면서 다음과 같이 그 천문학적인 의의를 밝혔다.

"원통형인장(고대 바빌로니아인들이 사용하던 진흙으로 만든 인장. 상형
문자가 새겨져 있다 : 역주)의 해독을 통하여 밝혀진 바와.같이 이 사원
의 각 층은 일곱 개의 혹성에 바쳐진 것인데, 우리는 그 각각의 층이
언제나 각 혹성의 색을 나타내는 색으로 장식되었다는 것을 알 수 있
다. 즉 풍부한 장식이 새겨져 있고 검은색으로 되어 있는 맨 아래층은
토성의 색이며, 그 윗층은 주황색으로 목성의 색이다. 또 세번째 층은
노란색으로 태양을 의미한다. 다섯번째와 여섯번째 층은 각각 초록색
과 파란색인데, 이것들은 금성과 수성을 표시한다. 그리고 맨 윗층은
아마도 흰색일 것 같은데, 그것은 달을 나타내는 색이다. 칼데아인들의
천체관(天體觀)으로는 달이 최상의 지위에 있었다."

중국의 점성술과 색채

그러나 고대의 점성술이라고 해서 모두가 다 불가해하고 난해한 숙명적 불가사의로 빠져들기만 했던 것은 아니었다. 실제로 중국인들은 그들이 하늘에서 읽었던 점괘에 관해 매우 실제적인 생각을 하고 있었다. 이와 관련하여 윌리엄(C. A. S. William)은 그의 저서인 「중국의 상징체계 개관(槪觀)」에서 이렇게 적고 있다.

"중국인들은 혜성이 나타난다든가 일식이나 월식이 생기면 인간사에 불길한 영향이 미칠 것으로 생각했다."

이런 미신은 고대에 생겨난 것이기는 하지만, 아직까지도 이 살아 있는 아시아인들의 마음을 괴롭히고 있다.

중국인들은 화성이 여름을 지배하고 징벌을 주관하며 갑작스러운 재난을 일으킨다고 믿었다. 또 토성이 나타나 목성과 같은 궁(宮)에서 만나면 나라에 커다란 경사가 생긴다고 믿기도 했다. 그러나 토성이 희고 둥글게 보이면 국상(國喪)과 한발이 닥쳐올 것이라고 믿었으며, 붉은 빛을 띠면 전쟁이 일어날 것을 예상하여 군대를 변방으로 보냈다. 또 토성의 빛이 초록색이면 홍수가 일어나고 검은색이면 나라가 망하며 노란색일 때는 나라가 번창한다고도 믿었다. 또 노랗게 보이면 농작물이 말라 죽고, 붉게 보이면 전염병이 만연하며, 검게 보이면 국경을 넘어가 있는 군대가 패할 것으로 예상되었다. 그리고 수성이 동쪽 하늘에서 붉게 비치면 중국의 승리가 예상되었다. 하늘에 초록색의 구름이 보이면 메뚜기떼가 창궐할 징조였다. 또 검은 구름은 홍수를 가져오는 것이었고 노란 구름은 번영을 예고하는 것이었다.

황도대(黃道帶)

황도대(zodiak)는 '작은 동물들의 원'이라는 뜻을 가진 그리이스어 조디아코스 쿠크로스(zodiakos kuklos)에서 파생되어 나온 말이다. 고대인들에게는 점성술과 황도대가 인간의 삶과 죽음에 관한 점괘의 비밀을 쥐고 있는 것이었다. 맨리 홀(Manly P. Hall)은 고대인들의 상징체계에 관한 그의 기념비적인 저서에서 '오늘날에 와서는 혹성, 해와 달 및 성좌를 연구하는 일만으로는 고대인들이 당시의 종교, 철학 및 학문에 초래했던 심오한 영향을 정당하게 평가하기가 어렵다'라고 적고 있다. 실제로 점성술은 오늘날까지도 세상 사람들을 매혹하고 있으며 수많은 광신자들에 의해 쉽게 받아들여져서 인간사를 결정짓는 요인이라고 간주되고 있다.

황도대란 하늘에 있는 천체들, 즉 해와 달 및 혹성들이 운행하는 어떤 길이 있다고 가정한 것이다. 그리고 이 황도대에 있는 12개의 성좌를 12궁으로 나타냈는데, 각·궁에는 해마다 한번씩 태양이 찾아든다. 황도대의 성좌에는 각각 그 명칭과 색이 주어져 있었다. 즉 백양(白羊)좌는 빨간색, 금우(金牛)좌는 맑은 녹색, 쌍자(雙子)좌는 갈색, 거해(巨蟹)좌는 은색, 사자(獅子)좌는 금색, 처녀(處女)좌는 얼룩얼룩한 색, 천칭(天秤)좌는 맑은 녹색, 천갈(天蝎 : 전갈좌라고도 함)좌는 주색(朱色), 인마(人馬)좌는 하늘색, 마갈(馬羯)좌는 검은색, 보병(寶甁)좌는 회색, 쌍어(雙魚)좌는 남청색이었다.

혹성들이 인간의 운명을 지배한다는 점에 대하여는 의심의 여지가 충분히 있겠지만 그렇다고 해서 점성술이라는 고대의 학문이 완전히 폐기되어서는 안된다. 왜냐하면 점성가들은 온전한 정신을 가진 사람들이었고, 더구나 그들의 연구는 실로 수백만의 사람들을 주의깊게 연구한 결과로서 확립된 것이기 때문이다. 말하자면 점성가들은 그 수많은 '사례(事例)'들을 검토함으로써 연구의 단서와 보편적인 기준을 얻을 수 있었을 것이며,

또 그럼으로써 단순한 우연에 의한 것보다는 좀 더 진리에 가까운 결론에
도달할 수도 있었을 것이다.

오늘날 현대과학을 연구하는 사람들조차도—비록 혹성과 항성들이 연
구의 주안점은 아니지만—점성가들이 주장하는 것으로부터 많은 도움을
얻고 있다. 그 한 예로 예일대학교의 엘스워드 헌팅턴(Ellsworth Hunting-
ton) 박사는 사람들이 태어난 달과 그들의 성격 사이에 있음직한 관
계—이것은 유사이래 줄곧 논의되어 온 관심사이다—를 논의하여 왔다.
이 논의에서는 임신한 달이 가장 중요한 의미를 지니는 듯하다.

천재, 백치 및 범죄자들 가운데는 생일이 2월, 3월, 4월인 사람들이 많
이 있는데, 그들의 생일로부터 임신되었던 달을 따져보면 5월, 6월, 7월이
된다. 생각컨대, 봄철의 임신은 '자연적인 충동'에 따르는 것이라서 좀
더 충동적인 성격의 자식을 낳게 되는 듯하다. 명예의 전당(뉴욕대학에 있
는 柱廊으로서 1900년에 창설되었으며 미국을 빛낸 사람들의 影像을 새겨두고
기념하는 곳임 : 역주) 에 이름이 실린 사람들 가운데도 생일이 2월,
3월, 4월인 사람들이 많다—감옥에 있는 사람들도 대부분은 그렇지
만—조발성 치매증(癡呆症 : 백치보다도 더 지능이 낮아 Ⅰ · Q가 40이하로
됨 : 역주)을 앓고 있는 약 3천여 명의 사람들을 대상으로 조사한 보고서에
서도 생일이 2월과 3월인 사람들이 다른 달에 태어난 사람들보다 더 많았
다. 명사록을 뒤져보면 9월과 10월에 태어난 사람들이 많은데 그런 사람
들이 임신된 달은 12월과 1월이다. 성직자들 가운데는 1월에 태어난 사람
들이 많고 화학자들은 9월에 태어난 사람들이 많다. 그러나 1년중 6월이
나 7월에 태어나는 사람들은 그 수가 많지 않다.

황금기

고대인들에게는 색채가 심미적인 것과 관련된 것이라기보다는 오히려
신비적인 것과 관련된 것이었다. 고대인들은 미신적이고 겁이 많은 사람

들이었으며 사물이라든가 우주의 본질에 대해서는 거의 아는 바가 없었다. 또 그들은 자기네들의 삶과 죽음이 신성한 힘과 조화를 이루는 일의 성패에 달려 있다고 확신했다.

색채는 인간에게 조화와 자연의 극복과 내면적인 부활을 가져다 줄 여러 가지의 기대에 찬 상징들을 제공했었다. 삶은 끊임없이 전개되는 것이지만 위대한 시대는 인간이 만들어야 하는 것이다. 지금까지 인간의 거쳐 온 긴 세월은 인간의 선택여하에 따라 황금기가 될 수도 있었고 무쇠기가 될 수도 있었으며, 다채로운 시기가 될 수도 있었고 무미건조한 시기가 될 수도 있었다. 그리이스인들에게는 이 지상에서 한때 황금기가 전개되었다. 그 당시는 토성이 세상을 지배하는 시기였으며 악은 존재하지도 않았고, 인간성은 애국심과 만족감 속에서 순수함을 잃지 않았다. 그러나 사람들은 죄악이라는 지식을 배우게 되었고 그 때문에 황금기는 은시대로 넘어가게 되었으며 목성이 세상을 지배하게 되었다. 자연은 인류에게 반란을 일으켰고, 더 이상 자신의 열매를 제공하지 않았으며 그러자 농경이 탄생하였다. 죄악이 증가하여 사람들이 점점 더 잔악해지자 은시대는 동시대로 접어들었고 화성이 온갖 위세를 떨치게 되었다. 그리고 미덕이 악덕으로 바뀌게 되자 동시대는 절망적인 무쇠기로 전락하였고, 타락의 시기로 특징지어지는 이 무쇠기는 오늘날까지도 지속되고 있다.

황금기의 천국에 다시 도달하려면 어떻게 해야 할까? 그럴려면 인류는 옛날을 재현하기 위해 싸워야 한다. 인류는 순수함이라는 흰 옷과 희생과 사랑이라는 빨간 옷과 진리와 고결함이라는 파란 옷을 걸쳐야만 한다. 마치 옛날에 고매한 신들이 그랬던 것처럼.

. . . . . .

제 2 장

방황하는 철학자들

근대 (近代)에 이르기까지는 사이언티스트 (Scientist)라는 단
어에, 이 단어가 포함하고 있는 뜻인 '과학자'라는 의미가 들어
있지 않았다.

고대 (古代)와 중세 (中世)에서는 철학이 곧 학문이었고, 철학
자들이야말로 인간이 지닌 모든 학문과 지식의 수호자들이었다.
따라서 그 당시의 철학자들은 도덕, 법률, 종교, 정치, 역사, 연
금술 (鍊金術), 수학, 의술 및 기타 온갖 지식들을 전부 다 아는
사람들이었다.

실제로 고대나 중세에 있어서는 부지런히 공부를 하기만 한다
면 모든 학문적 지식의 전 체계를 마스터할 수도 있었다. 그리
고 이러한 점은 오늘날의 경우와 현저한 대조를 보여준다. 오늘
날의 학자들은 범위가 극히 제한된, 단일한 학문에 일생을 바치
면서도 자기의 연구분야가 너무나 방대하고 복잡한 것이어서 평
생 동안을 연구해도 심오한 연구를 하기에는 모자란다고 생각한
다. 그러나 옛날 사람들에게 있어서는 그들의 추구하는 지식이
세분화되어 있지 않았으므로 연구대상이 되는 학문들을 광범하
고도 포괄적인 범주 내에서 생각해 볼 수 있었던 것이다.

고대 이집트의 색채치료법

전설에 의하면, 제 3위의 신이며 모든 학문과 예술의 완성자인 헤르메스 트리스메지스투스(Hermes Trismesgistus)는 인간들에게 도움이 되는 온갖 학문을 창시했는데, 그와 더불어 치료술도 함께 창시했다고 한다. 에브론(Ebron) 계곡에서 발견되었다고 전해지는 저 유명한 에메럴드 서판(Emerald Tablet)에는 전설적인 이집트인(헤르메스 트리스메지스투스를 가리킴 : 역주)의 가르침들이 요약되어 있다고 한다. 그 서판에는 연금술의 공식뿐 아니라 색채의 처방에 관한 내용도 적혀 있었다고 하는데, 그 이유는 색채의 처방이 연금술의 한 부분이었으며, 다른 한편으로는, 색채가 빛과 관련된 절대유일의 신성한 실재(實在)에 따라 생겨난 것이었기 때문이다. 헤르메스는 분명 색채로 치료를 시도했던 것이다.

파피루스(Papyrus ;나일강변에서 자라는 풀을 짓이겨 만든 종이 : 역주)에 적힌 고문서(古文書)에는 색채와 관련된 처방이 이렇게 적혀있다.

"녹청(綠青 ;구리에 생긴 초록색의 녹 : 역주)으로 만든 연고를 써라! 그 다음엔 초록색 연고를 써라!"

고대 이집트의 문헌 가운데 그들이 행했던 수술법과 의술을 기록해 둔 문헌들이 상당수 발굴되었다. 그 문헌들 가운데 하나가 에버스(Ebers)에 의해 발견된 파피루스인데, 그것이 쓰여진 연대는 기원전 1500년 경까지 소급된다. 그리고 또 그 문헌은 '이 세상에 현존(現存)하는 가장 오래된 책'이라고 불린다. 그 고문서에는 의술의 처방에 관한 사항들이 집대성(集大成)되어 있는데, 그 보존상태도 완벽할 뿐더러 두루마리를 펼치면 길이가 68피트나 되는 것이다.

이 고문서는 브리양(Bryan)에 의해 번역되었는데, 그는 번역본 서문에 다음과 같은 말을 적어 두었다.

"이 고문서의 전편(全篇)을 통하여 각 장의 제목, 질병의 명칭 및 질병의 처방 등은 모두 빨간 잉크로 선명하게 기록되어 있다. 그리고 처방할 약의 중량과 1회 복용량도 대개는 빨간 잉크로 적혀 있다."

우리는 이 고문서에서 처음 나오는 처방이 '눈에 멍이 들었을 때는 날달걀로 문질러라'라는 것임을 분명히 알아낼 수 있다.

이 고문서에는 그 외에도 색을 띤 광물들, 즉 공작석(孔雀石)이라든가 붉은색, 또는 노란색의 황토흙, 적철광(빨간색의 흙) 같은 것에도 효험이 있다고 적혀 있는데, 그 이유는 틀림없이 그 광물들이 띠고 있는 색채 때문일 것이다. 또 변비에는 빨간 비누나 흰 비누를 먹으면 낫는다고 적혀 있기도 하다.

빨간 잉크에 염소기름과 꿀을 섞은 것은 진정제로 처방되어 있다.

다른 질병에 대해서는 다른 색을 띤 생물성, 광물성 물질들이 처방되어 있는데, 그런 물질들 가운데는 검은 고양이의 피도 포함되어 있다.

다른 파피루스에 쓰여진 고문서에서는 태아의 성별을 판별하는 법이 다음과 같이 적혀 있다.

"수태기(受胎期)가 지난 그 다음번의 수태기에 그대 처의 얼굴이 푸르게 보이면…… 남자 아이를 낳을 것이니라…… 그러나 그대 처의 눈에 유령이 보이면, 영원히 아이를 배지 못할지니라."

고대 이집트인들은 불운을 예방하기 위해서 부적을 지니고 다녔으며 죽음에 임해서는 복잡한 의식을 거행하기도 했다. 죽음에 임한 의식에 관하여 「사자의 서(死者의 書 ; 고대 이집트인들이 죽은 사람의 생존시 업적을 기록하여 來世의 심판에 대비한 책 : 역주)」에는 다음과 같은 글이 적혀 있다.

"그리고 들어보라. 그대는 파란 옥으로 갑충석(甲虫石 ; 풍뎅이 모양으로 조각한 보석에다 그림을 새겨 넣어 부적이나 장신구로 사용한 것 : 역주)을 만들어 그것을 사자의 가슴에 얹도록 하라. 그러면 그것이 사자의 입을 열도록 할 것이니라."

「사자의 서」에는 그밖에 이런 것들도 적혀 있다.

"빨간 옥으로 만든 체트는 사자에게 이시스(Isis ; 고대 이집트의 위대한 어머니의 신, 우주 만물의 어머니라 일컬어짐 : 역주)의 피로부터 흘러 나오는 덕을 주느니라. 빨간 색으로 쓴 부적을 사자의 가슴에 얹어 놓으면 사자의 육신이 보존되느니라. 금으로 만든 우제트는 사자에게 건강과 보호를 주느니라. 갈색의 부적인 스마는 사자가 다시 숨을 쉬게 해주느니라."

고대의 색채묘약

고대의 의술이 신비주의에 그 기원을 두고 있었음에도 불구하고 고대의 여러 가지 치료법들이 뛰어난 치료 효과를 지니고 있다는 점은 오늘날까지도 인정된 사실이다. 고대 이집트의 문서들에는 빈혈과 관련된 질병들이나 좋지 않은 시력을 고치기 위해 간을 먹도록 처방한 치료법이 적혀 있는데, 그때로부터 4000여 년이나 지난 오늘날까지도 이 치료법은 그대로 쓰이고 있다. 히포크라테스(Hippocrates ; 미신을 타파하고 생리학과 의학을 연구하여 의학의 아버지라 일컬어짐, 그리이스인 : 역주)도 플리니 [Pliny the Elder ; 플리니우스(Plinius)를 말함, 로마 제정초기의 자연과학자로서「박물지」와「플리니스 의학서」를 남김 : 역주)와 마찬가지로 간의 효험에 관해 언급한 바 있었다.

유스티나 힐(Justina Hill)은 그의 저서인「세균과 인간」에서 고대인들이 수은, 은 및 구리의 화합물들을 사용했던 것에 관해 다음과 같이 언급했다.

"이러한 염료(染料 ; 금속의 산화물들은 대개 염료로 쓰인다 : 역주)들은 인체의 각 기관을 썩지 않도록 해주는 작용에 특효를 보였다."

진사(辰砂 ; 빨간색의 산화 제1수은)는 '용의 피'라고도 했는데 안질, 화상, 농포(고름이 생긴 물집) 등의 치료에 처방되었다. 머큐롬을 물에 타서 만든 용액은 오늘날까지도 계속 쓰이고 있다.

고대인들은 약을 처방할 때, 그 약이 지닌 화학성분보다는 그 색 때문에 치료효과가 생긴다고 믿었던 경우가 많다. 뼈고둥에서 추출(抽出)한 자주색 염료는 육아조직(肉芽組織 ; 살이 좁쌀 알갱이처럼 오톨도톨하게 부풀어오른 조직 : 역주)의 성장을 막거나 종기에서 고름을 뽑아낼 때 사용되었으나 고대인들은 그 약의 효험이 거룩한 자주색과 관계있는 것이라고 믿었으며, 칼슘의 산화물이 형성되기 때문에 효험이 생긴다는 것을 깨닫지 못했다. 이 화합물은 그로부터 약 2000년이 지난 후 다킨즈 용액(Dakin's Solution ; 차아염소산나트륨 0.5 용액. 방부제로 쓰임 : 역주)을 만드는 데 가장 중요한 요소가 되었다.

주요 색채

소아시아 지방에서 살았던 페르시아인들은 빛이 지닌 감화력(感化力)에 기초하여 색채요법의 형태를 띤 치료술을 행했다. 그러나 그리이스인들은 좀 더 실제적인 견지에서 색채요법을 실시해 보려고 했다. 현대 의학은 기원이 B. C. 4세기 경에 살았던 히포크라테스에까지 거슬러 올라가는데, 그리이스인들이 의술의 발전에 기여했다고는 하더라도 그들이 고안해 낸 논리체계(論理體系) 때문에 인간의 지성은 그후 수세기 동안이나 미궁(迷宮) 속을 헤매게 되었다.

그리이스 시대에 이르기 전까지는 색채의 본질에 대한 생각이 물리적인 것보다는 형이상학적인 것에 더 많이 기울어져 있었던 것 같다. 즉 그리이스 이전의 고대인들은 색채를 현세적인 것과 관련된 현상이라고 생각하기보다는 오히려 영적인 것과 관련된 현상이라고 간주했던 것이다. 그들은 빛을 위대한 신성(神聖)으로부터 발산되는 것, 그리하여 온누리에 고루 퍼지고 인간의 몸 속에 들어가서는 영기(靈氣)의 형태로 발산되는 것이라고 생각했다. 또 그들에게는 은유(隱喩)가 설명보다도 더 중요했다. 그렇다면 신이 창조한 색채의 의미는 과연 어떤 것이었을까 ? 또 그들은 색채에 어떤 심오한 의미를 부여했던 것일까 ?

색채를 합리적인 과학의 견지에서 논했던 최초의 언급은 데모크리투스

(Democritus ; 그리이스의 자연철학자로서 原子論을 제창함 : 역주)의 저서
들 가운데서 발견된다. 그는 자연계에 존재하는 색채를 설명하려고 노력
하면서 검은색, 빨간색, 초록색 및 흰색을 가장 중요한 색이라고 간주했
다. 그리고 그 밖의 다른 색들은 이 네 가지 색들이 혼합되어 생기는 것
이라고 하였다.

아리스토텔레스(Aristoteles)에 있어서는 검은색과 흰색이 가장 중요한
색이었다. 그는 검은색과 흰색이 가장 중요한 색이라는 것을 다음과 같이
설명한 바 있다.

"진홍색과 보라색이 다르게 보이는 이유는 그 색들을 구성하는 성분의
강도가 다르기 때문이다. 그리고 색이 혼합된다는 사실은 검은색과 흰
색이 혼합되어 진홍색이 생기는 예를 들음으로써 설명할 수 있다. 자세
히 관찰해 보면 검은색이 햇빛이나 불빛과 혼합될 때는 언제나 진홍색
이 된다는 것을 알 수 있다. 또 검은 물체라도 불로 가열하면 진홍색이
되는데, 그것은 거무스레한 연기나 숯이 강한 열을 받게 되면 진홍색으
로 변하는 것만 보아도 알 수 있다. 그러나 선명하게 밝은 보라색은 약
한 햇빛과 어슴푸레한 흰색이 혼합되어 생기는 색이다."

플리니는 아리스토텔레스와 다른 견해를 갖고 있었다. 그의 견해를 보
기로 하자.

"나는 다음의 세 가지 색이 가장 중요한 색이라는 것을 알았다. 그 첫
째는 빨간색인데 이 색은 볼연지의 색과 같은 색이다. 이 색은 장미색
에서부터 시작되는데 옆에서 비껴 보거나 햇빛에 비쳐지면 그렇게 보
인다. 또 어두운 곳에서 보면 자주색으로 보인다. 다음의 색은 보라색
인데, 이 색은 자수정의 색과 같은 색이다. 그리고 세번째 색은…… 정
확하게 말하자면 ' conchyliated colar '로 알려진 색이다. 그러나 이 색
은 여러 가지의 색을 포함한다. 예를 들면 '혈옥수(血玉隨)'의 색이 되
기도 하고 좀더 짙어지면 아욱색이 되었다가 완전한 자주색 쪽으로 기
울어지고 그 다음엔 보라색 직전의 색이 된다."

플리니는 노란색이 들어갈 자리를 찾아내기 위해 자기가 관찰해 왔던

자연현상으로부터 갑자기 방향을 돌리고는 다음과 같은 묘한 이유를 달았
다.

"고대에는 노란색이 대체로 가장 존경받는 색이었다는 것을 알 수 있
다. 그러나 노란색은 단지 여자들이 쓰는 면사포에만 쓰이도록 되어 있
었다. 아마도 그런 이유 때문에 노란색이 남자들에게나 여자들에게 흔
히 쓰이는 색이면서도 주요색에 포함되지 않았던 것 같다. 그러나 노란
색이 실제로는 남자들에게나 여자들에게나 흔히 쓰이고 있는 실정이므
로 노란색에 주요색으로서의 지위를 주어야 한다."

여기서는 그리이스의 논리학이 이상한 결론에까지 미치고 있다. 위대한
플리니는 습관이 본질을 침식하는 것 쯤이야 기꺼이 용인했던 듯싶다.

원소(元素)와 색채

이 세상은 여러 가지 원소들이 모여서 이루어졌다는 관점을 받아들인다
면, 과학은 멋진 출발—좀 이상한 출발이긴 하지만—을 한 셈이다. 이
러한 원소들은 또 과학이 태동하기 시작했던 때부터 색채로 상징되었다.

기원전 7세기까지 거슬러 올라가는 한 힌두교 우파니샤드 철학서에서는
다음과 같은 내용이 적혀 있다.

"타오르는 불의 빨간색은 불의 색이다. 그리고 불의 흰색은 물의 색이
며 불의 검은색은 땅의 색이다…… 저 먼 옛날부터 이것을 알고 있던
위대한 족장(族長)들과 신학자들도 '이제부터는 아무도 우리에게 우리
가 들어보지 못한 것, 느껴보지 못한 것, 알고 있지 못한 것들을 이야
기할 수는 없다'고 하면서 똑같은 말을 했다. 그들은 이 모든 것들을
다 알고 있었던 것이다. 그들은 빨갛게 보이는 것이 모두 불의 색이라
는 것을 알고 있었다. 희게 보이는 것은 모두 물의 색이라는 것도 그들
은 알고 있었다. 그들은 또 검게 보이는 것은 모두 땅의 색이라는 것을
알고 있었다. 그리고 무슨 색인지 알 수 없는 색은 모두 이 세 가지 색

들이 혼합된 색이라는 것도 그들은 알고 있었다."

피타고라스(Pytagoras)는 그의 뒤를 따랐던 다른 그리이스 철학자들과 마찬가지로 이 세상이 네 가지 원소, 즉 땅, 물, 불 및 공기로 이루어진다고 믿었다. 그후 아리스토텔레스는 이 네 가지 원소에 알맞는 색을 정하고 다음과 같은 설명을 덧붙였다.

"단색(單色)은 4원소, 즉 불, 공기, 물 및 땅의 색을 나타내기에 적합한 색이다. 순수한 공기와 물은 원래 흰색이다. 불(그리고 태양도)은 노란색이다. 그리고 땅은 원래 흰색이다. 땅이 여러 가지 색으로 보이는 이유는 그것이 여러 가지 색으로 물들여졌기 때문이다. 땅이 물들여졌다는 사실은 재를 물들이고 있던 습기가 타서 없어지면 재가 흰색으로 변하는 것만 보아도 알 수 있다. 물론 재가 아주 희게 보이지는 않는 것이 사실이지만, 그것은 재가 타는 도중에 검은 연기로 다시 물들여졌기 때문이다…… 검은색은 변화하는 도중에 있는 원소들에게 가장 알맞는 색이다. 그리고 나머지 색들은 이 검은색과 흰색이 섞여서 생겨난다는 것도 쉽게 알 수 있을 것이다."

그러므로 저 위대한 아리스토텔레스는 모든 색들이 흰색과 검은색이 혼합되어 생겨나는 것들이라고 결론지었다. ―그리고 그런 생각이 여러 세기 동안이나 지속되었다.

중국에서는 원소들이 다섯 가지로 구성되어 있다고 생각되었는데, 노란색은 땅을 나타내는 색이고 검은 색은 물을, 빨간 색은 불을, 초록색은 나무를, 그리고 흰색은 쇠를 나타내는 색이었다.(어떤 아메리카 인디언 부족에서도 세상을 구성하는 원소를 물, 바람, 불, 땅이라고 생각했다)

히포크라테스와 그 이후

세상이 여러 가지 원소들로 이루어져 있다는 생각은 여러 세기 동안이나 계속되어 르네상스가 훨씬 지났을 때까지도 지속되었다. 그래서 다 빈치(Da Vinci)마저도 다음과 같은 말을 했다.

"우리는 흰색이 빛을 대표하는 색이라고 믿어야 한다. 이 빛이 없다면 우리는 아무것도 볼 수가 없다. 노란색은 땅을 대표하는 색이다. 그리고 초록색은 물을, 파란색은 공기를, 빨간색은 불을 대표하는 색이다."

한편, 그리이스 시대에는 정신적으로 고통을 당하는 사람들이 즐거운 꿈을 꾸기 위하여 흰 옷을 입었다고 한다. 또 피타고라스는 병을 치료하기 위해 음악과 시와 색채를 사용했었다고 전해진다. 그러나 신비주의에서 빠져나와 관습과, 관습에 따랐기 때문에 생겨나는 생명의 손실에 대해 회의적인 눈길을 던지며 심장의 고동소리를 들었던 사람은 저 위대한 히포크라테스였다. 그는 현대의학의 한부분이 되어온 실험적·임상적(臨床的)인 태도를 확립했던 것이다.

이 역사적인 시점 이후, 의학적인 견지에서 본 색채의 역사는 정반대되는 두 방향, 즉 신비주의자들의 관점과 임상의(臨床醫)들의 관점으로 갈라지게 되었다. 그리고 세월이 지나자 생명의 비밀을 조물주의 신성한 창조 작업 속에서 찾으려는 사람들이 생겨나기도 했고, 또 한편으로 좀 더 회의적인 성향을 지닌 사람들은 전적으로 자연적인 원인만을 탐구함으로써 질병에 대처하려고도 했다. 그 이후로 이 두 분파는 대를 이어오면서 서로 논쟁을 거듭해 왔지만, 금세기에 들어와 심리학자들 및 정신병 학자들의 연구에 힘입어 마침내는 그 두 분파 사이에서 몇 가지의 일치점과 조화점을 찾아내게 되었다.

임상의였던 히포크라테스가 창시한 원칙들을 따랐던 사람으로는 기원 원년 경에 생존했던 셀수스(Celsus)가 있다.

그는 비록 때때로 미신의 영향을 받기도 했지만, 색채에 관한 그의 태도는 밀교신봉자들의 그것보다 훨씬 더 실제적인 것이었다. 그는 자기의 마음 속에 떠오르는 색채를 띤 식물들, 즉 흰 오랑캐꽃, 자주색 오랑캐꽃, 백합, 붓꽃, 수선화, 장미, 사프란(원래는 약용식물이지만 지금은 주로 향료나 염료로 사용되는 노란색의 꽃 : 역주) 등을 써서 약을 처방했다. 그가 상처를 치료하기 위해 사용했던 고약의 색은 검은색, 초록색, 빨간색,

흰색 등이었는데, 그는 빨간색의 고약에 관하여 "빨간색 고약은 상처를
매우 빨리 아물게 하는 것 같다'고 기술했다.

셀수스는 봄이 건강에 가장 좋은 계절이며 그 다음으론 겨울, 여름이고
가을은 건강에 가장 해로운 계절이라고 단언했다. 그는 또 정신병자들에
관하여는 다음과 같이 기술했다.

"어두운 곳을 무서워하는 사람들은 밝은 곳에 있도록 하고, 밝은 곳을
무서워하는 사람들은 어두운 곳에 있도록 하는 것이 가장 좋다."

그가 사용했던 약 가운데는 노란색의 것도 있었는데, 그는 그 노란색
약에 관해 '사프란으로 만든 연고를 붓꽃 기름에 개어서 머리에 붙이면
잠이 잘 오고 마음이 평온해진다'고 기술했다.

로마시대의 유명한 내과의사였던 갈렌(Galen : A. D. 130~200)—그
도 역시 임상의였다—은 그와 동시대의 의사들로부터 심한 공격을 받기
도 했다. 그는 아마도 히포크라테스 이후 가장 구역질나는 고대의사였을
것이다. 왜냐하면 그는 대소변과 그것의 변화가 진단에 매우 중요한 것이
라고 하면서 상당히 관심을 보였기 때문이다. 그는 색채의 변화까지도 대
소변에 비유하여 다음과 같은 말을 했었다.

"그러므로 흰 것이 검게 되거나 검은 것이 희게 된다면, 그것은 색채의
관점에서 보아 대소변으로 변한 것이다."

또 그는 색이 변하는 것과 관련하여 재미있는 질문을 하나 하였다.

"그렇다면, 피는 아무리해도 두꺼워지거나 희게 되지도 않는데 어떻게
뼈로 바뀌는 것일까? 그리고 빵은 차차로 나누어져도 그 흰색이 빨간
색으로 되지 않는데 어떻게 피로 변하는 것일까?"

아라비아의 아비스나

중세의 암흑시대가 지나는 동안에 의학의 발전은 로마로부터 이슬람 세
계로 건너갔다. 그리고 아라비아인으로서 가장 위대한 의사인 아비스나

(Avicenna)가 나타나 의학계를 이끌었다. 그의 저서인 「의학원리」는 가장 오래된 의학서 가운데 하나인데, 그는 이 책에서 빛이 진단과 실제적인 치료에 모두 길잡이가 되는 것이라 하여 빛에 보기드문 찬사를 보냈다. 의학에 대한 아비스나의 태도는 히포크라테스나 셀수스, 갈렌의 태도보다 훨씬 더 탐구적이고도 열성적인 것이었다. 그는 색채가 매우 중요한 것이기 때문에 깊이 연구해볼 가치가 있다고 생각했으며, 그 결과로써 이 아라비아인 의사는 색채를 자유롭게 연구할 수 있었다. 그의 책에는 거의 모든 페이지마다 색채에 관한 논의가 적혀 있다.

아비스나가 아리스토텔레스의 제자라는 것은 잘 알려져 있는 사실이다. 그는 아리스토텔레스와 마찬가지로 이 세상이 여러 가지 원소들로 이루어져 있다고 생각하여 그 원소들을 감각, 정신 및 정서와 연관시켰다. 그는 이러한 요소들이 인간의 육체와 정신을 형성하는 기질(氣質)을 창조한다고 생각했다. 그리고 그는 인간의 호흡이 강하기도 하고 약하기도 해서 그 상태가 다른 것에 관하여, 호흡하는 횟수도 감각, 정신 및 정서에 관계되는 것이라고 생각했다. 그는 또 지구의 호흡은 느릿느릿하고 에테르(Ether ; 원래는 빛, 열, 전기의 가상적 액체이나 여기서는 蒼空을 뜻함 : 역주)의 호흡은 여리며 빠르다고 생각하기도 했다.

아비스나는 환자들의 병을 진찰할 때 눈의 색을 보고 진찰했다. 머리칼과 피부의 색 및 대변과 소변의 색도 진단에 매우 중요한 것들이었다. 그는 소변의 색과 질병의 진단에 관해 다음과 같이 기술했다.

"황달에 걸리면 소변의 색이 짙은 붉은색으로 변해서 거의 거무스름하게까지 된다. 그리고 흰 무명천이 그 소변으로 얼룩지게 되면 절대로 그 얼룩이 빠지지 않는다. 이것은 황달에 걸렸다는 충분한 증거가 되는 것이며, 색이 짙을수록 더 충분한 증거가 된다. 그러나 소변의 색이 말갛게 되거나 여린 적색으로 되었는데도 황달이 가라앉지 않으면 수종증(水腫症)이 생겼을 우려가 있다."

그는 또 다음과 같은 진단법들도 적어 두었다.

"환자의 피부색이 노랗게 변하면 간이 나빠졌을 우려가 있다. 또 피부

44

색이 하얗게 변하면 대개는 지라에 이상이 생긴 것이다. 이런 색들은 주의깊게 관찰해야만 한다.”

아비스나는 체액(體液)과 체액의 변화를 연구하기에 많은 노력을 기울였다. 그래서 그는 좀 별다른 도표를 고안해 냈는데, 그것은 색이 체온 및 인체의 건강상태와 관련되어 있는 것이었다.

이 위대한 아라비아인의 뒤를 따랐던 사람들도 색이 눈으로 볼 수 있는 질병의 징후라는 점을 인식하고 있었다. 그러나 아비스나는 그들에 비해 좀 신비적인 면도 지니고 있었다. 그에게는 색이 질병의 징후일 뿐만 아니라 치료의 수단이 될 수도 있는 것이었다. 그가 신비적이었다는 가장 결정적인 증거는 어떤 사람의 머리칼 색으로 그 사람의 타고난 기질을 알 수 있다고 한 데서 찾아볼 수 있다. 그의 말에 의하면 머리칼의 색이 검은 사람은 열정적인 기질의 사람이며 황갈색인 사람은 침착한 기질의 사람이라고 한다. 즉 머리칼의 색이 짙은 사람은 ‘타지않는 열기’를 많이 갖고 있어서 화를 잘 내는 경향이 있다는 것이다. 또 머리칼이 금발인 사람은 냉정하고 몹시 침울한 기질이며, 회색인 사람은 냉정하고 무뚝뚝한 사람이라고도 했다. 아비스나는 이 두 경우엔 모두 몸이 약하고 육체적 기능이 저하되어 있다고 했다. 즉 인간도 식물이나 마찬가지로 색을 잃으면 시들어 버린다는 것이다.

그는 인간의 기질에 대해서는 다음과 같이 적어 두었다.

“그러므로 빨간색으로 된 물체를 유심히 들여다보면 다혈질(多血質)적인 기질로 변한다. 이런 이유로 코피를 자주 흘리는 사람에게 선명한 빨간색 물체를 보게 해서는 안되는 것이다.”

그는 또 빨간색과 노란색은 눈에도 해롭다고 단언했다. 그리고 파란색은 피의 흐름을 안정시키지만 빨간색은 피의 흐름을 자극한다고도 했다. 또 아침에 퍼지는 선명한 빛은 영양섭취에 도움을 준다고 하기도 했다.

위에서 보았던 바와 같이 아비스나는 색채요법에 커다란 자신을 갖고 있었다. 그는 빨간색이 혈액을 순환시키는 색이라고 믿었기 때문에 빨간색을 많이 사용했고, 숱하게 많은 약품들을 처방하는 데도 이용했다. 빨간색과는 반대로 흰색은 해열제로 사용되었다. 그는 빨간 꽃으로 만든 약은 피에 생긴 병을 치료하고 노란색으로 만든 약은 고통과 염증을 덜어줌으로써 쓸개에 생긴 병을 치료한다고 믿었다.

색채와 연금술사들

로마가 멸망한 이래 아비스나가 활약하던 시기까지 유럽은 암흑 속에 묻혀 있었다. 철학자들은 서로 연락이 두절된 채 각각 혼자서 저 위대한 아리스토텔레스가 이룩한 지성의 늪을 철벅거리며 헤쳐나가고 있었다. 치료술은 르네상스 초기에 이르러서야 제 길을 찾아 발전할 수 있었는데, 치료술이 발전할 수 있었던 계기는 연금술의 발달에 따른 것이었다.

중세의 유럽에서는 연금술이 가장 중요한 학문이 되었다. 이 연금술은 이교도 신앙, 기독교 신앙 및 밀교 신앙이 한데 섞여 뒤범벅이 된 것으로서, 그 대표자로는 알베르투스 마그누스(Albertus Magnus), 로저 베이컨(Roger Bacon), 토마스 아퀴나스(Thomas Aquinas), 니콜라스 플람멜(Nicolas Flamel), 레이몽 룰리(Raymond Lully), 파라셀수스(Paraselsus), 야콥 뵈에메(Jakob Boehme), 벤 존슨(Ben Jonson) 등을 꼽을 수 있다. 15세기에 들어와 연금술사들은 정치적·종교적 결사(結社)를 조직했는데, 여기서 연금술의 비법을 전수받은 사람들은 교권(敎權)이 미치지 않는 곳으로 스며들어가 미래를 예언하고 질병을 치료하며 연금술의 공식들을 암호로 기록하면서 교회의 보복으로부터 목숨을 지키기 위해 사력을 다하였다.

이러한 사람들 가운데서 몇몇은 금속을 변성(變性)시키는 일에 전념하면서 연금술의 법칙 가운데서 만병통치약을 찾아내려고 했다. 화금석(化金石 ; 철학자의 돌이라고도 하며, 비금속을 금속으로 만드는 힘이 있다 하여 연금술사들이 찾아다니던 돌 : 역주)이라든가 생명의 연금약액(鍊金藥液 ; 비금속을 이 약 속에 넣으면 황금으로 변한다고 함 : 역주) 같은 것들은 모든 질병을 치료할 수 있는 힘을 지녔다고 믿어졌다. 이러한 연금술사들은 어렵고 복잡한 방법을 써서 염(鹽 ; 산과 알카리가 중화하여 생기는 물질 : 역주), 유황, 수은, 질산 및 기타의 물질들을 혼합하여 마법의 약을 만들었다고도 전해진다.

파라셀수스

위대한 연금술사들—및 위대한 치료사들—가운데서 역사에서는 파라셀수스(Paracelsus)로 알려진 테오프라투스 봄바스투스 폰 호헨하임(Theophratus Bombastus von Hohenheim)이라는 사람이 있었다. 그는 연금술의 진정한 목적은 금을 얻으려는 것이 아니라 효험있는 약을 개발하는 데 있다고 단언하면서 다음과 같이 주장했다.

"혈액이 부족하거나 오염되어 있으면 만병의 근원이 된다. 충분한 피는 진정한 만병통치약이며, 그것은 '소화된 열기'가 환자에게 영양을 공급함으로써 생겨난다. 병이 생기면 인체의 자연적인 열기가 방해를 받고 음식물도 제대로 소화되지 않는다. 태양과 달이 지닌 열기가 환자에게 공급되어야 하는데, 그런 열기는 신비한 비법을 통하여 자연으로부터 끌어낼 수 있는 것이다."

그는 또 이런 말을 하기도 했다.

"열이 습기찬 곳에서 작용하면 검은 물질이 생겨나고 건조한 곳에서 작용하면 흰 물질이 생겨나는데, 그 열기 속에 붉은 물질이 숨어 있다."

파라셀수스는 그가 만들었던 '마실 수 있는 금'을 만병통치약으로 처방하기도 했는데, 성인은 하루에 여덟 방울을, 어린아이는 한 방울을 마시도록 되어 있었다. 그럼으로써 그는 헤아릴 수도 없이 많은 질병들, 즉 졸도, 간질, 두통, 불면증, 중풍, 우울증, 열병, 위통과 신장통, 궤양, 심계항진(心悸亢進 ; 가슴이 몹시 두근거리는 병 : 역주), 감기, 조울증, 회저(懷疽), 흑사병 등을 모두 치료했다고 전해진다.

파라셀수스는 당대의 임상의들에게 독기어린 비난을 퍼붓기도 했다. 그는 약을 또 다시 영적인 것, 신성한 것에 결부시키려고 노력했다. 그는 태양이 인간의 심장을 지배하고 달은 두뇌를 지배하며 토성은 지라를, 수성은 허파를, 금성은 콩팥을, 목성은 간을, 그리고 화성은 쓸개를 지배한다고 생각했다.

파라셀수스는 언젠가 바젤(Basel ;스위스의 도시명 : 역주)에서 강의를 시작하기에 앞서 갈렌과 아비스나가 저술했던 책들을 공공연하게 불살라 버렸다. 그럼으로써 그는 과거의 의학과 당대의 의학을 경멸했던 것이다. 그는 색채와 빛이 매우 중요하다고 생각했으므로 다음과 같은 기술을 하기도 했다.

"무엇이든 흰 색을 띤 것은 생명의 본성을 지니고 있다. 그리고 생명을 창조하는 것은 바로 그 빛의 속성과 힘이다. 한편 무엇이든 검은색을 띤 것은 대개 죽음의 본성을 지니고 있다. 그리고 죽음을 창조하는 것은 바로 그 어두움의 속성과 힘인 것이다."

계몽시대

밀교 신봉자들은 대개 오늘날까지도 파라셀수스가 모든 시대를 통틀어 가장 위대한 치료사였다고 믿고 있다. 그러나 그의 이론은 의학의 발전에 지속적인 영향을 주지는 못하였다. 그의 뒤를 이어 해부학자인 베잘리우스(Versalius), 뢰에벤후크(Leeuwenhoek)와 그가 발명한 현미경, 그리고 파스퇴르(Pasteur)와 코흐(Koch) 같은 사람들이 나오자 질병은 세균이 침입함으로써 생기게 된다는 것을 알게 되었다. 자연적인 힘과 초자연적인 힘이 조화를 이루어야 병이 치료된다는 주장은 꿈틀거리는 세균이라는 증거와 관련하여 볼 때 유치한 것으로밖에 보이지 않았다. 그리하여 인간은 마침내 인간을 파멸시키는 힘을 극복하게 되리라고 예견할 수 있었다. 그 극복의 힘은 인간의 정신 속에 있었던 것이지 불가사의한 우주에 있었던 것은 아니었다.

제3장

• • • • • • •

부적을 지닌 사람들

솔로몬(Solomon ; 고대 헤브르 왕국의 賢者. '솔로몬의 영화'를 누림 : 역주)의 시가(詩歌)에는 새 생명을 얻은 자이며 연금술사들의 우상인 사람이 다음과 같이 매혹적으로 묘사되어 있다.

"나의 사랑하는 자는 희고도 붉어 만 사람에 뛰어난다. 머리는 정금(整金)같고 머리털은 꼬불꼬불하며 까마귀처럼 검구나. 눈은 시냇가의 비둘기 같은데 젖으로 씻은 듯하고 아름답게 박혔구나. 뺨은 향기로운 꽃밭 같고, 향기로운 풀언덕과 같고, 입술은 백합과 같고 몰약(沒藥)의 즙이 뚝뚝 떨어진다. 손은 황옥을 물린 황금 노리개 같고 몸은 아로새긴 상아에 청옥을 입힌 듯하구나. 다리는 정금 받침에 세운 화반석 (대리석) 기둥 같고, 형상은 레바논 삼나무 같고, 백향목처럼 보기 좋고, 입은 심히 달으니 그 전체가 사랑스럽구나. 예루살렘 여자들아, 이는 나의 사랑하는 자요, 나의 친구인지라." (이상은 구약성서 중 아가에 나오는 구절임 : 역주)

밀교 신봉자들의 신비주의적 인생관은 현재까지도 소중히 간직되어 있다. 점성술을 믿는 사람들은 인간의 운명에 대한 해답을 찾아내기 위해 지금도 하늘을 바라보고 있는 것이다. 또 비록 히포크라테스와 그를 따랐던 임상의들에 의해 수립된 전통이 파라셀수스의 처방에 따른 묘약들을 압도해 왔고 지금도 계속해서 압도하고 있는 실정이지만 신비주의도 역시 오늘날까지 계속해서 번영해 왔다.

색채와 연소와 에테르

이 책을 펴낸 주목적은 현대과학에 의해 인정되고 또 받아들여진 연구 방법들을 채택함으로써 색채요법에 관한 논의를 좀 더 발전된 모습으로 전개시켜 나가려는 것이다. 물론 규모가 웬만큼 되는 도서관들에는 비술(秘術)적인 관점에서 쓴 색채요법에 관한 책들이 10여 권씩 소장되어 있기는 하다. 그러나 그런 책들은 모두 하나같이 그 내용에 이론적인 뒷받침도 없는데다 일관성마저 없는 것들이어서 기대에 부응할 만한 것이 되지 못한다.

그러므로 본 저자로서는 그 알 수도 없는 책들을 연구하여 색채의 효험을 증명하느니보다는 색채의 효험에 관한 책을 한 권 써 내는 편이 차라리 쉬운 일이다. 또 그런 책들에 쓰여진 용어들을 자세히 음미해 볼 필요도 거의 없다. 왜냐하면 그렇게 해보았자 결국은 그런 용어들이 애매하고 이해할 수도 없는 것들이라는 점 외에는 아무 것도 찾아낼 수가 없기 때문이다.

그러나 임상의들 또한 그들에게 주어진 의무 이상의 것을 했다고 옹호받을 수는 없다. 소위 '정형적인 과학'에서도 잘못된 주장들을 많이 해왔기 때문이다. 그 고전적인 예를 연소(燃素)라는 용어에서 찾아볼 수 있는데, 이 용어는 한때 과학계에 통용되었던 것이기도 하다. 이 연소라는 용어는 무엇이든 불에 탈 수 있는 물질에 대하여 그 물질이 '연소를 함유하고 있다'라는 말로 사용되었다. 즉 어떤 물질이 불에 잘 타면 그 물질은 연소를 많이 함유한 물질이고, 잘 타지 않으면 연소를 적게 함유한 물질이라는 것이었다. 이 용어가 아무런 의미도 없는 말이라고 하여 폐기되었던 것은 라브와지에(Lavoisier ; 1743~1794. 연소설을 파괴하고 '질량불변의 법칙'을 확립하여 근대화학의 기초를 확립했다 : 역주)의 연구에 의해 열역학(熱力學) 이론이 전개되었던 18세기 후반에 이르러서였다.

그뿐 아니라 사람들은 오늘날에 와서까지도 빛을 전달해주는 '매질(媒質)'이라고 하여 에테르(Ether)가 어떠니 하는 이야기들을 한다. 과학계에서는 아직도 에테르의 존재를 상정(想定)하고 있는지도 모르지만, 아직까지는 그것을 찾아내지 못하고 있다. 이 점에 관하여 제임스 진즈 경(Sir James Jeans)―그 자신도 저명한 물리학자이지만―은 '에테르니 에테르의 파동이니 하는 것들은 모두 상상 속에서만 존재할 수 있는 것들이다'라고 언급하면서 다음과 같은 획기적인 의견을 덧붙였다.

"우리는 에테르의 존재가 단지 물리학자들에 의해 도입된 가설(假說)에 지나지 않는다는 점을 명심해야 한다. 그들은 모든 것들이 기계론(機械論)적으로 설명될 수 있어야 당연하다고 생각했기 때문에 빛의 파동이라든가 그밖의 모든 전자기(電磁氣) 현상을 전달해주는 기계적인 매체가 있어야 한다고 주장했던 것이다."

색채와 광신자들

그러나 색채를 신비주의적인 관점에서 본다면 상당히 재미있는 이야기 거리가 될 수 있다. 그러므로 독자들은 이 장과 제4장, 제5장에서 의학과는 동떨어진 영역에 자리잡은 미신과 그 실제에 관한 것들을 개관(槪觀)하게 될 것이다.

그러나 이 책의 나머지 부분들은 임상적인 연구와 조직적인 탐구조사 그리고 통제된 실험과 측정 가능한 결과에 중점을 둔 증거들로 채워졌다는 것을 미리 알려둔다.

고대인들은 끊임없이 죽음이라는 공포에 시달렸기 때문에 미래를 들여다 보려는 욕망이 탐욕스러우리만큼 강했다. 그들은 자기네들에게 은혜를 베푸는 성스러운 신과 자기네들을 저주하고 파멸시키는 사악한 신이 있다고 믿었으며, 정의로운 신의 마음에 들기 위해서 선한 일에 몸과 마음을 바쳤다.

원시인들이 가장 무서워했던 것들 가운데 '악마의 눈'이라는 것이 있다. 어떤 사람이든 이 악마의 눈에 단 한번이라도 띄기만 하면 그 사람은 저주를 받아서 재난을 당하거나 미쳐버리거나 병이 들게 된다는 것이었다. 악마의 눈이란 말하자면, 이곳 저곳으로 돌아다니며 인간의 생명이라든가 사랑, 노력, 그리고 온전한 정신을 망쳐버리는 전설상의 마녀와 같은 것이었다.

악마의 눈을 피하기 위해서 어떤 원시인들은 구슬이 달리고 악마의 눈을 상징한 그림이 그려진 파란색의 방패를 가지고 다녔다. 또 페르시아에서는 희생양(犧牲羊)의 눈에 터어키 옥을 한 알 박았다가 양이 다 구워지고 나면 그 옥돌을 빼서 부적으로 싼 다음에 아이들의 머리장식 속에 꿰매어 넣기도 했다.

플리니(Pliny)의 말에 의하면, 마술사들도 한때는 흑옥(黑玉)을 가지고 다님으로써 자신을 악마의 눈으로부터 보호했다고 한다. 인도의 경우 힌두교를 믿는 어머니들은 까만 도료(塗料)를 아기의 코와 이마 또는 눈꺼풀에 발라주거나 자기네들이 입는 옷에 흰색 또는 빨간색의 천조각을 붙이기도 했다. 예루살렘에서는 '기적의 손'이라는 돌―이것은 대개 파란색이다―을 팔찌로 만들어 끼고 다녔다. 그리고 스코틀랜드에서는 아기가 갓 태어나면 악마의 눈으로부터 아기를 보호하기 위해 목에 빨간 리본을 매 주었다. 또 영국의 일부 지방에서는 홍옥수로 만든 반지나 부적을 착용하기도 했다. 이탈리아에서는 악마의 눈으로부터 보호해주는 힘이 산호에 있다고 믿었다.

부적과 주문(呪文)의 색채

색채는 마술에서도 상당히 중요한 역할을 한다. 그 한 예로 마술사들이 사용하는 주문(呪文)은 대개 붉은 잉크로 쓰여졌다. 이러한 점은 고대 이집트의 저 유명한 「사자의 서」 가운데서 발견된 의식(儀式)이나 식전(式

典)에 있어서도 마찬가지인데, 그 이유는 색채가 악마에게 대항하고 귀신들을 물리치는 강력한 힘을 지녔다고 믿었기 때문이다. 그리고 자연적으로 산출되는 것들 가운데서 보석이나 희귀한 돌처럼 그 색이 영원히 변치 않는 것에는 절대적인 힘이 들어 있다고 생각했다.

고대 이집트와 바빌로니아의 비문(碑文)을 해독(解讀)한 결과 여러 가지 보석들과 그 색은 그것을 지닌 사람들이 신의 은총을 받도록 하기 위해서, 그리고 그들이 날마다 신과 접할 수 있도록 축복해주기 위해서 부적으로 착용되었다는 사실이 알려졌다. 부적으로 사용되었던 보석들 가운데 어떤 것들에는 혈관 모양의 무늬가 박혀 있기도 했고 또 어떤 것들은 눈알처럼 생기기도 했다. 고대인들은 이런 보석들을 관자놀이나 이마, 귀, 가슴, 성기, 손목, 등에 착용했다. 또 어떤 것들은 들판에 세워둔 기둥에 달아매거나 가축의 뿔에 달기도 했고 병자(病者)의 침대에 매달아 두기도 했다. 고대인들은 어떤 색채가 장사를 잘 되게 해주기도 하고 질병이나 난파(難破), 번개, 야수의 습격 등을 막아주기도 하며, 풍작을 약속해 주고 자연력을 잘 조절해 주기도 한다고 믿었던 것이다.

고대인들이 색채를 지닌 물건들을 장식품이나 장신구로 사용했던 것은 그 색채가 지닌 신성한 의미 때문이지 그것이 '아름다워서'가 아니었다는 점을 기억해 두어야 한다. 즉 반지라든가 팔찌, 목걸이 같은 것들에는 그 나름대로의 의미가 있었던 것이다. 이 점에 관하여 버지(Budge)는 그의 「부적과 미신」에서 이렇게 적고 있다.

"카이로와 탄타(Tanttah ; 카이로 북방 약 100km 지점에 위치한 도시 : 역주)의 시장에서는 직경이 반인치나 되고 푸른 색으로 번쩍거리는 사기 구슬이 늘 대상(隊商)들에게 팔리곤 했는데, 대상들은 그 구슬을 실로 꿰어서 자기네들이 사막 횡단 여행을 떠나기 전에 낙타의 이마 부분에 얹어 두었다. 그들은 그럼으로써 악의를 품은 악마의 눈이 그 구슬에 끌려 낙타로부터 눈을 돌리게 될 것이라고 믿었…… 합승마차나 짐마차를 끄는 말의 마구(馬具)에 쓰였던 놋쇠 장식품들도 말의 목고리에 달았던 커다란 놋쇠 뿔과 마찬가지로 원래는 말이 악마의 눈에 띄지 않도록 하기 위해서 고안된 것들이라는 점은 상당히 믿을 만하다. 그러나 이제는 원래의 의도가 잊혀져 버렸으므로 부적은 단지 장식품으로 전락해 버렸다."

부적(현재 우리가 흔히 알고 있는 것과는 달리 보석이나 금속을 사용했음 : 역주)이 유행할 당시 흔히 쓰였던 색은 빨간색, 노란색, 초록색 및 흰색이었다. 빨간색 돌은 병을 치료하는 효험이 있으며 그것을 지닌 사람들에게 화재와 벼락을 막아준다고 믿어졌다. 파란색과 보라색의 돌은 덕행(德行)과 믿음에 관계되는 것으로서 어린 아이들이 하늘의 보호를 받도록 하기 위해, 그리고 그 아이들이 부모에게 복종하도록 하기 위해 목에 매달았다. 노란색 돌은 행복과 번영을 가져다 주는 것이었다. 초록색 돌은 인간과 가축의 다산(多産)과 관계되며 초목이나 비, 그리고 전반적인 자연력과 신비한 관계를 맺고 있는 것이었다. 흰색 돌은 악마의 눈을 다른 곳으로 돌리는 것이었다. 왜냐하면 그것은 하늘로부터 온 것이므로 그것을 지니고 있으면 하늘의 보호를 받는다고 생각되었기 때문이다.

보석의 효험과 색채

고대인들은 질병이 자연으로부터 불가사의하게 생겨나는 것이라고 생각했기 때문에 그 질병에 맞서 싸울 가장 강력한 색채 역시 자연으로부터 나오는 것이어야 한다고 믿었다. 그러므로 보석과 진기한 돌에는 특별한 치료 효험이 있다고 생각했던 것이다.

갈색의 마노(瑪瑙)는 열병, 간질 및 광증(狂症)을 몰아낸다고 믿었다. 그것은 또 눈에서 흐르는 진물과 월경불순을 멈추게 해주며 수종증(水腫症)을 없애주는 것이라고도 믿어졌다.

귀앓이나 시력감퇴에는 호박(琥珀 ; 보석의 일종 : 역주)을 꿀에 섞어서 먹었다. 호박 가루는 위의 통증을 덜어주고 신장, 간 및 장의 기능을 도와주는 것이었다. 호박을 불에 태워 그 냄새를 맡으면 진통이 덜어졌다.

호박으로 만든 공을 손바닥 위에 놓고 있으면 열이 내려서 심지어는 몹시 무더운 날에도 서늘하게 느껴진다고 믿기도 했다. 또 호박 구슬을 지닌 사람들은 류마티스, 치통, 두통, 곱사병, 황달 같은 병에 걸리지 않는다는 것이었다. 호박을 한 조각 콧속에 넣으면 코피가 멎는다고 믿기도 했다. 또 그것을 목에 붙이면 아무리 큰 갑상선 종양도 없어진다고 했다. 아라비아의 의사들은 유산(流産)을 막거나 종기, 옹병(몽우리가 진것 : 역주), 궤양 등을 치료하는 데 가루로 만든 호박을 사용했다.

통풍(엉긴 피가 생기는 병 : 역주)을 치료하는 데는 자수정이 쓰였다. 또 자수정을 베개 밑에 넣어두면 잠잘 때 즐거운 꿈을 꾼다고도 생각되었다.

아스팔트나 역청은 뼈가 삐는 것이나 골절, 타박상, 두통, 간질, 현기증, 심계항진(心悸亢進) 등을 막아준다고 생각되었다.

녹주석(綠柱石)은 그것이 지닌 최면 작용을 통하여 안질을 치료한다고 생각되었다. 황주석(黃柱石)은 황달이나 간의 악화를 치료하기 위해 처방되었다.

홍옥수(紅玉髓)는 혈석(血石)이라고도 하는데 출혈을 막아주고 종기, 여드름 및 살갗에 생긴 상처를 없애준다고 생각되었다. 아버지의 말에 의하면 고대인들은 묘안석(猫眼石)을 우유에 담갔다 꺼낸 다음 그 우유를 남편이 마셨다고 하는데, 그것은 남편이 출타한 사이에 그의 처가 간통을 범해도 불륜의 관계로부터 아이가 생기지 않도록 하기 위한 것이라고 한다.

옥수(玉髓)는 열을 내리고 담석이 쉽게 빠져 나오도록 해 주는 것이라고 생각되었다.

수정을 가루로 만든 것은 내분비선의 부기나 안질, 심장병, 열병, 위장통 등의 치료에 쓰였다. 그리고 꿀에 섞어서 복용하면 어머니의 젖이 많이 나게 해준다고도 생각되었다.

산호는 불임증을 치료하기 위한 것이었다.

다이아몬드는 정신과 유체를 모두 강하게 해주는 것이었다. 그것은 실제로 모든 질병을 치료해 주는 것이라고도 했다. 그리고 다이아몬드를 물이나 술에 담그면 만병통치약이 생겨나는데 그것은 통풍, 황달, 졸도 등을 치료한다고 생각되었다.

에메럴드는 눈에 생긴 여러 가지 질병들을 치료하는 데 쓰였다.

석류석(石榴石)은 피부발진을 치료하는 데 쓰였다.

적철광(赤鐵鑛)은 충혈된 눈을 맑게 해주며 폐출혈과 자궁출혈을 막아주고 일사병과 두통을 예방해 준다고 생각되었다.

비취(翡翠)는 아기의 분만을 돕는 것이었다. 그것은 또 수종증을 치료하고 갈증을 가라앉히며 심계항진을 완화해 주는 것이기도 했다.

벽옥(碧玉)은 임신을 하는 데 도움이 되는 것이었다.

흑옥은 간질, 치통, 두통, 갑상선부종의 치료에 쓰였다.

유리(瑠璃)는 유산(流産)을 방지한다고 믿었다.

오팔은 눈에 생긴 질병의 치료에 쓰였다.

감람석(橄欖石)은 여러 가지의 간질환을 완화하는 데 쓰였다.

루비를 담갔던 물은 건위제로 복용되었고 가루로 만든 것은 하혈(下血)을 막는 데 쓰였다.

사파이어는 전염병을 퇴치하는 데 쓰였다.

터어키옥을 지니고 있으면 독약에 중독되거나 뱀에 물리는 것을 막아주며 안질에 걸리지 않게 된다고 생각되었다. 그리고 또 이것을 물에 담그면 물에 녹아서 폐뇨증(閉尿症)으로 고생하는 사람의 고통을 덜어준다고 생각되기도 하였다.

위에서 본 여러 가지의 미신들이 지금도 완전히 사라진 것은 아니다. 「유나이티드 프레스」지(紙)의 특파원인 로버트 브랜슨(Robert Branson)은 인디아의 하이데라바드(Hyderabad) 시에 있는 우나니(Unani) 병원의 경우 지금까지도 보석이나 귀금속을 약으로 사용한다고 보고했던 적이 있다.(「뉴욕 월드」텔리그램 1948년 9월 28일자) 그의 보도에 의하면 여러 가지 약품들이 큰 약국에서 조제되고 있는데, 분말로 된 금이나 진주를 섞어서 조제한 약들이 통상적인 강장제로 처방될 뿐만 아니라 류마티스, 기관지염, 간질 등에도 처방된다고 한다. 그 외에도 에메럴드는 당뇨병에, 루비는 심장병과 뇌질환에, 말린 도마뱀은 빈혈에, 그리고 장미 향수는 위장병에 처방되기까지 한다는 것이었다. 그 병원의 의사인 팔루라함 칸 씨는 이 특파원에게 다음과 같은 말을 했다고 한다.

"우리는 수 세기에 걸쳐 그 효험이 증명된 의학비법을 사용하고 있습니다. 우리의 의학은 무굴제국, 페르시아, 그리이스, 로마, 이집트, 힌두교 및 아라비아의 의학을 면밀히 검토하여 얻어진 것입니다. 우리 자신도 어째서 우리가 사용하는 약이 그처럼 효험이 있는지를 모두 설명할 수는 없습니다. 그러나 그 약들은 수세기 동안이나 그 효험이 지속되어 왔던 것들입니다."

브랜슨은 그 우나니 병원이 전혀 중세나 고대에 있었던 마술사의 소굴 같지는 않다고 하면서 이렇게 보고했다.

"여러 가지 면으로 보아 우나니 병원은 가장 현대적인 병원의 모습을 하고 있다. 병실들은 널찍하고 통풍도 잘 된다. 간호원들은 바삭바삭하는 소리가 날 것 같은 흰 유니폼을 입고 있다. 어느 곳을 보아도 먼지한 점 없이 깨끗하다."

식물과 약초와 색채

옛 게르만족의 마법책에는 다음과 같은 말이 나온다.

"그 다음에 주신(主神)은 마법을 지닌 아홉 가지 약초를 집어들고 구렁이를 강타하여 아홉 토막으로 잘랐으니, 이제 이 아홉 가지 약초는 아홉 가지 악령을 몰아내기 위해, 아홉 가지 독사의 독액을 뽑아내기 위해, 아홉 가지 독충의 습격을 구제하기 위해 쓰이리라."

여러 가지의 식물들과 약초들 또한 인간이 최초로 찾아낸 치료수단 가운데 하나였다. 이러한 식물과 약초 가운데는 실제로 효험을 지니는 것이 많이 있는데, 그러한 효험은 아마도 허다한 시행착오를 거쳐서 발견되었을 것이다. 그러나 또 한편으로 고대의 의약 가운데는 괴상한 연상에만 근거를 둔 마술적인 것들도 상당히 많다. 말하자면 별 희한한 것들—무

덤에서 따온 버섯이나 풀잎에 맺힌 이슬 따위—이 다 약을 조제하는 데
사용되었는데, 그렇게 조제된 약은 인체에 해로울 뿐 아니라 흔히는 전혀
터무니도 없는 것들이었다. 게다가 한술 더 떠서 병을 치료하는 사람들은
식물의 생긴 모양을 질병 그 자체와 연관시키려고까지 했다. 즉 그들은
고비(양치류에 속하는 식물 : 역주)와 이끼에서 짜낸 즙이 탈모증에 좋다고
도 했으며 손바닥처럼 생긴 아주까리 잎새로는 손에 낸 상처를 치료하려
고도 했다. 또 이빨처럼 생긴 어떤 식물은 치통을 치료하는 데 쓰여지기
도 했다. 동그란 고리가 층층이 겹쳐진 양파에도 치료효험이 있다고 했는
데, 그 이유는 단지 양파의 모양이 이 세상과 비슷하게 생겼기 때문이었
다. 마늘이 풍기는 강한 냄새에는 질병을 몰아내는 힘이 스며 있다고 생
각되어지기도 했다. 그 외에 사람을 미치게 만드는 돌이라든가 개가 짖는
것을 멎게 하는 돌, 악마를 몰아내는 돌, 증인이 위증을 하면 손바닥에서
검게 변하는 돌 등 별 이상한 돌까지도 다 있다는 것이었다.

질병의 치료에 적용되는 색채의 상징적 의의는 대체로 매우 직접적인
것이었다. 즉 색채가 질병과 연관되었던 이유는 어떤 질병에 걸리면 그
질병에 특유한 색이 나타나기 때문이었다. 따라서 식물이건 꽃이건 광물
이건 또는 만병통치약이건 간에 그것들의 색이 질병에 걸렸을 때의 피부
색이나 피부에 생긴 상처의 색과 같기만 하면 효험이 있는 것으로 생각되
었다. 그러므로 빨간색, 노란색 및 검은색에 가장 큰 의술적 가치가 주어
졌는데, 그 이유는 그런 색들이 열병, 흑사병 및 죽음의 색과 비교적 비
슷하기 때문이었다.

빨간색의 상징적 의의

빨간색은 마법에 의한 치료에 쓰이는 색채 중에서 가장 흥미로운 색인
데, 이 빨간색은 고대의 문헌에서 뿐 아니라 현대 미신 가운데서도 쓰이
는 예가 흔히 발견된다. 주홍색 천은 여러 세기동안 출혈을 멎게 하는 데

쓰여왔다. 또 11세기 경의 아비스나는 환자에게 빨간 옷을 입혔고 빨간
시트로 환자를 덮었다. 에드워드 2세의 시의(侍醫)는 천연두를 퇴치하기
위해 환자가 쓰는 방에 있는 물건을 모두 빨간색의 것으로 바꾸라고 했
고, 프란시스 1세가 천연두에 걸렸을 때는 빨간 담요로 몸을 싸도록 처방
되기도 했다. 또 미카도스에서는 한 아이가 천연두를 앓고 있는 동안 집
안에 있는 아이들 모두에게 온통 빨간 옷을 입혔다고 한다.

　때로는 의사들의 처방이 극단으로 흘러서 환자에게 빨간 약과 빨간 음
식만을 먹도록 했고, 그렇게 되면 환자가 먹는 것과 입는 것이 모두 진홍
색으로 되는 경우까지 생겼다. 그리고 영국에서는 이런 풍습이 오랫동안
지속된 결과 의사들이 한때는 자기네들의 직업을 나타내는 표시로 진홍색
의 망또를 입기도 했다. 또 메사추세츠의 시골지방에서는 순회의사에게
환자가 있다는 것을 알리기 위해 빨간 깃발을 게양했던 적도 있었다.

　아일랜드와 러시아에서는 성홍열을 치료하는 데 빨간색의 플란넬천이
쓰였다. 스코틀랜드에서는 빨간 모포가 삐인 것을 치료하기 위해 쓰였고,
아일랜드에서는 후두염을 치료하는 데 쓰였으며, 마케도니아에서는 열병
을 치료하는 데 쓰였다. 또 영국에서는 어린 아이에게 이가 나려면 빨간
실이 있어야 한다고 믿었다.

　빨간 황소의 숨결은 어린 아이들의 경기를 가라앉히는 데 쓰였다. 빨간
색의 봉랍에는 부스럼을 치료하는 신비한 힘이 들어 있다고 믿어지기도
했다. 영국에서는 빨간 산호가 풍치(風齒)를 막아준다고 생각되었으며,
포르투갈에서는 두통을 가라앉혀 준다고 생각되었다. 마케도니아에서는
아기가 태어나면 악귀를 묶어두기 위해서 침실의 도어에 빨간 실을 꼬아
매어두기도 했다.

　중국 사람들은 장수를 누리기 위해서 빨간 루비를 지니고 다녔다. 어린
아이들의 땋은 머리칼에 빨간 천조각을 매달아주었던 것도 같은 이유에서
였다. 인도나 페르시아에서는 석류석에 그와 비슷한 힘이 있다고들 믿었
다. 또 로마산호와 홍옥수에는 병마를 몰아버리는 힘이 있다고 믿어지기
도 했다.

버지(Budge)는 고대 이집트에서도 널리 쓰였던 빨간 부적들과 관련하여 다음과 같이 기술했다.

"이집트의 고분(古墳)에서는 벽옥이나 사기 또는 빨간 유리로 만든 고리가 상당수 발견되었는데, 그것들에는 모두 글자가 새겨져 있지 않으며 구멍이 하나씩 뚫려 있다. 그것들이 왜, 또 어떻게 쓰였는지는 알려지지 않고 있지만, 최근에 나온 견해에 따른다면, 그것들은 군인 또는 임무를 수행하려면 적과 싸워야 하는 사람들이 부상을 입지 않도록, 또 만일 부상을 당하더라도 출혈이 멎도록 하기 위해 부적으로 착용했던 것 같다. 이와 같은 점으로 미루어 보면, 여자들이 하혈을 막기 위해 그것들을 착용했었을 가능성도 있다."

기타의 색들
—색채에 의한 치료술

황달을 치료하는 데는 노란색이 쓰여 왔는데, 그 이유는 황달의 색이 노랗기 때문이었다. 독일에서는 노란 무우, 금화, 사프롱(Saffron ; 원래는 약재이나 지금은 향료 및 염료로 쓰이는 식물 : 역주) 및 그 밖의 10여 가지 노란색을 띤 물건들로 황달을 치료했다. 또 영국에서는 버터에 노란 거미를 집어넣은 것을 황달 치료제로 썼다. 러시아의 일부 지방에서는 노란 구슬을 지니고 다녔다. 또 다른 지방에서는 환자에게 검은색의 물체를 쳐다보도록 했는데, 그 이유는 검은색이 노란색과 반대되는 색이므로 환자에게서 황달을 끌어낼 수 있다고 믿었기 때문이었다. 인도에서는 노란 물건, 노란 생물 또는 노란 태양 같은 것들 속으로 황달을 몰아내려고 했는데, 왜냐하면 황달은 당연히 그런 것들 속에 있어야 한다고 생각했기 때문이었다. 또 그 다음에는 성직자가 주문을 외면 황소로부터 정열적인 건강의 색인 빨간색이 '끌려 나온다'고도 믿었다.

그리이스에서는 금조각을 술에 넣어 사흘 밤 동안 별빛을 받게 한 다음 그 술을 환자에게 마시도록 함으로써 그들이 '황금병'이라고 불렀던 황달을 치료하려고 했었다. 또 그들은 금조각을 해독제로써 음식물 위에 뿌리기도 했었다. 또 말레이의 일부 지방에서는 질병과 전염병을 노랗게 칠한 배에 실어 떠나 보내거나 또는 빨간 물감을 칠한 물소에게 채찍질을 하여 그것을 마을 밖으로 몰아냄으로써 질병을 막으려고도 했다.

고대 그리스인들은 까마귀의 알이 흰 머리칼을 다시 까맣게 해준다고 믿었다. 그리고 그 까마귀 알은 효과가 너무 강할 것으로 생각되었기 때문에 그들은 까마귀 알이 머리칼로 녹아 들어가는 동안 이빨이 까맣게 변하는 것을 막기 위해 입에 기름을 한모금씩 물었다고 한다. 아일랜드와 영국 및 버몬주의 일부 지역에서는 까만 양의 털로 만든 까만 털실이 귀 앓이를 치료해 준다고 믿었다. 또 그들은 까만 달팽이를 사마귀에 비비면 사마귀가 없어진다고 믿기도 했다.

프랑스에서는 털이 까만 동물의 가죽을 따뜻하게 해서 갈비뼈에 붙이면 류마티스가 치료된다고 믿었다. 어떤 미신에서는 까만 새를 잡아서 그 새가 잡혔던 곳에 묻으면 간질이 치료된다고도 했다. 또 검은 고양이의 피는 영국이나 남아프리카처럼 멀리 떨어진 지역들에서도 똑같이 폐렴의 치료에 처방되어 왔다.

플루타크(Plutarch ; 46~120. 그리이스의 전기작가, 「영웅전」을 남김 : 역주)도 제물을 바치기 위해 새벽에 길을 떠날 때 강가의 제방에서 찾아낸 흰 갈대를 아내의 침실에 뿌려두면 아내의 침실에 숨어들어 갔던 간부(姦夫)가 미쳐서 말 못할 죄악을 고백하게 된다고 언급했던 바 있다.

부적에서 볼 수 있는 몇 가지 색들도 질병을 치료하기 위한 것들이다. 파란색과 초록색은 대체로 예방으로써, 즉 악마의 눈을 피하거나 또는 그 부적을 지닌 사람이 악마의 재앙을 모면토록 하기 위해 사용되었다. 그러나 아일랜드에서는 파란 리본이 위막성후두염(僞膜性後頭痰)을 치료하는 데 쓰여졌으며, 또 소화불량을 치료하려면 성부 성자 성신을 외면서 허리에 초록색의 끈을 두른 다음 버터 바른 빵에 민들레 꽃잎을 세 장 붙여서 사흘 아침동안 계속 먹어야 한다고 믿었다.

원주민들과 색채

아메리카 인디언들 사이에서는 색채가 종교와 불가분의 관계를 맺고 있었다. 또 그들은 아프리카나 유럽 및 아시아 등지에서 살던 종족들과 마찬가지로 우주의 신성함을 나타내는 색도 가지고 있었다. 그 한 예로 멕시코 지방에 살던 원주민들은 하늘을 떠받치는 신에게 칸(Kan)이라는 이름을 붙여주었는데, 그 단어의 원뜻은 노란색이라는 뜻이었다. 또 우리는 아메리카인디언들이 쓰던 담뱃대에 포함된 상징적 의의도 쉽게 이해할 수 있다. 즉 그들은 자기네들이 피우는 연기가 하늘에 이르면 하늘에 있는 신들이 그 연기를 보게될 뿐 아니라 심지어는 그 신들까지도 연기를 피운다고 믿었는데, 그 이유는 신들이 혜성(慧星)을 불쏘시개로 해서 단단한 나무에 불을 지피고는 그 연기를 바람 속으로 불어넣은 것이 구름으로 되어 사람들에게 보이는 것이라고 믿었기 때문이었다. 말하자면 인디언들에게는 담뱃대가 제단인 셈이었고 그 담뱃대에서 피어오르는 연기는 그네들 특유의 제물인 셈이었다. 또 인디언들은 거의 언제나 담뱃대를 만들 빨간 돌을 찾아 다녔는데, 그 이유는 태양신의 색이 빨간색이기 때문이었다. 한편 지하세계의 신은 검은색이었고 불의 신은 얼룩얼룩한 색이었다.

아즈테크(지금의 멕시코 고원지대에서 13세기~16세기에 걸쳐 존속했던 국가 : 역주)인들 사이에서는 해마다 열리는 축제(7월에 열렸음) 전날에 산 사람을 제물로 바치는 의식이 행해졌었다. 그 의식에서는 어린 옥수수의 신(아즈테크 문명은 농경에 기초를 둔 문명이었음 : 역주)으로 분장한 젊은 여자가 등장했는데, 그 여자는 얼굴 윗부분은 빨간색으로 아랫부분은 노란색으로 장식되었으며 팔과 다리에는 빨간색의 깃털을 둘렀고 빨간 줄무늬로 장식된 신발을 신고 있었다. 그리고 그 여자는 바로 사원의 지붕 꼭대기에서 신을 위해 죽임을 당하여 머리가 잘려지고 가슴이 찢겨져 심장이 꺼내질 여자였다.

하란(구약성서에 나오는 지명 : 역주)에서는 빨간 옷을 입고 피를 바른 성직자가 빨간색으로 칠해지고 빨간 휘장이 드리워진 사원 안에서 머리가 빨갛게 물들여지고 뺨이 빨갛게 칠해진 청년을 신에게 제물로 바쳤다고 한다.

자연을 지배하고 자연력을 통제하는 일이란 얼마나 중대한 일이었겠는가! 이집트에서는 풍작을 기원하기 위해 머리가 빨갛게 물들여진 소년과 빨간 숫소가 신에게 제물로 바쳐졌다. 바바리아인들은 씨를 뿌릴 때 씨앗에 풍요한 색을 주기 위해 손에 금반지를 꼈다. 아일랜드에서는 검은 개의 생가죽을 태워서 그 재를 바람에 뿌리면 폭풍이 가라앉는다고 믿었다. 중부 인도의 한 지방에서는 쌍둥이인 사람 중에 하나를 골라서 오른쪽 궁둥이에는 검은 칠을 하고 왼쪽 궁둥이에는 어떤 색이든 다른 색을 칠한 다음 바람이 부는 방향으로 세워놓으면 농작물이 비나 우박으로 인한 피해를 보지 않게 된다고 믿었다. 또 어떤 곳에서는 검은 구름과 색이 같은 검은 동물을 제물로 바쳐서 비를 내리게 하려고도 했다. 흰 동물들은 햇빛을 나게 하기 위해 바쳐졌다.

스코틀랜드 및 헝가리, 포르투갈, 덴마아크, 독일 등지에서는 가축이 죽는 것을 예방하기 위해 가축에 빨간 끈과 빨간 헝겊조각을 매달았다. 그러나 아프가니스탄, 시리아, 마케도니아 등지에서는 똑같은 목적을 이루기 위해 파란색을 썼다.

또 가정에 축복을 가져다 주기 위한 행운의 징표들도 있었는데, 시리아인들은 특수한 모양의 빨간 무늬를 행운의 징표로 사용했으며 아일랜드, 인도 및 멕시코 등지에서 사용했던 손모양의 빨간 무늬는 재앙으로부터 가정을 보호해주기 위한 것이었다. 또 예루살렘에서는 주거지의 문이나 벽에 파란 손모양의 무늬가 찍혀 있었다.

이러한 미신들 가운데 많은 것들이 오늘날까지도 지속되고 있는데, 그것들은 틀림없이 여러 세기 전까지 거슬러 올라가는 관습을 따라 지속되어 온 것들이다. 또 색채는 인류에게 무사안전(無事安全)을 가져다 주기도 했지만, 한편으로는 인간에게 임박한 불행을 예고해 주기도 했다. 스페인에서는 검은 고양이가 불길함의 전조였으며 흰 곤충은 행운의 조짐이었다. 그러나 캬스틸랴(스페인 중부의 옛 왕국 : 역주) 지방에서는 흰 나방이 죽음의 징조였다.

고양이 — 일본 사람들은 고양이 중에서도 빨간색이나 분홍색을 띤 갈색의 것을 가장 무서워했다. 또 아주 새까만 고양이에게는 신통력이 있고 그런 것들 중에는 날씨를 예언하는 것도 있다고 생각했다.

이처럼 기묘한 믿음들은 어떻게 설명해야 할까? 요오크셔 지방의 어부들은 오늘날까지도 흰색을 무서워하는 반면 요오크셔에서 50마일밖에 떨어지지 않은 곳인 노덤버랜드의 어부들은 검은 색을 무서워한다고 한다. 미국에서는 흔히 검은 고양이가 불길함을 가져다 준다는 이유로 욕을 먹지만 또 한편으로는 검은 고양이가 새로 상연되는 연극의 성공적인 흥행을 보장해주는 것이라고 여겨지기도 한다. 그러나 노란색은 연극의 흥행을 망치는 색이므로 포스터나 좌석표, 심지어는 주악석의 클라리넷 주자석에도 절대로 쓰여지지 않는다. 노란색은 검은 고양이가 예고한 좋은 징조를 상쇄시킬지도 모르기 때문이다.

오늘날의 미신과 색채

요술, 마술 및 점(占)은 오늘날까지도 사주쟁이라든가 수정구(水晶球) 점쟁이, 무당 등의 알지 못한 비밀 속에서 존속되고 있다. 또 한편으로는 색채의 중요성 가운데 많은 부분이 — 물론 전부야 아니겠지만 — 오랜 세월이 흐르는 동안 어디론가 사라져 버렸고, 그 결과 한때는 신성한 예술이었으며 신통력을 불러일으키는 기도의 문구였던 색채가 이제는 한낱 '암술'로 전락해 버렸다. 기독교를 믿는 사람들은 부적과 비전(秘傳)의 의식을 경멸했으며 그런 것들에 빠져든 사람을 악마의 앞잡이라고 불렀다.

미신과 감정에 흐르기 쉬운 마음은 흔히 서로 통한다. 기묘하고 매혹적인 목소리는 지금도 사람들에게 인생의 만병통치약이 존재한다고 속삭이

는 듯하다. 특효약이라든가 별난 미네랄 워터, 가루약, 환약 따위는 아직
도 약국의 선반 위에 진열되어 있고 선전을 통해 대중에게 속여 팔린다.
건강이 나쁜 사람들과 운이 나쁜 사람들에겐 종종 그럴싸한 속임수라도
믿고 싶은 마음이 생겨난다. 인간의 마음은 아직도 여전히 신비주의자인
채로 남아 있는 것이다.

　옳고 그름이 어떻게 다른 것인지, 또 치료술이 어디까지 실제적이어야
하며 어디까지 공상적이어도 되는지를 확정하기란 항상 쉽지만은 않은 일
이다. 예를 들어서 기도하는 사람의 행위로는 부러진 다리를 고치지 못한
다고 하는 말에는 재고되어야 할 여지가 많이 남아 있다. 왜냐하면 마음
이 괴로운 사람들은 사고를 내기 쉽고 사고가 나면 흔히 뼈가 부러지므
로, 믿음이 부러진 다리를 실제로 치료해줄 수는 없다고 하더라도 마음의
평화를 가져다 준다는 것은 확실하기 때문이다. 실로 믿음은 마음이 혼란
하고 정신이 분열된 사람들에게 생겨나는 사고를 예방해주는 것이다.

제4장

• • • • • •

색채와 영기(靈氣) 치료사

　　신비주의자들에 관한 논의를 계속해 보기로 하자. 신비주의자
들은 흔히 호신부(護身符)와 부적에 마법적인 힘이 있다고 생각
했던 한편, 인간의 몸을 천체(天體)에 비유하기도 했다. 즉, 그
들은 인간의 몸 속에 있는 소우주(小宇宙)가 태양이나 혹성(惑
星), 또는 항성(恒星)처럼 빛을 발한다고 생각했던 것이다. 이
런 생각은 흔히 절대지상(絕對至上)의 신과 연관된 것이었는데,
그 신이 발하는 빛은 인간에게 생명과 영혼을 준다고 믿어졌다.
신비주의자들이 자기네들의 동족(同族)에 대해서, 또는 그들이
섬기는 신의 화상(畵像)에 사용했던 후광(後光)이라든가 법복
(法服), 기장(記章), 보석류 및 장신구 등은 모두 몸으로부터 발
산되는 영기(靈氣)를 상징한 것들이었다. 고대 이집트인들의 정
교한 머리장식과 그리스도교 성자(聖者)의 머리 주위로 그려진
원광(圓光)은 신에 의해 선택된 사람들에게서 발산되는 영기를
표현한 것이었다. 이러한 빛줄기들은 육체의 표면으로부터 쏟아
져 나온다고 생각되었는데, 그 빛줄기의 색은 수양(修養)의 정
도, 정신적 완전함, 육체적 건강 등을 나타내는 척도가 되었다.

기(氣)의 빛

신비주의자들의 말에 따르면, 모든 동물과 식물에서 기(氣)가 발산된다
고 한다. 그리고 대부분의 경우, 이 기는 육체와 마찬가지로 실재(實在 ;
정신과 육체를 모두 포함한 완전한 개체라는 의미임 : 역주)의 한 구성부분이
된다고 한다. 저 이름높은 벤베누토 첼리니(Benvenuto Cellini)도 다음과
같은 말을 했다.

"내가 그 이상한 형체를 처음 보았던 이래 지금까지 나의 머리 속에서
는 그 눈부신 후광이 항상 머물러 있었다.(그것은 정말 경탄할 만한 것
이었다) 나는 내가 선택했던 모든 계층의 사람들로부터도 그 후광을 볼
수 있었지만, 각 계층마다 후광을 지닌 사람들의 수효는 극히 적었다.
이 후광은 아침해가 떠오르는 두어 시간 동안 나의 그림자에서도 볼 수
있었는데, 풀잎이 이슬에 젖어 있을 때는 특히 더 잘 보였다."

밀교 신봉자들의 말에 의하면, 뇌가 신경 순환계의 중심 기관이고 심장
이 혈액 순환계의 중심 기관이듯이, 지라는 영적인 요소 (氣를 달리 표현
한 말임 : 역주)가 생명력을 끌어내는 기관이라고 한다. 그리고 이러한 기
의 발산은 각 개인의 육체적·정서적·심리적 상태에 의해 결정적인 영향
을 받으며, 그 색채 또한 개개인에 따라 그리고 기분이나 생각이 변화함
에 따라 달라진다는 것이다. 이에 관하여 하르트만(Hartmann)은 다음과
같이 적고 있다.

"발산되는 영기의 질은 그 영기를 발산하는 중심 기관의 활동에 의존한
다. 왜냐하면 모든 개체는 그 개체의 보이지 않는 중심에 위치한 개체
고유의 정기(精氣)에 의해 특정지워지며, 이 중심으로부터 그것이 지닌
고유한 속성과 특질을 부여받기 때문이다."

이 말은 좀 복잡하기 때문에 어쩌면 엉뚱한 결론이 유도될지도 모른다.
그러나 신비주의자들이 주장하는 바에 의하면 사람들의 참된 성격은 그들

이 발산하는 기로 나타난다는 것이다. 그들의 말을 빌자면, 성품이 천박한 사람들에 있어서는 검은 빛을 띤 빨간색이 우세하고 고매한 성품의 사람들에게서는 흰빛, 파란빛, 금빛, 초록빛 등의 다채로운 빛이 나타난다고 한다. 또 빨간색은 강한 욕망을 나타내며, 파란색은 사랑을, 그리고 녹색은 자비심을 나타낸다고도 한다.

이 기에 관하여 판챠다시(Panchadasi)는 다음과 같은 말을 하고 있다. "인간의 기는 각 개인이 주위로 방사(放射), 또는 발산하는 섬세하고도 영묘(靈妙)한 빛이라고 묘사될 수 있을 것이다. 그것은 인체로부터 사방으로 2~3피트까지 뻗쳐 나온다."

위의 말로 미루어 보아, 기는 난로에서 올라오는 열과 비슷한 것 같다. 기의 빛깔은 심령적(心靈的)인 통찰력을 지닌 사람들에게 가장 잘 보인다고 한다. 그리고 이 기는 오르락내리락하며 변화한다고 하는데, 어떤 때는 수면(水面)처럼 잔잔했다가 어떤 때는 불꽃처럼 격렬해지기도 하며, 그럼으로써 마음의 평정을 나타내기도 하고, 짙은 색의 불꽃으로는 분노와 증오를 나타내기도 한다는 것이다. 그러나 이 기는 결국 특별한 상황에서, 그리고 아주 특별한 사람에게만 보이는 것이라고 한다.

기의 형체에 관하여 어떤 사람들은 그것이 부드러운 색조에 안개 같은 모양이라고 하고, 어떤 사람들은 일직선으로 뻗어나오는 모양이라고도 하며, 또 어떤 사람들은 코일처럼 펼쳐져 나가는 모양이라고도 한다. 리드비이터(Leadbeater)는 그의 「인간, 그 가시적(可視的)·불가시적 특질」에서 기의 의미를 다음과 같이 서술하고 있다.

"검은 구름 모양의 기는 증오와 원한을 나타낸다.

검은 바탕에 짙은 빨간색 불꽃 모양의 기는 분노를 나타낸다. 그러나 불꽃의 색이 핏빛일 때는 명백한 성욕을 나타낸다.

흐릿한 갈색은 탐욕을 의미하며, 회색빛을 띤 갈색은 이기심을 의미한다. 그리고 초록빛을 띤 갈색은 질투를 의미한다.

회색은 절망, 공포와 관련된다.

선홍색은 애정이 많은 기질임을 보여준다.

주황색은 오만과 야망을 나타낸다.

노란색은 지성적인 사람의 기에서 발산된다.

회색빛을 띤 녹색은 허위와 기만을 의미한다. 그러나 연하고 선명한 녹색은 동정과 연민을 의미한다.

짙은 파란색은 종교적으로 크게 감명을 받은 사람에게서 발산되며, 연한 파란색은 고매한 이상에 헌신하는 사람임을 표시한다."

따라서 기를 볼 수 있는 사람은 인간의 마음을 네온싸인처럼 읽을 수 있다. 야만인에게서 발산되는 기는 머리 위로 흐릿한 노란색이 나타나면서 회색빛을 띤 파란색과 흐릿한 주황색, 그리고 색정의 표시인 빨간색 빛줄기가 보이는데, 모든 색들의 경계가 불분명하다고 한다. 보통 사람의 경우엔 높은 주파수 범위의 색, 그보다는 좀 더 노르스름한 색, 진빨강색, 맑은 파란색 등이 나타나는데, 화가 났을 때는 검은색의 소용돌이와 빨간 불꽃이 보이고 두려워할 때는 검푸른 듯한 회색 안개가 나타나며, 무슨 일엔가 헌신하고 있을 때는 푸르스름한 빛이 나온다.

성마른 기질의 사람에게는 주홍색 반점이 떠다니는 듯한 모양이 나타나고 구두쇠에게서는 짙은 갈색빛이 막대 모양으로 뻗치며, 마음이 억눌린 사람에게서는 흐릿한 회색빛의 기가, 그리고 헌신적인 유형의 사람에게서는 푸른빛이 넓게 퍼지는 모양의 기가 발산된다.

마지막으로 초인(超人)에게서 발산되는 기는 무지개빛으로 충만해 있다. 그것은 즉 '해질녘의 이집트에서 보는 모든 빛깔과 땅거미 지는 영국 하늘의 모든 부드러움'인 것이다. 그리고 그의 머리 둘레로는 햇무리와도 같은 노란 원광이 빛난다.

영계(靈界)

어떤 밀교 신봉자들은 고도로 발달한 정신이 지배하는 영계(靈界)에 관하여 이야기하기도 한다. 그러나 인간에게는 그곳이 파라셀수스

(Paracelsus)의 요정들인 언딘(undine ; 물의 요정), 실프(sylph ; 공기의 요정), 노움(gnome ; 땅의 요정), 샐리맨더(salamander ; 불의 요정)들에 의해 가로막혀 있다고 한다. 그리고 또 행인지 불행인지는 모르지만 이 요정들은 인간이 사는 곳에는 거의 나타나지 않는다고 한다. 리드비이터는 요정들에 대하여 다음과 같은 말을 하고 있다.

"일상적인 상황에서는 인간의 눈에 그것들이 보이지 않는다. 그러나 그것들은, 나타나고 싶으면 언제든지 제 몸을 구현(具現)함으로써 인간의 눈 앞에 나타날 수 있다."

아틀란티스(Atlantis ; 대서양에 있었다가 사라졌다는 환상의 대륙 : 역주)나 그리이스 또는 그리스도교의 천국에 비유되는 영계는 정말로 아름다운 곳이어서 환상처럼 보일 지경이라고 한다. 하르트만은 영계의 존재에 관해 다음과 같이 말하고 있다.

"인간의 의식(意識)이 있는 곳에 인간 그 자체가 있는 것이다. 육체가 의식과 함께 있거나 있지 않거나 하는 것은 문제가 되지 않는다."

판챠다시가 쓴 책을 보면, 이 영계는 감응(感應 ; 심령술사나 영매들이 영혼을 불러낼 때 영혼과 자신의 교신 주파수를 맞추는 것. 쉽게 말하면 신이 들리는 현상임 : 역주)의 정도에 따라 일곱 단계의 차원으로 구분된다고 한다. 그리고 이 영계에는 영적(靈的)인 감각을 지닌 사람들만이 도달할 수 있다는 것이다. 하르트만은 영계와 관련하여 이렇게 단언했다.

"영계의 빛 속에 있는 모습들을 볼 수 있는 사람은 지나간 과거의 모든 역사를 읽을 수 있고, 미래의 모든 일을 예언할 수 있다!"

이제 그는 태고적부터 모든 신비주의자들이 꿈꾸어 왔던 진정한 황금기(黃金期)에 다다른 것이다. 열반(涅槃)의 세계가 열린 것이다.

색채요법의 현대적 관점

틀림없이, 영적인 측면에서의 색채 요법은 매우 환상적이고, 따라서 몹시 의심스러운 것이다. 인간의 몸에서 무지개빛이 발산되는 장관은 정말로 기대하기 어려운 일이다. 그리고 또 사실상, 인간의 기에서 볼 수 있었던 것이 무엇인가에 대해서도 여러 밀교 신봉자들의 의견이 상당히 다른 것을 보면, 그들도 대개는 인간의 기를 보지 못했음에 틀림없다.

그러나 비록 그런 영기 치료사들과 그에 유사한 사람들을 믿을 수는 없다고 하더라도, 정신력이 지닌 효험은 의심할 수 없는 것이다. 살아야겠다는 의지 그 자체가 육체의 건강에도 큰 도움이 되기 때문이다. 정신적 고통과 육체적 고통 사이에 존재하는 밀접한 관계는 의학계에도 잘 알려져 있다. 부적과 호신부와 영기치료 등등에 관한 연구를 진행하면서, 우리는 낙관과 풍족감이—색채가 아니라—과연 '선한 요정'으로 작용해 왔을까 하고 의심하게 된다. 그러나 이 20세기에도, 그리고 우리가 살아가는 이 세대에도 명성이 자자한 의사나 학자들까지 '신앙 요법'으로 병을 치료했다는 간증을 하기 위해 기꺼이 증언대에 서고 있는 것이다. 결국, 인간의 몸에 기가 있다는 것은 분명하다.—과연 그 기가 인간의 질병과 건강을 나타내는 것인지 아닌지, 또 그것이 병의 치료와 미약한 관계라도 있는 것인지 아닌지는 잘 모르지만—인간의 기는 열이나 향기와 마찬가지로 감지(感知)될 수 있을 뿐 아니라 적절한 상황 하에서는 인간의 눈에 보일 수도 있는 것이다. 영매(靈媒)를 절대적으로 믿었던 올리버 로지경(Sir. Oliver Lodge)은 다음과 같이 기술했었다.

"모든 증거들로 인해 나는 우리가 육체뿐 아니라 영체(靈體)도 가졌다는 점을 확신하지 않을 수 없다…… 육체를 구성하는 것은 인체기관들로 이루어진 실재일 뿐이다."

영기치료와 색채

파라셀수스는 인간의 몸이 두 가지 물질, 즉 보이는 물질과 보이지 않는 물질로 구성되었다고 믿었다. 그는 또 영체(靈體)의 그림자, 즉 보이는

물질은 분리할 수 없는 것이며, 그것이 교란되었을 때는 질병이 생겨난다
고 했다. 그래서 그는 그 물질을(인간의 육체를 뜻함 : 역주) 건강한
몸—질병을 물리치는 데 필요한 요소를 제공할 수 있는—과 접촉하게
함으로써 다시 조화시키려고 했다.

밀교 계통의 영기 치료사들은 세 가지 방법을 써서 환자를 치료한다.
즉 감정이 전이(轉移)된다고 생각함으로써, 환자의 기에 영향을 미침으로
써, 그리고 기의 올바른 발산을 자극함으로써 질병을 치료하는 것이다.
간단히 말하자면 영기 치료사는 정신 집중을 통하여 환자의 마음 속에서
감응을 불러일으키려고 한다. 이 말은 첫째로 그가 어떤 색(원하는 기의
색)을 생각함으로써 자신의 기가 발생하고, 그 발생한 기가 곧바로 환자
의 기에 작용한다는 것과, 둘째로 환자에게 작용한 기가 환자의 마음 속
에서 그에 일치하는 감응을 일으킨다는 것—그럼으로써 치료효과가 생긴
다는 것이다.

그러므로 이 영기 치료는 육체적인 치료라기보다는 오히려 정신적, 심
령적인 치료방법이다. 여기에서는 색광(色光)이라든가 또는 색상을 지닌
매체가 전혀 사용되지 않는다. 전 과정이 심령적인 과정일 뿐이다. 그러
나 이 영기 치료는 다른 모든 심령적인 현상들과 마찬가지로 합리적・회
의적인 사고를 지닌 사람들에게는 전혀 효험이 없다.

정신을 집중하기 위하여 사용되는 영기색(靈氣色 ; 이것은 실제로 존재하
는 색이 아니고 마음 속으로 느끼는 가상적인 색이다 : 역주) 가운데 신경계
에 쓰이는 것들로는 마음을 진정시키기 위한 보라색 및 연보라색, 활력을
주기 위한 초록색, 자극을 주기 위한 노란색 및 주황색 등이 있다.

혈액 및 인체기관에 쓰이는 색으로는 안정감을 주기 위한 파란색, 상쾌
감을 주기 위한 초록색, 자극을 주기 위한 빨간색 등이 있다. 또 파란색
은 고혈압 히스테리 환자들을 치료하기 위해 쓰이며, 빨간색은 오한이 나
거나 체온이 떨어지는 환자들에게 쓰이는 색이다.

판챠다시는 이 영기색에 관하여 다음과 같이 적고 있다.

"신경증 환자와 신경쇠약자는 보라색이나 연보라색의 영기색 속에서

정신욕(精神浴)을 함으로써 치유될 수 있다. 그 반면 몸이 몹시 지쳐서 육체적으로 녹초가 된 사람에게는 밝은 빨간색을 불어넣어 준 다음, 밝고 화려한 노란색을 충분히 불어넣고 따뜻한 주황색을 꾸준히 불어넣으며 치료를 마침으로써 원기를 회복시킬 수 있다."

위의 과정을 거쳐 감응이 완전히 이루어지면 그 다음에는 장엄한 흰색이 나타난다고 하는데, 이에 관하여 판챠다시는 '이 흰색은 환자의 정신과 영혼이 고무되고 고취되고 깨우쳐진 상태에 있도록 하는 것으로써 환자에게 큰 도움이 될 뿐 아니라 영기치료사가 우주에너지에 의해 기를 되돌려 받게 하는 효과도 갖는 것'이라고 했다.

또 어떤 영기치료 옹호자는 회의적인 의사들이 영기치료법에 대해 거만한 태도로 이맛살을 찌푸리지 않도록 하기 위해 다음과 같은 경고를 발하기도 했다.

"살아 있는 사람을 해부하고 또 구역질 나는 주사약과 그 밖의 부정(不淨)한 물질들을 혈관 속에 집어넣어 퍼뜨림으로써 질병을 근절하려고 하는 무지몽매하고 무신론적인 의사들은 조만간 그네들의 방법이 잘못되어 있다는 것을 알아차리게 될 것이 분명하다."

경계가 불분명한 학문

영기현상을 연구하는 사람들 가운데는 그 현상의 좀더 평범한 모습을 알리고 또 엉뚱한 상상에 너무 깊이 빠져들지 않도록 자제하는 헌신적인 연구자들도 상당수 있는데, 그들은 모두 영기에서 볼 수 있는 색이 단색뿐이라는 점을 인정한다. 즉 어떤 사람에게서 석양이나 무지개의 빛깔처럼 다양한 영기색이 나타난다면 그는 실로 무당이거나 천재일 수밖에 없다는 것이다.

「인간의 기에 관한 논의」를 저술한 죠지 스타 화이트(George Starr White)는 신비주의자들의 열광적인 견해와 좀 더 포용력있는 과학자들의 조심성있는 견해 사이에서 상당히 중도적인 입장을 취하고 있다. 화이트는 모든 동식물이 자기(磁氣)에 둘러싸여 있다고 단언했는데, 이러한 자기는 동식물의 종류에 따라 각기 다를 뿐 아니라 변하기 쉬운 것이라고 한다. 그리고 우리는 그의 견해를 받아들임으로써 사람들에게 흔히 일어나는 감정의 전이라든가 또는 이상한 사건이 일어나리라는 으스스한 예감 등의 불가사의를 설명할 수 있게 된다. 화이트는 또 사람의 건강상태가 기에 분명히 나타나며, 건강상태가 변하면 기의 모양도 변한다고 하면서 다음과 같은 말을 하기도 했다.

"생물체 또는 생명력의 형태가 어떤 것이든, 그리고 또 생명현상이 어떤 매개물—그것이 생명을 지닌 것이건 아니건간에—에 의해 나타난다고 해도, 그 생물의 자기는 반드시 매개물에 의해 특징지워진다."

그러나 의학계에서는 화이트의 견해를 별로 잘 받아들이지는 않았다. 화이트는 왼손의 집게손가락과 오른손의 엄지손가락에서 나오는 자력선은 양성이고, 오른손의 집게손가락과 왼손의 엄지손가락에서 나오는 자력선은 음성이라고 단언했다. 그는 또 영기현상을 연구하기 위한 영기건판을 고안하기도 했는데(실제로 만들어 냈던 것은 아니다 : 역주), 그의 말에 의하면 영기의 빛은 회색을 띤 파란색이라고 한다.

킬너의 연구

그러나 더욱 더 온건한 태도는 월터 킬너(Walter J. Kilner)의 저서인 「인간의 기」에서 찾아볼 수 있다. 킬너는 '기의 빛'에 관한 신비주의적 관점을 신중히 피하고 열성적인 연구자들의 도움을 얻어 자신의 연구를 진행시켰다. 그는 인체를 둘러싸고 있는 기가 세 부분으로 명확히 나누어진다고 결론지었는데, 그 첫번째 부분은 좁고 검은 띠모양이며 두께는 4분의 1인치이고 피부 가까이에 위치한다고 한다. 그 바깥 부분에는 밖으로 약 4인치 정도 돌출한 기가 있는데 이것이 두번째 부분이며 가장 뚜렷하게 보이는 부분이다. 또 그 바깥 부분에는 어슴푸레하고 윤곽이 뚜렷하지 않은 세번째 부분이 있는데, 이 부분의 두께는 약 6인치 가량 된다고 한다.

정상적인 상태에서는 기가 몸의 오른쪽으로 쏠리면서 방사된다. 이러한 기는 그 모양이 전기불꽃과 비슷하며 매 순간마다 위치와 형태가 변한다고 한다. 그러나 손가락, 팔꿈치, 무릎, 궁둥이, 가슴 등에서 방사되는 기는 좀 길쭉한 모양으로 되어 있다고 한다. 킬너의 말에 의하면, 건강한 사람에 있어서는 기의 색이 푸르스름한 회색에 노란색과 빨간색이 약간 가미된 색인 반면 병든 사람들의 경우에는 기의 색이 대체로 회색 빛을 띤 탁색이라고 한다. 그러나 킬너는 기의 색보다는 기의 형태를 기초로 하여 환자들을 진단했다.

벵갈의 연구

킬너의 연구는 오스카 벵갈의 연구에 의해 더욱 더 확충되었는데, 벵갈의 저서인 「기의 본질과 특징」에는 다수의 흥미로운 이론이 전개되어 있으며 기를 볼 수 있도록 하기 위해 따라야할 순서도 상세히 설명되어 있다. 어둠침침한 방에 있는 사람을 응시하는 것만으로도 기를 볼 수 있는 사람이 있지만, 벵갈은 킬너가 썼던 방법에 따라 특수한 스크린을 사용하여 기를 관찰했다.

벵갈은 기를 두 부분, 즉 내부의 기와 외부의 기로 나눴다. 내부의 기는 두께가 약 3인치이며 맑은 광채와 곧게 뻗어나가는 광선으로 특징지워지는데 어느 사람에게 있어서나 대체로 같다. 이 기는 또 몸의 각 부분에서 발산되는 특유한 빛다발로 보충되는데 다른 광선들과 반드시 평행을 이루지는 않는다고 한다.

벵갈에 의하면, 외부의 기는 내부의 기보다 좀 더 뚜렷하고 나이가 들어감에 따라 더 확대되며 남성보다는 여성의 경우에 그 체적이 더 크다고

한다. 외부의 기는 그 두께가 대략 6인치 정도이며 색이 가장 잘 나타나
는데, 그 색은 푸르스름한 색 또는 희읍스름한 색이라고 한다. 이것은 색
이 파랄수록 두뇌가 총명하고 회색에 가까울수록 머리가 둔하다는 것을
나타내기도 한다. 흑인에게서 발산되는 기는 대체로 누르스름한 색이며
결이 거칠다. 갓 태어난 아기의 기는 연한 초록빛을 띠는데, 초록색보다
좀 더 선명한 파란색일 경우는 두뇌가 총명하다는 좋은 징조가 된다. 벵
갈은 몇 차례의 시험을 거친 후에 아기에게서 나타나는 이 푸르스름한 색
이 여타의 유전적인 특질들과 마찬가지로 각 개인마다 타고나는 것이며,
유전법칙을 따르는 것이라고 믿었다. 한편 외부의 기는 기분이나 건강상
태에 따라 그 두께가 변하기 쉽다고 한다. 벵갈은 또 죽은 사람에게서는
절대로 기가 발산되지 않는다고 단언하기도 했다.

　기를 관찰하려면 먼저 특수하게 만들어진 파란색 필터를 통해 하늘을
쳐다봄으로써 눈을 감응시켜야 한다. 그 다음에 관찰자는 창문을 등지고
앉아야 하며 방안에는 어슴푸레한 빛만 들어오게 해야 한다. 그리고 피관
찰자는 벌거벗은 채로 회색 스크린 앞에 서 있어야 한다.

　벵갈은 기의 빛이 자외선이며 가시광선의 주파수 범위를 넘어서는 특정
한 파장을 갖는다고 했다. (약 400밀리미크론으로부터 310밀리미크론까지. 1
밀리미크론은 백만분의 1밀리미터임 : 역주) 그리고 파란색과 보라색 광선은
눈의 원추체(주로 색을 느끼는 시각세포로서 형태가 원추형임. 원추세포라고
도 한다 : 역주)보다는 간상체(주로 명암을 느끼는 시각세포로서 형태가 막대
모양임. 간상세포라고도 한다 : 역주)에 의해 더 잘 보이기 때문에 파란색
필터에는 파장이 긴 빨간색 빛과 주황색 빛을 제거하고 보라색 빛을 강조
하는 경향이 있다고 한다. 또 처음에 노란 색종이가 붙여져 있는 곳을 쳐
다봄으로써도 눈을 감응시킬 수 있다는 데, 그 이유는 노란색이 빨간색과
초록색에 대해서는 시신경을 피로하게 하는 동시에 파란색에 대해서는 더
민감하게 반응하도록 하기 때문이라는 것이다.

　벵갈의 이론 가운데서 더욱 흥미를 끄는 것은 야행성의 조류 및 포유류
가 자외선을 볼 수 있다는 이론이다. 즉 동물들에게 널리 분포되어 있는

간상체 시각은 많은 생물들의 시각에 인간의 눈으로는 볼 수 없는 방사선을 볼 수 있도록 해주는 중요한 기능을 더해줄지도 모른다는 것이다. 그러나 이 이론은 대체로 추측에 지나지 않는 것이며, 본서의 뒷부분에서 논의될 연구를 통해 확인된 것은 아니다. 그러나 실제로 조류의 눈은 많은 경우에 있어서 빨간색 말단의 주파수 범위에 특히 민감하다.

이제 인간에 관한 논의로 돌아가서 내부의 기에 영향을 미치는 인체기관의 질병에 대해 고찰해 보기로 하자. 인체에서 발산되는 기는 광채를 잃고 흐릿하거나 투명하게 나타날 수도 있다고 한다. 정신질환이나 신경질환에 걸렸을 때와 발정기 및 월경기에는 외부의 기에 영향을 미치는 듯하다. 뱅갈은 건강한 사람의 기가 허약한 사람의 기로 흘러 들어가는 것이 분명하다고 했다. 이러한 점으로 본다면 기를 질병의 치료에 이용할 수도 있겠지만 뱅갈은 더 이상 대담한 주장을 하려고 들지는 않았다.

질병에 걸리면 기에 짙은 색의 불규칙한 반점들이 나타날 수도 있다고 한다. 그러나 한 마디 더 부연하자면, 그것이 기의 일반적인 모습이라고 한다.

기가 허벅지 근처에서 현저히 사그러들면 신경질환을 앓고 있다는 증거가 된다고 한다.

기가 등뼈로부터 분리되어 외부로 뻗치는 것은 히스테리의 전형적인 징후이다.

신경증 환자들의 경우에는 대체로 외부의 기가 여리고 내부의 기는 흐릿하다.

육체적인 질환은 기의 밝기에 영향을 미치는 듯하며 신경성 질환은 기의 색에 영향을 미치는 듯하다.

뱅갈의 임신 진단법은 다음과 같다. 유방에서 발산되는 기가 더 넓고 두텁게 되며 배꼽 아랫부분에서 발산되는 기가 임신 직후에 안개 모양으로 확산된다. 또 기의 색 가운데서 푸르스름한 색이 약간 희미해지기도 하는데, 이 현상은 임신이 진전됨에 따라 변화하는 현상이다.

뱅갈은 임상학을 좀 더 연구함으로써 언젠가는 의학과 외과학이 도움을 받게 될 수 있을 것이라고 생각했는데, 그의 주장이 무시된 채 폐기되지는 않을 것 같다. 인간의 몸에 기가 있다는 점은 의심할 여지가 없으며 기의 발산 또한 매우 중요한 것임에 틀림없다.

제 5 장

색채를 연구한 열성적인 학자들

　근대적인 외과학의 출현 및 방부제의 개발과 더불어 세균연구자들에 의한 여러 가지 발견들이 이루어지자 색채요법에 대한 관심은 몇 세대 동안이나 마냥 잠들어 있었다. 그러나 19세기 후반에 접어들면서 미국에서는 드디어 색채요법의 부흥이 일어났다. 세상사람들은 판코스트(Pancoast)와 저 유명한 에드윈 배비트(Edwin D. Babbit)의 연구에 힘입어 아무 데나 듣는 만병통치약을 찾아내 보려고 빛이라는 오묘한 영역으로 다시 뛰어들었다. 오래 전부터 인류에게 알려져 왔던 화금석(化金石 ; 비금속을 금속으로 만들어 주는 것이라고 하여 연금술사들이 찾아다니던 돌. 賢子의 돌이라고도 한다 : 역주)과 불로장수약의 신비로운 매력이 바야흐로 현대 세계를 매혹시켰던 것이다. 도처에서 색채요법과 색채요법 시술사(施術士)들이 출현했고 의술은 생경(生硬)하고 거추장스러운 것으로 되어 버렸다. 특히, 의심이 많거나 미신에 마음이 쏠리는 사람들로서는 의술이란 힘들고 지루한 것이었지만, 색채요법에는 낭만이 있을 뿐 아니라 위대한 힘을 보여줄 일체감과 조화가 있었던 것이다. 그리고 그 위대한 힘은 근면하지만 계시는 받지 못했던 사람들의 지력(知力)을 훨씬 넘어서는 것이었다.

흰빛은 빛의 순수한 본체
— 판코스트의 연구

판코스트는 1877년에 자신이 저술한 「청색광과 적색광」을 출판하고 갑자기 의학이라는 합리적인 학문을 박차고 나와 고대 철학자들의 헤브류 신비철학이 담겨있는 용어들을 빗발치듯이 퍼부어대기 시작했다. 또 그는 신비주의의 비밀에 관한 책을 저술한 후에 격렬한 논조로 다음과 같은 말을 하기도 했다.

"나는 이 책을 읽은 독자들이 우리와 마찬가지로 옛 성인들을 존경하는 법에 관해 배웠으리라고 믿는다. 그러나 요즘의 학자입네 하는 사람들은 그 무지한 허영에 빠져 옛 성인들을 비웃기가 일쑤다."

판코스트는 자기가 믿었던 바를 다음과 같이 기술했었다.

"흰색은 빛의 가장 순수한 본체다. 이 흰색이 음극을 향하여 가면 흰색은 파란색으로 응축되었다가 검은색으로 귀착된다. 또 흰색이 양극을 향할 경우에는 노란색으로 응축되었다가 빨간색으로 귀착된다. 파란색은 휴식과 수면을 불러일으키는 색이며 검은색은 완전한 휴식, 즉 영면(永眠)을 불러일으키는 색이다. 또 노란색은 활동을 불러일으키는 색이고 빨간색은 절대적인 활동, 즉 생명의 활동을 불러일으키는 색이다. 그리고 흰색은 활동의 균형, 즉 건전한 활동을 불러일으키는 색이다."

그는 또 이어서 다음과 같이 기술했다.

"인생의 전개에 있어서는 그 과정이 검은색으로부터 빨간색으로 진행된다. 빨간색은 인간의 전성기 중에서도 정점(頂點)에 해당한다. 인생의 쇠퇴기에는 그 과정이 빨간색으로부터 검은색으로 진행한다. 그리고 흰색은 인생의 전개과정과 쇠퇴과정 전반에 걸쳐, 즉 건강하고 탄력적인 최초의 성숙기로부터 중년을 거쳐 노년에 이르는 동안 내내 함께 진행한다."

판코스트가 비록 장광설을 늘어놓으면서 거창한 주장을 했다고는 하더
라도 그의 연구는 오히려 보잘 것 없는 방법으로 이루어진 것이었다. 즉
그의 연구라는 것은 단지 햇빛을 빨간 유리와 파란 유리—소위 두 가지
의 주된 치료매체—를 사용하여 통과시키는 것뿐이었다. 그러면서도 그
는 언제든 '신경이 해이해졌을 때는 신경계를 긴장시키기 위해 빨간 빛을
사용해야 하고, 신경이 과도하게 긴장되었을 때는 신경계를 진정시키기
위해 파란 빛을 사용해야 한다'고 떠벌여댔다. 그는 또 공손함과는 거리
가 먼 말투로 자기는 기적적인 치료를 수도 없이 해왔다면서 깜짝 놀랄
만한 사례들을 무수히 늘어놓기도 했다.

빛과 색채는 행복을 가져다 주는 신비로운 힘
—배비트의 연구

배비트는 과학자인 동시에 신비주의자이며 내과의사이자 예술가·수필
가이기도 했던 아주 묘한 사람이었다. 그러므로 그의 관점은 판코스트의
그것보다 훨씬 더 광범위한 것이었다. 그는 인생과 세상만사에 대하여 범
우주론적인 흥미를 가지고 있었으며, 언젠가는 자기가 그 얽히고 설킨 현
대과학뿐 아니라 가장 심오한 고대철학의 불가사의까지도 모두 다 전수받
게 될 것이라고 하면서 자신만만한 태도를 취하곤 했다. 여하튼 그는
1878년에 그 초판이 발행되었고, 1886년에 재판이 발행되었던 저 유명한
저서「빛과 색의 원리」덕분에 전세계적인 명성을 얻게 되었는데, 그가
주장했던 원리들이 여러 나라말로 번역되자 그의 이론은 일대 센세이션을
일으켰으며 그 여파가 오늘날까지도 지속되어 오고 있다. 즉 그는 빅토리
아왕조(1837~1901 영국의 전성기 : 역주)시대의 구식 가정에까지도 빨간
색, 파란색, 노란색의 창유리를 끼우도록 만들었던 것이다. 그 이후로 그
는 심히 처치곤란한 질병들을 다루어 왔으며, 그에게서 치료받기를 열망
하는 변덕스러운 세인(世人)들은 그가 당대에 기적을 행하는 사람이라 하

84

여 그에게 지대한 경의를 표하기도 했다.

배비트는 무엇보다도 먼저, 몹시 열정적인 사람인데다 허풍 또한 굉장한 사람이었다. 이제 빛에 대한 그의 엄청난 찬탄을 들어보기로 하자.

"빛은 바깥세상의 모든 찬란함을 드러내 보이지만 그 모든 찬란함 가운데서도 가장 찬란한 것이다. 또 그것은 아름다움을 주고 아름다움을 드러내 보일 뿐 아니라 그 자체로서도 가장 아름답다. 빛은 모든 것들을 있는 그대로 드러내므로 진리를 말하는 자이며 속임수를 폭로하는 자이다. 그것의 무한한 흐름은 수백 경(1경은 1억의 1억배임 : 역주) 마일이나 떨어진 별들로부터 우주를 가로질러 망원경 속으로 흘러들어온다. 그러나 또 달리 생각하면, 그것은 믿을 수도 없을 만큼 작은 것이어서 현미경으로 5천만배나 확대시켜도 눈에 겨우 보일까 말까한 정도라고 한다. 빛은 여타의 모든 오묘한 자연력과 마찬가지로 그 움직임이 놀라우리만큼 부드러우면서도 침투력과 강력한 힘을 지닌다. 만일 빛이 활력을 주지 않는다면 식물이건 동물이건 인간이건 간에 그 생명은 이 지상에서 멸절될 것이며 온세상이 멸망하게 될 것이다. 그러므로 우리는 마땅히 이 강력하고 아름다운 빛의 원리와 빛의 구성요소인 색채를 좀 더 깊이 연구하여야 한다. 우리가 빛의 법칙을 더 깊이 파고들면 파고들수록 빛도 우리에게 생명력을 주고 병을 치료하고 정신을 순화하고 인류에게 행복을 가져다 줄 경이로운 힘의 보고(寶庫)를 열어줄 것이기 때문이다."

배비트는 색채와 빛을 단일한 것으로 보았기 때문에 이 양자를 포괄하는 법칙을 세우고는 '방해받지 않는 자연력의 전개에는 어디에서나 필연적으로 단일성이 존재한다'고 단언했다. 배비트에게 있어서는, 대조법(빛의 무한한 흐름과 초미립자성을 대조한 수사법 : 역주)은 남성적인 것이었고, 점층법(빛의 법칙을 파고들면 파고들수록 빛도 힘의 보고를 열어준다고 한 부분 : 역주)은 여성적인 것이었으며, 그 양자의 결합은 완전성을 의미하는 것이었다.(단일성을 말함 : 역주)

배비트는 원자를 우주의 축도(縮圖)라고 생각했고 색채는 원자가 만들

어낸 위대한 작품이라고 생각했다. 그는 금이 노란색인 이유를 '금에는
노란색을 형성하는 에테르를 배제하거나 반사하는 오른쪽으로 기울어진
소용돌이가 하나 있는 한편, 다른 색의 에테르를 받아들이는 소용돌이도
여러 개가 있으므로 노란색 이외의 다른 색들은 그 소용돌이 속에 얼마쯤
숨어버리기 때문이다'라고 설명했다. 여타의 변덕장이들과 마찬가지로,
배비트의 경우에도 의미만 통하면 되는 대로 마구 지껄여 대는 습성이 되
살아났던 것이다.

치료에 적용되는 원색들

배비트는 세 가지의 원색을 선택했다. 그 가운데서 빨간색은 열(熱)의
중심이었고 수소가 내는 주된 스펙트럼이었으며 온기, 또는 열기를 생성
하는 색이었다. 노란색은 빛의 중심이 되는 색이었다. 파란색은 전자기의
중심이 되는 색이었으며 산소가 내는 주된 스펙트럼이었다. 그 외에도 색
채요법에는 유연성(類緣性)이 있어야 했으므로 어느 하나의 색에는 그 색
의 보색(補色)―빨간색과 파란색, 주홍색과 남청색, 주황색과 남색, 등황
색과 남보라색, 노란색과 보라색, 연두색과 붉은 보라색―이 따라야 했
다. 즉 '온기를 내는 색이 우세한 물질과 전자기를 내는 색이 우세한 물
질 사이에는 반드시 유연관계가 존재한다'는 것이었다.

그는 다음과 같은 묘한 결론을 제시함으로써 자기가 내놓았던 주요 원
리들을 요약했다.

"각각의 색채가 지닌 개별적인 효능들을 정의해 보기로 하자. 신경과민
을 가라앉히는 전자기 작용의 중심과 극점은 보라색에 있고, 혈관계를
진정시키는 전자기 작용의 극점은 파란색에 있다. 그리고 광도의 극점
은 노란색에 있으며, 온기 또는 열기의 극점은 빨간색에 있다. 이는 색
의 성질을 상징적으로 구분한 것이 아니라 실제적으로 구분한 것이다.
따라서 불꽃과 같은 색인 빨간색에는 온기의 요소가 포함되어 있는 것

86

이고, 또 파란색과 보라색에는 냉기와 전자기의 요소가 포함되어 있는 것이다. 그러므로 우리는 색상뿐 아니라 명암, 섬세함과 조잡함, 전자 기력, 광력(光力), 열력(熱力) 등의 전개까지도 포함하는 색채의 작용에 는 여러 가지 양상이 있다는 것을 알 수 있다."

저 위대한 배비트에게는 판코스트가 사용했던 햇빛과 유리창만으로는 불충분했다. 그래서 그는 터모륨(Thermolume)이라고 하는 특수한 상자 를 고안해서 팔기도 했는데, 그것은 자연광(自然光)을 이용하도록 만들어 진 것이었다. 그리고 그 다음에는 그와 유사한 구조의 또다른 상자를 고 안했는데, 이번 것은 자연에 좀 덜 의존하기 위하여 그것에 필요한 빛을 전기불꽃으로부터 얻도록 고안된 것이었다. 그는 또 크로모디스크 (Chromodisk)라는 것도 고안해 냈는데, 그것은 깔때기 모양으로 생긴 기 구로서 빛을 분리하여 그 분리된 빛이 각각 특수한 색필터에 맞도록 되어 있는 기구였다. 즉, 예를 든다면, 파란 빛은 염증이 생긴 부위를 비추도 록 분리되고 노란 빛은 머리나 간, 복부 등을 비추도록 분리되는 기구였다.

배비트의 색채이론

배비트가 선택했던 원색들을 체계적으로 이해하기 위해 이제 그 색들이 지닌 효력과 그 색들로 치료될 수 있다고 추정했던 질병들에 관해 알아보 기로 하자. 배비트는 빨간색이

"인체기관 내에 있는 따뜻하고 빨간 요소—예를 들자면 동맥혈—의 작용을 자극하고 촉진할 뿐 아니라, 정맥을 파랗게 하고 안색을 창백하 게 하는 등의 작용을 하는 차갑고 파란 요소들과 밀접한 관련을 맺으며 조화하는 작용도 한다."

고 주장했다. 그는 중풍, 제 3기의 결핵, 극도의 육체적 피로 및 만성 류 마티스 등을 치료하는 데 빨간 빛을 처방했으며, 빨간 빛은 실제로 거의 모든 질병의 치료에 효험이 있다고 주장했다.

배비트는 아비스나와 마찬가지로 색채와 약의 효력 사이에는 어떤 관계가 있다고 생각했다. 그래서 '그는 빨간 빛은 빨간 물약과 같이 햇빛 중의 따뜻한 요소이므로 혈액의 순환을 촉진하는 데 특효가 있으며, 특히 빨간 빛뿐 아니라 노란 빛까지도 통과시키는 몇 겹의 빨간 유리—이때 뒤로 갈수록 빨간 빛만을 통과시키게 된다—를 통해 걸러진 빛은 신경계의 질환에도 얼마쯤은 자극을 주기 때문에 마비증세 및 기타의 잠복성 질환, 만성 질환을 치료하는 데 효과가 있다'고 주장하기도 했다.

그는 또 노란 빛과 주황 빛은 신경계를 자극하는 것이라고 하면서 '노란 빛은 신경근(神經根)으로 이루어져 있는 뇌를 자극하는 요소일 뿐 아니라, 신경자극의 중심적인 요소이기도 하다'고 주장했다. 색채요법에서는 노란 빛이 변비치료제, 관장제 및 하제(下劑 ; 설사하게 하는 약 : 역주)로 쓰여졌으나 배비트는, 노란 빛을 변비, 기관지 질환의 치료와 배뇨(排尿)의 촉진에 사용했다. 그 외에도 그는 노란 빛에 약간의 빨간 빛이 섞인 광선을 뇌의 흥분제로 사용했고 빨간 빛과 노란 빛이 반반씩 섞인 광선은 강장제로 사용했는데, 후자의 경우에는 인체기관에 전반적으로 도움이 된다는 것이었다.

파란 빛과 보라색의 빛에는 차갑고 전자기적이며 수축적인 성질이 있다고 했다. 그리고 이 두 가지 빛은 염증이 생겨났거나 신경성 질환에 걸린 모든 기관에 대해 진정작용이 있으므로 좌골신경통, 폐출혈, 뇌척수막염, 신경성 두통, 신경과민, 일사병, 신경통 등의 치료에 효험이 있다는 것이었다.

또 파란 빛과 흰 빛은 좌골신경통, 류마티스, 신경쇠약, 탈모증 및 뇌진탕의 치료에 특히 효과가 있다고 했다.

배비트는 위에서 열거했던 모든 사항들을 다음과 같은 호언장담투로 재론(再論)하고 있다.

"온갖 물질은 그 물질의 화학적 성질과 유사한 색채를 띤 물질과 조화를 이룬 일체로 결합되고 또 그에 따라 모든 물질을 안정하게 해주는 평형의 법칙을 유지한다. 이 법칙은 지금까지 충분히 설명된 바 있으며 모든 어림짐작 이상으로 확실한 것이다. 그러므로 만일 빨간 요소인 동맥혈이 지나치게 활동적으로 되어 염증을 일으킨다면 파란 빛이나 기타의 파란 물질들이 균형과 조화를 주는 요소로서 적용되어야 하고 또 한편으로 신경과민의 요소인 노란색 요소―어느 정도까지는 주황색과 빨간색 요소도 관계된다―가 지나치게 흥분되었다면 보라색의 빛과 파란 빛 및 남색 빛이 진정시키는 요소로써 적용되어야 한다. 이 법칙은 온기를 내는 요소들의 열작용과 황산작용에 의해 생겨나며, 전자기를 내는 색을 지닌 물질의 열을 식히는 작용과 수축작용에 의해서만 완화될 수 있는 극도의 흥분, 구토, 설사, 배뇨과다증 등을 일으키는 뇌, 위, 장, 신장뿐 아니라 신체의 모든 부위에 분포된 신경에 모두 적용되는 것이다. 그러면 과연 수학적인 논증 만큼이나 명확하고 간단한 이 법칙이 몇 세기를 거슬러 올라가는 의학계의 경험과 조화를 이루는 가운데 실제의 업무 속에서 그 기반을 굳힐 수 있는 것일까?"

태양색광의 물약

배비트는 아마도 상상력이 너무 풍부한 사람이었던 것 같다. 그의 상상력은 그가 자신이 발명해 냈던 만병통치약―하늘색, 진홍색, 호박색, 자주색, 초록색 및 보라색의 물약―에 상당히 심취되면서부터 발동하기 시작한다. 즉 그의 말에 의하면, 태양에서 발산되는 색광은 인체에 내리쪼일 때도 몸에 이롭지만, 그 색광이 인체에 내리쪼일 때 일으키는 효과와 똑같은 효과를 한 병의 물 속에 담아 놓을 수도 있다는 것이다. 그는 자기의 말을 입증하기 위해 크로모 렌즈(Chromo Lens)라는 기구를 만들어 냈다. 그 기구는 유리로 만들어진 플라스크로서 약 42온스의 물을 담을 수 있으며 광원의 앞쪽에 매달아 놓을 수 있도록 만들어진 것이었다. 배비트는 이 크로모렌즈의 효과에 대하여 다음과 같이 적고 있다.

"나의 제자들과 나 자신이 각기 다른 색의 물병 및 크로모렌즈를 사용

하여 함께 수행했던 수천 회의 실험을 거치는 동안 크로모렌즈는 전 세
계인 앞에 새롭고도 놀라운 치료효과를 제시해 왔다."
이제 배비트 자신의 병력(病歷)을 하나 소개하기로 한다.
"나는 며칠 동안 변비로 고생한 끝에 호박색의 유리병 속에 담긴 물을
7분간 석유등에 쬐였다가 잠자리에 들기 전에 그 물을 약 반온스 가량
복용했다. 다음날 아침에는 통증이 없이 시원하게 두번씩이나 대변을
볼 수 있었고, 그 후 일주일 동안은 다시 변비가 생기지 않았다. 이는
미묘한 요소들로 이루어진 그 치료법에 지속적인 효과가 있다는 것을
보여주는 좋은 예가 된다."
배비트가 주장하는 바에 의하면, 자기가 발명한 플라스크에서는 생명에
관계되는 빛의 요소들이 보존된다는 것이다. 즉 그에 의하면, 빨간 플라
스크에서는 철분, 아연, 바륨 등의 원소가 보존되고, 파란 플라스크에서
는 황화물, 구리, 니켈, 코발트 등의 원소가 보존되는데, 이러한 금속의
원소들은 특수하고도 고도로 정제된 원소들이라고 한다. 그는 또
"태양광선 그 자체는 독약이 아니지만 그것으로부터 생성되는 물약은
종종 독약이 될 수도 있다."
고도 했다.

배비트의 제자들

판코스트와 배비트의 연구는 금세기에 들어와 배비트의 제자들에 의해
더욱 정교하게 다듬어졌다. (그러나 또 한편으로는 미국의학협회와 같은 단
체로부터 혹심한 공격을 받기도 했다) 의학계에서는 아직까지도 가시(可視)
광선에 치료효과가 있다는 점에 관해 회의적인 태도를 취하고 있으며, 가
시광선과는 거리가 멀고 눈에 보이지도 않는 전자기파—적외선, 자외선,
X선, 라디움 방사선—에만 치료효과가 있다는 것을 인정할 뿐인데, 그
이유는 이러한 전자기파들만이 인체에 확실한 효과를 미칠 수 있기 때문

이다. 이러한 전자파들은 열을 발생시키고 생체조직을 투과하며 피부를 태우고 박테리아와 악성 종양까지도 없애주는 힘을 지니고 있다. 그러나 빨간 빛, 노란 빛, 파란 빛과 같은 가시광선의 작용에는 그처럼 명확한 효과가 없다. 그렇지만 가시광선도 다음 페이지에서 논의되는 바와 같이 인체에 분명한 생리적 효과를 미친다.

색채병리학자들은 절대로 실망하는 법이 없다. 그들은 흔히 그들에게 가해지는 박해를 순교자가 느끼는 황홀감이라고 받아들인다. 또 그들은 질병이 세균에 의해 일어날 수 있듯이 신체의 부조화에 의해서도 일어난다고 생각하기 때문에 색채를 치료제로 간주한다. 그 한 예로 도오슨 헤세(J. Dodson Hessey)라는 학자는, 비록 자신의 모국인 영국에서도 명성을 얻지 못했지만, 다음과 같은 말을 하고 있다.

"색채가 지닌 최대의 중요성은 그것이 인간에게 일어나는 모든 질병에 영향을 미칠 수 있다는 것이다. 즉, 색채는 육체적, 정서적, 정신적, 영적인 모든 질병에 영향을 미쳐서 완전한 건강이 깃들일 수 있는 조화를 이루도록 도와준다."

헤세는 위에서와 같은 말을 한 이유를 다음과 같이 설명한다.

"인간의 육체는 세포로 구성되어 있다. 그리고 생명의 기초가 되는 것은 원자인데 원자는 또 진동하는 입자들로 구성되어 있다. 즉 음전하(陰電荷)를 띤 전자가 양전하를 띤 양자의 주위를 돌고 있다. 그 외에도 색채요법에서는 몇 단계의 리드미컬한 진동규칙이 있다는 것을 자명한 것으로 가정하는데, 그 가운데서 가장 낮고 거친 단계의 진동은 육체적인 진동이고, 그 다음 단계의 진동은 정서적인 것이며 그 다음의 것은 정신적인 진동이다. 또 건강은 조화를 이룬 상태이고 질병은 조화가 깨어진 상태인데, 이 질병은 육체적, 정서적, 정신적인 범주에서 일어날 수 있는 것이다. 장차 언젠가는 질병이 각각의 질병에서 발생되는 전자기파의 파장에 따라 분류되고, 그럼으로써 질병의 퇴치가 수학적인 공식처럼 확실해질 때가 오리라고 상상한다면 그것은 너무 꿈 같은 공상일까?"

헤세의 색채이론

헤세의 세 가지의 주요색 — 파란색, 초록색 및 주황색 — 과 다섯 가지의 부수적인 색 — 노란색, 장미색, 자주색, 빨간색 및 보라색 — 에는 치료효과가 있다고 믿었다. 그에게는 스펙트럼의 빨간색 끝부분이 염증을 일으키는 색이었고, 파란색 끝부분은 염증을 가라앉히는 색이었다. 그는 배비트가 사용했던 기구와 비슷한 기구들을 사용하여 연구를 계속했지만, 배비트와는 달리 '색채목욕'과 환자의 정신적인 협조에 의존했다. 간단히 말해서 그는 색광을 사용하는 동안 환자에게 수동적인 태도를 취하라고 하고는 색광을 그 환자에게 '주입시켰던' 것이다.

헤세에 의하면, 파란 빛은 동맥을 수축하여 혈압을 상승시킨다고 한다. 즉 파란 빛은 혈액의 강장제이며 방부제인 동시에 피부질환이나 류마티스 및 온갖 종류의 염증에도 효과가 있다는 것이다.

초록 빛에는 혈압을 낮춰주는 작용이 있다고 한다. 또 이 빛은 신경계에 영향을 미쳐서 안정제나 최면제로 작용하기 때문에 신경과민, 극도의 피로, 신경통, 두통, 초조감, 신경성 불안감 및 탄환충격(가까이에서 폭발한 폭탄 때문에 일어나는 기억력, 시각 따위의 상실증 : 역주) 등을 치료하는 데 도움이 된다고도 한다.

세번째의 주요색인 주황색 빛은 자극제로 간주되는데, 혈압은 약간밖에 상승시키지 못하지만 이 빛에는 정서적으로 기운을 돋궈주는 작용이 있다고 한다.

노란 빛은 정신적인 흥분제로서, 헤세의 견해에 의하면 이 빛의 일차적인 효과는 환자를 유쾌하게 해주지만 나중에는 환자를 비몽사몽의 상태에 빠뜨린다고 한다. 이 빛은 신경쇠약이나 결핵 등을 치료하는 데 쓰일 수 있다.

빨간 빛은 그 효과가 너무 강하기 때문에 우울증이나 전반적인 기능감퇴를 치료하는 데는 좀더 연한 장미색 빛이 더 낫다고 한다.

자주색 빛의 효과는 빨간 빛의 자극 효과와 파란 빛의 원기를 돋구는 효과가 결합된 것이라고 한다.

보라색 빛은 특히 심장, 폐 및 혈관에 영향을 미친다고 한다.

헤세는 베비트나 아비스나와 마찬가지로 옥도정기와 같은 약의 치료효과는 그 약의 색에 있는 것이라고 주장했다. 그는 또 색채가 인체의 내분비선에 미치는 효과에 관해서도 언급했는데, 그의 말에 의하면 남성에게 있어서는 내분비선의 활동이 빨간 빛을 받았을 때 증가하고 여성의 경우에는 보라색 빛을 받았을 때 증가한다고 한다. 또 뇌하수체 후엽은 파란 빛에 의해 가장 큰 영향을 받으며 갑상선은 노란 빛 이외의 빛으로는 거의 영향을 받지.않는다고 한다. 그리고 췌장(膵臟)의 활동은 어떤 색의 빛을 받았을 때도 저하된다고 한다. 그는 또 어떤 연구자가 마음 속으로 빨간색을 느끼면 가슴 윗쪽의 호흡운동이 증가하는 반면, 마음 속으로 보라색을 느끼면 깊은 복부호흡이 일어난다고 주장했던 것에 관해 언급하기도 했는데, 빨간색이나 보라색을 제외한 색은 이 특수한 경우에 아무런 영향을 미치지 않는다고 한다.

색채의 처방

샌더(C. G. Sander)를 위시한 몇몇 학자들은 사람들에게 생겨나는 여러 종류의 질병과 그 질병들을 치료할 수 있는 색채의 처방에 관하여 연구해 왔다. 그러나 그들은 실제로 누구나 할 것 없이 의학계에서 수립된 원리들과는 상당히 동떨어진 원리를 고수하고 있다. 이제 그들이 처방하는 색채를 대강 훑어보기로 하자.

"화를 잘내는 사람들과 신경질적인 사람들에게는 초록색 또는 파란색의 빛이 필요하다. 점액질(粘液質 ; 膽汁質이라고도 하며 침울한 기질을 의미한다 : 역주)인 사람들과 우울한 기질의 사람들에게는 빨간색이나

주황색 또는 노란색의 빛이 필요하다. 폐결핵에 걸린 사람들과 빈혈이
있는 사람들에게는 빨간 빛이 필요하다. 다혈질(多血質)인 사람들에게
는 초록색이나 파란색의 빛이 필요하다. 안색, 눈빛 및 머리칼이 짙은
사람들은 흔히 혈액순환이 잘 이루어지지 않으며 빨간 빛을 필요로 한
다. 살빛이 흰 사람들은 흔히 무력감이나 비관적인 생각으로 고통을 당
하며 노란 빛의 적절한 조사(照射)를 필요로 한다."

다음에 나오는 여러 질병 및 처방은 오늘날 색채병리학에서 행해지는
다수의 진단소견(診斷所見)들을 요약한 것이다. 이러한 진단소견들을 제
시한 이유는, 색채의 적용에 어떤 공식이 따르는가 궁금해할 수도 있는
독자들에게 호기심을 만족시켜 주기 위함이다. 그러나 약병의 상표에 흔
히 적혀 있는 것처럼 '사용에 따르는 위험은 사용자 책임. 통증이 멎지
않으면 의사를 부를 것'이라는 점은 밝혀두어야 하겠다.

신경증과 색채
· 신경통 : 관자놀이, 안면, 귀 및 기타 통증을 느끼는 부위에 파란 빛을
　　조사한다.
· 중풍 : 머리에 파란 빛을 조사한다. 마비된 부위에는 노란 빛을 조사하
　　고 태양신경총(太陽神經叢 ; 위장의 뒤에 있는 신경절의 중심. 명치라고
　　도 불린다)에는 붉은 빛을, 척추에는 노란 빛을 조사한다.
· 좌골신경통 : 장딴지 및 기타 통증을 느끼는 부위에 파란 빛을 조사하
　　고, 요추(腰椎)부분에는 파란 빛을 조사한 다음 잠깐 동안 노란 빛을
　　조사한다.
· 히스테리 : 머리, 태양신경총 및 복부에 파란 빛을 조사한다.
· 경련 : 머리 및 척추에 파란 빛을 조사한다.
· 졸도 : 이마에 파란 빛을 조사한다.
· 신경염 : 통증을 느끼는 부위 및 척추에 파란 빛을 조사한다.
· 간질 : 머리, 척추 및 태양신경총에 파란 빛을 조사한다.

심장 및 순환계 질환

자극을 주려면 빨간 빛을 조사하고 진정시키려면 파란 빛을 조사한다.

· 심계항진(心悸亢進 ; 가슴이 몹시 두근거리는 증세 : 역주) : 심장 부위에 빨간 빛을 잠시 조사하고 태양신경총에는 붉은 빛을 조사한다.

· 갑상선부종 : 염증을 일으키지 않았을 경우라면 빨간 빛과 노란 빛을 조사한다. 다음에 파란 빛을 조사하는 것이 좋다.

· 류마티스 : 염증이 생겼을 때는 파란 빛을 조사해야 한다. 그렇지 않을 경우에는 빨간 빛, 노란 빛을 조사하고, 특히 자주색 빛을 조사한다. 파란 빛은 통증을 완화한다. 노란 빛은 척추에서 나오는 신경들과 장을 자극하는 경향이 있다.

· 관절염 : 빨간 빛을 잠시 조사하고 파란 빛을 충분히 조사한다.

호흡기 질환

· 결핵 : 가슴에 노란 빛을 조사하고 때에 따라서 붉은 빛을 조사한다. 붉은 빛을 조사하면 경부(頸部)가 자극을 받을 수도 있다. 보라색 빛은 결핵의 간상균(桿狀菌 ; 결핵균은 길쭉한 막대모양으로 되어 있다 : 역주)을 박멸한다.

· 천식 : 노란 빛을 인후(咽喉)와 가슴에 교대로 잠깐씩 조사한다.

· 기관지염 : 염증을 가라앉히려면 파란 빛을 조사한 다음 노란 빛을 잠깐 동안 조사한다. 경부에는 붉은 빛을 조사한다.

· 늑막염 : 파란 빛을 조사한다.

· 코감기 : 파란 빛과 노란 빛을 순서대로 조사한다.

· 디프테리아 : 발병 부위와 태양신경총에 파란 빛을 조사한다. 노란 빛을 조사하면 경부가 자극된다.

· 백일해 : 노란 빛과 파란 빛을 교대로 조사한다.

소화기 질환

· 위염, 구역질, 소화불량 : 염증이 생겼을 때는 파란 빛을 조사한다. 붉

은 빛은 위(胃)에 좋다. 초록 빛은 통증을 가라앉힌다.
· 간기능저하 : 붉은 빛 또는 노란 빛을 조사한다.
· 설사 : 복부에 파란 빛을 조사한다.
· 변비 : 결장(結腸)및 복부에 노란 빛을 조사한다.
· 신장질환 : 신장염은 파란 빛으로 치료될 수 있다.
· 신장기능저하 : 노란 빛 또는 빨간 빛을 조사한다.
· 방광염 : 파란 빛을 조사하는 사이사이에 노란 빛을 잠깐씩 조사한다.

피부질환
· 습진 : 붉은 빛을 조사하거나 자주색·빛과 파란 빛을 같이 조사한다.
  또는 파란 빛만 조사해도 된다.
· 단독(丹毒) : 붉은 빛과 파란 빛을 교대로 조사한다.
· 옴, 백선(白癬) : 파란 빛에 자주색 빛을 첨가하여 조사한다.
· 타박상, 화상 : 파란 빛을 조사한다.

열병
· 장티푸스 : 머리와 복부에 파란 빛을 조사한다. 변비가 생길 경우에는
  창자 부위에 노란 빛을 조사한다.
· 천연두, 성홍열, 홍역 : 열을 내리려면 빨간 빛과 노란 빛을 파란 빛과
  교대로 조사한다.
· 말라리아 : 열이 나는 상태에서는 파란 빛을 조사하고 오한을 느끼는
  상태에서는 노란 빛과 자주색 빛을 조사한다. 머리에는 계속해서 파
  란 빛을 조사해야 한다.
· 황열병(黃熱病 ; 황달을 병발시키기 쉬운 열대병 : 역주) : 변비가 생기는
  것을 막으려면 머리에 파란 빛을 조사하고 창자 부위에는 노란 빛을
  조사한다.

안질 및 귀의 질환

눈에 염증이 생겼을 때는 파란 빛을 조사하여 치료한다. 경부와 소뇌 부위에 붉은 빛을 조사한다.

시신경이 퇴화되었을 경우에는 빨간 빛, 또는 빨간 빛을 첨가한 파란 빛을 조사하여 시신경을 자극한다.

귀머거리의 경우에는 노란 빛을 조사하는 것이 좋다. 빨간 빛은 혈액의 순환을 돕는다. 파란 빛은 어떤 종류의 염증에도 조사할 수 있다.

암

샌더는 초록 빛을 보라색 빛 및 붉은 빛과 교대로 조사하는 것이 좋다고 한다. 파란 빛은 통증과 긴장을 줄여주기 위해 사용된다.

이어델(C. E. Iredell)은 치료를 시작할 때와 끝마칠 때 초록빛을 조사하여 처방했다. 초록빛 다음에는 선명한 남색빛을 조사하고 그 다음으로는 노란빛, 자주색빛을 조사한 다음 초록빛을 조사했다. 주황색 빛과 빨간 빛은 거의 사용되지 않았다.

기타의 질환

색채병리학자들은 파란 빛에 화상, 두통 및 피로감을 치료하는 특효가 있다고 생각한다.

남색빛은 구토와 치통을 치료하는 데 쓰인다.

자홍색의 빛은 남성의 발기불능과 여성의 불감증을 치료하는 데 처방된다.

자주색의 빛은 불면증의 치료에 특효가 있다. 주홍색의 빛은 우울증을 치료하는데 쓰인다. 주황색의 빛은 탈모증과 복통의 치료에 적용된다. 노란색 빛은 기억력 감퇴의 치료에 좋다. 담황색의 빛은 가슴앓이의 격통을 없애준다.

현대적 사고에의 전주곡

색채요법에는 과장된 측면과 비술(秘術)적인 측면이 너무도 많이 포함되어 있는데, 독자들은 지금까지 신비주의, 밀교 신봉자들의 우주관, 의학의 창시자들이 수립한 전통, 부적, 마술 및 인간의 기와 관련된 미신, 열성적인 색채병리학자들의 이론 등에 관한 간단한 언급들을 대하면서 그러한 측면들을 보아왔을 것이다.

불행하게도 색채요법에는 허다한 억측들이 포함되어 있는데, 바로 그 점 때문에 대부분의 의료업계 종사자들은 색채의 효력을 운운하면 무조건 경멸하는 경향이 있다. 그리고 또 한편으로는, 보수적인 연구자들의 입장에서는 다른 사람들이 그처럼 열광적으로 연구했던 현상들을 다룬다는 것이 어쩐지 별로 마음내키지 않는 일이기도 했다. 따라서 이런 저런 이유로 색채의 치료효과 가운데 많은 부분이 경시되어 왔거나 고의적으로 무시되어 왔던 것이다.

모든 전자기력—가시광선을 포함하는—은 분명히 인체기관에 영향을 미친다. 그러므로 이 책에서 다루어야 할 일은 눈에 보이는 광선과 눈에 보이지 않는 방사선을 애매모호하고 신비주의적인 입장을 떠나 좀더 온전하고 객관적인 입장에서 논의하는 일이다. 또 앞으로 이 책에서 제시될 증거들은 질서정연하게 정비된 연구결과에 그 기초를 두고 있으며, 의학계와 과학계에서 권위를 인정받은 능력있는 연구자들에 의해 올바르게 연구된 결과이므로 마땅히 받아들여져야만 하는 것들이다.

제6장

· · · · · · ·

빛과 전자기력

이 책의 제1장에서 논의했던 바와 같이, 고대인들은 빛과 색의 본질에 관하여 오늘날과는 다른 견해를 가지고 있었다. 또 한편으로는 '단색(單色)은 4원소(元素), 즉 불, 공기, 물 및 흙의 속성(屬性)을 나타내기에 적합한 색이다'라고 말했던 아리스토텔레스의 사상이 여러 세기에 걸쳐서 인간의 사고(思考)를 지배해왔다. 아리스토텔레스의 영향이 컸다는 점에 관하여 1583년에 옥스퍼드 대학을 방문했던 브루노(Bruno)는 다음과 같이 기술했다.

"아리스토텔레스를 충실히 따르지 않았던 석사(碩士)와 학사(學士)들은 단 5실링의 벌금 때문에도 서로 등을 돌리는 경우가 많았다."

결국, 17세기 말엽에 이르기까지도 인간은 색을 이 위대한 그리이스인이 보았던 것과 마찬가지의 것으로 간주(看做)했던 것이다.

보일과 뉴우튼

17세기에서 18세기에 걸쳐 계몽사상(啓蒙思想)이 생겨났다. 그 당시 데카르트(Descartes ; 1596~1650)는 '물질로 충만된 공간'이라는 개념에 관하여 언급하면서, 빛의 본질은 보이지 않는 입자(粒子)로 구성된 빽빽한 밀집물(密集物 ; mass)을 통하여 전도(傳導)되는 일종의 압력이며 '색과 빛의 변화'는 그 물질(빛을 말함. 빛을 일종의 물질이라고 생각했기 때문에 이런 표현을 썼음 : 역주)이 매질(媒質) 속을 통과하는 방식이 다르기 때문에 생겨난다고 주장하였다.

로버트 보일(Robert Boyle ; 1627~1691)은 또 이렇게 기술했다.

"나는 흰색과 검은색이 혼합된 색 외에는 아무런 색도 찾아낼 수가 없었다……서로 다르지도 않은 색에 굳이 이름을 붙이려고 한다면 파란색, 노란색, 또는 빨간색 같은 것이 있을 수는 있다."

이는 보일이 뉴우튼에 앞서 흰색이 모든 색을 포함하는 색이라고 믿었던 것임을 보여준다. 그러나 정작 현대 물리학의 시조가 되었던 사람은 아이작 뉴우튼(Isaac Newton ; 1642~1727)이었다. 그는 1666년에 프리즘을 통과한 빛이 굴절(屈折) 한다는 사실을 관찰하고 새로운 학설을 수립하였다. 즉, 흰색은 단색(單色)이 아니며 프리즘에 의해 분리된 여러 가지 빛깔의 혼합색이라는 것이다. 그는 그중에서 일곱 가지 색 — 빨간색, 주황색, 노란색, 초록색, 파란색, 남색, 보라색 — 을 선택하여 그 색들을 일곱개의 혹성(태양계에는 원래 9개의 혹성이 있지만 해왕성과 명왕성은 1900년 이후에야 발견되었음 : 역주) 및 7음계와 관련시켰다.

뉴우튼 이후

뉴우튼은 원자론자(原子論者)였기 때문에, 빛이 회전하는 입자로 이루어지며 직진(直進)한다고 가정했다. 그리고 비록 뉴우튼의 가설(假說)이 파동설(波動說)을 주장했던 로버트 후크(Robert Hook ; 1635~1703)에 의해 반박되기도 했지만, 그래도 과학은 그후 한 세기 반 동안이나 뉴우튼의 가설(假說)을 지지하였다.

지금까지 빛과 전자기력의 물리적 성질에 관하여는 많은 책들에서 논의가 거듭되어 왔지만, 아직도 그러한 현상을 만족스럽게 해명하지는 못하고 있는 실정이다.

이 점에 관하여 르 그랑 하르디(Le Grand Hardi)는 다음과 같이 적고 있다.

"빛이 일종의 파동이라는 설이나, 물질이 전기적(電氣的)으로 결합된다는 이론, 또는 에너지가 원자의 상태 변화로부터 생겨난다는 이론 등은 타당성있고 설득력있게 수정되어질 가능성을 지니고 있다."

그러나 오늘날에 와서는 플랑크(Plank), 보어(Bohr), 아인슈타인(Einstein) 같은 학자들의 연구를 통하여 과학자들은 상당한 정도로 의견이 일치되어 있다. 즉 방사(放射)에너지는 전자기파의 형태로 공간을 통하여 전도되며, 이러한 에너지 가운데서 볼 수 있는 부분이 바로 빛이라는 것이다. 또 빛을 발하도록 여기(勵起 ; 흥분)된 물질은 그것을 구성하는 원소에 따라 특정한 파(波)를 방사하는데, 이러한 파동(波動)의 집합체가 그 물질에 고유한 특성을 띠게 하며, 분광기(分光器)로 분석되어질 수도 있다고 한다. 그리고 또 한 가지는 어떤 물질이 여기되었을 때 방사하는 파동은 방사에너지가 약해졌을 때 그 물질이 흡수하는 파동과 동일하다는 것이다.

그러나 방사에너지는 파동성(波動性)뿐 아니라 입자성(粒子性)도 지니고 있다. 이는 방사에너지가 실체(實體)를 지닌 물질이라는 것을 의미한다. 말하자면, 방사에너지는 질량(質量)을 지녔고 중력(重力)에 의해 진로가 굽을 수도 있다는 것이다.

전자기파의 스펙트럼

전자기파가 지닌 전 주파수(全周波數)의 범위는 대략 60~70옥타브(1옥타브란 주파수가 두 배로 되는 주파수 범위임. 참고로 가시광선의 주파수 범위는 1옥타브 정도임 : 역주)에 걸친다고 한다. 전자기파는 낮은 주파수로부터 시작하여, 파장(波長)이 매우 긴 라디오파, 그 다음에는 적외선, 가시광선(可視光線), 자외선의 순으로 진행하며, 파장이 더욱 짧아져 끝으로 갈수록 X−레이, 감마선, 우주선(宇宙線) 등으로 된다. 이 전자기파들은 모두 같은 속력(속도라는 말이 흔히 쓰이지만, 속도는 방향개념이 포함된 말이므로 속력이 정확한 용어임 : 역주)으로 진행하지만─대략 초속 16만 8천 마일로─ 마루〔파형(波形)의 맨 윗부분 : 역주〕에서 마루까지의 길이는 측정된 파의 종류에 따라 각기 다르다. 수학에는 사실과 좀 동떨어진 법칙이 포함되어 있기도 하지만, 그래도 빛의 속력, 주파수 및 파장의 측정은 지극히 정확하며 전 과학계(科學界)를 통하여 공인되어 있다.

다음에 나오는 간단한 논의들은 여러 가지 종류의 전자기력에 관한 개요(槪要)를 제공하는 동시에, 그것들이 의학적으로 적용된 몇몇 사례(事例)들을 보충해주는 것들이다.

라디오파

라디오파는 모든 전자기파 가운데서 파장이 가장 긴 것으로 고출력(高出力)의 대양(大洋) 횡단 '무선통신', 선박간의 호출 및 방향지시 등에 이용된다. 이러한 파(波)의 파장을 측정해 보면 수천 피트 정도의 길이가 된다.

유도가열(誘導加熱) 방식에서는, 금속을 극히 짧은 시간 내에 단련할 목적으로 가열하는 장치에 파장이 긴 라디오파가 이용된다.

그 다음으로 파장이 긴 파는 상업방송에 쓰이는 반송파(反送波)다. 이러한 파가 방송에 사용되는 이유는 전리층(電離層)에서 반사되어 지구상의 어떤 곳까지도 도달될 수 있기 때문이다.

그 다음의 파는 소위 '단파'라는 것으로서, 이것은 경찰이나, 선박, 아마튜어 무선 및 행정기관 등에서 원거리 통신에 이용된다.

이 파는 또한 고주파가열법(高周波加熱法)에도 이용된다. 이 방법은 전극(電極)으로 신체의 어떤 부위를 압박함으로써 발생하는 열에 의하여 류마티스, 관절염, 신경통 등을 치료하려는 것이다.

그 다음으로 파장이 긴 전자기파는 FM 라디오, 텔레비젼, 레이다 등에 이용되는데 파장이 점점 짧아져서 그 길이가 수미터 정도인 것에서부터 1미터도 안되는 것까지가 이 파동에 속한다. 그러나 이 파동은 전리층(電離層)에서 흡수되어 버리고 반사가 되지 않기 때문에 일직선으로 연결될 수 있는 지점 간의 통신에 이용되고, 그렇지 않은 경우에는 중계소가 필요하게 되며, 일정하게 조정된 방향으로만 송신(送信)된다.

적외선

그 다음의 파동은 적외선(보이지 않는다) 가운데서 장파(長波)에 해당하는 것으로 흐릿한 대기층을 멀리까지 통과할 수 있는 힘이 있다. 이 파동을 이용하는 예로는, 이 파동에 감응하는 사진 필름을 사용하여 인간의 눈으로는 볼 수 없는 곳의 사진을 찍는 것을 들 수 있다.

파장이 좀 더 짧아지면 그 다음으로는 방사열(放射熱)이 나온다. 이 파동은 여러 가지 물건들을 말리고 가열하는 데 이용되며, 이러한 파동을 발생시키는 기구로는 스팀 라디에이터, 전열기, 적외선등(赤外線燈) 따위가 있다.

가시광선

태양광선 속에는 비교적 파장이 긴 적외선으로부터 시작하여 모든 종류의 가시광선(빨강, 주황, 노랑, 초록, 파랑, 남색, 보라)을 거쳐 파장이 비교적 짧은 자외선까지가 모두 포함되어 있다. 그 가운데 가시광선은 이

책의 주요한 내용으로서 더 뒷장(章)으로 가게 되면 특별한 관심이 두어
질 것이다. 가시광선의 파장은 눈에 보이는 빨간색의 극단이 약 3만 3천
분의 1인치이고 보라색의 극단은 약 6만 7천 분의 1인치이다.

자외선

자외선 가운데 가장 파장이 긴 파동은 여러 가지의 물질에 형광을 일으
킨다.

그 다음으로 파장이 긴 자외선은 물집을 생기게 하는 파동이다. 이 파
동은 피부를 태우며 비타민 D를 합성하는 데 이용된다.

그보다 좀 더 짧은 자외선은 세균을 죽이는 힘이 있다. 이것은 어떤 미
생물들을 박멸하는 데 이용되거나, 또는 여러 종류의 물질, 물 및 공기
등을 소독하는 데 이용된다.

X—레이

그 다음 단계의 전자기파는 그렌쯔파(Grenz-rays), 또는 소프트 X—레
이라고 하는데, 각종 피부질환의 치료에 이용된다. 이 파동은 침투력이
그리 강하지는 못하다.

고전압(高電壓)을 걸어줌으로써 발생되는, 좀 더 파장이 짧은 X선은 진
단 목적으로 이용되거나 또는 몇 가지 종류의 암을 치료하는 데 쓰인다.

그 다음의 파동은 하드 X—레이인데, 이것은 금속의 내부에 있는 홈을
찾기 위해 방사선 사진을 찍는 데 이용될 뿐 아니라 몸 속 깊숙한 곳에서
발생한 질병을 치료하기 위해 의학적으로도 이용된다.

X선의 파장은 고전압을 걸어주었을 경우 25만 분의 1인치로 측정된다.

감마선과 우주선

그 다음 단계의 파동은 피에르 퀴리와 마리 퀴리(Pierre et Marie Curie)
에 의해 발견된 라디움 광선인데, 이것은 20세기 초엽부터 질병의 치료
목적에 사용되어 왔으며 여러 종류의 암을 치료하는 데 이용되고 있다.

전자기파의 스펙트럼이 짧은 파장 쪽의 극단에 접근하게 되면 원자탄 및 중성자의 원자핵 충돌 등과 관련된 핵분열에서 발생하는 방사선이 된다. 이러한 방사선들은 발견되자마자 바로 의학에 이용되었다.

파장이 가장 짧고 주파수가 높은 방사선은 우주선(宇宙線)이다. 이 우주선이 과연 지구의 대기층(大氣層) 밖에서 발생하여 그 파동이 우주로 퍼져 나가느냐 하는 점은 아직까지도 수수께끼로 남아 있다.

보이지 않는 광선의 효과

의사의 실험실이나 병원에는 가시광선보다 파장이 길거나 짧은 파동을 발생시키는 장치가 잘 구비되어 있다. 그러나 색이 있는 빛, 즉 빨간 빛, 노란 빛, 파란 빛 등은 거의 찾아 볼 수가 없다. 그럼에도 불구하고 가시광선은 뒤이어 나오는 여러 장(章)들에서도 지적이 되겠지만, 동식물의 성장과 발육에 결정적인 중요성을 지니고 있다. 이 점에 관하여 프리드리히 엘링거(Fridrich Elinger)는 다음과 같이 적고 있다.

"가시광선이 치료의 매체(媒體)로서 지니는 중요성은 그것이 생물학적으로 지니는 중요성과 역비례하여 이해되고 있다."

위의 고찰(考察)로 미루어 보아, 색채의 연구에는 여러 가지 모순점들이 존재하며, 또 인간의 삶에 대한 색채의 가치가 의학계에서는 공정하게 평가되지 못하고 있다는 것을 알 수 있다.

가시광선보다 파장이 긴 파동(적외선)에 관여하는 언급할 점이 별로 없다. 그러한 파동은 파장이 긴 라디오파를 이용하는 고주파 투열요법(投熱療法)의 경우에서와 마찬가지로 틀림없이 인체 내에서 열을 발생시킨다. 해롤드 블룸(Harold F . Blum)은 그의 명저(名著)인 「광역학(光力學) 작용과 빛에 의해 발생하는 질병」에서 다음과 같이 논급하고 있다.

"이 범위에 있는 파장(적외선)은 생물학적 활성(活性)이 매우 크다고는 할 수 없을 것이다."

그러나 뜨거운 수포(水泡)를 사용해 본 적이 있는 사람들에게는 적외선에 의한 치료 효과가 잘 알려져 있다.

적외선은 또 자외선의 살균력(殺菌力)을 약화시킨다고 생각된다. 그 외에도 비타민 D에 함유된 구루병(곱사병)의 예방작용을 파괴하는 것처럼 보인다. 이러한 '열선(熱線)'은 대체로 인간에게 유익하지만, 한편으로는 인간의 눈에 중대한 손상을 입히기도 한다. 자외선이 눈의 각막에서 거의 다 흡수되는 것에 반하여 적외선은 거의 흡수되지 않는다. 눈에 생기는 백내장은 적외선의 작용으로 인한 것이다. 이 점에 관련하여 엘링거는 다음과 같이 적고 있다.

"동물 실험에 기초하여, 보크트(A. Vogt)는 불꽃에 노출된 작업자들 (용접공, 유리그릇 제조공 등)에게서 생기는 백내장이 적외선의 작용에 기인하는 것이라고 믿고 있다."

일광욕 요법

의학에서 가장 흔히, 그리고 널리 쓰이는 파동은 가시광선 보다 파장이 짧은 파동, 즉 X선(뢴트겐 레이), 자외선, 감마선 및 라디움 광선 등이다. 그러나 그런 것들이 질병의 치료에 이용될 수 있도록 과학적 설비를 갖추게 된 것은 20세기에 들어와서였다.

일광욕 요법의 역사는 문명의 역사만큼이나 길다. 이 점에 관하여 프리드리히 엘링거는 그의 명저인 「방사선 요법의 생물학적 기초」에서 다음과 같이 기술하고 있다.

"빛의 치료효과에 관한 지식은 인류가 지닌 가장 오래된 지적 소유물이다. 그리고 그 지식 가운데서 최초의 경험은 물론 자연의 광원, 즉 일광에 의한 것이다. 아주 먼 옛날에 앗시리아인이나 바빌로니아인, 그리고 이집트인들까지도 일광욕을 행했다. 또 고대 그리이스나 로마에는 고도로 발달된 일광욕법 및 대기욕법(大氣浴法)까지 생겨났다. 고대의 게르만인들은 햇빛의 치료효과를 매우 중요시했기 때문에 떠오르는 태양을 신성한 것이라고 하여 숭배했다. 남아메리카에 있던 잉카제국에서도 역시 태양숭배가 행해졌다."

그러나 태양숭배자들은 연금술사나 신비주의자들과 더불어 중세에 접어들면서 그 세력을 잃어버렸다. 물론 그 사이에 은밀히 태양을 숭배하는 사람들이 띄엄띄엄 몇명씩은 생겨나기도 했었지만 일광욕 요법의 가치가 다시 인식되었던 것은 19세기에 들어와서였다.

빛과 색채연구의 선구자
—닐즈 핀젠(Niels R . Finsen)

빛의 연구에 있어서 선구자가 되었던 사람은 덴마아크의 닐즈 핀젠이었다. 그는 어렸을 때부터 색채에 강한 흥미를 느꼈고, 천연두를 치료할 때 곰보가 되는 것을 막기 위해 빨간 빛을 쓰는 치료법의 효과를 믿고 있었다. 나중에(1896) 그는 일광의 화학방사선(化學放射線)적 특질에 관한 책을 썼고 또 결핵치료를 위한 광학협회를 설립했다. 그는 1903년에 노벨상을 수상했으며, 그후에도 약 2천명의 환자들을 대상으로 하여 적색 광과 인공적인 자외선을 사용함으로써 놀라운 치료효과를 얻어냈다고 보고하였다.

또 영국의 다운즈(Downs)와 블런트(Blunt)에게도 영예를 돌려야 한다. 그들은 1877년에 자외선의 살균작용을 발견했던 사람이다. 그들의 이러한 발견으로 말미암아 햇빛에 의한 화상(火傷)이 열선 때문에 생기는 것만은 아니라는 점이 확실하게 증명되었고, 또 과학의 입장에서 본다면 가시광선보다 주파수가 더 높은 빛 속에서 매우 효과적인 치료 매체를 찾을 수 있었던 것이다.

감광성과 성적충동

과학자들은 감광성을 일광욕 요법에 연관시키고 또 이 양자(兩者)를 적외선으로부터 가시광선, 자외선까지 걸쳐 있는 태양광선의 에너지에 연관시킨다.

또 한편으로는 라디오파에 대한 감수성은 라디오파 요법에 연관되기도 하고 주파수가 매우 높은 방사선인 X선, 감마선, 라디움 방사선 등에 연관되기도 한다.

우선 감광성에 관해 고찰해 보기로 하자. 인체는 자외선에 특히 민감하게 반응하는데 그 가운데서도 금발인 사람이 갈색 머리칼을 지닌 사람보다 더 민감하다. 그러나 어린 아이들은 별로 민감하지가 않다. 엘링거의 말에 의하면, 감광성에 영향을 미치는 요소들은 머리칼의 색, 연령, 성별, 계절 등이라고 한다. 그리고 여자 아이들의 경우에는, 사춘기에 감광성이 증가한다고 한다. 엘링거는 폐경기(閉經期)에 감광성이 감소하는 경향을 보이는 것에 관해 '감광성은 호르몬의 활동에 큰 영향을 받으며 성기능(性期能)과 밀접한 관계가 있는 것 같다'고 말한다.

햇빛과 인간생활에 관하여, 두 가지의 주목할 만한 연구가 있다. 인도에서는 신분이 높은 힌두교도들의 가정에 구루병이 흔한데, 그 이유는 틀림없이 어머니와 아이들이 종교적 계율 때문에 집안에만 틀어박혀 있는 데 기인한다. 그렇게 되면 몸에 필요한 햇빛이 박탈되어 비타민 결핍증을 앓게 되는 것이다. 그리고 또 한 가지의 연구는 에스키모들에 관한 것인데, 에스키모족의 여자들 가운데는 긴 극지방의 밤 동안 월경이 중단되는 경우가 있으며, 남자들도 역시 그 기간 동안에는 성적 충동이 일어나지 않는다고 한다. 따라서 결과적으로 햇빛의 결핍은 인간에게 자연적인 형태의 동면(冬眠)을 유도하는 것이다.

인체와 자외선의 효과

자외선은 인체의 건강에 필수적인 것이다. 즉 자외선은 구루병을 예방하고 피부를 항상 건강한 상태로 유지시켜주며, 비타민 D의 합성에 관계하기도 하고, 세균을 죽이며, 인체에서 일어나는 필수적인 화학적 변화에도 영향을 미친다. 또한 이것은 특정한 피부질환, 단독(丹毒) 및 피부결핵의 치료에도 이용된다.

그리고 이 자외선은 라이드(돼지 비계에서 정제한 반교체의 기름 : 역주), 식용유, 우유 등에 비타민 D가 생기도록 조사(照射)하는 데도 이용된다. 그러나 이상하게도 대구 간유(肝油)에 자외선을 쬐면 그 뛰어난 맛이 떨어진다고 한다. 유리와 그 밖의 여러 가지 물질들이 자외선을 흡수하기는 하지만 그래도 자외선은 대기중에 적절히 분산되어 있어서, 연기가 자욱한 도시에서까지도 그 효과를 찾아볼 수 있다.

인간의 피부는 자외선에 노출되면 검게 그을린다. 피부가 검게 타지 않더라도 자외선에 대해 몸을 보호할 수는 있지만, 검게 탄 피부는 자외선에 대해 방호벽을 구축하려는 자연의 섭리일 듯싶다.

그러나 벌겋게 데인 살갗은 절대로 건강이 좋다는 표시가 되지 못한다. 햇빛에 몸을 과도하게 노출시키면, 피부에 주름살이 생기고 노화가 촉진된다. 햇빛에 오래도록 노출되었을 때 일어나는 더욱 더 심각한 문제에 대하여는 블룸이 지적한 바와 같이 '피부암의 유발을 자극할' 수도 있는 것이다. 무슨 일에나 절제하라는 옛 격언은 바닷가나 일광욕장에서도 적용되어야 한다.

형 광

형광 현상에 관해 논의해 보기로 하자. 어떤 물질들은 자외선의 작용을 받아 빛을 내는데, 이러한 현상을 형광 현상이라고 한다. 그리고 자외선의 이러한 작용은 과학과 의학에 커다란 도움이 된다. 자외선을 이용하여 식료품들을 검사할 수 있으며, 또 그에 관한 많은 것들이 알려져 있기도 하다. 그 한 예를 들자면, 형광을 일으킬 경우 버터는 노란색으로 빛나지만 마아가린은 파란색으로 빛난다. 그래서 버터에 마아가린이 15퍼센트만 혼입되어도 바로 알아낼 수가 있다. 또 곰팡이가 눈부신 녹색의 형광을 내는 것을 이용하여 자연적으로 숙성한 버터와 인공으로 숙성시킨 버터를 구별할 수 있다. 싱싱한 감자는 형광을 내지만 반점이 생기는 병에 걸린 감자는 형광을 내지 않는다. 또 신선한 달걀은 연한 붉은 빛의 형광을 내지만 오래 묵은 달걀일수록 형광의 빛이 점점 파랗게 변해간다.

백인의 피부에서는 흑인의 피부에서보다 형광이 더 많이 나온다. 살아 있는 자연치(自然齒)는 형광을 발하지만 죽은 치아나 인공치(人工齒)는 형광을 내지 않는다. 같은 실험을 통하여 자연 그대로의 모발과 염색한 모발, 가발을 구분할 수 있다. 또 아스피린을 복용했을 경우엔 소변의 형광이 자주빛이나 키니네를 복용했을 경우엔 푸르스름하게 나타난다. 그리고 가래 속에 섞인 결핵균은 노란 빛의 형광을 낸다.

혈류(血流) 속으로 주사된 형광염료를 사용하여 외과수술에 도움을 받을 수도 있다. 암조직에 형광염료가 닿으면 선명한 노란색으로 빛난다. 또 절제수술을 해야 할 경우에는 형광염료가 혈액의 흐름에 실려 감염된 부위로 운반되므로 외과의사는 환자에게 자외선을 쬐어 진단을 함으로써 수술을 더 정확히 해낼 수 있다.

라디오센시비티(방사선 감수성)

뢴트겐 광선(X선)을 사용한 최초의 치료는 1900년에 스웨덴의 토르 쉬텐벡(Tor Stenbeck)에 의해 이루어졌다. 그는 이 수술에서 어떤 부인의 코 끝에 돋아난 종기를 성공적으로 제거하였다. 그 이후로 X선 요법과 라디움 요법이 전 세계적으로 질병의 치료에 응용되었으며 셀 수도 없이 많은 기적들을 이룩해 왔다.

그러나, 방사선 요법에 의한 치료는 부작용을 수반한다는 점도 아울러 알아두어야 한다. 방사선 요법은 간단히 말하자면, 병에 걸린 세포나 조직이 건강 세포나 조직보다 쉽게 파괴된다는 사실에 착안한 것이다. 그러므로 방사선이 그 효력을 발생하여 병든 부위를 제거해 버리고 나면 그 다음에는 건강하고 회복력을 지닌 육체가 몸을 정상적으로 회복시킬 책임을 떠맡게 된다.

세포나 세포핵(細胞核)은 방사선에 가장 민감하다. 그리고 어린아이나 금발인 사람들은 성인이나 갈색의 모발인 사람들보다도 더 민감하다. 방사선 요법으로 좋은 효과를 얻을 수 있는 질병들의 가짓수는 셀 수도 없을 정도다. 피부에 생긴 습진으로부터 인체 각 기관, 뼈, 관절 등 몸 속 깊숙한 곳에 자리잡은 질병까지도 모두 치료할 수 있다. 그 중에서도 악성종양은 방사선 요법에 특히 잘 듣는다. 엘링거가 언급했던 바와 같이 '방사선 요법이란, 대체로 암에 대한 투쟁과 동의어'인 것이다.

방사선 에너지의 효과

백혈구는 방사선에 민감하다고 한다. 그러나 적혈구는 그렇지 않다. 인체의 근육, 뇌, 눈 등도 별로 민감하지 않다. 그러나 뼈의 연골(軟骨)조직, 뼈, 위 및 간 등은 모두 방사선에 민감하게 반응한다.

X선이나 라디움 광선을 허용치를 초과하여 조사(照射)하면 심각한 부작용을 유발할 수 있다. 건강상태 및 조직과 세포의 민감도에 따라 마비 증상을 일으키기도 하고 심각한 장애를 초래하기도 한다. 이 고주파 에너지는 그 부작용으로 머리털이 빠지게 하거나 땀샘의 기능을 저하시킬 수도 있고 피부에 백화증(白化症)을 일으키기도 하며, 불임(不妊)을 유발하기도 한다. 그 가운데에서도 가장 심각한 것은 이 고주파 에너지가 악성 빈혈을 일으키거나 그 무시무시한 뢴트겐 종양을 일으킨다는 점이다. 뢴트겐 종양이 발생하면 절단 수술을 했다 하더라도 종양이 재발될 경우에는 필연적으로 죽게 된다.

그와 마찬가지로 소름끼치는 것은, 임신한 후 1개월 이내에 방사선을 잘못 사용했을 경우 그 결과로 유산(流産)을 하게 된다는 점이다. 1개월이 넘어섰을 경우는 기형아나 치우(痴愚 ; 지능이 3~7세까지만 발달하는 생각한 저능아 : 역주)를 낳게 된다.

원자탄

오늘날에 와서는, 원자탄에 관한 논의를 진행하는 중에 고주파의 방사선으로 인한 해악이 가슴 속에 깊이 새겨지게 되었다. 아직까지는 방사선에 대한 확실한 방어책이 없기 때문에 이 에너지가 일단 확산되고 나면 심각하고도 지속적인 영향을 미친다. 더구나 이 에너지는 암이라든가 기타 유사한 증세를 일으키는 잠재적인 위협을 지녔으므로, 우리는 끊임없는 연구 노력을 통하여 이 양자(방사선의 해악과 잠재적 위협)를 언제가는 정복해야 할 것이다. 인간의 생명을 지키는 것이야말로 모든 의술 가운데에서도 최고의 의술이다. 이제껏 전자기파 에너지의 위력을 창조해 왔던 인간은 이제 안전을 확보하고 생존기간을 늘리기 위해 자기자신을 제어해야만 한다.

제7장

• • • • • • •

식물의 성장과 색채

　과학자들은 대체로 가시광선이 식물의 성장에 필수적이라는 점을 인식하고 있다. 그러나 눈에 전혀 보이지 않는 적외선은 식물의 성장에 도움을 주지 못하며, 엽록소(葉綠素)의 발육을 저해할 수도 있다. 그리고 자외선만이 단독으로 존재할 경우에는 식물의 성장을 해쳐서 그 식물을 죽게 만든다.

　태양광선 가운데에는 가시광선보다 파장이 긴 적외선과, 파장이 짧은 자외선이 발견되기는 하지만, 자연계에 존재하는 동식물들은 그에 알맞도록 변화를 이루어 왔으며, 가시광선이야말로 동식물의 올바른 성장과 발육에 가장 필요한 것임은 의심할 여지가 없다. 따라서 철학자들은 인간과 식물이 똑같은 세계에서, 똑같은 환경의 영향을 받으며 적응해 살아왔다는 사실을 예의 주시하여야 한다. 식물에게는 그처럼 긴요한 빛이 어째서 인간에게는 그 가치가 부정되어야 한다는 말인가? 또 어째서 식물을 죽여 버리는 자외선과 적외선이 인간에게는 치료 효과가 있다고 단언되어질 수가 있겠는가? 본 저자가 확신하는 바로는, 인간의 삶에 대한 가시광선의 효용(效用)이 제대로 인식되어 있지 않으며, 시간이 지나고 연구가 진전되어감에 따라 그러한 효용들이 밝혀지게 될 것이다.

빛의 색에 따르는 성장의 차이
— 플리샌턴(General A. J. Pleasanton)의 연구

색광(色光)을 받는 식물의 성장에 관하여 처음으로 연구를 했던 사람은 프랑스의 떼시에(Tessier)였다(1783년에 연구함). 그는 착색(着色)된 그물을 사용하여 실험했는데, 그물의 빛깔을 여러 가지로 바꾸어 봄으로써 식물의 성장에 현저한 차이가 생긴다는 것을 알아냈다. 그러나 본격적인 연구를 시작한 사람은 필라델피아의 제네럴 플리샌턴이었다. 그는 1860년부터 1870년에 걸쳐서 일련의 놀라운 이론들을 상세히 밝혔는데, 그로 인해 당시의 식물학자들과 원예가들이 고무(鼓舞)되었고 그러한 연구를 하는 사람들의 수도 증가하게 되었다.

플리샌턴은 그의 저서인 「청색광과 일광(日光)」에서 푸른 하늘이 생명의 창조에 관한 비밀을 쥐고 있다고 단언하면서 다음과 같이 기술했다.

"파란색이 지닌 기능 가운데 한 가지는 탄산가스를 환원하여 초목(草木)에 탄소를 공급하는 동시에 유리(流離)된 산소로는 동식물의 생명을 유지시키는 것이다."

또 그는 한 장의 청색유리 둘레로 여러 장의 투명한 유리를 끼운 특수한 온실을 짓기도 했는데, 그런 온실에서 포도를 키우면 첫해에는 줄기가 45피트나 자라며(1인치 두께로), 둘째 해에는 1,200파운드의 포도가 달리고, 3년째 되는 해에는 2톤의 포도를 수확할 수 있다고 주장했다. 그러나 그처럼 청색광을 쓰지 않고 재배한 포도는 열매를 맺는 데만도 5,6년이나 걸린다고 했다. 그러나 그가 주장했던 것들은 과장된 것임이 분명하다.

플리샌턴의 연구는 그후로 에드윈 배비트(Edwin D. Babbit)의 연구에 도화선이 되었으며, 그의 뒤를 따랐던 색채병리학자들로부터 많은 찬사를 받았다. 돼지와 송아지를 이용한 실험을 통하여, 플리샌턴은 필라델피아 농업진흥위원회에 다음과 같이 보고하였다.

"햇빛과 파란 빛을 조화시켜 사용할 경우, 가축들을 12개월 이내에 어미로 자라게 할 수 있다. 그러나 그렇다고 해서 그 기간 동안 새끼에게 먹여야 하는 사료보다 사료가 더 들지는 않는다. 여러분들은 이 발견이 농부들에게 얼마나 막대한 가치가 있는 것인지를 상상도 할 수 없는 것이다!"

계속된 색채에 대한 연구와 실험
—그 밖의 연구자들

플리샌턴은 이처럼 파란 빛에 대하여 열광적이었지만, 그의 뒤를 따랐던 사람들은 플리샌턴의 주장에 동조하지는 않았다. 1895년에 플람마리언 (C. Flammarion)은 빨간 빛이 식물의 성장에 가장 효과적이라고 보고했는데, 그것은 여러 가지 빛깔의 유리를 사용한 온실에서 식물을 재배하여 얻은 결과였다. 그는 빨간색, 초록색, 파란색 등의 색유리와 투명한 유리를 써서 여러 개의 온실을 만들고, 각 온실마다 유치한 방법으로나마 빛의 세기를 일정하게 조절하였다. 그가 얻어낸 결과에 의하면, 빨간 빛을 받은 식물들은 키가 컸으나 잎이 얇았던 반면, 파란 빛을 받은 식물들은 줄기가 약하고 발육도 불충분했다고 한다.

코베트(L. C. Corbett)가 1902년에 했던 실험에서는, 낮 동안엔 투명한 유리를 통하여 햇빛을 그대로 받아들이고 밤에는 초록색, 파란색, 빨간색 등의 인공광원으로 빛을 더 보충해주는 방법을 썼다. 이 실험을 통하여 코베트는 빨간 빛이 상추의 발육에 현저한 효과가 있다는 것을 관찰했다.

19세기에서 20세기로 넘어오는 몇년 동안은 생물에 미치는 빛의 효과에 관한 연구가 '대유행'했던 시기였다. 그러나 여러 연구자들의 보고서를 종합해 본다면, 예외적인 결과는 색광의 능동적인 작용에 의해서라기 보다는 오히려 빛의 감소 및 방사광의 부족으로 인한 소극적인 작용에 의해 생겨난다는 점이 명백한 듯하다.

프리츠 샨츠(Frizt Schanz)는 그가 1918년에 행했던 실험에서, 태양광선 가운데 몇 가지 특정한 빛을 억제함으로써 자외선이 식물의 성장에 해롭다는 것을 증명해보이려고 했다. 실제로 그가 재배했던 식물들은 파란색—보라색의 빛이 차단되었을 때 가장 잘 자랐다. 그래서 샨츠는 그 실험 결과에 따라 짧은 파장의 빛이 식물에 해롭다고 결론지었다. —그러나 그도 역시 빛의 강도를 일정하게 조절하는 일에는 거의 주의를 기울이지 않았다.

좀 더 근래에 들어와(1926) 포프(H . W . Popp)는 각 색광의 강도를 거의 일정하게 조절해놓고 세심한 연구를 실시했다. 그는 식물들을 특수 유리로 덮힌 다섯개의 조그만 온실에 나누어 키웠는데, 짧은 파장의 빛이 제거된 온실에서 가장 놀라운 효과가 관찰되었다. 그러나 그는 실험결과에도 불구하고 식물의 성장에는 각 파장의 빛이 고루 들어 있는 것이 가장 좋다고 믿었다.

"실험결과에 의하면 대체로 파란색—보라색 쪽으로 치우치는 빛이 식물의 정상적이고도 왕성한 성장에 필요하다는 것을 알 수 있다. 또 자외선은, 비록 그것이 식물의 성장에 영향을 미치지 않는 것은 아닐지라도, 필요하지는 않다는 것도 알 수 있다."

현대의 결론

벤쟈민 더거(Benjamin M . Duggar)가 편집한 두 권으로 된 저서 「방사선의 생물학적 효과」에는 색채의 영향에 관한 거의 완벽할 정도의 해설이 수록되어 있는데, 그의 저서에 의하면 식물의 성장과 발육에는 식물이 받는 빛의 강도보다는 식물이 빛에 노출된 시간의 길이가 더 중요한 의미를 지니는 듯하다고 한다. 식물이 빛을 전혀 받지 못하면 백화(白化) 현상이 일어나는데, 이 현상이 일어나면 식물의 색이 희읍스름하거나 노르스름

하게 변하며 마디와 마디 사이가 길어지고 잎이 제대로 발육하지 못하므
로 엽록소의 결핍이 생겨나게 된다.

강한 빛에의 과도한 노출은 인간에게도 해롭지만 식물에게도 분명히 좋
지 못한 영향을 미친다. 또 엽록소의 형성도 대체로 식물이 강한 빛에 잠
시 노출되었을 때보다는 비교적 약한 빛에 장시간 노출되었을 때 더욱 왕
성하게 일어난다. 이러한 사실과 관련하여 하아디 셜리(Hardy L . Shir-
ley)는 다음과 같이 적고 있다.

"빛의 강도가 약할 때는 식물체에 매우 효율적인 광합성 조직이 필요하
게 된다. 이런 조직은 잎이 넓고 엷은 식물에서 볼 수 있는데, 엽록소
가 매우 밀집되어 있으며 잎이 줄기에서 멀리 떨어져 있다. 그러나 빛
의 강도가 강하면 넓고 엷은 잎을 가진 식물은 과도한 증산작용을 일으
키므로 불리한 조건에 처하게 된다. 빛이 강할 경우에는 잎이 작고 두
꺼우며 큐틴(식물이 분비하는 각질로서 잎에 윤기가 나도록 하는 물질 :
역주)질인 식물이 유리하다. 또 식물이 차지하는 체적이 적을수록 유리
하다."

그 밖에도 셜리는 빛의 세기가 강하면 식물체 내의 전분이 급속히 증가
했다가 없어지기도 하기 때문에 식물이 위황병(식물의 잎이 백색 또는 황
백색으로 변하는 병 : 역주)에 걸려 서서히 죽어갈 수 있다는 점도 지적했
다.

낮의 길이

색채가 식물의 성장에 미치는 영향에 관한 뛰어난 논문이 얼 존스턴
(Earl S . Johnston)에 의해 1936년에 스미소니언 협회에 기고되었다. 존
스턴은 이 논문에서 이산화탄소와 물이 엽록체 내에서 빛의 작용을 받아
단당(單糖)으로 결합된다는 점에 대해 언급했다. 그리고 이러한 단당은
또 전분, 단백질, 유기산, 지방 및 기타의 물질들로 합성되는데, 이 물질

들은 대체로 '식량'—식물을 먹고 자라는 동물뿐 아니라 식물에게
도—이 된다.

더 나아가서, 식물의 성장은 낮의 길이, 빛의 강도 및 빛의 색에 의해
온도나 습도—이것들도 역시 빛에 의존하는 요인이다—에 의한 영향보
다도 더 큰 영향을 받는다.

식물의 성장에 첫번째로 중요한 영향을 미치는 요인은 낮의 길이와 밤
의 지속시간이다. 적도 지방에서는 낮과 밤의 길이가 일년 내내 대체로
12시간씩이다. 그러나 양극에 근접한 지방에서는 여름일 경우라면 24시간
내내 낮이 계속되고 겨울이라면 24시간 내내 밤이 계속된다. 그리고 중위
도 지방에서는 낮의 지속시간이 적도의 낮시간과 극지의 낮시간 사이에서
정해진다. 이러한 낮시간은 지구상에 널리 걸쳐 있는 식물분포에 결정적
인 영향을 미친다.

존스턴은 개화(開花)식물을 단일(短日)식물과 장일(長日)식물로 나누었
는데, 단일식물은 봄이나 여름에 열매를 맺는 식물이고 장일식물은 가을
에 꽃을 피우는 식물이다.(이 부분은 저자가 잘못 인용한 구절이다. 단일식
물은 이른 봄이나 늦가을, 즉 일조시간이 짧을 때 꽃을 피우는 식물이고 장일
식물은 여름이나 초가을에 꽃을 피우는 식물이다 : 역주) 그는 맘모스메릴랜
드종 엽연초를 사용한 실험에서, 그 식물이 낮의 길이가 긴 여름에는 꽃
을 피우지 않는다는 것을 발견하였다. 요컨대 낮의 길이가 길면 씨의 형
성이 지연되는 것이었다. 그러나 그 식물을 겨울에 온실에서 재배해 보았
더니 자연적으로 꽃이 피었다. 그리고 햇빛에 전등불빛을 보충하여 낮의
길이를 연장시키면 이 식물의 개화는 다시 지연되었다.

이와 관련하여 「과학 다이제스트」지 1938년 3월호에 실렸던 빅터 그로
이라흐(Victor A . Greulach)의 논문에서 한 구절을 인용해보기로 하자.

"흔히 볼 수 있는 단일식물들로는 해국, 래그위드(쑥갓속의 식물 : 역
주), 다알리아, 코스모스, 포인세티아, 국화, 실편백, 한련(旱蓮), 콩,
담배 등의 식물 및 제비꽃과 식물이나 겨자과 식물들처럼 이른 봄에 꽃
을 피우는 식물들을 들 수 있다. 그러나 채소류와 곡물류 식물들은 대

체로 장일식물이다."

그 한 예로, 밀은 일조시간이 긴 조건 하에서 성장이 촉진된다. 그리고 전등을 사용하여 낮의 길이를 증가시키면 1년에 밀을 세 차례까지 수확할 수 있다. 그러므로 알래스카 지방의 긴 낮시간을 이용하여 건초라든가 밀, 토마토, 감자 및 채소류를 다량 수확할 수 있는 것이다. 또 캘리포니아 북쪽 중앙부에 위치한 계곡 지방에서 재배되는 귤이 그곳보다 수백 마일 남쪽에서 재배되는 귤보다 몇 주 먼저 수확되어 시장에 나올 수 있는 것도 주로 낮의 길이가 더 긴 것에 기인한다.

이제 그로이라흐의 견해를 잠시 보기로 하자.

"우리는 대체로 일년 내내 열매를 맺거나 꽃을 피우는 식물들, 즉 장미나 딸기와 같은 식물들이 특수한 종류의 것이라고 생각한다. 그러나 많은 식물들은 낮의 길이를 그것들이 자연적으로 개화하는 시기의 낮길이와 같게 조절해주면 일년 내내 꽃을 피울 수 있다. 그리고 대부분의 식물들에 있어서는 이 개화기간의 범위가 매우 좁기 때문에 낮의 길이가 끊임없이 변하는 온대 지방에서는 1년 내내 꽃피는 식물이 거의 없다. 그러나 1년 내내 낮의 길이가 12시간 정도로 유지되는 적도 지방에서는 일년 내내 꽃피는 식물이 오히려 더 흔하리라는 점을 쉽게 짐작할 수 있을 것이다."

한편 가아너(W. W. Garner)와 알라드(H. A. Allard)는 식물을 극히 짧은 시간 동안만 빛에 노출시켰을 때 일어나는 좀 더 미묘한 반응에 관한 연구결과를 보고했는데, 그들의 연구결과는 죤스턴의 연구보고서에 함께 수록되어 있다. 그들은 한 종류의 식물들을 각각 하루에 12시간, 1시간, 30분, 15분, 5분, 1분, 15초, 5초 동안씩 빛에 노출시켰는데, 그 결과 12시간으로부터 1분에 이르는 시간 동안 노출시켰던 식물들은 차례로 그 크기, 높이 및 무게가 감소되었다. 그런데 어떤 이유에서인지는 알 수 없지만, 1분보다 짧은 시간 동안만 빛에 노출시켰던 식물들은 오히려 현저한 성장을 보였다. 즉 빛에 단 5초 동안만 노출시켰던 식물의 키가 1분 동안 빛에 노출시켰던 식물의 키보다 더 크게 자라났던 것이다. 한편 30

분, 15분, 5분, 1분 동안 빛에 노출시켰던 식물들은 키가 몹시 작았다. 그러나 1시간 이하로 빛에 노출시킨 식물들은 모두 꽃을 피우지는 못했다. 한편 존스턴은 이상과 같은 현상에 관하여 다음과 같이 언급하고 있다.

"빛에 노출되는 시간에 따른 식물의 성장반응은 극히 흥미있는 현상이나 아직까지는 만족할 만한 설명이 나오지 않고 있다."

위드로우(R. B. Withrow) 박사는 햇빛에 인공적인 빛을 보충한 실험에서 식물의 성장이 주어진 빛의 강도와 비례하지 않는다는 것을 발견했다. 그는 야간에 백열등을 사용하여 식물의 성장을 실험했는데, 광원의 밝기가 1촉광에서 100촉광에 이르는 것까지를 배열하여 식물에 비추었다. 그러나 해국을 사용하여 실험해본 결과 빛의 강도가 그 식물의 성장에 별다른 영향을 미치지 못한다는 점이 발견되었다. 사실상 3촉광의 전구에서 빛을 받은 식물이 100촉광의 전구에서 빛을 받은 식물과 거의 같은 크기로 자라났던 것이다.

그러므로 모든 식물들은 그 식물에 적당한 강도의 빛을 받았을 때 가장 잘 자란다는 점이 명백해졌다. 따라서 태양광선의 에너지 가운데 많은 부분이 유실되고 있다는 것도 분명하다.

색채의 효과

위드로우 박사는 색광을 사용한 실험에서도 장일식물과 단일식물의 반응이 상이하다는 것을 발견했다. 즉 자라난화(紫羅爛花)와 같은 장일식물의 경우에는 빛의 색이 붉은색 계통일 때 가장 커다란 반응이 일어나서 주홍색의 빛을 받았을 때 식물이 가장 크게 성장했으며, 그 다음으로 크게 성장한 것은 빨간 빛을 받은 식물이었다. 그러나 노란 빛, 파란 빛 및 초록 빛을 받은 식물들은 잎만 무성해졌고 키가 자라지 않았으며 꽃도 피우지 못했다. 또 적외선을 받은 식물은, 이 적외선이 주홍색의 빛 및 빨간 빛과 스펙트럼 상으로는 인접한 것임에도 불구하고, 꽃을 피우지 못했다. 한편 단일식물(코스모스, 사루비아)의 경우에는 빨간 빛을 보충하면 개화가 방해되었다.

이상에서 본 빛과 색의 조절이 상업적으로 어떤 의미가 있는가에 대해서는 앞서 언급한 바 있는 존스턴 연구보고서에 수록된 위드로우 박사의 언급 가운데서 잘 나타나 있다. 즉 그는 빛과 색을 보충함으로써 해국이나 샤스타데이지(프랑스산 국화와 들국화를 교배시켜 얻은 국화의 일종 : 역주), 팬지꽃 등의 식물이 일찍 꽃을 피우게 하거나 꽃을 더 많이 피우게 할 수 있다고 언급했던 것이다. 또 국화의 경우에는 빛을 보충해줌으로써 개화를 지연시킬 수 있기도 하다. 그러나 장미와 카네이션의 경우에는 빛을 보충해도 별다른 반응이 관찰되지 않는다.

네델란드에서는 원예와 딸기의 재배에 빨간 빛을 내는 네온관이 상업적으로 사용되어 왔다. 이 경우에는 가로(街路)에서 볼 수 있는 것과 유사한 네온증기등이 밤에 8시간 동안 사용되어 낮 동안에 이루어진 정상적인 성장에 보충적인 성장을 더해줌으로써 식물의 성장을 촉진한다.

식물의 생존에 필수적인 광합성에 있어서는 필요한 에너지가 주로 가시광선으로부터 얻어진다. 그렇다면 그 가운데서 특별히 이용되는 빛은 어떤 것일까? 이 의문을 밝히기 위해 스미소니언협회의 후버(W. H. Hoover) 박사는 밀을 연구대상으로 하여 대규모의 실험을 실시하고 이산화탄소의 동화량(同化量)을 측정하였다. 이 실험에서 그는 필터를 사용하여 가시광선을 좁은 범위로 나누고, 그렇게 하여 분리된 색광을 밀이 자라고 있는 시험관에 비추었다. 이때 온도와 습도는 일정하게 조정되었고 특수한 장치를 사용하여 각 시험관에서 흡수되는 이산화탄소의 양이 측정되었다.

위의 실험은 세 가지 방법을 사용하여, 즉 필터를 부착한 수은등 및 필터를 통과한 자연광을 사용하여 이루어졌다. 그러나 필터를 통과한 광선은 그 어느 것이나 모두 거의 단색광(單色光)에 가까운 것이었다. 이 실험을 통하여 단색광들 가운데서는 빨간 빛이 가장 생산성이 높은 것으로 밝혀졌다. 그리고 스펙트럼 상의 주요색을 차례로 사용해감에 따라 노란 빛과 초록색 빛을 받은 식물은 성장이 저조했으나 파란 빛을 받은 식물의 성장은 다시 증가하여 2위를 기록했다. 한편 밀의 경우에는 적외선과 자외선이 이산화탄소의 동화에 아무런 도움도 주지 못했다.

대부분의 식물에 있어서는 잎과 줄기가 빛이 오는 쪽을 향하게 되는데, 간단히 그 이유를 설명하자면, 그늘진 쪽이 햇빛을 받는 쪽보다 더 빨리 자라나서 식물체나 식물의 싹이 빛을 향해 기울어지기 때문이다. 그런데 존스턴은 이러한 현상을 이용하여 식물체가 색이 다른 빛을 받게 되면 그 식물체에 어떤 반응이 일어나는가를 알아보려고 했다. 그는 그것에 대한 결론을 얻어내기 위해 밝기가 같은 두 개의 전구를 설치하고—전구의 색은 다르다—그 중간 지점에 식물체를 놓아둔 다음 식물이 기울어지는 방향을 조사했다. 그리고 이와 같은 방법을 사용함으로써 색이 다른 빛에 대한 식물체의 굴광성(屈光性)이 일반적인 방법으로 측정될 수 있었던 것이다. 존스턴은 귀리의 싹을 사용한 실험에서 그 식물이 파란 빛을 받았을 때 가장 많이 굽는다는 것을 발견했다. 그리고 그는 자기의 실험결과를 다음과 같이 설명했다.

"즉 귀리의 싹은 파란 빛에 의해서 성장이 가장 많이 지연된다. 그러나 주황색 빛과 빨간 빛은 귀리 싹의 성장을 지연시키지 않는다."

루이스 플린트(Lewis H . Flint)는 이와 비슷한 실험을 통하여 파장이 짧은 빛—보라색 빛, 파란 빛, 초록색 빛—은 상추씨앗의 발아(發芽)를 저해하고 빨간색 빛, 주황색 빛, 노란색 빛 등의 파장이 긴 빛은 발아를 촉진시킨다는 사실을 발견했다. 또 다른 연구자는 자외선을 사용함으로써 사과의 색소형성을 촉진할 수 있었다. 이 경우에 적외선을 사용하면 사과가 쭈글쭈글하게 된다.

미토제네틱 레이(Mitogenetic Rays)

한편 위에서 보았던 현상들보다 훨씬 더 호기심을 끄는 현상이 관찰되

기도 했다 ―어떤 식물체에서는 기(氣)가 발생한다는 것이다! 이 현상은
1923년에 알렉산더 구르비취(Alexander Gurwitch)에 의해 발견된 것으로
서 '미토제네틱 에너지(식물세포가 유사분열을 할 때 발생하는 에너지라는
뜻 : 역주)'라고 불린다. 예를 들자면, 양파에서는 짧은 자외선 범위에 해
당하는 전자기파가 방출되는데, 이 에너지는 수정은 통과하지만 유리는
통과하지 못한다고 한다. 그리고 이 에너지는 몹시 약하기는 하지만 실체
를 지니고 있으며 측정할 수도 있는 것이라고 한다. 구르비취의 연구는
그후 몇년 동안 무시된 채로 남아 있다가 그의 뒤를 따르는 연구자들에
의해서 입증되었다. 그러나 오늘날까지도 이 현상은 신비에 싸여 있으며
학자들의 의견도 제각기 다르다. 아마도 어떤 사람들에게는 양파가 방사
선 에너지를 발한다는 현상이 좀 괴이하게 느껴질지도 모른다. 아직까지
도 구르비취는 이 현상에 관한 최종적인 발언을 보류하고 있는 듯하다.
비록 그가 동료 생물학자들에 의해 '인기를 노리는 사람'이라고 불려져
왔음에도 불구하고 말이다.

제8장

무척추동물·척추동물과 색채

이 지구상에 존재하는 생물체들은 무한히 긴 세월 동안 대를 이어 생존해오면서 제각기 태양광선에 적응하도록 조절되어 왔다. 만일 이 태양광선이 지금과 달라졌더라면, 분명히 이 세상에도—세상뿐 아니라 인간도—달라졌을 것이다. (여하튼 그런 세상과 인간이 존재하기만 한다면 말이다) 왜냐하면 태양광선 중에는 인간의 눈으로 볼 수 있는 가시광선이 가장 많이 포함되어 있고, 가시광선보다 파장이 긴 적외선과 파장이 짧은 자외선이 섞여 있는데, 만일 이 적외선과 자외선의 비율이 더 커지게 된다면, 동물의 생명에 (그리고 식물의 생명에도) 치명적인 것이 되어 어떻게든 그 동물에 영향을 미칠 것임이 분명하기 때문이다.

그러므로 색채가 인체기관에 미치는 자연과학적 영향을 논의하기 위한 전제 (前提)로써 이 8장을 하등동물들의 생명에 관한 논의에 할애하기로 한다. 동물의 연구는 매우 중요한 연구분야이며 다수의 열성적인 연구자들이 이 연구에 헌신해 왔다. 그러나 불행하게도 그러한 사람들의 연구가 하나의 공통된 출발점으로 귀일 (歸一)되었던 적이 없었다. 동물학을 연구하는 사람들은 동물심리학을 연구하는 사람들이 발견한 사실들에 관하여는 주먹구구식의 지식 밖에는 가지지 못한다. 그러므로 연구를 위한 노력이 서로 중복될 뿐 아니라 색채에 관한 연구도 아무런 관련이 없는 여러 가지의 예 (例)들 가운데서 가끔씩 눈에 띌 뿐이다.

일관성 있는 논의를 전개해 나가기 위해 해야 할 정말 어려운 일은, 끝도 없이 널려진 예문들을 모두 면밀히 검토해야 한다는 점이다. 과학계에 종사하는 사람들은 색채만을 주제로 한 책을 쓰지 않는다. 그러므로 어쩔 수 없이 여기저기서 그 숱한 용어들을 '징발'해야 하고 또 수시로 발견되는 엄청난 전문용어의 뜻을 어떻게든 혼자서 알아내야 한다. 그러나 색채의 마법이 점점 밝혀지고, 연구를 진행하는 동안 연구자에게 어떤 생각이 떠오르게 되면, 여러 가지 궁금한 점들과 사실들이 의미있게 배열되어 모아질 것이고, 그에 따라 꽤 이치에 맞는 글이 쓰여질 것이다.

빛과 최하등 동물 아메바

대부분의 생물체들은 빛에 대하여 반응할 뿐만 아니라 놀라우리 만큼 빛에 민감하다. 예를 들자면, 최하등 동물인 아메바마저도 몸 전체로 빛을 느끼고, 빛 자극이 변화함에 따라 몸을 움직이거나 수축하기도 한다. 아메바를 어두운 곳에서 밝은 곳으로 꺼내 놓으면 눈에 띄지 않을 정도로 천천히 몸이 커진다. 그러다 얼마 동안 시간이 지나면, 더 센 빛을 받을 때까지는 몸이 다시 수축한다. 그러나 빛의 강도가 급격히 바뀌지 않고 천천히 바뀌면 아메바는 별 어려움 없이 그 단순한 수축작용을 되풀이한다.

어떤 종류의 아메바는 특정한 강도의 빛을 좋아해서 만족스러운 강도의 빛을 찾을 때까지는 이리저리 돌아다닌다. 한편, 녹색 히드라(실처럼 생긴 하등동물 : 역주)는 비교적 빛이 약한 곳으로 모여든다. 또 어떤 종류의 폴립(산호류의 작은 수생동물 : 역주)은 일주성(日周性 : 하루를 주기로 순환운동을 하는 성질 : 역주)을 갖고 있기도 하다. 빛이 동물에 미치는 영향에 관하여 마이어(Maier)와 슈나이더(Schneider)는 다음과 같이 기술하고 있다.

"동물이 최종적으로 정착하는 곳은 주로 빛, 물 속의 산소량 및 온도에 의해 정해진다. 그러나 온도가 극단적인 경우와 그 동물에게 일정기간 동안 먹이가 주어지지 않는 경우를 제외하고는 빛이 가장 중요한 요인이다."

그와는 반대로 지렁이와 같은 생물들은 빛을 받게 되면 생명이 위험해진다. 어떤 종류의 지렁이들은 어두운 곳으로만 이동해 가는데, 어느 한쪽에서 빛이 오면 그것들은 빛의 방향과는 반대쪽으로 움직인다. 또 지향성 없는 빛이 위에서 내리쬐면 갈피를 잡지 못하고 이리저리 돌아다닌다. 뭍에서 사는 지렁이도 햇빛을 찌빠귀새(鳥)보다 더 무서워하기 때문에 몸이 물에 잠기게 되지 않는 한 절대로 땅 속에서 나오지 않는다.

　불가사리는 눈, 정확히는 안점(眼點)을 절단하면 피부를 통하여 빛에 반응한다. 한쪽 눈이 제거된 팔태충은 눈이 없는 방향으로 맴돌기를 계속한다. 또 바퀴벌레 역시 빛이나 빛을 향해 날아드는 나방을 보면, 질겁을 해서 도망간다.

곤충과 색시각(色視覺)

　최하등 형태의 동물에게는 색시각(色視覺)이 있는지 어떤지가 분명치 못하다. 그러나 곤충류, 어류, 파충류 및 조류에는 색시각이 분명히 존재한다. 포유동물들은 대부분 색시각이 없지만 원숭이와 인간에게는 색시각이 다시 회복된다.

　그러나 곤충의 색시각은 인간의 색시각과는 매우 다르다. 과학자들은 곤충들의 눈이 녹색, 파란색, 보라색 및 보라색을 넘어 자외선까지도 감지하기는 하지만, 대체로 노란색 부근의 스펙트럼에 반응한다는 점—그러나 빨간색에는 반응하지 않는다—에 견해가 거의 일치되어 있다. 그리스우드(E. N. Grisewood)는 광대파리의 실험을 통하여 곤충의 눈이 인간에게는 보이지 않는 파장까지, 즉 거의 X선에 접근할 정도로 짧은 파장에까지도 반응한다는 것을 관찰했다. 또 버돌프(Bertholf)는 꿀벌의 가시범위(可視範圍)가 약 550밀리 미크론(연두색)으로부터 녹색, 파란색, 보라색을 거쳐 약 250밀리 미크론(자외선)에까지 걸친다는 것을 관찰했다. 인간의 눈으로 볼 수 있는 가시범위는 약 700밀리 미크론으로부터 약 400밀리 미크론까지이다.

　프리즘으로 분광한 빛이 모두 비쳐지는 상자 속에 개미를 놓아두면 개미는 유충(幼虫)—평상시는 항상 깜깜한 곳에 둔다—을 자외선이 비치는 쪽으로부터 빨간빛이 비치는 쪽으로 연신 물어나른다. 폰 프리쉬(von Frish)는 실험을 통하여 꿀벌에게 동일한 명도(明度)의 파란색과 회색을 구별하게 할 수 있었다. 꿀벌은 또한 파란색과 보라색, 파란색과 자주색, 그리고 노란색과 위의 세 가지 색을 모두 구별할 수도 있었다. 이러한 사실은 꿀벌이 특정한 색으로 날아가서 먹이를 얻도록 하는 실험을 통하여 알려진 것이다. 빨간색에 대하여는 꿀벌은 기운이 빠진 듯이 당황했고 유채색인 빨간 표적을 무채색인 회색 표적과 구별하지도 못했다. 그러나 몰리토르(Molitor)는 말벌이 벌집으로 들어갈 경우 벌집의 입구가 파란색이거나 파란색에서 빨간색까지 걸치는 범위의 색(녹색, 노란색, 주황색 등을 말함)일 때보다는 검은색일 때 더 좋아한다는 것을 발견했다.

프랑크 루츠(Frank E. Lutz)는 꽃과 나비에게는 '보이지 않는 색'에 관한 여러 가지 재미있는 사실들을 모아왔다. 곤충은 인간의 시각과는 다른 시각을 갖고 있을 뿐 아니라 곤충의 날개에 그려진 무늬까지도 곤충의 눈으로 보면, 인간에게 보이는 것과는 다르게 보일 것이다. 나비가 자외선을 아주 잘 볼 수 있다는 것은 분명하다. 그런데 예를 들자면, 백일홍은 자외선을 반사하지 않는 반면 채송화는 자외선을 반사한다. 그러므로 이 채송화와 백일홍의 색이 인간의 눈에는 같게 보일지라도 나비의 눈에는 상대적으로 밝거나 어둡게 보일 것이다.

이제 루츠가 기술했던 바를 보기로 하자.

"노란 꽃이 전부 그런 것은 아니지만……대체로 노란색 꽃들은 자외선을 흡수하는 것 같다. 이러한 점에 비추어 볼 때, 노란 거미들이 대체로 노란 꽃 속에 숨는 점이 흥미롭다. 일설(一說)에 의할 것 같으면, 거미가 노란 색인 것은 노란 꽃을 배경으로 한 거미가 노란 꽃을 찾아든 곤충들에게 발견되지 않도록 함으로써, 곤충들이 꽃을 찾아든 사이에 거미가 잡히지 않도록 하기 위한 것이라고 한다. 그러나 노란 거미는 자외선을 조금 밖에 흡수하지 않으므로, 그 노란 거미가 자외선을 잘 흡수하는 노란 꽃 속에 앉아 있으면 자외선을 볼 수 있는 곤충의 눈에는 그 노란 거미가 오히려 더 똑똑하게 보일 것임에 틀림없다."

이와 마찬가지로 나비의 날개 무늬나 나방의 날개 무늬도 햇빛 속에서 보는 것은 자외선 속에서 보는 것과 다를 것이다. 그러므로 자외선을 보는 생물들은 인간이 그런 생물들을 보는 것과는 서로 다르게 볼 것이다.

색채를 이용한 곤충의 퇴치

포터(L. C. Porter)와 프리도(C. F. Prideaux)는 야행성(夜行性) 곤충의 실험을 통하여 곤충들이 밝은 색에 더 잘 끌린다는 것을 발견했다. 이 실험에 의하면, 파란색 쪽으로 치우친 스펙트럼을 내는 광원(光原)에 더 많은 곤충들이 몰려들었다고 한다. 그리고 광원의 빛이 빨간색 쪽으로 치우칠수록 곤충들은 더 적게 몰려든다는 것이다.

"백색 전등을 촉광수가 같은 노란색 전등으로 바꾸면 전등에 날아드는 곤충의 수가 대략 반으로 줄어든다."

따라서 결과적으로, 파란색은 야행성 곤충들이 좋아하는 색이지만 빨간색이나 노란색은 야행성 곤충들의 관심을 가장 적게 끄는 색이라고 할 수 있다. 그러므로 현관에는 촉광수가 낮은 노란 전등을 켜고, 현관에서 좀 떨어진 곳에 촉광수가 높은 파란 전등을 단다면, 여름날 저녁에 집 안으로 침입하는 곤충들을 효과적으로 따돌릴 수 있을 것이다.

그렇지만 주행성곤충을 잡는 포충망은―이 경우에는 전구를 쓴 것이 아니라 페인트로 칠을 했다―노란색의 것이 가장 쓸모가 있는 듯하다. 프레데릭 보스버그(Frederik G. Vosburg)는 다음과 같은 사실을 보고해 왔다.

"무슨 이유에서인지는 잘 모르겠지만, 노란색 포충망에는 다른 색의 포충망보다 더 많은 풍뎅이가 걸려들었다."

파리와 모기가 '좋아하는 색'과 '싫어하는 색'이 실제적인 목적을 위해 주의깊게 연구되어 왔다. 다음에 적힌 결론은 딘. 져드(Dean B. Judd) 가 모은 보고서들로부터 얻어낸 것인데, 색채학회(色彩學會)의 회보(會報) 인 「뉴스 레터」 45페이지에 게재되었던 것이다.

집파리에 관하여는 조사 결과 가운데 몇 가지가 서로 맞지 않았다. 즉,

하아디(E. Hardy)는 파리가 노란색을 멀리하고 흰색을 좋아한다고 관찰
했는데 와티(P . R . Awati)는 그와 반대로 노란색이 파리를 가장 많이
끌고 빨간색과 보라색이 가장 적게 끈다고 생각했다. 또 로지(O . C .
Lodge)는 특별히 파리의 관심을 끄는 색은 없다고 했다. 그리고 프리본
(S . B . Freeborn)과 페리(L . J . Perry)는 연한 색을 사용하면 파리
가 퇴치된다고 보고한 반면, 뉴스테드(R . Newstead)는 밝은 색이 어두
운 색보다 더 파리를 많이 끈다고 결론지었다. 틀림없이 뭔가 잘못되어
있다. 연구방법이 좋지 않았던 것일지도 모른다. 아니, 어쩌면 세계 곳곳
에 출몰하는 파리들이 지역에 따라 좋아하는 색이 다를지도 모르겠다. 여
하튼 위에서 지적된 사실들을 모두 종합해 볼 때, 가장 안전한 결론은 파
리가 어두운 색보다는 밝은 색을 더 좋아한다는 것이다.

네델란드에서는 페스트를 퇴치하기 위해 적어도 마굿간과 외양간에만
은 파란색을 칠하는 경우가 많다고 한다. 그렇다면 네델란드에 있는 파리
들은 파란색을 싫어한다는 것이 분명하다.

그러나 모기가 좋아하는 색과 싫어하는 색에 대하여는 권위자들의 의견
이 훨씬 더 잘 일치하고 있다. 즉, 모기의 경우는 밝은 색이 모기를 퇴치
하는 색이다. 뉴톨(G. H . F . Nuttall)과 쉬프리(A . E . Shipley)는 유
럽에 흔히 있는 학질모기가 짙은 파란색, 빨간색, 갈색 등에 가장 많이
내려앉고 노란색이나 주황색, 흰색에 가장 적게 내려앉는다는 것을 발견
했다. (미군은 이 특이한 보고서에 따라 학질이 흔한 지역에서 정복을 폐기하
고 밝은 색 옷으로 대치했다) 샤리프(Shariff)는 그가 아프리카에 있었던 5
년 동안에 분홍색과 노란색 모기장에는 모기가 내려앉지 않는다는 것을
발견했다. 그리고 또 상자에 흐릿한 파란색, 분홍색, 회색, 노란색을 칠
해서 죽 늘어놓아 보았더니 파란색과 회색상자 속에는 모기가 잔뜩 들러
붙어 있었지만 분홍색과 노란색 상자 속에는 모기가 두세마리 밖에 들어
있지 않았다고 했다. 후드레스(Hoodless)도 역시 스코틀랜드 지방에 있
는 모기들이 파란색을 좋아하고 노란색을 싫어한다는 점을 발견했다.

어류와 색채

동물들의 시각을 주제로 하여 썼던 책들 가운데서 가장 완벽한 책은 고든 린 월즈(Gorden Lynn Walls)가 쓴 「척추동물의 눈」이다. 이 책은 시각적인 현상들에 관하여 포괄적인 조망(眺望)을 제공하는 동시에 색채—동물들의 생존과 행태(行態)에 영향을 미치는 요소로서의—에 관한 자료도 충분히 갖추고 있다. 이 책에서 월즈는 색시각과 관련하여 다음과 같이 기술하고 있다.

"색시각을 그 자체로 본다면, 그것은 광의(廣意)의 시각 기능을 도와주는 강력한 수단이며, 심미적인 기능—색시각이 인간의 시각에 부여했던—보다는 실제적인 기능을 갖추도록 진화되어 왔음이 분명하다."

때로는 색시각이 이처럼 생존과정의 가장 원초적이고도 세속적인 기능과 관련되어 있다는 견해가 받아들여지지 않는다. 그러나 분명히 하등동물에 있어서는 색시각이 감각적인 즐거움과 아무런 관련이 없다. 자연은 확고한 목적을 가지고서 그것이 창조한 동물들에게 생존경쟁을 위한 실제적인 장비를 갖춰주려고 색시각을 부여했던 것이다.

월은 '색시각을 갖지 않은 물고기는 한 마리도 없다'라고 한다. 그러나 물고기의 생활에서 색채가 갖는 의미는 명암이나 형태, 움직임 같은 것보다 훨씬 더 중요하다. 월은 그 이유로써 물 속에서는 잘 볼 수가 없기 때문에 만일 눈이 멀게 된다면, 물고기는 어떤 척추동물보다도 더 잘 돌아다닐 수 있을 것이라고 지적했다.

어류의 색시각에 관한 연구들은 그 수가 상당히 많다. 헤스(Hess)는 초록색이 물고기들의 눈에는 가장 밝게 보이는 색이고 그 다음으로는 파란색, 노란색, 주황색 등의 순이며, 빨간색이 가장 어둡게 보인다고 단언했다. 그는 다음과 같이 말하고 있다.

"대조를 이루는 색이 어떤 색이건 간에, 노란색과 대조를 이루는 데 필

132

요한 색의 강도는 초록색과 대조를 이루는 데 필요한 강도의 반밖에 되
지 않았다."

월의 말에 따르면, '어류는 대체로 빨간색을 피하거나 아니면 굉장히
좋아하는 것 같다'고 한다. 그 이유 중에 하나는, 광선이 물을 통과하는
동안 빨간 빛이 물에 바로 흡수되어 버리기 때문에 물고기로서는 빨간색
이 흔치 않은 경험이라는 사실에 연유하는 듯 싶다. 코라 리브즈(Cora
Reeves)는 송사리를 이용한 실험에서 빛이 증가함에 따라 호흡율이 증가
한다는 것을 발견했다. 또 송사리와 인공광원(人工光原) 사이에 빨간 유리
가 가로놓이면 호흡율이 더 증가한다는 사실도 같이 알아냈다. 리브즈의
실험에 관하여 월은 다음과 같이 논급하고 있다.

"이 실험을 통하여 적색광에 대한 물고기의 반응이 어떠한가 하는 점이
매우 명확하게 밝혀졌다. 왜냐하면 빛이 증가함에 따라 물고기의 호흡
율이 증가했을 뿐 아니라 색이 있는 필터를 사용함으로써 빛이 오히려
감소되었는데도 호흡율은 더욱 더 늘어났기 때문이다."

위의 실험을 통하여, 색이 물고기의 행동에 커다란 영향을 미친다는 점
이 잘 밝혀졌을 줄로 안다. 한편, 마스트(S. O. Mast)는 여러 가지 색
으로 바닥을 칠한 어항들을 사용하여 가자미류에 관한 실험을 했는데, 그
는 이 실험을 통하여 파란색에 적응한 물고기는 파란색이 칠해진 곳을 편
안한 장소로 택하고 다른 색이 칠해진 곳은 피하는 경향이 있다는 사실을
발견했다.

물고기들은 시각을 통하여 체색(體色)을 변화시킬 수 있지만 시력을 상
실하면 체색의 변화 능력도 잃게 된다. 그리고 또 물고기들은 빛의 강도
만이 변화할 때는 이상스럽게도 별 반응을 보이지 않는다. 빛의 강도가
극단적으로 강하거나 약한 경우를 제외한다면 물고기들은 그것들의 눈에
와 닿는 빛이 서서히 변화하는 것에 대해서는 아무런 반응도 보이지 않는
다. 그러나 바닥, 또는 주위의 명암이 바뀔 때면, 물고기의 체색은 그 명
암에 '상응(相應)하여' 재빨리 바뀐다.

거북과 색채

거북이에게 무슨 능력이 있어서 물을 찾아내는가 하는 문제는 아마도 영원한 수수께끼로 남을 것 같다. 그에 관한 이론들은 많이 있다. 그 가운데 하나는, 거북이가 하늘이 똑바로 바라보이는 쪽에는 산이 가로놓여 있지 않다는 것, 그리고 그 밑에는 틀림없이 물이 있다는 것을 본능적으로 알기 때문에 그림자가 진 곳을 피한다는 이론이다. 또 다른 이론은 파란색에 거북이를 끄는 힘이 있다고 한다. 그러나 거북이가 햇빛을 보고 방향을 안다는 이론은 잘못된 이론이다. 왜냐하면 거북이는 어느 쪽으로든 앞이 트여서 가로막히지 않은 방향으로만 가려고 하기 때문이다.

거북이는 다른 파충류들과 마찬가지로 색시각이 매우 잘 발달되어 있다. 거북이의 눈은 명암이나 빛의 세기는 잘 구별하지 못하지만 무채색과 유채색은 쉽게 가려낸다.

월은 거북이의 색시각에 관하여 다음과 같은 말을 하고 있다.

"거북이에게 가장 중요한 색은 주황색, 초록색 및 보라색인 것 같다. 노란색과 연두색은 정확히 구분되지 않는 한 흔히 주황색처럼 보일 수도 있다. 그러나 빨간색은 주황색의 범주에 속하지는 않으며, 거북이에게는 빨간색이 보라색에 더 가깝게 보일 것 같다. 이렇게 하여 하나의 폐색원(閉色圓 : 하나하나의 색들을 원주상에 배열했을 때 그 색들이 옆에 있는 색들과 서로 비슷한 색으로 이루어져 전체적으로는 하나의 고리를 이루는 것 : 역주)이 생긴다."

와그너(Wagner)는 도마뱀의 연구를 통하여 도마뱀이 빨간색, 주황색, 노란색, 연두색, 연한 파란색, 짙은 파란색 및 보라색을 구분한다는 것을 관찰했다. 도마뱀의 색시각은 빨간색과 파란색에 가장 예민하고 초록색에 가장 둔감했다고 한다.

냉광(冷光)

냉광은 자연계에 존재하는 모든 색채현상 가운데에 가장 경탄할 만한 것이다. 냉광을 내는 발광(發光) 박테리아는 약 30여 종이 알려져 있다. 어떤 것들은 죽은 생선에 기생하여 빛을 내는데, 이미 수십 세기 전에 아리스토텔레스에 의해 관찰되기도 했다. 또 어떤 것들은 해변 마을에 있는 푸줏간으로 침투하여 살코기가 빛을 발하게 한다고 알려지기도 했다. 발광 박테리아는 흔히 물벼룩 등과 같은 동물들의 먹이가 되는데, 발광 박테리아를 먹은 동물은 순식간에 발광충(發光虫)과 같은 모습으로 바뀌어 버린다. 그러나 박테리아도 그리고 박테리아를 먹은 벌레도 모두 다 죽게 된다.

또 종류가 많지는 않지만, 어떤 미생물들이 발하는 빛은 그 밝기가 전등과 맞먹는다고 한다. 아더 톰슨(Auther Thomson)은 그의 저서인 「과학의 개관(槪觀)」에서 마르뀌 드 폴랭(Marduis de Folin)이 쓴 탐험기를 인용하고 있는데, 그 가운데 다음과 같은 광경이 묘사되어 있다.

"그곳에는 덤불처럼 생긴 산호가지들이 많이 있었다. 그것들은 전등불 만큼이나 환한 빛을 내고 있어서, 그 옆의 작업장에 켜놓았던 스무 개나 되는 횃불이 모두 희미해질 지경이었다. 우리는 그중 몇개를 실험실로 가져왔는데, 실험실에는 마침 불이 꺼져 있었다. 얼마 동안 인간이 찬탄할 수 있는 한 가장 황홀한 광경이 펼쳐졌다. 산호충의 가지가지마다 이시스(Isis : 고대 이집트 신화에 나오는 어머니신. 삼라만상의 어머니로 불림 : 역주)가 눈부신 홍옥의 불꽃을 던졌던 것이다. 불꽃은 사그러드는 듯했다가 다시 피어오르며, 보라 빛에서 자주 빛으로, 푸르스름한 빛에서 초록 빛으로, 그리고는 백열(白熱)하는 흰 빛으로 불타올랐다. 푸르스름한 빛깔이 퍼지는 순간 다른 가지에선 흰 빛이 번쩍하고는 다시 푸른 빛으로 녹아들었다. 일분 일분이 지나는 사이 산호충이 점점 죽어가면서 휘황한 빛도 차츰 사그러졌다. 그리고 약 15분이 지나자 모든 것들이 말라 비틀어진 나뭇가지로 변해버렸다. 그러나 산호충이 한껏 빛을 발하는 동안엔 6야드나 떨어진 곳에서도 신문의 깨알같은 글씨까지 읽을 수 있었다."

최근에 와서는, 심해(深海)생물들이 내는 냉광의 색에 관해 많은 것들이 알려져 있다. 이 가운데 어떤 것들은 눈(眼)처럼 생긴 발광기관을 가지고 있다. 대양의 심연(深淵 : 海淵) 속은 완전한 암흑 세계인데다 무시무시한 압력이 내리누르고 수온은 영하를 맴돈다. 그곳은 온통 고요하고 아무 소리도 들리지 않는, 적막하고 풀 하나 자라지 않는 곳이다. 그러나 이 버림받은 곳에 출몰하는 생물체들은 기묘한 장비를 갖추고 있다. 그것들은 거의 모두가 촉각이 고도로 발달되어 있다. 그리고 그보다 더욱 중요한 것은, 거의 모든 생물체들이 어떤 양식, 또는 다른 양식으로 빛을 발한다는 점이다. 윌리엄 비이브(William Beeve)와 같은 헌신적인 연구자가 그것들 중 몇 가지에 관해 묘사한 바를 보기로 하자. 어쩌면 그것들은 환상처럼 느껴질 것이다.

"형언할 수도 없이 깜깜하다. 그놈의 양 옆구리에는 빛을 내는 점들이 두 줄로 늘어서 있다. 위에 있는 줄은 초록색, 파란색, 자주색 빛을 낸다. 아래에 있는 줄은 빨간색과 주황색이다. 마치 밤에 이층 유람선이 지나가는 걸 보는 듯하다. 그보다 좀 작은 놈은 벨벳처럼 까만데, 온몸에 150개쯤 되는 발광기관을 가지고 있다. 또 뱀장어처럼 생긴 놈은 그 매끄러운 몸 전체가 번쩍거린다. 오징어처럼 생긴 놈은 주기적으로 대포처럼 빛을 쏘아댄다. 검은 고래같이 생긴 녀석은 그 용(龍)꼬리처럼 어류나 곤충류보다 더 고등생물에서는 냉광이 생기지 않는다. 그러나 가끔씩 새의 깃털이나 동물의 털에 박테리아가 기생하여 인광(燐光)을 낼 경우가 있다. 그리고 이 화려한 빛은 그 밝기도 상당하다. 야광충이 내는 빛 속에서는 특정한 파장의 가시광선이 관찰되는데, 빛의 성질이 차갑고 적외선이나 자외선을 내는데 에너지가 허비되지 않는다. 이 냉광은 사진 건판을 감광시키며 여러 가지 물질에 형광을 일으킨다. 또 냉광은 식물을 빛이 있는 쪽으로 굽게도 하고 엽록소의 성장을 촉진하기도 한다.

그렇다면 냉광이 생물체에 미치는 유리한 점은 무엇일까? 어떤 경우에는 아무 짝에도 쓸데 없는 것처럼 보이니 말이다. 발광 박테리아를 먹은 새우는 죽는다. —그리고 새우만 죽는 것이 아니라 박테리아도 죽는다. 그러나 심해 생물들에 있어서는 이 냉광의 효용을 의심할 수 없다. 먹이를 끄는 미끼로도 쓰일 수 있고 다가오는 적을 놀라게 해줄 수도 있다. 또 쉽게 돌아다닐 수 있도록 등불 역할도 해준다. 특정한 색과 형태가 있으므로 동류(同類)를 찾는 데 도움이 될 수도 있다. 또 이 냉광은 발정기(發精期)의 표시가 될 수도 있다. 그 한 예를 들자면 아귀는 교미기에만 냉광을 낸다.

몇 가지 종류의 반딧불과 야광충들에 있어서는 발광의 가장 중요한 의미가 수컷을 유혹하는 데 있는 듯하다. 영국에서 서식하는 어떤 종류는 암컷엔 날개가 없기 때문에 제방(堤防)의 풀섶을 기어다닌다. 그러나 암컷이 내는 빛은 수컷이 내는 빛보다 훨씬 더 강하다. 또 암컷의 발광시간이 더 길어질수록 그 암컷은 주위에 있는 수컷들을 더 많이 끌어 모을 수 있다.

마지막으로, 발광 생물들이 내는 빛의 색을 알아보자. 반딧불의 경우에는 연한 초록 빛을 내는 것이 특징이다. 초록 빛은 몇 종류의 불가사리에서도 발견된다. 이태리 개똥벌레는 파란 빛을 내고 몇 종류의 바다낙지는 빨간 빛을 낸다. 자주색 빛은 몇 종류의 산호에서 발견된다. 그러나 대체로 가장 흔한 색은 연한 파란색과 연한 녹색이다. 심해어가 내는 냉광은 빛도 밝을 뿐 아니라 색도 다양하다. 그것들이 내는 냉광은 가시광선의 전 주파수 범위에 해당한다. 또 오징어처럼 생긴 어떤 동물은 스무 개의 발광점을 가지고 있었는데, 그 발광점들마다 짙은 파란 빛, 선명한 빨간 빛, 연한 파란 빛, 은빛나는 흰 빛이 깜빡거리는 것을 볼 수 있었다고 한다.

보호색

대부분의 생물체들은 같은 곳에서 계속하여 성장하면 주위 환경과 닮은 모습이 된다. 나방이라든가 두꺼비, 새, 포유동물 등은 모두 덤불과 비슷한 색인 누르스름한 색을 띤다. 같은 지역에서 서식(棲息)하는 동물들이라도 메기, 개구리 및 뱀 등은 초록색을 띤다. 사막에서 사는 동물들은 대체로 밝은 색을 띠고 물새는 여러 가지 색이 혼합된 부드러운 색을 띤다. 정글 속에서 사는 새는 화려한 빛깔을 띠나 포유동물들은 누런 색을 띤다. 맑은 물에 사는 물고기들은 현란한 색채를 띠지만 다른 것들, 즉 진흙탕에서 사는 물고기들은 얼룩덜룩한 반점이 있는 거무튀튀한 색이다. 그리고 대양(大洋)에서 사는 물고기들은 거의 모든 종류가 다 비슷한 색을 띠고 있다.

괴상하게 얼룩덜룩한 모양과 색을 띰으로써 다른 동물들의 눈을 속여 잘 알아보지 못하도록 하는 것에는 나비, 나방, 새, 뱀, 표범, 호랑이 같은 동물들이 있다. 청둥오리의 그 초록색, 파란색, 자주색, 흰색, 검정색 등이 얼룩덜룩하게 어우러진 색깔은 그것이 바위틈이나 잡초틈, 또는 수생(水生) 식물의 꽃 사이에 내려앉았을 때 효과적으로 몸을 가려준다. 그러므로 그 청둥오리가 이리저리 돌아다닐 때도 그곳에 뭔가 있다는 것만 보일 뿐 정확한 형체를 알아낼 수가 없다. 공작이라든가 앵무새, 풍금조, 벌새, 어치, 쇠새, 그리고 그 외에도 여러 종류의 새들이 눈에 돋보이는 색채들을 띠고 있다. ―그것들은 물론 아름답게 보이겠지만, 그 새들로서는 무엇보다도 먼저 제 몸을 보호하려는 것이다.

무서운 무기를 지닌 생물들은 눈에 잘 띄지 않는 것이 아니라 오히려 눈에 더 잘 띈다. 독개구리라든지 코브라, 코럴 스네이크(아메리카산의 작은 독사 : 역주), 까치독사, 스컹크 같은 것들은 겁날 것이 별로 없으므로 그 별난 옷을 입고 으스대는 것이다.

138

포유동물들의 색은 대체로 누르스름한 색, 거무스름한 색, 희읍스름한
색이 아니면 흰색이다. 포유동물들에게서는 순색을 보기 드물지만 몇 종
류의 원숭이와 비비(狒狒)는 얼굴과 궁둥이가 빨간색이다. 포유동물의 털
색은 계절에 따라 바뀔 수도 있다. 즉 담비의 털색은 갈색이지만 겨울에
는 흰색으로 변한다. 또 산토끼도 겨울이 다가오면 옷을 흰색으로 갈아입
는다.

쐐기나 나비, 게 같은 동물들은 살아가는 동안 환경이 변화하면 체색이
바뀐다. 새우도 그것이 숨는 장소에 따라 색이 변한다. 어떤 종류의 새우
는 밤이면 투명한 파란색으로 체색이 변하는데, 새벽이 될 때까지는 그
투명한 파란색이 그대로 지속된다고 한다.

순간적으로 이루어지는 체색변화는 가장 놀라운 자연의 요술이다. 몇
가지 종류의 갑각류(바다가재, 게, 새우 등)들은 그것들이 기어다니는 곳
의 색에 따라 체색을 조절한다. 집에서 기르는 토끼들 가운데도 살빛이
흰색, 빨간색, 초록색, 갈색 등으로 다양하게 바뀌는 종류가 있다. 이 토
끼는 체색이 변화무쌍한 다른 생물들과 마찬가지로 피부가 색소세포(色素
細胞)나 유색체세포(有色體細胞)로 덮여 있다. 체색이 변하는 이유는, 눈
을 통하여 자극이 들어오면, 색소세포가 확산되거나 수축되어 여러 가지
의 색이 생겨나기 때문이다 —그러나 이 체색변화는 분명한 것은 아니고
그저 밝기와 색이 약간 변화하는 정도일 뿐이다.

가자미류—넙치가자미, 혀가자미, 식용가자미—들은 몸의 색뿐만 아
니라 무늬까지도 바다 밑바닥에 깔린 바위나 모래의 모양과 닮는다. 오징
어는 가자미가 가진 능력을 갖춘 외에도 먹물주머니까지 가지고 있어서
적이 나타나면 그 둘레를 '연막'으로 덮어씌워 버린다. 또 대부분의 열대
어들은 몸에 무지개처럼 변하는 색채조절판을 갖고 있어서 제각기 타고난
재능에 따라 여섯 가지 또는 그 이상으로 빛깔이 변한다. 열대어들은 뚜
렷한 이유가 없이도 갑자기 몸의 빛깔이 밝아지거나 간헐적으로 체색을
바꾸기도 하는데, 권위자들은 그런 변화에 몸을 위장하기 위한 생물학적
의의는 별로 없다고 주장한다. 아마도 그것은 그 열대어들이 놀랐거나 화

가 났거나 괴롭힘을 당했기 때문인 것 같다. 열대어들은 위장(僞裝)의 필
요가 있을 때면 재빨리 몸의 빛깔을 바꿀 수 있는 재주도 대개는 지니고
있다. 그러나 항상 실제적인 자연은 몸의 빛깔에 '경계색과 보호색, 발정
기와 동류(同類)의 표시, 그리고 성별'까지도 염두에 두고 있다. 색채가
실제적인 기능을 가졌다는 점에 대하여는 의심의 여지가 없는 것이다.

우리는 아메리컨 카멜레온(도롱뇽 屬에 속하는 도마뱀의 일종)에게서 자
연의 마술을 펼치며 공연하는 노련한 배우의 모습을 보게 된다. 이 동물
의 체색이 변화하는 이유는 확장하거나 수축하는 색채세포에, 피하조직
(皮下組織)에 들어 있는 유동성의 미립자가 보충되기 때문이다. 평상시에
이 동물의 색은 밝은 에메랄드 빛과 같은 녹색이다. 그러나 이 동물은 빛
에 지극히 민감하기 때문에 심지어는 잠을 자고 있는 동안에도 체색이 변
화한다. 그리고 이 동물이 돌아다닐 때면, 몸이 어떤 색으로 변했다가는
다시 다른 색으로 녹아들어 간다. 체색의 변화가 마치 눈과 직통전화로
연결되어 조절되는 듯하다. 그러나 이 동물이 화가 났을 때면 까만 외투
를 걸치고 빨간 입을 크게 벌림으로써 적에게 허세를 부리려고 한다.

카멜레온과 다른 과(科)에 속하는 도마뱀들에게서도 체색의 변화를 발
견할 수 있다. 그러나 그 체색과 무늬의 변화는 때때로 주위 환경보다는
빛의 강도라든가 온도, 감정적 자극 등에 의해 더 큰 영향을 받기도 한
다. 이런 동물들의 정상적인 체색은 양 옆구리에 자잘한 검은 반점들이
찍힌 회녹색이다. 그러나 어두운 곳에서는 노란색 반점들이 불규칙하게
찍힌 크림색으로 몸의 빛깔이 바뀌고, 강한 햇빛이 내리쬐는 곳에서는 검
은색으로 되기도 한다. 또 강렬한 빛은 없이 온도만 높을 때는 녹색으로
되지만 낮은 온도에서는 회색으로 된다. 그리고 흥분했을 경우엔 노란색
과 갈색의 반점이 찍힌 여린 색으로 빛깔이 변한다. 화가 났을 때는 빛깔
이 짙어질 수도 있다.

조류(鳥類)와 색채

조류에 있어서는 색에 대한 반응이 고도로 발달되어 있어서 조류의 시각기관은 그 구조가 복잡할 뿐 아니라 기능 또한 다양하다. 즉 대부분의 조류는 망막에 두 개의 안와부(眼窩部 ; 망막의 움푹 패인 부분으로 시각이 가장 예민한 부분이다 : 역주)를 가지고 있기 때문에 날고 있는 동안에도 먹이를 똑똑히 볼 수 있는 것이다. 그리고 또 한 가지는 조류의 눈에 색입자(빨간색, 주황색, 노란색)가 들어 있다는 점이다. 낮에 활동하는 새의 눈에는 노란색의 입자가 가장 많이 들어 있는데, 이것은 파란 빛을 차단하고 눈부심과 번쩍임을 극소화하여 시각을 명료하게 해준다. 즉 월즈 (Walls)의 견해에 따른다면, 노란 입자가 '방해받지 않은 자연 그대로의 색'을 통과시켜 준다는 것이다. 이와 마찬가지로 빨간 입자는 새가 이른 아침에 — 햇빛이 공간을 비스듬히 가로지르며 붉은 빛을 띠고 있을 때 — 먹이를 찾는 일을 도와준다. 쇠새(거북이도 같다)의 눈에는 빨간 입자가 가장 많이 들어 있는데, 그것은 틀림없이 번쩍번쩍 비치는 수면을 통하여 물 속을 들여다보는데 도움을 주려는 것이다. 이상에서 본 바와 같은 이유로, 새들은 대개 파란색을 보지 못하지만 빨간색은 놀라울 정도로 잘 본다.

그러나 밤에 활동하는 새들의 눈에는 색입자가 전혀 없지는 않더라도 극히 조금밖에 들어 있지 않다. 월즈는 반더플랑크(F. L. Vanderplank)의 발견에 관하여도 언급하고 있는데, 반더플랑크는 황갈색 올빼미가 적외선에 민감하여 먹이의 몸에서 발산되는 열을 탐지해 냄으로써 칠흑같은 어두움 속에서도 먹이를 똑똑이 볼 수 있다는 것을 발견했다. 그러므로 적외선은 인간의 눈동자에는 아무런 반응을 일으키지 못하지만, 올빼미에 적외선을 비추면 눈동자가 수축하고 또 깜짝 놀라기도 한다는 것이다. 그러나 그 후에 헤히트(Hecht)와 피렌느(Pirenne)에 의해 이루어진 연구에서는 반더플랑크의 발견이 전적으로 부정되지는 않았다고 하더라도 그 진위(眞僞)가 다투어졌다. 왜냐하면 이 두 연구자는 올빼미(반더프랑크가 연구했던 것과는 다른 종류임)가 적외선에 매우 민감하다는 것을 알아낼 수가 없었기 때문이었다. 그래서 그들은 올빼미의 시역(視閾; 시각을 느낄 수 있는 가장 낮은 강도의 자극 : 역주)이 매우 낮을 뿐이며—인간의 시각보다 약 10배 정도 민감하다—가시범위의 주파수는 인간의 시각과 동일하다고 결론을 지었다.

조류들에 있어서는 특정한 색을 특히 좋아하는 경향이 있는 듯한데, 그것은 틀림없이 먹이를 잡는 습성과 연관된 것이다. 그 한 예로 벌새는 빨간색을 좋아하며 빨간 용기나 유리병 속에 들어 있는 먹이를 쉽게 잡아먹는다. 한편 아더 애버트(Arthur G. Abbot)는 그의 저서인 「생명의 색채」에서 새들이 초록색에 대해서는 별 관심을 보이지 않는다고 지적한다. 그러므로 들쥐와 설치류(齧齒類; 쥐, 다람쥐처럼 이빨이 자꾸 자라나는 것을 막기 위해 갉아대는 동물 : 역주)를 박멸하기 위한 농약은 조류의 생명을 보호하기 위해 초록색으로 염색하면 좋을 것이다. (설치류는 색맹이다) 애버트는 위의 사실을 입증하는 실험결과를 다음과 같이 기술하고 있다.

"어떤 귀리밭(농약을 뿌림)을 3등분하여 그중 두 부분은 노란색과 초록색으로 염색하고 나머지 한 부분은 염색하지 않은 채로 남겨두었다. 그 결과 염색하지 않은 부분에서는 28마리의 새가 농약에 중독된 반면, 노란색으로 염색한 부분에서는 9마리의 새가 중독되었고, 초록색으로 염색한 부분에서는 단 한 마리의 새도 중독되지 않았다."

빛과 색에 대한 반응

철새가 이주하는 원인 가운데 한 가지는 낮의 길이가 변화하기 때문이라고 설명되어질 수 있다. 즉 여름이 거의 끝나갈 무렵이 되어 낮의 길이가 점점 짧아지면 철새의 몸 속에서는(아마도 뇌하수체인 것 같다) 어떤 반응이 일어나 좀 더 기후가 알맞는 곳으로 길을 떠나려고 재촉하는 것이다. 그러므로 철새의 이주는 농작물과 열매가 다 익어서 자연이 벌이는 가을잔치가 채 차려지기도 전에 일어날 수도 있는 것이다.

비소네트(Bissonnette)를 위시한 여러 연구자들은 조류를 연구대상으로 한 흥미있는 연구를 통하여 철새의 이주와 성주기(性週期)는 온도보다 빛에 더 많이 의존한다는 것을 밝혀냈다. 즉 그들은 겨울 동안에 성적인 활동이 정지되는 찌르레기에게 빛을 쪼여줌으로써 고환의 발육이 촉진되는 것을 관찰할 수 있었던 것이다. 또 색광을 사용하여 위의 실험을 할 경우에는 빛의 색에 따라 반응이 일어나는 정도가 각기 다른데, 이에 관하여 비소네트는 다음과 같이 기술하고 있다.

"빨간 빛과 흰빛을 쪼인 새는 고환의 활동이 촉진된다…… 그러므로 정자세포(精子細胞)의 활동을 증가시키는 순서는 빨간 빛, 흰 빛의 순이며 초록색 빛은 정자세포의 활동을 억제한다."

포유동물과 색채

비소네트는 포유동물을 실험대상으로 한 연구에서도 위에서와 비슷한 결과를 얻어냈다. 즉 그는 북미산 토끼에 빛을 쪼여줌으로써 그 동물이 겨울에도 성적인 활동을 할 수 있게 했던 것이다. 그는 또 족제비, 담비, 밍크 등의 실험을 통하여, 그 동물들이 겨울에 띠는 털색을 날씨가 더운 한여름에도 띠게 할 수 있었는데, 이 실험결과에 관하여 그는 다음과 같이 논평했다.

"그러므로 이 실험결과는 밍크와 같은 동물들에게 빛을 쬐는 시간을 감소시킴으로써, 비교적 온도가 높은 여름철에까지 흰색의 1급 밍크털을 갈지 않도록 유도하거나, 또는 가을에 일찍 털갈이를 하도록 촉진할 수 있다는 점을 시사한다."

염소를 사용한 실험에서도 위의 실험결과와 비슷한 결과가 얻어졌다.

젖소는 우리에게 1년 내내 우유를 공급하지만 염소는 젖소처럼 관대하지가 못하다. 왜냐하면 염소는 4월에서 9월까지는 새끼에게 젖을 먹이지 않으므로 그 기간 동안에는 젖이 나지 않기 때문이다. 그러나 비소네트는 염소의 수유(授乳) 및 염소 젖의 공급도 완전히 조절될 수 있다는 것을 보여주었는데, 이 실험에 관하여 비소네트는 다음과 같이 언급했다.

"실험결과로 보아 염소는 낮이 짧은 기간에 수유가 촉진되고 낮이 긴 기간에는 수유가 억제되므로 염소가 빛을 받는 시간을 조절함으로써 염소의 수유주기(授乳週期)도 조절될 수 있는 것이다."

대부분의 포유동물들은 사실상 색맹이다. 따라서 포유동물들의 색채에 대한 반응은 더욱 더 흥미있는 연구거리가 된다. 왜냐하면 이 반응은 색채에 포유동물들이 시각적으로는 느낄 수 없는 어떤 힘이 있다는 것을 뜻하기 때문이다. 그 한 예로 루드비히(Ludwig)와 폰 리이스(von Ries)는 파란 빛을 받으며 자란 생쥐는 정상적인 빛을 받으며 자란 생쥐와 같은 정도로 성장하지만, 빨간 빛을 받으며 자란 생쥐는 대체로 몸무게가 더 많이 나간다는 사실을 발견하였다. 그리고 프레스코트(B. D. Prescott)는 이에 관하여

"그들도 역시 호르몬 물질의 활동이 빨간 빛에 의해 증진되고 보라색 빛에 의해 억제되며 빨간 빛에 의해 다시 활성화 될 수 있다는 믿음을 표현한 것이다."

라고 논평했다.

가시광선과 색채가 동물에 미치는 효과에 관한 다수의 좀 더 자세한 언급은 더 뒷장으로 가면서 나오게 될 것이다. 포유동물의 경우에는 색을 느끼는 감각이 별로 필요하지 않은 듯하다. 그리고 이와 관련하여 윌즈는 다음과 같이 적고 있다.

"포유동물들을 전반적으로 조사해본 결과 색을 느끼는 감각의 진화는 원초적인 동물군(動物群)에 속하는 불완전한 개체로부터 고도로 분화된 종류에 이르기까지 현저한 변화를 보이지 않는다는 것을 알 수 있었다."

소는 초록색에 대해서나 빨간색에 대해서나 마찬가지의 반응을 보인다. 그러므로 여러 가지 색으로 염색된 천들이 한줄로 죽 걸려 있어도 황소에게는 그 천들이 색에 관계없이 똑같은 호기심을 불러일으킬 것이다. 그러나 고양이는 낮에 활동하는 포유동물들보다 파장이 짧은 빛에 더 민감한 듯하다.

한편 원숭이와 인간에 있어서는 어류나 조류에서 볼 수 있는 완전한 색 시각이 다시 나타날 뿐 아니라 여러 가지의 세련된 기능까지도 부가된다. 즉 원숭이는 다른 색을 쉽게 구별할 뿐 아니라 색을 조화시키는 법을 배울 수도 있는 것이다. 그러나 앞으로 명백히 밝혀지게 되는 바와 같이, 색채에 대한 육체적인 반응은 시각과는 개별적으로 일어난다. 즉 사람이나 동물들도 식물과 마찬가지로 생활과정 가운데서 색채에 의해 여러 가지로 많은 영향을 받으며, 색채가 실제적으로 눈에 보이거나 안보이거나 간에 건강, 질병 및 행복이 색채로 인해 영향을 받는 것이다.

제9장

. . . .

색채에 의한 진단법

  현대의학에 종사하는 사람들은 색채요법이라고 하면 속임수를 쓰거나 엉터리 치료행위를 함으로써 괴로움만 더해주는 것 내지는 비결이니 뭐니 하는 알아듣지도 못할 횡설수설로 연막을 피워놓고 문제점을 얼버무리기 위해 협잡꾼들이 사용하는 일종의 암술 따위로 간주하려고 한다. 의사라는 사람들은 일반적으로 인정된 견해에만 집착한다 — 어쩌면 그런 태도가 옳은 것인지도 모르지만 — 그들은 임상적 (臨床的)으로 증명된 사실이나 정형적 (定型的)이고도 편견이 개입되지 않은 연구결과에만 의존한다. 한 예를 들자면, 그들은 현미경을 들여다보면서 세균이 죽는 것을 확인하고 나서야 자외선에 치료효과가 있다는 사실을 인정할 것이다. 그러나 눈에 보이는 여러 가지 색채에도 자외선과 마찬가지의 효능이 있다는 것을 물리학적인 방법으로 그처럼 확실하게 주장할 사람이 누가 있겠는가? 불행히도 색채를 연구하는 사람들은 사실과 증거의 수집에 전념해오지를 못했었다. 또 인간의 눈으로 색채를 볼 수야 있지만, 색채의 연구에는 별로 규칙성이 있을 것 같지도 않은 심리적인 요인들이 포함되어 있기도 하다.

색채에 대한 과학적 회의론

리처드 코바크스(Richard Kovacs)는 의사들이 취하는 태도를 잘 대변
해 주고 있다.
"눈에 보이는 흰 빛을 그 구성요소들인 빨간 빛, 노란 빛, 파란 빛 등
으로 분산하여 이 색띠(빛을 프리즘으로 분산시켰을 때 형성되는 띠 모양
의 색배열 : 역주)를 특수한 치료목적에, 예를 들면 파란 빛은 안정감을
주기 위해서, 또 빨간 빛은 자극을 주기 위해서 이용할 수 있다고 주장
해온 사람들이 있다. 그러나 아직까지는 그런 주장을 실증할 만한 증거
가 없다. 또 혹시 그런 빛이 인체에 영향을 미친다손 치더라도, 그 영
향은 순수한 빨간 빛이나 파란 빛을 내는 필터장치에 의한 것이다. 왜
냐하면, 필터장치에 의해 다량의 전자기력이 차단됨으로써 활성(活性)
이 없는 빛만이 나오게 되기 때문이다. 설혹 빛의 색이 달라진다거나
또는 효과적인 방사량(放射量)과는 다른 분량의 빛이 방사된다고 하더
라도, 어느 정도까지는 심리적인 효과를 미칠 수 있음이 분명하다."
그러나 가시광선이 자외선으로 입은 화상을 완화시켜 준다는 주장, 즉
가시광선이 림프액(담황색의 액체. 모세관을 통하여 흐르지 않으므로 혈액이
닿을 수 없는 조직 세포에서 노폐물을 운반한다 : 역주)과 혈액을 증가시켜
손상된 조직으로부터 노폐물을 '씻어낸다'는 주장은 의학계에서도 일반적
으로 받아들여진다.
의사들의 태도가 지나치게 완고한 것인지, 아니면 색채요법 시술자들이
너무 성급하게 색채에 마력을 부여하려는 것인지는 잘 모르겠지만, 빛을
쬐는 일에 효험이 있는 것과 마찬가지로 색채 요법에도 어느 정도의 효험
이 있다는 점은 확실하다. 아니, 어쩌면 눈에 안보이는 전자기력의 효험
이 빨간 빛이나 노란 빛 또는 파란 빛의 효험이라고 잘못 알려져 왔는지
도 모르겠다. 그러나 어찌 되었던 간에, 색채의 연구에는 그 치료효과를

결정적으로 인정하거나 부정하기 전에 먼저 해명되어야 할 문제들이 많이 남아 있다.

미국사람들은 색채가 일으키는 여러 현상들이 치료에 적용된다는 점을 특히 백안시하는 것 같다. 그러나 경시되지도 않고 무시되지도 않는 공인된 의학을 통하여서도 많은 연구가 이루어져 왔다. 그 한 예로 인간의 뇌에서 발생하는, 또 기록될 수도 있고 측정될 수도 있는 전자기파의 연구를 들 수 있다. 이 뇌파를 연구함으로써 의사들은 간질이라든가 그 밖의 여러 가지 정신질환들을 진단할 수 있을 뿐 아니라 사람들의 개성, 정신발달 과정 및 정신착란 등을 규명할 단서를 얻을 수도 있다. 뇌파는 전자뇌파 측정기라는 길다란 이름을 가진 기계를 사용하여 측정되는데, 전극을 머리에 —대개는 귀 부근에— 밀착시키면 뇌파의 파형이 기록된다. 이 파형은 수평으로 죽 이어서 연결되는 들쭉날쭉한 형태이며, 뇌파를 분석하려면 그 주파수뿐 아니라 일정한 시간 동안 기록된 완만한 파동과 급격한 파동 간의 상관 관계도 분석해야 한다.

원인이 불분명한 치료효과

의학계에서도 몇몇 의사들은 치료행위에 색채를 사용해왔고 오늘날에도 사용하고 있지만, 그런 의사들은 미국보다 유럽 쪽에 더 많다. 단독(丹毒), 두드러기, 성홍열, 습진 등을 치료하는 데는 흔히 빨간 빛이 이용되어 왔는데, 퀴스터(Kuester)는 빨간 빛을 생식기관의 기능비대나 자궁출혈을 치료하는 데에도 이용하여 왔다. 또 빨간 빛은 수술 후의 절개 부위에 생기는 통증 및 심한 염증이나 자외선에 의한 화상으로 인해 생기는 통증을 가라앉혀 주기도 한다는 것이 밝혀졌는데, 그 이유는 아마도 빨간 빛이 생체조직 내에서 열을 발생시킴으로써 혈관을 팽창시키고 신경을 진정시키는 반작용이 일어나기 때문인 것 같다. 더글라스 호와트(R. Douglas Howat)도 요통(腰痛), 류마티스, 류마티스성 관절염, 좌골 신경통, 신경염 및 골절을 치료하는 데에는 빨간 빛이 효과가 있다고 언급한 바 있다.

한편 파란색에는 세균을 박멸하는 특성이 있다. 조류나 설치류에 있어서는 빨간 빛을 받았을 때 이산화탄소의 배출량이 가장 많아지지만, 몇몇 변온동물(냉온동물)의 경우에는 파란 빛을 받았을 때 이산화탄소의 배출량이 가장 많이 증가한다. 또 모울쇼트(Moleschott)는 동물이 빛을 받으면 탄산가스의 배출량이 대체로 증가한다는 점을 밝혀냈다.

극심한 두통이라든가 신경성 고혈압, 처치곤란한 불면증 등을 치료하는 데에는 파란 빛이 처방되어 왔다. 그 치료효과를 일으키는 작용이 직접적인 것이든 간접적인 것이든 별 문제가 되지는 않는다. 왜냐하면 결국 중요한 것은 결과이기 때문이다.

노란 빛은 빈혈, 신경쇠약 및 전반적인 기능감퇴로 인하여 낮아진 혈압을 높여준다는 사실이 몇몇 재능있는 연구자들에 의해 밝혀졌다. 또 노란 빛을 복부에 조사(照射)하면 위액의 분비가 촉진되는 것 같다—노란 빛에는 장의 활동을 자극하는 작용이 있는지도 모르겠다.

초록 빛은 대체로 영향을 미치지 않는 듯하다.

또 다른 실험에서는 빨간 빛과 자외선 사이에 명백한 상쇄작용이 있다는 사실이 발견되었다. 즉 자외선을 받아 활성화된 물질은 빨간 빛을 받음으로써 활성을 잃는다. 또 호르몬의 활동은 빨간 빛에 의해 촉진되고 자외선에 의해 저해된다. 루드비히(F . Ludwig)와 폰 리이스(J . von Ries)는 스펙트럼 상의 다양한 빛들이 체내의 홀몬에 대하여 제각기 독특한 영향을 미치며, 광생물학(光生物學)을 좀 더 깊이 연구함으로써 언젠가는 내분비계의 질환에 대한 해결책이 발견될 것이라고 믿고 있다.

이러한 증거들은 그 수가 많지는 않을지라도 상당히 고무적인 것들이다. 그러므로 인류는 언젠가는 편견이 사라지고 또 능력있는 연구자가 색채의 효험을 반박하기보다는 증명하기 위해 더 많은 노력을 기울이게 되리라고 기대해도 좋을 것이다.

색채로 진단하는 질병의 징후

현대의학이 색채에 대하여 직접적인 치료효험을 선뜻 인정하지 않는다
고 하더라도, 색채를 진단에 널리 이용한다는 점은 분명하다. 또 의사들
은 색채를 맥박과 체온에 버금가는 진찰수단으로 이용하기도 한다.

그 한 예로 존 벤슨(John Benson) 박사는 「미국임상의학협회지(1907년
12월호)」에 기고한 논문에서 혓바닥의 색이 희끗희끗한 사람들은 대체로
알칼리가 결핍된 반면, 혓바닥의 색이 밝은 빨간색이면 산이 결핍되었다
고 언급한 바 있었다. 또 그는 혓바닥의 색이 짙은 빨간색이면 흔히 전염
병이나 패혈증의 징후가 되며, 누르스름한 혓바닥은 장티푸스의 징후가
된다는 점도 지적했다.

피부에 생기는 색소침착은 한층 더 중요한 의미를 지닌다. 그리고 이와
관련하여 벤슨은 다음과 같은 흥미있는 목록을 제시했다.

 • 안색이 어둡고 칙칙하며 탁하다.(벌건 안색과 주먹코도 마찬가지) : 자
   발성 독혈증(毒血症)의 징후
 • 안색이 노랗다 : 간장의 상태 악화
 • 피부가 엷고 투명하며 정맥이 돋는다 : 정력감퇴, 폐결핵의 징후
 • 피부가 퍼렇게 밀랍질로 되고 입술이 창백해진다 : 빈혈의 징후
 • 한정된 부위에서 점점 짙어지는 빨간 반점이 생기고 때로는 짙은 자
   주색으로 변한다 : 폐렴으로 인한 폐의 기능장해

쓸만한 진단의학서라면 어떤 것에든 질병의 징후가 되는 색채의 처방이
자세히 기록되어 있다. 색채로 나타나는 질병의 징후는 의사들에게는 잘
알려져 있는 것이며 여러 가지 질병의 증거가 된다. 다음에 적힌 몇 가지
진단법들은 의학용어로부터 무작위(無作爲)로 뽑아 모아놓은 것이다.

· 졸도 : 안색이 잿빛으로 된다.

· 만성관절염 : 흔히 몸의 이곳저곳에 노란 색소가 침착된다.

· 위황병(萎黃病) : '녹병(綠病)'이라고도 할 수 있는 특이하게 누르스름한 색이 나타난다.

· 매독 : 때로는 까페오레(Café 351 au lait ; 우유를 탄 커피라는 뜻의 불어 : 역주)라고 불리는 특이한 누런색이 나타난다.

· 수은중독 : 피부가 푸르스름한 회색 또는 회색으로 변한다.

· 암 : 초기에는 피부색의 변화가 뚜렷하지 않을 수도 있으나 말기로 진행될수록 피부색이 누런색, 누런 갈색, 푸르스름한 갈색으로 변한다.

· 악성빈혈 : 안색이 창백해지고 영양실조가 일어난다. 피부색은 심한 빈혈의 경우에 흔히 나타나는 것처럼 창백한 흰색으로 되는 대신, 대체로 레몬 빛과 같은 특이한 노란색으로 된다.

· 당뇨병 : 대부분의 경우에는 피부가 청동색으로 된다.

· 펠라그라(이태리문둥병) : 피부가 짙은 빨간색으로 변한다.

· 결핵성복막염 : 피부, 특히 복부의 피부가 청동색으로 변한다.

· 오슬러씨병(Osler's diseas) : 피부 표면으로 정맥이 드러나 불거지며 피부가 충혈된다. 날씨가 더우면 안색이 벽돌색 또는 자주색으로 되기도 한다.

· 만성알콜중독 : 얼굴이 충혈되어 검붉은 색으로 된다. 코도 흔히 부풀어오르고 빨갛게 된다.

· 일산화탄소중독 : 피부가 밝은 분홍색으로 변할 수도 있다.

· 클로랄중독 : 피부에 노란색, 갈색, 또는 검은색의 커다란 반점이 생긴다.

· 애디슨씨병 : 피부가 청동색으로 변하는데, 처음에는 얼굴과 손의 색이 변하며 나중에는 전신으로 번진다. 피부색의 변화는 밝은 노란색으로부터 갈색을 거쳐 회색으로 이행된다.

· 종두, 홍역, 성홍열, 괴혈병 : 내출혈이 일어나 다양한 크기로 피부색이 변한다. 이 변한 색들은 차츰 색이 변하면서 사라져버린다.

· 발진열 : 장미색의 반점이 생겨나서 자주색의 얼룩으로 변한다.
· 나병 : 피부에 흰 반점이 생긴다.
· 단독 : 콧마루가 선명한 빨간색으로 변하여 차츰 주위로 퍼져나간다.
· 동상 : 피부가 정상적인 경우보다도 더 희게 되었다가 짙은 빨간색,
  붉으스름한색, 또는 검붉은색으로 변한다.

혈액의 색(백혈구와 적혈구의 비율에 관계됨), 소변의 색, 담(喀痰, 가래)
의 색 및 대변의 색도 역시 중요한 단서가 된다. 또 눈의 망막에 흰색, 회
색 또는 검은색, 푸르스름한 녹색, 또는 회색빛을 띤 녹색의 반점이 나타
날 수도 있다. 눈꺼풀의 막이 붉으스름하거나 푸르스름하게 되기도 한다.
혹은 발이 벌겋게 될 수도 있다. 입술이 자주색으로 되기도 한다. 어린
아이의 입주위가 희끗희끗해지면 위나 장이 자극받았다는 표시가 된다.
납중독에 걸리면 몸이 퍼렇게 되고 고무중독에 걸렸을 때는 잇몸이 자주
색이나 푸른 빛을 띠며 비스무트에 중독되었을 때는 잇몸이 거무스름하게
된다. 녹청에 중독되면 잇몸과 이가 만나는 부분에 초록색의 띠가 생길
수도 있다.

질병이 나타내는 색채

창백하고 누런 안색은 대체로 질병과 관련이 깊다. 임신을 했을 경우에
는 피부가 갈색으로 변하고 유두의 색이 훨씬 더 짙어진다. 히포크라테스
는 죽음의 징후를 다음과 같이 기록했었다.
"콧날이 날카로와지고 눈이 움푹 패이며 관자놀이가 푹 꺼지고 귀가 차
가워지고 뒤틀리며 귓볼이 튀어나온다. 이마 부근의 피부가 거칠어지
고 늘어지며 굳어진다. 얼굴 전체의 색이 갈색이나 검은색, 검푸른색,
또는 납빛으로 변한다."
아더 애버트(Arther G . Abbott)는 변화무쌍한 상황 하에서 인체가 표

현할 수 있는 색들을 훌륭하게 규정했다. 이제 그의 기술을 잠시 보기로 하자.

"혈액의 빨간 정도는 산소와 이산화탄소의 함량에 따라 영향을 받는다. 청소년들의 뺨이 발그레한 것은 혈액순환이 잘 이루어지는 동시에 피부가 부드럽고 건강하다는 증거도 된다. 백인의 피부는 특정한 상황에 따라 모든 색을 띠고 있으므로, 우리가 흔히 '유색인종'이라고 부르는 흑인이 피부색의 변화로 감정을 나타내지 못한다는 점을 감안한다면 오히려 백인을 유색인종이라고 부르는 편이 더 적절할 것 같다. 백인이 공포에 질리거나 피를 흘리게 되면 피부색은 거의 흰색에 가까운 색이 된다. 고통을 느꼈을 경우에는 회색으로 된다. 또 흥분하거나 화가 났을 경우에는 빨간색으로 되며 우울하거나 극약에 중독되었을 경우에는 초록색으로 된다. 황달에 걸리면 노란색으로 되고 춥거나 혈액순환이 잘 안되거나 산소가 결핍되면 푸르스름한 색으로 된다. 목을 졸리면 자주색으로 그리고 죽으면 검은색으로 된다."

산화 헤모글로빈 측정기라고 알려진 우수한 장비에서는 혈액의 색변화를 기록하기 위해 전자안(電子眼)이 사용된다. 이 장비의 전자안을 귀에 밀착시키면 산소의 공급이 감소된다는 것을 지시할 것이다. 이 장비는 혈액의 색에 따라, 즉 산소가 충분하면 선명한 빨간색이 되고 산소가 부족해질수록 짙은 빨간색으로 되는 혈액의 색에 따라 반응하도록 되어 있다. 시간이 오래 걸리는 수술에 따르는 위험 가운데 한 가지는 뇌의 무산소증으로부터 생겨나는 것인데, 이런 증세가 일어나면 환자가 마비되거나 죽을 수도 있다. 과거에는 외과의사들이 이런 증세에 대처하기 위해 환자의 호흡과 맥박에만 의존해 왔다. 산화 헤모글로빈 측정기는 심장병 환자와 선천성 청백증아(靑白症兒)의 수술에 극히 필요한 장비라는 것이 증명되었다. 실제로 선천성 청백증아의 경우에는 외과의사가 절개부위를 절개하기 전에도 수술의 성공여부를 미리 알 수 있다.

이번에는 암의 특수한 진단법에 관하여 애버트가 했던 말을 다시 인용해 보기로 하자.

"독일에서 가져온 에를릿츠라는 물고기는 암의 진단에 커다란 도움을 준다. 이 물고기의 체색은 원래 은빛이 도는 갈색이지만 암에 걸렸을 의심이 있는 환자의 혈액을 채취하여 이 물고기에 주사할 경우, 암세포가 내는 호르몬이 주사액에 조금이라도 혼입되어 있다면 체색이 즉시 빨간색으로 변한다. 변한 체색은 약 5분 동안 지속되다가 원래의 체색으로 되돌아가며 또 다른 진단에 사용될 수 있다."

착색된 시각

어떤 질병에 걸렸을 경우에는 그 병에 걸린 사람이 착색된 시각, 즉 시계(視界)가 약하게 또는 강하게 색을 띠는 현상을 경험하기도 한다. 그런 예로는 황달에 걸렸을 때 시야가 노르스름하게 보이는 현상과, 망막출혈 및 설맹(雪盲)의 경우에 시야가 빨갛게 보이는 현상을 들 수 있다. 디기탈리스(강심제로 쓰이는 식물, 또는 그 식물로 제조한 약품 : 역주)나 키니네에 중독되었을 경우에도 시야가 노랗게 보일 수 있다. 또 각막이 손상되었을 경우에는 시야가 초록색으로 보이기도 한다. 알콜중독에 걸리면 시야가 파랗게 보인다고 보고 되었다. 담배를 피고 나서 현기증을 느낄 때면 시야가 빨간색 또는 초록색으로 보일 수도 있다.

산토닌에 중독되면 처음에는 시야가 푸르스름하게 보이다가 노란색으로 보이는 시간이 오랫동안 지속된 다음 완전히 회복되기 직전의 단계에서는 시야가 보라색으로 보인다. 백내장을 제거한 환자는 수술 후에 빨간색으로 착색된 시각을 경험하는데, 때로는 파란색으로 착색된 시각이 뒤따르기도 한다. 이 경우에 초록색이나 노란색으로 착색된 시각을 경험하는 일은 극히 드물다.

시각 및 시각기관은 의학계에서도 널리 연구되어온 분야이다. 아울러 색채요법에서는 시신경을 자극하거나 시신경의 피로를 풀어주려는, 또 한편으로는 시신경과 인체 사이에서 일어나는 일련의 상호작용을 통하여 인체에 직접 영향을 미치려는 노력의 일환으로 여러 가지의 빛을 눈에 비추어줌으로써 고통스러운 상태를 얼마쯤이라도 완화하려는 시도가 이루어져 왔다. 그러한 예로서는 파란 빛과 보라색의 빛을 눈에 비추어주면 두통을 덜어준다는 것이 알려져 왔고, 빨간 빛은 혈압을 높여줌으로써 몇몇 종류의 현기증을 가시게 해준다고 한다. 또 노란 빛이나 초록 빛 또는 파란 빛은 소화장애를 제거한다고 알려져 있으며, 특히 노란 빛은 몇몇 종류의 정신적 불안감을 치료하는 데 도움이 된다고 한다.

그러나 이러한 증거들은 그리 믿을 만한 것이 되지는 못한다. 이제 진단에 관한 이야기로 돌아가보자. 눈은 무수히 많은 질병들을 진단하기 위해 연구되어질 수도 있는데, 이러한 주제를 다룬 권위있는 저서로는 타스맨(Tassman)의 「눈에 나타난 내과질환」이 있다. 우리는 그렇게도 많은 질병들의 증세가 어떻게든 눈을 통하여 나타난다는 사실에 놀라지 않을 수 없다. 인체의 섬세한 체막(體膜)과 조직은 매우 민감하게 영향을 받으며 여러 가지 기능장해가 생겨나기 쉽다. 이러한 기능장해는 유전적인 원인이라든가 감염 및 질병, 체내에 있는 다른 기관의 쇠퇴 또는 자율신경계의 이상 등에서 그 원인을 찾을 수 있다. 그런데 눈은 매우 민감한 기관이므로 이러한 장해에 신속하게 반응하는 것이다.

선천성 매독이라든가 유전적인 허약체질 및 무면역증도 눈에 나타나는 증상을 보고 알아낼 수 있다. 두드러기가 일어날 때는 곧바로 눈꺼풀이 가려워지고 벌겋게 되며 작열감을 느끼게 된다. 빈혈이 일어나면 시신경근(視神經根)이 희어지며 망막에 버찌색의 반점이 생길 수도 있다.

눈이 나타내는 증세

· 성홍열에 걸리면 눈꺼풀이 붓거나 현저하게 붉어지기도 한다.
· 백일해에 걸리면 눈이 충혈될 수 있다. 출혈이 생겨서 시력에 장애를 일으킬 수도 있지만 시력장애는 차츰 사라진다.

· 장티푸스에 걸리면 각막에 궤양이 생길 수 있다. 또 망막에 특이한 '얼룩'이 나타나기도 한다.

· 유행성감기에 걸리면 눈꺼풀에 종기가 생겨서 고름이 나올 수 있다. 또 안구가 붉어져서 충혈의 증세를 보이기도 한다.

· 폐렴에 걸리면 병중이나 병후에 시각장애가 생겨날 수 있다. 또 안구에 혈액공급이 부족하게 되어 안구가 창백해지기도 한다.

· 디프테리아에 걸리면 눈꺼풀이 붉어지고 부어오르기도 하며 빛을 받으면 눈이 부실 수도 있다.

· 안면에 일어나는 단독은 부분적으로는 눈꺼풀에 생기는 질병이라고도 볼 수 있으며, 시각에 해로운 영향을 미치기도 한다. 이 질병에 걸리면 흔히 눈꺼풀이 붓거나 벌겋게 된다.

· 임질에 걸리면 눈꺼풀이 붓고 부어오르며 벌겋게 된다. 또 각막이 흐릿해지거나 부옇게 되기도 한다.

· 나병에 걸리면 눈이 머는 경우가 많다. 또 각막 바깥쪽에 짙은 회색의 막이 형성될 수도 있고 홍채(虹彩)에 짙은 색소가 침착되기도 한다.

· 파상열에 걸리면 홍채가 부옇게 흐려질 수 있다.

· 토끼라든가 쥐 또는 그 밖의 설치류에 의해 전염되는 들토끼병은 듀크엘더(Duke-Elder)가 언급했던 것처럼 '안과학(眼科學)을 통하여 발견된 질병 가운데 몸으로부터 눈으로 퍼지는 유일한 질병'이다. 이 질병은 대체로 한쪽 눈에만 감염되는데, 눈꺼풀이 부어오르고 노르스름한 궤양이 생겨서 그 궤양이 안구로 옮아간다. 이 질병에 걸리면 안구가 '빨간 천에 노란 물방울 무늬가 찍힌' 모양이 된다.

· 매독에 걸리면 눈이 멀게 되는 경우가 흔하다. 타스맨은 '모든 안과질환 가운데 약 2%는 매독 때문에 생겨난다'고 말한다. 매독은 홍채, 수정체 및 안근(眼根 : 모양체)을 마비시킴으로써 눈에 손상을 입힐 수도 있다.

· 결핵에 걸리면 '닭의 볏'처럼 생긴 육아(肉牙)조직이 생겨날 수 있는데, 그렇게 되면 눈꺼풀이나 안구가 손상된다.

- 종두가 널리 시행되기 전에는 맹인 가운데 약 35%가 천연두로 인해 시력을 잃었다. 이 질병에 걸리면 눈에 작은 농포(고름집)가 형성되며, 빛을 보면 눈이 부시게 된다. 천연두는 옛부터 '빨간' 질병이었으므로 옛날에는 흔히 빨간색의 물건들로 이 질병을 치료했다.

- 유행성이하선염(항아리손님)이 눈에 영향을 미치는 일은 드물지만 홍역의 경우에는 시력이 심각한 정도로까지 악화된다. 이 질병에 걸리면 안구에 반점이 생기고, 뒤이어 눈꺼풀이 부어오르며 홍채가 붉은색으로 된다.

- 말라리아에 걸리면 각막에 궤양이 생길 수 있다. 또 망막이 몹시 빨개지거나 동공에 '푸른 회색빛의 줄'이 그물 모양으로 나타나기도 한다.

- 또 치과 질환이나 편도선 및 이비인후과 질환도 그 증세가 눈에 나타날 수 있다. 자주 재발하는 코감기는 대체로 비강에 병이 생겼다는 증거인데, 이 경우에는 시야가 흐릿해지기도 한다.

- 알콜중독에 걸렸을 때도 시야가 흐려질 수 있다. 타스맨은 이 경우에 '눈이 어른어른하고 눈 앞에 점이 떠다니는 것 같으며 물체를 보고 나면 색을 띤 잔상을 보게 된다는 환자들도 있다'고 한다. 메틸알콜을 마셨을 경우에는 눈이 완전히 멀 수도 있다.

비타민 결핍증

야맹증을 유발시키는 비타민 A 결핍증에 대해서는 뒷장으로 가면 자세한 논의가 전개될 것이다. 체내에 충분한 영양이 공급되지 못하고 또 그에 따라 비타민결핍증이 생기게 되면 눈은 또다시 의미심장한 이야기를 하게 될지도 모른다.

인체의 기관에 비타민 B_1(티아민)이 결핍되면 각기병과 같은 질병들이 발생 하는데, 그럴 경우에는 동공이 확장되고 시력이 감퇴되며 눈꺼풀에 작열감이 생기고 안구가 충혈된다. 비타민 B_2(리보플라빈)가 결핍되면 피부가 거칠어지고 벌겋게 되며 트기도 한다. 이 비타민은 가시광선 및 자외선에 의해 쉽게 파괴되는데, 체내에 이 비타민이 결핍되면 시력이 감퇴되고 눈꺼풀이 벌겋게 되기도 한다.

괴혈병을 일으키는 비타민 C 결핍증이 생기면 안구가 몹시 빨갛게 될 수도 있다. 비타민 D 결핍증은 비타민 A 결핍과 마찬가지로 야맹증을 일으키며 수정체를 불투명하게 만들기도 한다.

끝으로 파리의 유충이나 구데기가 눈에 미야시스병이라고 알려진 질병을 일으킨다는 것이 알려져 있다. 이 병에 걸리면 마취제를 써서 유충을 죽인 다음 수술을 통하여 그것들을 제거해야 한다.

정신분열과 색채

간질에 걸리면 흔히 눈 앞에 아지랑이가 보이는 시각, 시야가 흐릿하게 보이는 시각, 시야에 그물이 쳐진 듯한 시각, 시야가 번쩍번쩍하는 듯한 시각 등을 경험하거나 환각 속에서 사물과 색채를 보기도 한다. 또 정신병을 앓고 있는 상태에서는 눈동자가 빛의 밝기에 따라 반응하지 않는 수가 많다.

히스테리나 신경쇠약에 걸린 환자는 강박관념으로 고통을 당하거나 눈이 멀지나 않을까 하고 두려워하기도 한다. 실제로 과민하고 비뚜러진 마음에 기인한 '히스테리성 맹인'도 있다는 것이 보고 되어 있다. 그리고 이런 환자를 치료하는 데는 심리학적인 방법과 정신병리학적인 방법을 적용하는 것이 필요한데, 이는 시각이 눈에 관계되는 것일 뿐 아니라 신경에도 관계되는 것이라는 점을 극명하게 보여주는 것이다. 즉 시력이 좋으려면 두뇌와 건강까지도 좋아야 한다.

망막의 상을 맺는 부분은 몸의 상태에 의해 영향을 받을 수도 있다는 사실이 알려져 있다. 즉 눈을 계속해서 혹사하거나 질병에 걸리게 되면 망막의 주변부에 있는 시신경(視神經)이 퇴화될 수도 있다는 것이다. 그리고 이 망막 주변부의 시력은 시야측정 시험을 통하여 측정될 수 있다.

제임스 리이더(James E. Reeder) 2세는 「미국안과학회지」에 기고한 논문에서 망막의 형태를 느끼는 부분과 색을 느끼는 부분을 연구함으로써 정신이상 여부의 진단이 가능하다는 내용을 적고 있다. 정상인의 망막이라면 초록색을 느끼는 부분이 가장 좁고 그 다음으로는 빨간색을 느끼는 부분이며, 파란색을 느끼는 부분은 좀 넓은 편이다. 그리고 망막의 주변부에서는 단지 검은색과 흰색 밖에는 느끼지 못한다고 한다. 그러나 정신이상자의 경우에는 망막의 구조가 달라지는데, 이에 관하여 리이더는 다음과 같이 적고 있다.

"비정상인의 망막에서는 색을 느끼는 부분뿐 아니라 형태를 느끼는 부분도 그 크기가 현저하게 감소한다. 그리고 그 형태도 역시 변화하지만, 가장 중대한 변화는 색을 느끼는 부분의 위치가 바뀌는 것이다. 즉 색을 느끼는 부분이 바깥쪽으로부터 안쪽으로 배열되는 것이 아니라 서로 뒤섞이게 되며 심지어는 위치가 서로 뒤바뀌기도 한다. 또 색을 느끼는 부분이 형태를 느끼는 부분의 경계선 밖으로 돌출되기도 한다."

리이더는 자기가 관찰했던 것을 그리 강력하게 주장하지는 않았는데, 그 이유는 객관적인 증거가 좀 더 필요하다고 생각했기 때문이었다. 그러나 그는 망막의 색채를 느끼는 부분이 정신작용에 의해 영향받는 것을 연구함으로써 정신이상자로 의심을 받지 않았던 사람들 가운데서도 정신이상의 증세를 발견할 수 있었던 것이다. 그는 또 망막의 구조를 관찰하는 진찰을 받을 경우, 환자는 거짓말을 할 수 없으므로 꾀병을 부리는 것이 통하지 않는다는 말을 하기도 했다. 다시 말해서 망막의 색을 느끼는 부분이 비정상적으로 배열되어 있다면, 정신상태도 비정상적이라고 볼 수 있다는 것이다.

또 하나의 흥미있는 연구는 브로신(H. W. Brosin)과 프롬(E. O. Fromm)에 의해 이루어진 것인데, 그들은 이 연구에서 신경성 색맹인 사람들 가운데는 로르샤하 검사용지를 보게 되면 쇼크를 받는 사람들이 있

다는 것을 관찰했다. (「로르샤하 교환연구지」 1940년 4월호) 대체로 신경증
환자들은 색채에서 쇼크를 받게 되는 반면 정상적인 사람들은 쇼크를 받
지 않는다. 즉 정신적으로 착란된 환자들은 로르샤하 검사의 '잉크얼룩'
처럼 보이는 여러 색채를 대하게 되면 고통스러워하거나 수줍음을 타기도
하고 대답하기를 머뭇거리거나 거부반응을 일으키기도 한다. 이러한 현상
과 관련하여 브로신과 프롬은 "그러므로 우리는 반응을 일으키는 데 가장
중요한 요소는 물리적인 자극의 생리적인(뇌에서 일어나는) 효과라는 결론
에 도달하게 되었다"고 설명한다. 그리고 그들은 색맹인 사람들에 대하여
도 "그들은 물리적인 자극으로부터 색을 느끼지는 못할 수도 있겠지만,
그들이 색을 대할 때 경험하는 생리적인 효과는 정상인들과 같은 것 같
다"고도 한다. 달리 말하자면, 색은 그것이 인간의 눈에 분명히 보이지
않을 경우에라도, 어떤 반응을 불러일으킬 수 있다는 것이다.

제10장

가시광선의 효과

이 책에서는 가시광선의 효과가 세 가지의 다른 측면에서 다루어지고 있는데, 그 첫번째의 관점은 가시광선이 직접적으로 생물체에 미치는 효과에 관한 논의로서 바로 이 제10장에서 다루어지고 있다. 여기서는 가시광선의 작용이 시각과는 무관하게 다루어지고 있는데, 여러 가지 면을 모두 고려해 본다면, 이것이 바로 색채요법이라고 할 수도 있을 것이다. 왜냐하면 이 관점에서는 빛 에너지가 인체의 여러 기관에 미치는 영향을 다루게 되며, 인간의 눈이 그 빛을 보는가 또는 보지 않는가 하는 점에 관해서는 고려되지 않기 때문이다.

두번째의 관점은 정서적인 관점으로서 감각적인 반응 가운데서 일어나는 색채의 영향이 명확히 밝혀진 바에 따라 논의된다. 여기에서는 소위 '색채의 심리학'이라는 것을 대하게 되며 색을 눈으로 봄에 따라 일어나는 여러 특이한 반응들이 알려질 것이다.

세번째의 관점은 시각기관 및 시각 그 자체의 메카니즘에 관한 것이다. 이 부문의 연구에서는 시력의 약화, 안정피로(眼睛疲勞) 및 시력의 남용 등 시각에 역효과를 미치는 요인들에 관심이 집중된다.

이 세 가지의 관점이 모두 인간의 행복에 관련되는 것들임은 말할 필요도 없다. 왜냐하면 이 세 가지는 모두 인간의 생활과정, 육체적·정신적 건강 및 생존에 직접적으로 또는 간접적으로 관계되는 것이기 때문이다.

의료업계와 색채요법

불행하게도 미국의 의료업계는 전반적으로 색채요법의 모든 연구과제를 경멸한다. 말하자면 의료업계는 색채요법이라는 이상스러운 치료법을 무조건 부정하는 경향이 있다. 그리고 이러한 태도는 미국 과학의 성립과 더불어 생겨난 뿌리깊은 전통인데, 이 나라에서는 여지껏 순수과학과 이론과학이 응용과학처럼 열성적으로 받아들여진 예가 단 한 번도 없었다. 아마도 미국의 의료업계 종사자들은 색채에 별 흥미를 느끼지 못하는 모양이다. 실로 미국에서 이루어졌던 연구는 거의 모두가 다 대서양 저 건너편에 있는 다른 사람들의 연구를 반증(反證)하기 위한 노력 속에서 이루어져왔던 것임이 너무도 분명하다. 또 미국인들은 정신과 의사들이나 색채의 심리요법적인 관점에 대해서는 약간의 아량을 보여주기도 하지만, 단도직입적으로 색채요법 운운하는 말을 들으면 가차없이 의심을 하며 눈썹을 치켜올린다.

우리가 미국의 의학문헌들 가운데서 발견할 수 있는 몇 안되는 색채요법에 관한 언급들(여기서는 신비주의자와 색채병리학자들의 假定을 완전히 배제한다) 또한 본질적으로는 거의 모두가 다 부정적인 태도를 취하고 있다. 그 한 예로 몇 해 전에 시드니 프레시(Sidney L. Pressy)가 썼던 논문「색채가 지각신경 및 운동신경에 미치는 영향」을 들 수 있는데, 이 논문은 의료업계의 입장을 대변해주는 훌륭한 본보기가 되었으며, 그 이후로 줄곧 다른 논문들에 널리 인용되어 왔다. 프레시는 몇 차례의 실험을 거친 후에 색채해석자들의 낙관적인 견해(어떤 색에는 이런 치료효과가 있고 또 어떤 색에는 저런 치료효과가 있다고 주장하는 견해 : 역주)는 철저히 의심받아 마땅하다는 것을 알아냈다고 하는데, 그는 자신의 실험결과에 의거하여 색채의 효험을 다음과 같이 평가했다.

"색채가 지각신경 및 운동신경의 능률에 영향을 미치는 어떤 근본적인

생리학적 효과를 지니고 있다는 것이 분명하다면, 그 효과와 색채와의
관계는 틀림없이 매우 일반적이고 기본적인 성질의 것이라고 결론을
내리는 편이 이치에 맞을 것 같다. 왜냐하면 밝은 색으로 자극을 주거
나 또는 빨간색으로 사람을 초조하게 만들고 정신을 산란시킬 수야 있
겠지만, 그보다 더 특수한 효과는 거의 기대할 수 없기 때문이다."

그 밖에 허만 볼머(Herman Vollmer)와 같은 사람도 색채요법에 대해
프레시와 비슷한 비난을 가하고 있다. 볼머는 구피(열대어), 개미, 파리,
쥐 및 사람을 대상으로 하여 광범위한 연구를 여러 차례 반복했지만 그가
얻었던 결론들은 모두가 하나같이 부정적인 것들이었으므로 그는 다음과
같은 말로 색채의 효력을 부정했다.

"여러 실험자료들을 아무리 검토해 봐도 생물학적으로 공통되는 효과
는 전혀 찾아낼 수가 없었다. 일반적인 '자극이론(이것은 프레시의 이론
을 지칭하는 것임 : 역주)'도 대체로 받아들일 만한 것이 못되었고, 특정
한 파장의 빛에 특수한 생물학적 효과가 있다는 점을 입증할 만한 실험
적인 근거도 충분치가 못하다."

그러나 미국인들의 태도가 그처럼 부정적인 것임에도 불구하고 색채요
법의 진가를 부정한다는 것은 아무런 의미도 없는 일일 뿐더러 아무 짝에
도 쓸모없는 일이기도 하다. 왜냐하면 가시광선은 분명히 인체기관에 영
향을 미치기 때문이다. 그러므로 만일 누구든 가시광선에 아무런 효과도
없다고 주장하는 사람이 있다면, 그는 자기가 편견적이며 믿을 만하고 대
항력있는 증거를 찾기에만 급급한 사람이라는 것을 입증할 뿐이다.

흔히 일어나는 일이긴 하지만, 색채요법은 '아리스토텔레스의 덫(형식
논리적인 논쟁 때문에 본연의 목적이 뒷전으로 밀려나는 것 : 역주)'에 걸린
또하나의 연구과제가 되어버렸다. 즉 신비주의와 회의론이라는 두 사조
(思潮)는 서로 사이가 틀어져서, 한쪽에서 과장되고 터무니없는 주장을
하면 다른 한쪽에서는 상대편의 모든 주장을 비판하기 위해 목청을 돋우
게 되고, 그 결과로 조리있고 공정한 태도는 어디론가 자취를 감추어버렸
다. 그러한 와중에서 겸손하기 그지없는 색채연구자들은 인간의 기질이

언젠가는 합리적이고 한편으로 치우치지 않는 근거 위에서 색채를 연구해 나갈 수 있을 만큼 온전해질 것을 기대하면서 한 옆으로 조용히 물러나 앉아 있어야 했다. 그러나 틀림없이, 인류는 이 색채요법에서 도움을 얻을 수가 있는 것이다.

색채와 광생물학(光生物學)

광생물학이라는 학문은 빛의 작용이 생물체에 미치는 효과에 관한 연구를 포괄(包括)하는 학문이다. 본 저자는 이 장에서 색채의 물리학적인 효과를 설명하고, 색채요법의 효과를 밝히기 위해 노력할 것이며, 가시광선의 작용에 관한 논의를 단순한 현상으로부터 매우 복잡한 현상으로까지 전개시켜 나가는 일에 최선을 다할 것이다.

그러나 아주 공정한 태도를 취하자면 보통의 햇빛은 생물체에 전반적인 이로움을 줄 뿐이라는 것을 밝혀두어야 하겠다. 이 말은 즉, 햇빛에는 이 세상에 존재하는 모든 생물체들을 번성하게 하는 것 외에는 별달리 두드러진 작용이 없다는 뜻이다. 그러므로 만일 햇빛이 생물체에 정상적인 생활조건이 되는 것이라면 생물체에 대한 색채의 영향은 햇빛과는 별도로 고찰되거나 또는 햇빛과 분리되어야 하는 것이다. 엘링거(Ellinger)도 이와 같은 견지에서 다음의 말을 하고 있다.

"스펙트럼 상의 개별적인 색채가 주는 효과에 관한 언급들이 그처럼 흔히 상반되어왔던 점을 고려한다면, 보통의 햇빛이 생물학적인 작용을 미치지 않는 이유를 쉽게 이해할 수 있을 것이다."

그렇다면, 자연의 균형이 깨어져서 개별적인 색채의 에너지가 따로따로 적용된다면 어떤 일이 생겨날까?

빛의 작용은 본질적으로 광화학적인 것이다. 한 때는 그런 광화학작용이 주로 자외선 때문에 생기거나, 또는 햇빛이 내는 모든 스펙트럼 가운데서 자외선 범위의 스펙트럼이 가장 강한 광화학작용을 지녔다고 생각되었던 적도 있었다. 그러나 광화학적인 작용은 가시광선 및 색채의 전 범위에 걸쳐서 일어난다. 즉 빛이 생체조직에 의해 흡수되면 빛은 자연히 그 성질이 변하게 된다. 더구나 자외선에는 침투력이 거의 없기 때문에 자외선의 효과는 오히려 다소 피상적인 것에 지나지 않는다. 블룸(Blum)도 이와 같은 견지에서 '가장 침투력이 강한 주파수 범위는 대체로 가시광선의 주파수 범위이다'라는 말을 하고 있다.

라브의 발견

뮌헨대학교의 오스카 라브(Oscar Raab)는 1900년에 염료의 독성에 관한 몇 가지 발견들이 수록되어 있는 책을 출간했다. 그는 여러 종류의 염료 용액을 가지고 실험을 해오면서 미생물을 죽이는 데 걸리는 시간이 실험실에 들어오는 빛의 강도와 염료의 농도에 관계된다는 점을 발견하였다. 즉 햇빛을 받게 한 미생물들은 비교적 오랫동안 살아남을 수 있었지만, 염료로 염색된 미생물은 햇빛에 극히 민감해져서 햇빛을 받는 즉시 죽어버렸던 것이다.

라브의 연구는 그 밖의 여러 연구들이 뒤를 따르게 하는 계기가 되어서 염료와 색소가 생체조직을 감광(感光)시키는데 매우 광범위하게 쓰일 수 있게 되었고, 그에 따라 염료 그 자체에는 화학적인 활성(活性)이 없지만, 그것이 미생물을 물들이게 되면 미생물이 빛을 흡수하게 되어 죽게 된다는 점이 밝혀졌다.

그리고 이 현상에 관해 한 가지 더 부연할 것이 있는데, 그것은 용액 속에서 형광을 일으키는 물질이 가장 강한 감광작용을 일으키는 것 같다는 점이다. 그리고 이 경우에는 염료 때문에 생물체에 비쳐진 빛과는 다른 파장의(그리고 해로운 영향을 미치는) 빛이 생물체에 흡수되는데, 이때 자외선이 흡수되어도 해롭지만 가시광선이 흡수되어도 해롭기는 마찬가지다. 왜냐하면 그처럼 빛의 파장이 바뀌는 현상은 가시광선에서만 관찰될 수 있다는 점이 연구결과 밝혀졌기 때문이다.

감광성

생체조직(또는 사람의 피부)이 빛에 민감해지도록 하기 위해 사용할 수 있는 염료와 그 밖의 물질들이 몇 가지 있다. 곱사병에 걸린 아이에게는 흔히 빨간색 염료인 에오신(Eosin)을 우유에 타서 마시도록 하는데, 그 치료법은 에오신이 자외선을 잘 흡수한다는 원칙에 입각한 것이다. 또 로즈벵갈(Rosebengal)이나 메틸렌 블루(methylene blue)를 복용하면 초록색과 노란 빛에 특히 민감해진다.

화장품이나 연고, 향수, 면도 후에 바르는 로션 등을 사용했을 경우 피부에 이상한 발진이 생겨나는 수가 있다. 이런 발진은 흔히 중독이라고 생각되기 쉽지만, 대개는 그런 물질들이 피부를 빛에 민감하게 만들고 그 결과 볕에 탄 피부가 악화되기 때문에 생겨나는 것이다.

소금물 용액에 떠 있는 포유동물의 적혈구는 파장이 극히 짧은 방사선만 제거된다면 햇빛을 받아도 서너 시간 동안은 별다른 변화를 보이지 않고 그대로 보존된다. 그러나 그 용액에 형광염료가 가해지면 세포의 구조가 곧바로 파괴되는 것을 관찰할 수 있다.

염료가 혼입되면 상당히 많은 종류의 독소, 항독소, 비루스, 독액(곤충이나 뱀 따위의 침이나 이빨에서 나오는 것 : 역주) 등의 활동이 저지되며 호르몬이 파괴되기도 한다. 그리고 염료의 작용으로 일어나는 그 외의 효과에 대해서 블룸은 '광역학 작용이 있는 염료를 사용하면 피부를 국부적으로 빛에 민감하게 할 수 있다. 이 경우 빛에 민감해진 부위가 햇빛에 노출되면 극심한 가려움증이 생겨난다'고 한다.

위와 같은 사실에 착안한다면 색채요법은 동물이나 환자의 혈류(血流) 속에 활성이 없는 염료를 주사한 다음 그 동물이나 환자에게 빛을 쪼여주는 방법으로 이루어질 수도 있다. 그 한 예로 하우스만(Hausmann)은 흰

쥐를 사용한 실험에서, 흰쥐에서 다량의 염료를 주사한 다음 강한 빛을 쪼여줌으로써 그 동물을 단시간 내에 죽여버릴 수 있다는 것을 보여주었다. 이때 염료의 양을 줄이고 빛의 세기를 약하게 하면 흰쥐는 혼수상태에 빠지게 되며 몸이 약해지고 피부에 발진이 생겨난다. 토끼나 개와 같은 동물들의 경우에도 감광작용이 일어나게 되면 순환계의 기능이 쇠약해진다. 또 염료를 양어장에 풀었을 때도 물고기들에게 비슷한 영향을 미치게 되므로 물고기들은 물 위로 떠올라 공기를 들이마시고 비늘이 떨어지며 마침내는 죽게 된다.

'딸기 두드러기'와 같은 어떤 종류의 발진은 어떤 음식을 먹었을 경우에 피부가 빛에 민감해진다는 것을 보여주는 좋은 예가 될 수 있다. 그리고 이와 같은 현상을 밝혀내기 위해 가축의 사료 속에 포함된 메밀의 작용에 관하여 많은 연구가 집중되어 왔는데, 그 결과 가축들에게 발생하는 질병들 가운데 상당수는 어떤 먹이를 먹음으로써 일어나는 감광성에 기인한다면 점이 밝혀졌다. 한편 아라비아와 오스트레일리아에서 사육되는 양들은 털색이 짙은 동물이 털색이 엷은 동물보다 특정한 병에 덜 감염되는 것 같다는 이론을 훌륭하게 뒷받침해 주었는데, 실제로 빛에 대한 민감성은 어느 경우에나 색소가 가장 엷게 침착된 동물들에게 가장 큰 영향을 미친다고 한다.

그 밖에도 발진을 일으킬 수 있는 물질들의 예는 얼마든지 있다. 그 한 예로, 우리가 흔히 볼 수 있는 풀에서 짜낸 엽록소의 즙을 피부에 바르고 그 부위를 햇빛에 노출시키면 피부가 상할 수도 있는 것이다. 또 양방풀나물이나 무화과를 만지고 나면 피부염이 생기는 경우도 있다. 코울타르 제품도 어떤 사람들에게는 직업병적인 눈부심 증세를 유발시키는데, 코울타르 제품을 취급하는 노무자들 사이에는 실제로 빛에 극히 민감한 사람들이 많이 있다.

한편 루울(L. Roule)은 색소침착과 빛에 대한 반응 사이에서 일어나는 관계에 착안하여 연어의 회귀(廻歸)에 관한 특이한 이론을 제시한다. 즉 그에 의하면, 연어가 알에서 부화된 후 2년쯤 지나면 등부분의 색소가

168

없어지는데, 그렇게 되면 얕은 물을 뚫고 들어온 햇빛이 연어를 자극하여 하류로 또 바다로 가게 한다는 것이다. 그리고 이에 관하여 마이어 (Maier)와 슈나이어라(Schneirla)는 다음과 같은 견해를 표명하고 있다.

"아마도 햇빛이 이주를 일으키는 유일한 요인은 아닌 듯싶다. 그러나 연어와 유연관계가 매우 가까운, 그리고 연어보다는 색소가 훨씬 더 조금밖에 없어지지 않는 숭어가 민물에 그대로 남아 있다는 점을 고려한다면, 햇빛은 중요한 의미를 지니는 것이다."

햇빛에 의한 두드러기

어떤 사람들에게는 햇빛에 의한 두드러기라고 알려진 이상하고 드문 형태의 감광반응이 일어나는 수가 있다. 이 현상은 가시광선에 생물학적인 효과가 있다는 적절한 증거가 되는데, 그 이유는 햇빛에 의한 두드러기가 의심할 바 없이 눈에 보이는 파란 빛과 보라색 빛에 의해 일어나는 것이기 때문이다.

이 피부질환을 유발시키는 데 필요한 햇빛의 양은 극히 적기 때문에 블룸은 이것을 '3분 반응'이라고 부르기도 했다. 왜냐하면, 어떤 경우에 있어서는 피부가 3분 동안만 빛에 노출되어도 색이 분명히 변하고 부풀어 오르기 때문이다. 그리고 이 현상과 관련하여 블룸은 다음과 같은 설명을 덧붙이기도 했다.

"다른 면에서는 어느 모로 보나 정상적인 피부에 일어나는 이 반응은 피부에 파란 빛과 보라색 빛 범위의 스펙트럼을 흡수하여 광화학적인 반응을 일으키는 물질이 존재하기 때문에 생겨난다고 하는 것이 적당할 듯싶다. 이 물질은 아마 정상적인 피부에는 존재하지 않는 것 같으며, 설혹 존재한다고 하더라도 정상적인 상태 하에서는 활성을 가지지 않는 듯하다."

블룸과 그의 동료들에 의해 이루어진 실험에서는 색필터와 열필터에 의해 분리된 파란 빛과 보라색 빛만으로도 햇빛에 의한 두드러기가 일어난다는 것이 밝혀졌다. 그러므로 이 희귀한 질병은 눈에 보이는 파란 빛과 보라색 빛에 의해 생겨나는 것이지 자외선이나 열선에 의해 생겨나는 것이 아니라는 점은 극히 명백하다. 비록 이 질병이 의학계에서는 극히 드물게 알려져 있는 현상이라고 할지라도 이 질병은 의심많은 사람들을 일깨워줌으로써 가시광선 및 색채가 인체에 분명히 영향을 미친다는 점을 상기시켜 줄 것이다.

치료학적인 연구

1940년에 일본에서는 호기심을 끄는 연구가 상당수 이루어졌고 그 결과가 전세계의 저명한 의학전문지 등에 보고되었다.

그 실험은 몰모트를 사용한 실험이었는데, 실험 결과 빨간 빛을 비춰준 개체는 성장이 촉진되었던 반면, 파란 빛을 비춰준 개체는 영양실조의 증세를 보인다는 사실이 알려졌다. 또 머리와 유선(乳線)에 빨간 빛을 비춰준 개체는 젖의 분비가 촉진되었고, 파란 빛을 비춰준 개체는 젖의 분비가 감소되었는데, 이에 관하여 고따로멘쥬 박사는 다음과 같이 기술했었다.

"나는 젖의 분비기능에 미치는 가시광선의 효과가 성장에 관계되는 신경계와 내분비선의 작용에 의해 생겨난다고 확신한다."

토끼의 경우에는 빨간 빛을 비췄을 때 즉각적인 반응이 일어나지는 않았지만 나중에는 혈압이 떨어졌는데, 이에 관해 멘쥬 박사는 '빨간 빛을 몸 전체에 비춰주거나 복부에만 비춰주거나 관계없이 혈압을 떨어뜨리는 효과가 있다'고 했다. 또 '파란 빛을 비춰줄 경우에는 혈압이 곧 떨어지지만 나중에는 현저한 혈압상승을 보였다'고 한다.

이러한 반응은 그밖의 여러 연구자들에 의해서도 관찰되었다. 그러나 일반적으로 본다면, 빨간 빛은 혈압을 즉시 상승시켜서 자극제로 작용하지만 나중에는 혈압을 떨어뜨린다. 한편 파란 빛은 혈압을 즉시 떨어뜨리지만 일정한 시간이 지나면 혈압을 상승시키는 반응이 뒤따르기도 한다.

나투메 박사와 미쭈다니 박사는 색채와 상처의 치료 사이에는 명백한 관계가 있다는 것을 발견했다. 그들의 연구 결과는 멘쥬 박사의 연구 결과와 함께 보고되었는데, 그들은 파란 염료(빨간 빛을 흡수하는)를 사용할 경우 치료가 촉진되고 빨간 염료(파란 빛을 흡수하는)를 사용할 경우 치료가 지연된다는 것을 발견했다. 그리고 이에 관하여 그들은 '가시광선이 종양 조직에 미치는 효과로서 빨간 광선은 조직의 성장을 저지했고, 파란 광선은 비록 약간뿐이긴 하지만 조직의 성장을 촉진했다'고 적었다.

빨간 빛의 효과

열을 포함하지 않는 빨간 빛은 피부에 별다른 영향을 미치지 못한다. 그러나 빨간 빛에는 강한 침투력이 있어서 혈액에 영향을 미치는 듯하다. 한편 엘링거의 견해에 의하면, 빨간 빛의 치료학적 효과가 성호르몬을 활성화시키는 데 있다고도 한다. 그 한 예로 그는 4,5개월 된 눈먼 오리새끼의 머리에 빨간 빛을 비추어주면 빛을 비춰주지 않은 개체들보다 더 빨리 숙성한다는 것을 들었다. (이러한 예는 앞에서도 비소네트의 연구와 관련하여 언급된 바 있다) 그는 또 빨간 빛을 몰모트에게 비추어주면 혈액 중의 글리콜리시스(혈액 속의 녹말을 혈당으로 분해시키는 효소)의 농도가 증가한다는 점도 지적했다.

여러 차례 인용된 바 있는 루드비히와 폰 리이스의 연구에서는 파란 빛을 받은 쥐는 보통의 빛을 받은 쥐와 성장속도가 같았으나 빨간 빛을 받은 쥐는 체중이 훨씬 더 빨리 증가한다는 사실이 밝혀졌다. 한편 볼머(Vollmer)도 위의 실험과 똑같은 실험을 하고 나서 '파란 빛과 햇빛을 받은 동물들에 있어서는 체중의 증가속도에 별다른 차이가 없었지만, 빨간 빛을 받은 동물들에 있어서는 처음엔 성장속도가 약간 지연되는 듯했으나 나중에는 햇빛을 받은 동물들보다 성장속도가 분명히, 그리고 계속적으로 빨라졌다'는 결론을 내렸다. 그러나 볼머는 그런 결론을 내리면서도 자기의 실험에서 나타난 반응들을 미심쩍게 생각했으므로 '빨간 빛을 받은 동물이 실험의 마지막 단계에서 체중이 더 늘어난 이유 가운데 한 가지는 그 동물들이 임신을 했던 것에 기인한다'는 단서를 하나 붙였는데, 이것은 그 이후로 미국에서는 고전적인 견해가 되다시피 했다.

그러나 볼머의 견해와는 달리 빨간 빛이 생물체에 영향을 미친다는 점에 대해서는 의심할 여지가 없는 것이며, 루드비히와 폰 리이스의 실험결과도 그 진가를 의심할 수 없는 것이다. 빨간 빛은 성장을 촉진시키고 체중을 증가시켜주는 것이지만, 엘링거가 지적한 바에 의하면 '어린 쥐에게 빨간 빛을 제외한 빛을 비춰주면 결국에는 죽게 되는데, 그 이유는 분명히 비타민 결핍증으로 인한 것이다'라고도 한다.

또 빨간 빛에는 염증을 방지하는 효과가 있다고도 보고되었으나 그 치료학적인 효과는 분명히 밝혀지지 않았다.

파란빛의 효과

파란 빛은 대체로 빨간 빛과 반대되는 성질을 띠고 있다. 이 파란 빛에는 생체조직 내에서의 산화를 촉진하고 호르몬의 활동을 저지시키는 작용이 있다고 한다. 또 이 빛에는 살균작용이 약간 있기는 하지만 피부에는 거의 영향을 미치지 않는다고 한다. 그러므로 피부가 곪는 것을 막기 위해 바르는 약은 빨간색이나 갈색으로 하는 것보다는 파란색으로 하는 것이 더 이치에 맞는다. 왜냐하면 그렇게 해야 빨간 빛의 흡수를 더 용이하게 할 수 있기 때문이다. (빨간색이 빨갛게 보이는 것은 빨간 빛을 반사하기 때문이다 : 역주)

엘링거는 파란 빛의 효과에 관해 다음과 같이 기술하고 있다.

"파란 빛의 효과 가운데 가장 흥미로운 것은 호흡효소에 미치는 효과인 것 같다. 워버그(O . Warburg)의 견해에 의하면, 일산화탄소와 산소의 혼합물 속에 놓여진 효모의 현탄액(부옇게 흐려진 용액 : 역주)에 여러 빛깔로 된 색광(色光)을 비추어주었을 때, 파란 빛이 효모의 호흡률에 미치는 효과는 초록 빛이나 노란 빛보다 약 3배 가량 되었으나 빨간 빛은 별다른 효과를 미치지 못했다고 한다. 이러한 사실은 코자(Koza)가 일산화탄소에 중독된 환자에게는 석영등(석영 유리관을 쓴 램프 : 역주)에서 나오는 빛을 비추어주면 좋은 효과를 얻는다고 보고했던 것을 입증해준다는 점에서 임상적인 흥미를 끄는 것이기도 하다. 자외선에는 침투력이 별로 없다는 사실을 감안한다면 환자의 체내에 있는 호흡효소가 자외선에 의해 영향을 받았다고는 하기 어렵다. 그러나 석영등에서는 '가시광선'인 파란 빛도 풍부하게 포함되어 있고, 또 그 빛에는 워버그가 관찰한 사실에 상응하는 영향을 미칠 만큼 강한 침투력도 있다는 점을 기억해 두어야 할 것이다"

다른 색들의 생물학적인 효과에 관해서는 다른 연구들과 관련하여 또다시 언급할 것이나, 스펙트럼 상의 노란색—초록색 범위에 있는 빛들은 대체로 별다른 영향을 미치지 않는 듯하다.

시각을 통해 이루어지는 반응

위에서 논의된 것들은 사실상 시각 그 자체의 작용을 고려하지 않는다는 가정 하에서 이루어진 색채의 생물학적 효과에 관한 논의였다.

색채가 뇌하수체를 자극하는 경향이 있다는 것, 아니 실제로는 내분비계를 전반적으로 자극하는 경향이 있다는 것은 분명한 듯하다. 그리고 이와 관련하여 프레스코트(B. D. Prescott)는 다음과 같이 기술하고 있다. "베일(Veil)은 뇌하수체를 제거당한 메기가 주위의 색이 검은데도 불구하고 24시간 이내에 체색(體色)이 거의 하얗게 변한다는 사실을 발견했다. 또 뇌하수체에서 추출한 물질을 주사하면 체색이 즉시 검은 색으로 되돌아갔으나 주사액의 효과가 사라지고 나면 체색이 다시 희어졌

다. 한편 어떤 종류의 물고기들에게서는 잠을 자는 동안에 체색이 밝아
진다는 사실이 관찰되기도 했는데, 그 이유는 수면상태에서 신진대사
기능이 자연적으로 지연되기 때문이다. 또 그 물고기들이 흥분했을 경
우에는 호르몬의 활동이 증가하기 때문에 체색이 짙어진다는 사실도
관찰되었다.”

그런데 이러한 색채에 대한 반응은 사람의 경우에도 유사한 양식으로
일어나는 것 같다. 즉 사람에 있어서도 색채가 내분비계에 영향을 미치면
그에 따라 일련의 연쇄반응이 몸 전체에 일어난다는 것이다.

1910년 슈타인(Stein)은 빛이 인체근육의 긴장도에 미치는 일반적인
효과에 관심을 집중시켰던 바 있다. 여기서 ‘긴장도’라는 말은 체내에서
유지되는 활동상태의 끊임없는 변화를 의미하는 것으로서, 예를 들자면
근육의 긴장상태 및 이완상태를 긴장도의 변화로 나타낼 수 있다는 것이
다. 이 긴장도의 변화는 관찰 및 측정이 가능하며 색채의 작용을 규명할
훌륭한 단서를 제공하는 것이다. 이와 관련하여 페레(Feree)는 빨간 빛
이 근육의 긴장도를 정상상태인 23도로부터 42도로 증가시킨다는 것을 발
견했다. 또 주황색 빛은 35도까지, 노란 빛은 30도까지, 초록 빛은 28도까
지, 그리고 파란 빛은 24도까지 긴장도를 증가시킨다고 한다. 그러나 대
체로 본다면, 따뜻한 색은 긴장도를 증가시키고 차가운 색은 긴장도를 감
소시킨다고 한다.

한편 메츠거(A. Metzer)는 시각에 자극을 주는 실험을 통하여 한쪽
눈에만 빛을 비춰줄 경우에는 동물이건 사람이건 간에 빛을 받은 눈에 해
당하는 쪽의 몸에만 긴장상태가 생겨난다는 것을 발견하였다. 메츠거의
연구 결과는 페릭스 도이취(Felix Deutch)에 의해서도 언급된 바 있는
데, 그는 ‘이러한 긴장도의 변화에 따라 겉으로 나타난 감각과 몸속 깊은
곳에서 느끼는 감각이 변화하는 것을 보면 두 감각이 모두 시각적인 자극
에 일정하게 의존한다는 것을 알 수 있다’고 말함으로써 빛이 단지 근육
에만 영향을 미칠 뿐 아니라 인체의 모든 기관에 걸쳐서 변화를 초래한다
고 결론지었다.

　메츠거는 자신의 견해를 입증하기 위한 실험적인 방법으로서, 피험자가 팔을 앞으로 나란히 뻗치도록 한 다음 한쪽 눈에 빛을 비추어주면 빛을 받은 눈과 같은 쪽에 있는 몸의 긴장도가 증가한다는 것을 보여주었다. 즉 그의 실험에서는 빛을 받은 눈과 같은 쪽에 있는 팔이 저절로 들어올려져서 빛을 받는 눈을 향해 이끌렸던 것이다.

　보통의 빛 대신에 빨간 빛을 비추어 주었을 경우에는 양 팔이 벌어졌고 초록색의 빛을 비추어 주었을 경우에는 양팔이 경련적으로 움직이면서 서로 접근했다. 사경(斜頸 ; 목이 건들건들하는 질병 : 역주)의 경우에는 빨간 빛을 받으면 건들거림이 증가한 반면 초록빛을 받으면 건들거림이 감소했다.

　그러나 위의 실험결과보다도 한층 더 놀라운 실험은 페릭스 도이취와 프리드리히 엘링거가 모두 언급했던 바 있는 에렌발트(H. Ehrenwald)의 실험이다. 즉 에렌발트는 그의 실험에서 얼굴과 목이 측면으로부터 빛을 받을 경우, 그 빛이 빨간 빛이면 앞으로 뻗쳐진 팔이 빛이 오는 쪽을 향하여 이끌리고, 파란 빛이면 빛이 오는 쪽과 반대 방향으로 이탈한다는 사실을 보여주었던 것이다. 이에 관하여 도이취의 말을 인용해 보기로 하자.

　"이 반응은 시각기관의 반응과는 전혀 관계없이 일어난다. 그러므로 이 반응은 빛이 보이지 않도록 눈을 완전히 가려도 일어나며 맹인들에게서도 일어난다고 한다."

　이와 같은 현상은 쿠르트 골드슈타인(Kurt Goldstein)에 의해서도 다루어진 바 있는데, 그것에 관해서는 다음 장에서 논의될 것이다. 한편 블룸은 이러한 현상에 관하여 '이 반응은 사람의 피부에 방사선을 느끼는 감각중추(感覺中樞)가 기본적인 형태로 존재한다는 것을 나타내는 것 같다'고 함으로써 아량있는 사람들의 마음을 즐겁게 하고 의심많은 사람들의 분노를 살 견해를 제시하기도 했다.

인체기관과 색채

호프만(Hoffman)도 에렌발트와 마찬가지로 인체에 방사선을 느끼는
감각기(感覺器)가 있다고 생각했다. 즉 그의 견해에 의하면, 피부에는 틀
림없이 신경계와 밀접한 관련을 맺고 있는 세포가 있으며, 그 세포가 방
사선 에너지를 감지(感知)한다는 것이다. 긴장도반사(척추반사 등과 마찬
가지로 근육에서도 반사작용이 일어난다는 가정을 한 것임 : 역주)는 두 가지
방법으로 일어나는 것 같다. 노란 빛에서 초록 빛에 이르는 범위의 빛은
중립적(여기서는 별다른 영향을 미치지 않는다는 뜻 : 역주)이며, 이 범위의
빛에서는 특별한 반응이 일어나지 않는다. 그러나 빛이 주황색을 거쳐 빨
간색 쪽으로 접근하면 자극이 오는 쪽으로 끌리는 반사운동이 일어난다.
또 빛이 초록색을 거쳐 파란색을 향하게 되면 자극이 오는 쪽에서 멀어지
려는 반사운동이 일어난다. 그리고 심지어는 눈에 안보이는 적외선이나
자외선에 의해서도 이와 같은 반사운동이 일어나는데, 이러한 사실은 인
체가 색채를 보지 않고도 색채에 반응한다는 것을 보여주는 좋은 증거가
된다. 한편 핀쿠젠(Pincussen)은 빨간 빛의 영향을 받을 경우엔 혈당치
(血糖値 ; 혈액 속에 포함된 당류의 농도 : 역주)가 증가한다는 점에 관하여
기술했던 적이 있었는데, 그는 자외선이 피부의 표층(表層)에 작용하고,
파란 빛에서 빨간 빛에 이르는 범위의 빛이 혈액에 작용하는 반면, 빨간
빛과 적외선은 근육조직의 심층에 작용한다고 믿었다.

몇해 전에 다이취(Daitsch)와 코간(Kogan)은 또다른 일련의 연구를
실시한 일이 있었는데, 그들은 그 연구에 의거하여 노란 빛과 자주색 빛
이 인체의 신진대사에 가장 효과적이라는 결론을 내렸다. 한편 빨간 빛은
신진대사 기능을 현저히 약화시켰고 초록색 빛은 그 기능을 경미하게 약
화시켰다고 한다. 그러나 색채의 영향이 강하냐 또는 약하냐 하는 것은
그 색이 밝게 보이는가 또는 어둡게 보이는가에 달렸다고 한다. 즉 맥박

176

수를 예로 든다면, 그것은 비춰진 빛에 포함된 색과 관계없이, 어두운 빛을 받을 때보다는 밝은 빛을 받을 때 더 빨랐다는 것이다. 그러므로 '색채요법'을 환자에게 적용하려면 색뿐만 아니라 조명의 강도까지도 함께 고려해야 한다. 그리고 이것은 또 따뜻한 색이 공격적이고 자극적인 효과를 가지려면 밝은 빛에서 그 효력이 가장 강한 반면 차거운 색이 수동적이고 안정적인 효과를 가지려면 빛의 밝기가 약해져야 한다는 점도 제시하고 있다.

다음에는 럭키쉬(M. Luckiesh)가 그의 저서인 「시각의 과학」에서 표명한 바에 따라 색채요법 및 가시광선의 생리적 작용에 관한 간단한 언급을 보기로 하자.

"장차 언젠가는 우리가 인간에 관해 더 많은 것을 알게 되고 그에 따라 태양에서 방출되는 방사선 에너지의 모든 파장이 인간의 생활과 건강에 복잡하게 얽혀 있다는 점이 밝혀진다고 하더라도 그리 놀랄 만한 것은 아니다."

색채가 인체기관에 물리적인 효과를 미친다는 점에 관하여는 의심할 여지가 없다. 밝은 빛과 따뜻한 색은 자율신경계를 자극하여 혈압을 상승시키고 그에 따라 맥박수를 증가시킨다. 그러므로 우리가 이와 같은 견해를 받아들이건 받아들이지 않건 간에 우리의 근육은 점점 따뜻해질 것이고 그에 따라 체온도 상승할 것이다. 또 이것을 거꾸로 생각하자면, 어둠침침한 빛과 차거운 색은 자율신경계를 이완시켜서 혈압을 떨어뜨리고 맥박수를 감소시키며, 그에 따라 근육도 비교적 더 차가워진다는 말이 되기도 한다.

제 11 장

· · · · · · · ·

색채의 정서적 반응

의학계에서는 색채요법이 인체에 생물학적으로 직접 작용한다는 견해를 부정하면서도 심리적인 요인이 인체에 미치는 작용과 영향에 대해서는 매우 긍정적이다. 따라서 '색채요법'이라는 용어는 의학계에서 사용하기를 꺼리는 말이 되어온 반면, 심리요법에 관한 언급들은 매우 보편적인 것으로 되어 왔다. 우리는 누구든 색채의 작용과 영향을 철저히 부정하기 위해서라면, 기꺼이 우상파괴주의자가 되려고들 한다. 그러나 모든 형태의 인간 생활 속에서 색채가 지닌 역할은 너무도 명백한 것이므로 부정되거나 무시될 수는 없는 것이다.

현재에 이르기까지, 정신병의학 분야에 종사하는 여러 연구자들이 인간의 색채선호(色彩選好)에 관한 몇 가지 흥미롭고도 기본적인 사실들을 지적해 왔다. 그것들 가운데 하나가 우리에게 익히 알려진 로르샤 검사(Rorschach Test ; 여러 가지의 색으로 이루어진 좌우 대칭형의 추상적 도형을 피험자에게 보여주고 그것에서 연상되는 물체를 말하라고 하여 피험자의 성격을 판단하는 검사 : 역주)인데 정서적으로 억제된 사람들에게는 그 색채가 자기의 내면 생활 속으로 침입해 들어오는 것처럼 느껴지므로 충격을 받거나 당황하게 된다. 그리고 정서적으로 무관심한 사람들, 즉 무뚝뚝한 사람들은 별다른 반응을 나타내지 않는다.

대체로, 정상적인 사람으로서 세상에 잘 적응하고 있거나 적응하려고 하는 사람들, 즉 '외향적으로 통합된' 사람들은 색채를 좋아하는 경향이 있으며, 그 중에서도 따뜻한 색을 특히 좋아한다. 한편, '내향적으로 통합된' 사람들은 차가운 색 계통을 선호하기는 하지만 그런 색들이라도 몹시 좋아하지는 않는다. —그리고 다른 계통의 색들에 대해서도 같은 태도를 보인다.

다음에 적힌 마리아 리커즈 옵샹키나(Maria Rickers Ovsiankina) 박사의 언급은 색채의 정서적 의미를 이해하려는 사람들에게 커다란 도움을 줄 것이다.

"젠쉬(Jaensch)는 전혀 별개의 실험을 통하여서도 전에 했던 실험결과와 똑같은 결론에 도달했다. 즉, 사람들이 색채를 선호하는 경향이 빨간색—노란색 계열과, 파란색—초록색 계열로 양분(兩分)된다는 것이다. 그는 모든 사람들이 적록색맹(赤綠色盲)인 사람들과 유사한 방식으로 분류될 수 있다는 것을 발견했다. 말하자면, 따뜻한 색 쪽으로 치우치는 색에 민감한 사람들과 차가운 색 쪽으로 치우치는 색에 민감한 사람들로 분류될 수 있다는 것이다. 따뜻한 색에 민감한 사람들은 눈에 보이는 외계(外界)와 밀접한 관련을 맺는 것으로 특징지워진다. 그들은 외계의 영향에 대하여 감수성이 예민하고 그러한 영향을 잘 받아들일 뿐 아니라 사회적인 환경에도 얼마쯤은 쉽게 적응하는 듯싶다. 그들의 정서는 따뜻한 마음씨, 예민한 감수성 및 강한 애정 등으로 특징지워진다. 그들에게 있어서는 모든 정신적 기능들이 서로 신속하게, 그리고 매우 강하게 통합된다. 그들은 객관적인 것과 주관적인 것 가운데서 객관적인 것에 더 중점을 둔다.

젠쉬의 실험에 의하면, 차가운 색에 민감한 사람들은 외계에 대하여 무관심하고 '초연한' 태도를 보인다고 한다. 그들은 새로운 환경에 잘 적응하지 못하며, 자신을 솔직하게 표현하지도 못한다. 또 그들은 정서적으로도 냉정하며 마음을 잘 터놓지 않는다. 그리고 주관적인 것과 객관적인 것 가운데서는 주관적인 것을 더 중요시한다. 간단히 말하자면 따뜻한 색에 민감한 사람들은 젠쉬의 말로 하자면 '외향적으로 통합된' 유형의 사람들이고, 차거운 색에 민감한 사람들은 '내향적으로 통합된' 유형의 사람들이다."

색채와 심리학

이른바 '색채의 심리학'이라는 것에 관하여는 오늘날까지 많은 논의가
거듭되어 왔다. 그 한 예로, 길포드(J . P . Guilford)는 다음과 같은 말
을 한다.

"생체조직(生體組織), 특히 뇌의 조직은 다른 생체조직들이 열전기, 자
기 등을 일으키는 것과 마찬가지로(사람들의 몸에서도 생체전류가 발생
하고 그에 따라 자력도 발생한다 : 역주) 여러 가지 색의 변화를 일으키
고, 그에 따라 유쾌한 기분 또는 불쾌한 기분이 생겨난다는 말이 있는
데, 나는 이 말이 단순한 비유적 표현만은 아니라고 생각한다."

실제로, 눈을 자극한 빛이 일으키는 반응은 신체의 모든 기관으로 퍼져
나간다. 그리고 그에 따라 신경을 긴장시키거나 진정시킴으로써 흥분 또
는 침체의 반응이 일어난다. 좋다거나 싫다는 표현은 정신적·심미적인 특
질에 관련되어 있다기보다는 오히려 뇌, 아니 뇌뿐만 아니라 실제로는 인
체의 모든 기관에서 일어나는 반응들과 더 많이 관련되어 있는 것 같다.

오늘날에 와서는, 감정이 억제되거나 기분이 우울해짐으로써 여러 가지
질병이 발생할 수도 있고, 또 병리학적으로도 인체에 좋지 못한 영향을
미칠 수 있다는 점이 잘 알려져 있다. 정신적인 갈등으로 인해 육체적 기
능이 저하될 수도 있으며 그에 따라 특유의 질병이 생겨날 수도 있는 것
이다.

그 적절한 예를 위궤양에서 찾을 수 있다. 이 질병은 초기단계에서 소
화장애가 일어나는데, 그런 상태가 오래 지속되면 위궤양으로 발전한다.
이 점에 관련하여 데이비드 디츠(David Dietz)는 다음과 같이 적고 있다.

"그러므로, 정신적인 원인과 육체적 결과 사이에는 하나의 다리가 가로
질러 있다. 옛날의 내과의사는 위궤양만 치료하면 되었지만 정신치료
법의 견지에서는 내과의사가 환자의 정신까지도 함께 치료해야 한다고

가르친다."

항상 침착한 태도를 유지하려고 애쓰는 사람들은 혈압이 높아질 우려가 있다. 또 정신적으로 고통받는 사람들에게는 대장염이나 천식이 생겨나기 쉽다.

심지어는 뼈가 부러진 환자들에서까지도 그 사고의 원인을 마음이 혼란해졌던 것에서 찾을 수 있다. 어떤 의사의 말에 의하면 인간에게 일어나는 질병의 절반은 기분이 좋지 않았던 데서 그 원인을 찾을 수 있다고 한다.

정신적인 건강과 육체적인 건강이 밀접하게 관련되어 있다는 점에 대해서는 의심의 여지가 없는 것이다.

히어세이 리포트(Hearsay Report)

그러나 독자들은 다음과 같은 선동적인 이야기에 대해서라면 의심을 해봐야 한다. 우리는 가끔 누군가가 자기 방의 벽지색이 보기 흉해서 자살을 기도했다는 둥, 또는 주위환경이 조화를 이루지 못해서 이혼을 하고 가정을 파탄시켰다는 둥 하는 이야기들이 오가는 것을 들을 수 있다. 그런 괴상스러운 사건들은 대체로 꾸며낸 이야기에 불과할지도 모른다. 그러나 끝까지 파고들어가 보면 그런 사건이 누구에겐가 일어났었던 사건이라는 점이 반드시 밝혀진다.

사람들이 색채의 영향에 관하여 알고 있는 것을 보면 우스꽝스럽기 짝이 없다. 어떤 사람들은 빨간색이 흉폭하고 소름끼치는 색이라는 믿음에 푹 빠져 있다. 어떤 작가가 쓴 글에서도 그러한 점을 찾아볼 수 있다.

"더프고든 부인은 빨간색이라면 질색이다. ─솔직히 말하자면 나도 그렇지만─빨간색은 정말 지독히도 넌저리나는 색이라서, 사람을 후딱 미치게 만드는 데는 어떤 색에도 안빠진다. 그 여자를 보니까 색으로

고문한다는 감방이 생각났다. 빨간색 밖에는 아무 것도 안보이는 고문
실에 사람을 집어넣고는 24시간 내에 미쳐서 죽게 한다는. 또 빨간색
대신 자주색을 쓰면 그렇게 되는데 12시간 정도 더 걸린다고 한다."

  이것은 물론 완전히 꾸며낸 이야기다. 그리고 빨간 고문실이라는 것도
소름끼치는 장면을 연상케 하려고 고안해낸 것일 뿐이다. 사람들은 자기
가 어떤 색을 좋아하지 않을 때 흔히 이런 식으로 그 색에 대한 증오를
발산시키곤 한다. 웨실리 칸딘스키(Wassily Kandinsky)라는 화가는 노란
색에 대해서 이와 비슷한 혐오를 품고 있었다.

  "노란색은 속물스럽기로 으뜸가는 색이다. 그 색에는 도대체 깊은 의미
라고는 없다. 또 그 색이 파란색과 섞이면 어느 것 할 것 없이 구역질
나는 색이 된다. 그 색을 인간의 본성과 대비시켜 본다면 아마도 광기
에 해당할 것이다. 광기 중에서도 서글프거나 우울한 광기가 아니라 난
폭하고 미쳐 날뛰는 광기다."

일반적인 반응

  독자들에게 색채가 지닌 '느낌'을 제시하기 위해서—독자 자신의 심리
적 반응을 체크해 볼 수 있도록—몇 가지의 일반적인 반응들을 요약해
보겠다.

  스펙트럼 상의 색채들은 대체로 두 가지 분위기와 관련된다. 그 하나는
빨간색이 지닌 따뜻하고 활동적이며 자극적인 특질이고, 다른 하나는 파
란색, 보라색, 초록색 등이 지닌 서늘하고 소극적이며 평온한 특질이다.
이러한 색들은 분위기를 활기차게 돋궈주거나 차분하게 가라앉히는 경향
이 있다. 또 이와 마찬가지로, 밝은 색은 활동적인 느낌을 주는 반면 어
두운 색은 활기가 없는 것처럼 느껴진다. 그러나 꼭 어떤 색을 선택하느
냐 하는 것은 그 색이 따뜻하거나 서늘하다, 또는 밝거나 어둡다라는 느
낌을 떠나서 상당히 임의적으로 결정되는 문제이며, 그 색이 좋다든가 싫

다든가 하는 문제도 개개인의 취향에 따라 달라질 수 있는 것이다.

그러나 순색은 대체로 너무 강렬한 색이라서 여러 번 되풀이하여 쓰면 싫증이 나기 쉽다.

초록색이나 파란색의 색광(色光)은 한층 더 '으스스한 분위기'를 연출할 수 있다. 그런 빛을 받고 있으면 입술은 시커멓게 보이고 살빛은 시체처럼 창백해져서 얼굴을 한 번 쳐다보는 것만으로도 속이 뒤틀린다. 그런 이유로 범죄자에게 자백을 강요할 때면, 범죄자를 거울로 둘러싸인 방에 가두고 초록색 색광을 비추기도 했다.

색채를 보았을 때 연상되는 분위기를 결정하기 위한 연구가 몇몇 심리학자들에 의해서 시도되어 왔다. 웰즈(N. A. Wells)는 짙은 주황색이 가장 자극적인 색이고, 그 다음으로는 주홍색과 등황색이라는 것을 발견했다. 또 마음을 가장 안정시키는 색은 연두색, 초록색의 순이고 마음을 가장 누그러뜨리는 색은 보라색, 자주색의 순이라고 한다.

스탠포드 대학교의 로버트 로스(Robert R. Ross) 박사는 색채를 극적인 효과 및 극적인 감동과 관련시키기 위해 노력해 왔다. 그의 연구에 의하면 회색, 파란색 및 자주색은 비극과 가장 잘 어울리고, 희극에 가장 잘 어울리는 색은 빨간색, 주황색 및 노란색이라고 한다. 캘리포니아 대학교의 윌리엄 웰맨(William A. Wellman) 교수도 '극적인 효과를 연출하는' 색에 대하여 연구해 왔는데, 그의 연구에 의하면 빨간색은 정력의 색이고, 노란 색은 온정과 기쁨의 색이며, 초록색은 풍요한 건강의 색이라고 한다. 또 파란색은 영성(靈性)과 사색의 색이고, 갈색은 슬픔의 색이며, 회색은 노령의 색이다. 그리고 흰색은 열의와 자각의 색이며, 검은색은 음울의 색이라고 한다.

색채에 대한 주관적 인상

그러나 이처럼 색채를 연구하는 학자들 가운데서도 어떤 색이든 그것을

현재 미국인의 색채 연상표

색	일반적인 느낌	심적인 현상	직접적 연상	간접적 인상	주관적 인상
빨 간 색	취했음, 강렬함, 불투명함, 건조함	뜨거움, 불, 열, 피	위험, 크리스마스, 독립기념일, 성 발렌타인 축제일, 어머니날, 깃발	열정, 흥분, 격렬함, 활동성	강렬함, 분노, 욕, 사나움
주 황 색	밝음, 빛남, 작열	따뜻함, 금속성, 가을색	만성제(萬聖祭) 전야, 추수감사절	명랑함, 생동감, 정력적임, 강력함	환희, 풍부함, 포만(飽滿)감
노 란 색	양지바름, 배열(白熱), 찬란함	햇빛	주의	즐거움, 고취, 력, 거룩함	고매한 정신, 건강
초 록 색	깨끗함, 습기	서늘함, 자연, 물	깨끗함, 성 페트릭(아일랜드의 수호성자) 기념일	고요함, 상쾌함, 화료움, 조창기	순결함, 질병, 표, 죄악
파 란 색	투명함, 물기	차가움, 하늘, 물, 얼음	봉사, 깃발	억제, 우울, 명상, 권위함	침울함, 공포, 음, 인망함
자 주 색	깊음, 부드러움, 대기(大氣)	서늘함, 안개, 어두움, 그늘	애도, 부활절	위엄, 가만함, 해도, 신비함	고독, 절망, 자포자기
흰 색	밝은 공간	서늘함, 눈	깨끗함, 어머니날, 깃발	순수함, 맑음, 솔직함, 젊음	긍정적인 마음, 정상적임
검 은 색	어두운 공간	중립, 밤, 빔, 공허	애도, 불길함, 죽음, 흉함	장례식	부정적인 마음, 죽음

보는 사람의 개별적인 견해에 따라 그 특질이 상반될 수도 있다는 사실을 인식하고 있는 사람은 그리 많지가 않다. 초록색이 가장 적절한 예가 된 다. 객관적으로 본다면 초록색은 서늘하고 신선하고 맑은 색이어서 매우 유쾌한 색이다. 그러나 초록 빛의 조명이 사람의 피부를 비추게 되면 주 관적인 견지에서는 당장 혐오감을 불러일으킨다. 그러므로 객관적인 관점 과 더불어 주관적인 관점까지 고려하지 않는다면, 색채를 보고 느끼는 연 상은 그 어느 것도 적절한 것이 될 수 없다. 왜냐하면 각 개인마다 색채 를 외계 또는 자기 자신과 연관시키는 방법이 다르므로 색채에 대한 반응 또한 달라지기 때문이다.

따뜻한 색의 경우에는 주관적인 연상과 객관적인 연상이 크게 다르지는 않지만 차가운 색에서 느껴지는 연상은 정반대의 것이 될 수도 있다. 그 러나 빨간색의 경우는 자기에게 직접 적용했을 때보다 외계의 물체에 적 용했을 때 훨씬 강렬하게 보인다. 또 파란색이나 초록색은 어떻게 보면 평화로운 연상을 일으키지만 달리 보면 무시무시한 연상을 일으킬 수도 있다.

그러므로 색채가 나타내는 분위기는 오히려 다양한 것이 될 수도 있다. 앞의 분류표에는 색채와 관련된 연상들이 몇 가지 제시되어 있는데 주요 색을 일반적인 느낌, 심적인 연상, 직접적 연상 및 주관적·객관적 인상 으로 분류한 것이다.

색채심리학의 연구

인간의 정서는 매우 변화무쌍할 뿐 아니라 심리적 기질 또한 각 개인마 다 서로 다르기 때문에 색채를 심리적 측면에서 연구하기란 어려운 일이 다. 그렇기는 하지만 색채에 대한 반응 가운데는 대부분의 사람들에게서 공통적으로 발견되는 일반적인 반응도 몇 가지는 있다. 길버트 브릭하우 스(Gilbert Brighouse)는 수백명의 대학생들을 대상으로 하여 색광을 받았을 때의 반응을 측정하면서 그때 그때 일어나는 근육의 활동을 검사해 보았다. 그는 그 실험에서 빨간색 색광을 받았을 때의 반응은 평상시보다 12% 더 빨라지지만 초록색 색광을 받았을 때의 반응은 더 지연된다는 것을 발견했다.

또 인체의 기관은 밝은 빛을 받았을 때가 어두운 빛을 받았을 때보다 더 빨리 반응하게 된다는 점은 더욱 더 사실에 가까운 것 같다. 즉, 조사 (照射)되는 빛의 양이 빛의 색보다 더 중요한 의미를 갖는 것으로 나타났다.

하몬(D . B . Harmon)은 대부분의 생물체가 빛이 오는 방향, 또는 밝은 쪽으로 움직여 나간다는 것을 발견했다. 그뿐 아니라 자극의 강도가 증가할수록 반응의 강도도 증가하는 경향이 있었다. 그러므로, 그의 견해에 따른다면, 주위의 환경이 밝은 색일 때는 인체의 기관이 근육을 많이 쓰는 일에 알맞도록 조절된다고 한다. 또 한편으로는 밝은 빛이 앉아서 하는 일(정신적 활동)에 방해가 될 수도 있다고 한다. 이러한 점으로부터 우리는 몇 가지의 결론을 끌어낼 수 있다. 즉 근육의 활동은 밝은 빛 속에서, 또는 주위가 밝은 색일 때 더 활발해진다. 또 생각해 가면서 보아야 하는 작업을 하는 경우에는 주위의 환경이 부드럽고 짙은 색으로 되어 있는 편이 더 좋다.(그러나 조명은 충분해야 한다)

골드슈타인의 색채심리 연구

쿠르트 골드슈타인(Kurt Goldstein)은 색채의 심리학적 측면을 연구하는 분야에서 가장 진취적이고도 재능이 풍부한 연구자이다. 이제 그의 말을 잠깐 들어 보기로 하자.

"인생이란 결국 분기(奮起)와 조절, 불균형과 재조화, 그리고 평온과 휴식 사이에서 변화하는 하나의 상황인 것이다. 그리고 이 인생의 과정에서 색채는 제 역할을 다하고 있다. 즉 색채는 제각기 특별한 중요성을 지니고 있으며, 이 모든 색들이 한데로 합쳐져서 우리에게 정상적인 생활을 보장해 준다."

골드슈타인은 정신신경학 분야에 널리 알려진 권위자이며, 그의 저술과 연구성과들은 의학계에서도 높이 평가되고 있다. 그의 저서인「인체의 기관」및 그가「미군의학협회지」에 기고했던 글들 가운데는 풍부한 임상적 연구자료뿐 아니라 날카로운 논리감각 및 인간에 대한 이해까지도 포함되어 있다.

골드슈타인은 앞 장에서 논의했던 메츠거(Metzger)와 에렌발트(Ehrenwald)의 연구결과를 확인하면서 '어떤 색이 특별히 일으키는 자극은 전유기체(全有機體 ; 여기에서는 모든 기관의 총체로서 인간을 뜻함 : 역주)의 특별한 반응양식에 따른다는 말이 잘못된 진술은 아닌 것 같다'라고 기술했다. 그는 인체의 기관에 조심스럽게 색채자극을 가하고 그 활동을 관찰해본 결과 자극을 받은 기관이 반응하는 것을 알아볼 수 있었다. 이러한 점은 색채에 대한 반응이 인체기관 깊숙한 곳에 자리잡은 것이며 인간의 생활과정과 복잡하게 얽혀 있다는 것을 보여준다.

골드슈타인은 또 소뇌(小腦)에 이상이 있는 어떤 부인과 관련하여 '신경증 환자와 정신병 환자들에게는 색채의 영향이 증가한다'고 기술했다. 그 부인은 걸핏하면 넘어지는 경향이 있었고 걸음걸이가 불안정했다. 그리고 그 부인이 빨간 옷을 입었을 경우에는 그런 증세가 더 심화되었지만, 초록색이나 파란색의 옷을 입었을 경우에는 정반대되는 효과가 생겨서 거의 정상인에 가까울 정도로 몸의 균형이 회복되었다.

그러므로 색채는 몸이 균형을 유지하는 능력에 영향을 미칠 수 있다. 그리고 앞에서도 이미 언급한 바 있지만, 빨간 빛은 앞으로 죽 뻗친 양팔을 더욱 더 벌어지게 만들고 파란 빛은 양팔을 서로 접근하게 만든다. 그런데 뇌의 왼쪽 반구에 이상이 있는 환자의 경우에는 그 왼쪽 반구의 영향을 받는 팔이 정상인의 경우보다 훨씬 더 많이 벌어지거나 오무러들었다. 이러한 점과 관련하여 골드슈타인은 다음과 같이 적고 있다.

"특정한 상황 하에서 팔이 벌어지거나 오무라드는 정도가 일정할 뿐 아

니라 각기 다른 색자극을 가했을 경우에는 그 변화의 정도가 일정하게
정해져 있으므로 이러한 현상이 색채의 영향을 연구하는 일에 실제적
인 지표(指標)로 사용될 수도 있을 것이다.”

인체기관의 균형은 빨간색의 영향을 받았을 경우에 초록색의 영향을 받
았을 경우보다 훨씬 더 심하게 교란된다. 그리고 골드슈타인은 이러한 점
에 의거하여 ‘색채의 심리학’과 관련된 사실들에 중요한 해답을 주는 결
론을 이끌어낼 수 있었던 것이다. 그가 언급했던 바를 보기로 하자.

“빨간 빛으로 자극의 받았을 때 팔이 정상치보다 더 심하게 벌어지는
정도는 정신의 분열, 좌절 및 외계에 대한 비정상적인 이끌림의 정도와
일치한다. 그것은 말하자면 환자의 강박관념, 공격성 및 흥분이 빨간색
에 의해 달리 표현된 것이다. 또 초록색의 빛을 받았을 때 팔이 정상치
보다 덜 벌어지는 정도는 그 환자가 외계로부터 회피하려는 경향 및 자
기 자신의 내면적인 평온 속으로 도피하려는 경향과 일치한다. 즉 이것
은 내면적인 경험이 인체기관의 반응이라는 심리적인 측면으로 표현된
것이며, 또 우리는 그 심리적 측면을 관찰할 수 있는 현상으로서 접하
게 된 것이다.”

한편 색채를 치료학적으로 적용할 수도 있는데, 그러한 예로는 수전증
이나 경련으로 인해 고통을 당하는 사람들에게 초록색 안경을 씌워주면
많은 경우에 그런 증세가 가라앉는다는 것을 들 수 있다. 이러한 효과는
초록 빛에 빨간 빛의 영향을 막아주는 작용과 신경을 진정시키는 작용이
있기 때문에 생겨나는 것이다. 그리고 골드슈타인도 색채요법의 효과에
관하여 다음과 같은 말을 하고 있다.

“색채가 인체기관에 미치는 영향에 관한 실험적 연구에 기초를 둔 색채
요법이 신경증 환자와 정신병 환자들을 치료하는 데 얼마나 큰 도움을
줄 것인가는 언젠가 밝혀지게 될 것이다.”

색채와 시간, 길이 및 무게의 평가

일상적인 일들을 마음 속으로 평가하는 경우에도 색채에 의한 영향을 받을 수 있다. 골드슈타인의 견해에 따르면, 빨간 빛의 영향을 받고 있을 때는 시간이 길게 느껴지는 경향이 있으며, 그와는 반대로 초록색이나 파란색의 빛을 받을 때는 시간이 짧게 느껴지는 경향이 있다고 한다. 그러므로 색채를 기능적(機能的)으로 적용할 경우라면 차가운 색은 사무실이나 공장 등과 같이 일상적이거나 단조로운 일을 하는 장소에 적합하고, 따뜻한 색은 거실이나 식당, 또는 호텔의 휴게실 같은 장소, 즉 시간이 비교적 더디게 가는 편이 더 유쾌하게 느껴질 수 있는 장소에 적합할 것 같다.

이와 마찬가지로, 빨간 빛 아래에서는 막대의 길이를 어림잡는 것도 평상시보다 훨씬 더 부정확해진다. 그리고 초록색 빛 속에서는 문지방의 높이가 평상시보다 더 낮아 보이지만 빨간 빛 속에서는 더 높아 보인다. 달리 말하자면 따뜻한 색 계통의 빛이 비치는 곳에서 물체가 더 길게, 크게 보이고 차가운 색 계통의 빛이 비치는 곳에서는 물체가 더 짧게 더 작게 보인다는 것이다.

무게를 평가하는 경우에도 똑같은 결과를 얻을 수 있다. 즉, 빨간 빛 아래에서는 물건의 무게가 더 무겁게 느껴지고 초록색 빛 아래에서는 더 가볍게 느껴진다. 그러므로 색채를 기능적으로 적용할 경우, 근무시간 중에 이리저리 옮겨야 하는 상자나 용기에는 밝고 서늘한 색을 쓰는 것이 바람직하다.

색채에 관한 실험에서는 대체로 색칠을 한 벽면보다는 색광이 더 흔히 쓰인다는 것을 알아두어야 한다. 여기에는 그럴 만한 이유가 있다. 우리가 사물을 보는 과정에서 우리의 눈은 두 가지의 것, 즉 공간을 채우고 있는 빛과 공간 속에 위치한 사물의 외관을 볼 수 있다. 그런데 만일 어떤 사람이 주위는 빨간색으로 칠해졌지만 조명은 보통의 방식으로(색광을 쓰지 않고 흔히 쓰는 방식으로) 하는 곳에 있게 된다면, 그는 그 빨간색에 몰입(沒入)할 수가 없다. 그러나 조명 자체가 빨간 빛이라면 그 빨간색의 효과가 더욱 현저해질 것이다. 그리고 이것은 색광이 색을 칠한 벽면보다 훨씬 더 강한 작용을 미칠 수 있다는 뜻이다.

색채와 시각 이외의 감각

색채에 의한 자극은 인체의 각 기관으로 퍼져나가는 반응을 일으키며, 한 감각기관의 활동 또한 다른 기관에 영향을 미친다는 쉐링톤 (Sherrington)은 이렇게 기술했다.

"신경계의 모든 부분은 서로서로 결합되어 있으며 그 가운데 어느 한 부분도 다른 부분에 영향을 주거나 다른 부분에서 영향을 받지 않고는 반응을 할 수 없을 것이다. 그리고 또 신경계는 절대로 완전히 잠이 들지는 않는다."

또 신경계의 활동은 다른 기관의 영향을 받아 억제되거나 활성화될 수도 있다. 즉 파도타기를 하면서 팝콘을 먹는다면 별 맛을 느끼지 못하겠지만 한밤중에 숲 가운데서 무슨 소리라도 들리지 않나 알아보려고 애쓸 때는 청각뿐 아니라 시각까지도 예민해지게 될 것이다.

금세기 초반에 들어와 여러 연구자들에 의해서 소리와 색채 사이에 결정적인 관계가 있다는 점이 밝혀졌다. 즉 간상세포의 시각(흑백시각)은 청각을 자극하는 동안에 둔해지는 경향이 있지만, 원추세포의 시각(색시각), 특히 초록색을 느끼는 시각은 같은 조건하에서 더 예민해지는 경향이 있다고 한다.

1931년에 카알 찌츠(Karl Zietz)는 색채와 소리 사이에서 일어나는 특이한 현상에 관한 연구보고서를 제출했다. 이 연구보고서는 하인츠 베르너(Heinz Werner)의 저서인 「정신개발에 관한 비교심리학」에 언급되어 있는데, 그 내용은 다음과 같다.

"낮은 소리 또는 높은 소리를 들으면서 여러 가지 색으로 된 조그만 조
각들을 잠깐잠깐씩 보게 될 경우, 귀에 들리는 소리가 낮은 음이면 눈
에 보이는 색이 어두운 색 쪽으로 이동하는 경향이 있고, 높은 음이면
밝은 색 쪽으로 이동하는 경향이 있다. 따라서 낮은 소리에는 빨간색을
더 짙게, 또는 푸르스름하게 보이도록 하는 효과가 있고, 높은 소리에
는 빨간색을 노랗게 또는 주황색을 띤 것처럼 보이게 하는 효과가 있
다. 즉 낮은 소리가 들릴 때는 주황색이 붉으스름한 색으로 보이며 노
란색은 갈색이나 붉으스름한 색으로, 또 초록색은 푸르스름한 색으로
파란색은 보라색에 가까운 색으로 보이게 되지만, 높은 소리가 들릴 때
는 주황색이 노란색에 가까운 색으로, 또 노란색은 더 여린 노르스름한
색으로 보이며, 초록색은 노란색을 띠게 되고 파란색은 더 밝고 초록에
가까운 색으로 보이게 된다."

1935년 러시아의 과학자인 크라프코프(S. V. Kravkov)는 소리가 색
채감각에 미치는 영향에 관한 저서를 출판했는데, 이 책에는 일련의 흥미
있는 자료와 결론들이 포함되어 있다. 크라프코프는 그의 실험에서 피험
자들을 전면에 분광분석기(分光分析器)가 설치된 깜깜한 방에 앉히고 전
화수화기를 통하여 소리가 들리도록 했다. 그리고 우선 피험자들의 개별
적인 예민성이 측정된 다음 피험자들의 귀에 소리를 흘려보냈다. 그리고
나서 측정이 다시 이루어졌다. 크라프코프는 이 실험의 결과에 대하여 다
음과 같이 보고 했다.

"빛을 보는 동시에 소리를 들을 경우 원추세포 시각의 예민성은 초록
색―파란색 부분에서 증가한 반면, 노란색―주황색 부분에서는 감소
했다.

1. 소리가 들리면 간상세포 시각의 예민성은 감소한다. 즉 망막의 가장
   자리 부분에서 느껴지는 빛은 대체로 흐릿해진다.

2. 이때 초록색(최대)과 파란색에 대한 원추세포 시각의 예민성은 증가
   한다.

3. 빨간색(최대)과 주황색에 대한 원추세포 시각의 예민성은 감소한다.
4. 노란색 — 초록색 부분에 대해서는 예민성이 증가하지도 감소하지도
   않는다."

이러한 반응들은 우리에게 매우 잘 알려진 것들이다. 대체로 귀에 어떤
소리가 들리게 되면, 파장이 긴 색은 흐릿하게 감지되지만 파장이 짧은
색에 대한 예민성은 증가하게 된다. 그리고 이러한 점과 관련하여 크라프
코프는 다음과 같이 적고 있다.

"소리의 영향을 받으면 빨간색에 대한 예민성이 감소하므로 빨간 신호
등을 명확히 보이도록 하려면 그 빨갛다는 기준을 약간 수정할 필요가
있다."

크라프코프는 또 망막에 전류를 흘렸을 때 일어나는 효과를 연구하면서
도 이와 비슷한 사실을 발견했다. 즉 망막에 흐르는 전류가 증가하고 있
을 때는 초록색 — 파란색 부분에 대한 원추세포 시각의 예민성은 증가했
고, 빨간색 — 주황색 부분에 대한 예민성은 감소했다. 또 전류가 감소하
고 있을 때는 그 반대의 효과가 일어나 초록색 — 파란색에 대한 예민성이
감소했고, 빨간색 — 주황색에 대한 예민성이 증가했다. 노란색은 스펙트
럼 상에서 중립점에 위치한 색이었다.

그 밖의 연구

크라프코프의 연구는 캐나다의 프랭크 알렌(Frank Allen)과 마뉴엘 슈
바르츠(Manuel Schwartz)에 의해 추시(追試)되고 확장되어 왔다. 이 두
사람은 크라프코프가 발견했던 사실들을 확인하였을 뿐 아니라, 후각 및
미각의 자극이 색채의 감지에 미치는 영향까지도 연구해 왔다. 그들은 소
리가 빨간색 계통의 겉보기 강도를 낮추고, 초록색 계통의 겉보기 강도를
높인다는 점에 관해서는 크라프코프와 같은 견해를 취했지만, '3분에 걸
쳐 소리가 계속 들리면 빨간색과 초록색에 대한 예민성 사이에서는 정반

대되는 반응이 일어나서 빨간색은 평시보다 더 밝게 보이고 초록색은 평시보다 더 어둡게 보인다'고 했다

여기에서 하나의 원칙을 제시하자면, 여하한 색채자극을 받더라도 즉각적인 반응이 따른다는 점이다. 즉 빨간색은 혈압을 상승시키지만 시간이 경과하면 오히려 혈압을 떨어뜨린다. 또 초록색과 파란색은 혈압을 떨어뜨리지만 나중에는 혈압을 상승시킨다. 이러한 사실들로 미루어 보면, 색채를 치료에 적용할 경우에는 단일한 색채를 개별적으로 적용할 것이 아니라 여러 가지의 색채를 연속적으로 적용하는 것이 필요할 듯하다. 즉 빨간색의 자극에 초록색이나 파란색의 자극이 뒤따른다면 훨씬 더 극적이고 강렬한 치료효과를 기대할 수 있을 것이다.

알렌과 슈바르츠의 견해에 의하면, 미각의 자극도 눈의 색감각에 영향을 미친다고 한다. 즉 키니네의 황산염 수용액―쓴 맛을 지녔다―으로 미각을 자극하면 빨간색에 대한 예민성은 감소하고 초록색에 대한 예민성은 증가한다는 것이다. 그러나 설탕은 시각에 별다른 영향을 미치지 않는다고 한다.

또 그들은 후각의 자극이 색감각에 미치는 영향에 관해서도 '자극제로서 제라늄꽃의 기름 냄새를 사용할 경우 빨간색과 보라색에 대한 예민성은 감소하고 초록색에 대한 예민성은 증가한다'고 한다. 그러나 자극이 지속되면 반대되는 반응이 일어난다고 한다.

이상의 여러 실험 및 반응들에 함축된 의미는 쿠르트 골드슈타인(Kurt Goldstein)의 언급 가운데 잘 표현되어 있다. 그리고 독자들이 소위 색채의 심리학에 적용할 수 있는 일반이론을 원한다면 다음에 적힌 골드슈타인의 말에서 찾아볼 수 있을 것이다.

"빨간색이 활동을 자극하고 정서적으로 결정되는 행동에 도움이 되는 반면 초록색은 명상적인 분위기를 만들어주며 일을 수행하는 데 도움이 된다. 즉 빨간색은 생각과 행동을 이끌어내는 정서적인 배경을 제공하는 색이며 초록색은 이러한 생각과 행동을 발전시키고 실행하기에 적합한 색이다."

제12장

신경증 환자와 정신병 환자

　신경 질환을 앓고 있는 사람들(신경증 환자)과 정신 질환을 앓고 있는 사람들(정신병 환자)은 색채에 의해 큰 영향을 받으며, 그것에 민감하게 반응한다. 그들처럼 감정이 예민하고 정서가 자주 불안해지는 사람들은 대체로 사려분별 없이 행동하는 경향이 있기 때문에, 그들에 대하여 색채가 지니는 의미는 매우 중요하다.

　적외선과 자외선을 포함하는 빛은 그 자체로써 인체의 신진대사 작용이라든가 효소, 항체, 피부, 색소형성 등에 영향을 미친다. 햇볕을 받고 있으면 인체의 장기가 따뜻해지고 피부가 그을리게 되므로 빛과 색은 대체로 건강에 도움이 된다.

　최근에 들어와 심리학자들과 정신병 의사들의 연구성과가 '인간의 정신'이라는 문제에 대하여 매우 중요한 단서를 제공했고, 그에 따라 심리학을 연구하는 접근방법이 기계론적인 것에서 구조론적인 것으로 바뀌게 되었다. 이러한 연구에 의해 새로 알려진 것들 중 한 가지는 인간의 정신적 특성(정신의 발달단계에 따르는 특성, 즉 자제력·분별능력 등을 뜻함 : 역주)이 무지한 사람으로부터 지성을 갖춘 사람으로, 또는 원시인으로부터 고도로 발전된 문명인으로 발달하는 정도와 일치하지 않을 수도 있으며 거의 모든 사람들이 모든 단계의 정신수준을 동시에 지닐 수도 있다는 것이다. 하인츠 베르너(Heinz Werner)가 규명한 바와같이, 정신이 혼란하거나 정신병에 걸린 사람을 원시인에 비유할 수는 없다. 정신질환은 퇴화의 문제가 아니라 파탄의 문제이기 때문이다. 이러한 견해가 옳다는 것을 베르너는 다음과 같이 밝히고 있다.

　"원시인은 그가 아주 잘 적응할 수 있는 세계에서 살았다. 그러나 정신병에 걸린 사람은 원시적인 행동을 함으로써 그에겐 적합하지도 않고 원시적이지도 않은 세계에 자신을 적응시키려고 한다."

194

도이취(Deutch)의 연구

물리학자인 페릭스 도이취(Felix Deutch)는 빛과 색채의 정신병학적 의미를 연구하는 분야에서 저명한 연구가이다. 그의 연구는 권위가 있을 뿐 아니라 확신할 수 있는 것이므로, 지금까지 본 저자의 주의를 끌어왔던 모든 색채 분석 연구 가운데서 가장 훌륭한 것으로 보인다. 그의 연구 작업에는 편견이 개재되어 있지 않으며, 그가 발견한 사실들은 의학에서의 색채연구뿐 아니라 모든 색채심리학 연구에 중요한 길잡이가 되었다.

도이취의 말을 빌면 다음과 같다.

"빛의 작용은 그 하나하나가 모두 육체를 구성한 요소 뿐만 아니라 정신을 구성하는 요소에도 영향을 미친다."

분명히 빛 에너지는 육체에 직접 영향을 미치는 동시에 눈을 통하여 뇌에도 영향을 미친다. 일례로 그는 결핵 따위의 폐질환 치료에 빛을 사용할 경우 확실한 생물학적 효과가 있다는 점을 지적하였다. 그밖에도 환자는 신선한 공기와 햇빛에 대하여 유쾌한 반응을 보인다고 하는데, 도이취는 이 효과를 다음과 같은 말로 묘사했다.

"환자는 감동과 정신적인 자극을 경험하며, 그 경험은 또 성장에 관계되는 신경계를 통하여 식욕을 증진시키고 혈액순환을 촉진하는 등 모든 생존기능을 신장시킨다. 그리고 다음에는 이러한 작용을 통하여 질병의 진행을 억제하도록 육체에 미치는 빛의 효과가 증대되는 것이다."

한편 도이취는 빛의 영향과 빛의 느낌에 대해서도 언급하고 있는데, 전자는 육체적인 것이고 후자는 물리적인 것이다. 그리고 이것들은 각기 단독적으로도 치료에 쓰일 수 있으며, 두 가지를 함께 쓰면 상당히 많은 경우에 매우 큰 치료효과를 나타낸다.

사람들의 기분이 환경에 의해, 추하다거나 아름답다거나 하는 느낌에 의해, 날씨가 화창하다거나 우중충하다거나 하는 것들에 의해 바뀌게 된다는 사실은 우리가 흔히 접할 수 있는 일이다. 또 우리는 색채에 의해서도 이와 마찬가지로 기분이 좋아지거나 나빠지기도 한다. 즉 우리는 대체로 주위의 색이 밝고 조화가 잘 이루어져 있으면 기분이 좋아진다. 그리고 기분이 좋아짐에 따라 혈관계, 맥박, 혈압, 신경과 근육의 긴장도 등도 영향을 받게 된다. 그러나 도이취는 색채에 대한 반응이 매우 미묘한 것이므로 일반적인 법칙에 따르지는 않는다고 하면서 다음과 같은 말로 자신의 견해를 피력했다.

"정서적인 반응이라고 할 수도 있고 또 그 작용도 2차적(여기서의 뜻은 어떤 반응이 직접 나타나는 것이 아니라 한단계를 더 거쳐서 나타난다는 뜻임 : 역주)으로 밖에는 나타나지 않는 이러한 반응들을 평가하려면 피험자의 진술에 의존할 도리 밖에 없는데, 그 진술 또한 진위(眞僞) 여부를 판단하기가 항상 쉽지만은 않다."

이 말은 우리가 색채 심리학을 더욱 잘 이해할 수 있도록 하는 데에 커다란 도움을 준다. 즉 이 말의 의미는 어떤 특수한 질병을 치료하기 위해 각종의 빛이 사용된다 하더라도, 스펙트럼 상의 각기 다른 빛에서 생겨나는 효과는 다르지 않을 수도 있다는 뜻이다. 그러므로 색채요법의 주안점은 어떤 질병을 치료하기 위해 빨간 빛을 처방하느냐, 파란 빛을 처방하느냐, 또는 초록색 빛에 노란 빛을 곁들여 처방하느냐 하는 데 있는 것이 아니라 어떤 색의 빛이든 환자에게서 바람직한 반응을 불러일으킬 수 있는 색의 빛을 처방하는 데 있는 것이다. 이제 색채의 마력은 개별적인 색채 하나하나에 있는 것이 아니라 모든 색이 하나로 합쳐진 '무지개의 색' 속에 있는 것이라는 점이 차차 밝혀지고 있다. 실로 색채는 그것이 호소력을 지니고 있을 때라야 그 효과도 있는 것이다.

색채와 환경의 영향

도이취는 자신의 실험을 통하여 색채가 혈압의 변화에 영향을 미친다는

196

사실을 발견했다. 그리고 이 혈압의 변화는 간접적인 경로를 거쳐 일어난다고 한다. 즉 어떤 환자가 색채를 보고 그것을 좋아하게 되면 그에 따라 환자의 전 기관계(세포가 모여 조직이 되고 조직이 모여 기관을 이루며, 기관이 모여 기관계가 되고 기관계가 모여 하나의 개체가 된다. 기관계의 예로는 신경계, 순환계, 내분비계 등을 들 수 있다 : 역주)가 안정되고 그 다음에 환자의 관점이 변화하면 환자는 좀 더 낙관적인 태도를 취하게 되어 혈압이 변화하는 식으로 일어난다는 것이다. 말하자면 순수한 시각적, 정신적 느낌이 육체적인 결과로 귀착된다는 것이다.

이제 도이취가 자신의 실험에 관해 언급했던 바를 인용해 보기로 하자. "기분, 심리적인 동요, 공포, 행복감, 슬픔 및 외계로부터 받은 느낌 등에 의해 생겨나는 영향은 혈관계에서 일어나는 주관적, 객관적인 변화를(여기에서는 주관적 변화는 어떤 사람에게만 특수하게 일어나는 변화라는 뜻이고 객관적 변화는 모든 사람들에게 공통적으로 일어나는 변화이다 : 역주) 통하여 쉽게 관찰될 수 있다. 즉 혈압의 변화뿐 아니라 맥박수 및 심장의 고동 등은 모두 심리적으로 영향을 미치는 요인들에 의해 영향받은 정도를 객관적으로 나타내주는 것들이다."

그러므로 도이취는 색광을 사용하여 신경성 환자나 심장의 고동에 이상이 있는 환자들을 치료했으며 환자를 진찰하는 동안에는 환자의 혈관계에 영향을 미칠 수 있는 다른 진단용 측정기구를 전혀 사용하지 않았다.

이제 그의 진찰방법을 묘사해 보기로 하자.

환자를 정원이 내려다보이는 방에 앉힌다. 창문의 유리창은 각기 다른 색의 유리가 끼워져 있고 방안에는 색전등이 비추어진다. 그리고 방의 벽은 두 가지의 주요색, 즉 따뜻한 색인 빨간색과 차가운 색인 파란색으로 칠해져 있다.

환자는 조용히 창밖을 내다보라는 지시를 받는다. 그 다음에는 약 15분 내지 30분 동안 혼자 남겨진다. 지정된 시간이 경과하면 환자는 그의 일반적인 느낌과 조명에 대한 인상에 관하여 질문을 받는다. 그리고는 마지막으로 자유로이 연상하면서 마음 속에 떠오르는 것을 모두 말하라는 지시를 받는다.

병력(病歷)과 색채의 영향

도이취가 치료했던 여러 환자들의 병력(病歷 ; 내과병원이나 정신과병원
에서 환자의 치료에 도움을 얻기 위해 사용하는 개개인의 질병에 관한 기록 :
역주)들 가운데서 두 가지를 뽑아 고찰해 봄으로써 색채가 환자들에게 미
치는 일반적인 영향에 관해 기술해 보기로 한다.

안기나(Angina ; 인후나 편도선에 염증이 생기는 병 : 역주)증세가 재발
하지나 않을까 하는 두려움 때문에 고통을 받고 있던 한 환자는 숨을 쉬
기가 거북하고, 숨이 가쁘며 가슴이 두근거린다고 호소해 왔다. 그녀는
몇년 전에 자기를 의식불명 상태로까지 몰고 갔던 발작이 재발할까 두려
워하고 있었다. 그러나 그녀의 심장을 검사해 봤더니 아주 정상적인 상태
였다. 그녀는 단지 갑상선이 약간 부어있을 뿐이었다. 그녀의 맥박수는
검사 당시 112였고 최고 혈압은 115, 최저 혈압은 70이었다.

이 환자를 주위가 붉게 칠해진 방에 놓아 두었다.

· 첫번째 검사시 : 맥박수 112,   처치후의 맥박수 80
· 두번째 검사시 : 맥박수 92,   처치후의 맥박수 76
· 세번째 검사시 : 맥박수 92,   처치후의 맥박수 80
· 네번째 검사시 : 맥박수 84,   처치후의 맥박수 74

그 이후로는 검사시마다 그녀의 맥박수는 언제나 74였다. 그녀는 빨갛
게 칠해진 방안에서 편안하고 따뜻한 느낌을 받았으며 그 후로 불면증이
없어졌고 평온을 회복했다.

또 어떤 환자는 몸이 허약해진데다 숨이 가쁘며 가슴이 몹시 답답해서
질식하지나 않을까 두려워진다는 호소를 해왔다. 그녀가 처음 입원했을

때 그녀의 최고 혈압은 245였고 최저 혈압은 125였다. 의학적인 치료법으로는 그녀의 혈압을 조금도 내려주지 못했고 그녀가 주관적으로 느끼는 고통도 덜어주지 못했다.

그러나 그녀를 잠시 주위가 초록색으로 칠해진 방에 두었더니 다음과 같이 혈압이 내려갔다.

- 첫번째 검사시 : 250/130에서 210/125로 하강.
- 두번째 검사시 : 245/130에서 205/120으로 하강.
- 세번째 검사시 : 240/125에서 205/120으로 하강.
- 네번째 검사시 : 220/120에서 195/110으로 하강.
- 다섯번째 검사시 : 210/115에서 210/110으로 하강.
- 여섯번째 검사시 : 200/110에서 180으로 하강.
- 일곱번째 검사시 : 195에서 180으로 하강(앞의 수치는 최고 혈압이고 뒤의 수치는 최저 혈압임. 또 수치가 하나만 있는 것은 최고 혈압만 기록한 것임)

도이취는 위에서 본 예와 관련하여 '다른 시기의 검사에서는 혈압이 180 mmHg (1 mmHg 는 수은을 1 mm 밀어 올리는 압력임. 참고로 평균 기압은 760 mmHg 임 : 역주)로 떨어졌고 그에 따라 주관적인 고통도 상당히 감소했다'고 했다.

도이취는 생물학적인 작용이 색채의 사용에 따라 일어나는 것이라고 생각한다. 즉 그에 의하면, 색채는 모든 인체 기관에서 반응을 일으키며 정신적인 반응까지도 불러일으킨다는 것이다. 한편 지금까지의 내용으로 보아 도이취는 대체로 진정효과를 얻기 위해 색채를 사용했다는 점이 지적될 수 있겠는데, 인체기관을 자극하고 흥분시키기 위해 쓰이는 색채의 영향은 좀더 뒷장으로 가면서 논의될 것이다.

심리적인 효과

이상에서 본 바와 같이 신경증환자와 정신병환자를 다루는 데 있어서도 색채가 중요하다는 점이 명백해졌다. 이제 도이취가 자신이 얻어낸 결론들을 요약하면서 지적한 다음 네 가지를 보기로 하자.

1. 색채는 단지 느낌과 정서만을 통하여 혈관계에 반사작용을 일으킨다.
2. 이때 일어나는 반응은 개개인이나 색채에 따라 개별화되지는 않는다. 말하자면 따뜻한 색은 어떤 사람을 흥분시키지만 다른 사람은 진정시키기도 하며, 차가운 색도 어떤 사람에게는 자극적이지만 다른 사람에게는 별다른 반응을 일으키지 않을 수도 있다.
3. 빨간 빛이나 초록 빛을 비춰주면 혈압이 상승하고 맥박이 빨라질 수도 있으나 개개인의 특수한 정신적 기질에 따라 그와는 반대의 현상이 일어날 수도 있다.
4. 시각 이외의 색채 감지기관은 아직까지 밝혀지지 않았으나 색채에 접했을 때 일어나는 반응은 인체기관에 효과를 미칠 수도 있다.

그렇다면 이때 어떤 반응이 일어나는가? 도이취의 견해에 의하면 '혈압, 맥박수 및 심장의 고동을 통하여 알 수 있는 정서적 흥분은 연상을 통하여 일어나는 것'이라고 한다. 즉 초록색을 보게 되면 대자연, 산, 호수 등이 연상되기도 하고 빨간색에서는 석양, 벽난로 등이 연상될 수도 있는데, '이러한 피상적인 연상들이 좀 더 깊이 잠재되어 있는 기억을 불러일으키면 그 기억에 의해서 어떤 색을 특히 좋아하거나 싫어하게 된다'는 것이다.

그러므로 색채요법이 성공적으로 이루어지려면 환자의 정서에 영향을 미칠 수 있어야 한다. 그럼으로써 환자에게서는 초조감이 제거되고 그에

200

따라 환자 스스로 '자기가 좀 더 즐겁고 고통이 덜한 세계로 옮겨졌다는
것을 깨닫게 되면 인체기관에도 그에 상응하는 반응이 반드시 나타난다'
는 것이다. 심지어는 환자가 어떤 색에 대해 불쾌감을 느껴서 거부반응을
보일 때조차도 그 거부반응으로 인해 환자는 불쾌감을 상당히 덜 수 있는
데, 그 이유는 환자가 어떤 색에 거부감을 느끼게 되면 좋아하는 색에는
더욱 더 열성적으로 반응하게 되기 때문이다. 도이취도 '이 경우에 적용
되는 정신병의 치료과정은 쉽게 설명될 수 있다. 즉 색광을 비추어줌으로
써 환경을 변화시키면 환자는 환경이 변한 것을 느끼게 되고 그에 따라
자기가 현실세계로부터 떠나 있다고 생각하게 된다'고 언급한 바 있지만,
환자는 치료과정 전반에 걸쳐 자신의 정신작용에 의해 도움을 받으면서
스스로 회복되어가는 것이다.

오로라토운 필름(Auroratone Films)

캘리포니아의 세실 스토우크스(Cecil Stokes)에 의해 고안된 추상적인
색채—음향 영화를 이용하여 소침증(消沈症) 환자들을 치료했을 경우에
도 도이취가 얻어냈던 결과와 유사한 결론을 얻어낼 수 있었다. 이 특수
한 영화는 흐르는 듯이 움직이는 모빌칼러의 효과에 교향악, 오르간으로
연주되는 음악 및 빙크로스비의 노래를 결합한 것이다.

스토우크스의 오로라토운 필름(Auroratone film ; Aurora 는 極光, tone
은 음향이므로 굳이 번역한다면 극광—음향영화 정도의 뜻이 됨 : 역주)은
미육군통합병원의 허버트 루빈(Herbert E. Rubin)과 엘리아스 캣츠
(Elias Katz)에 의해 그 심리학적, 치료학적인 효과가 연구되어 왔는데,
그들은 이 오로라토운 필름의 효과를 '예비관찰을 하는 동안에는 자포자
기 상태에 빠져 광적으로 우울했던 환자들도 이 영화를 보고 나면 카타르
시스(Catharsis ; 감정이 순수하게 정화되는 것 : 역주)를 경험하게 되므로
이 영화를 봄으로써 도움을 얻을 수 있다는 점이 지적되었다'고 평가했

다.

　루빈과 캣츠에 의해서도 언급된 바 있지만, 심한 부상을 입은 환자들이
나 불구자가 된 환자들은 좌절에 빠지기 쉽다. 그런 사람들은 자살을 기
도하거나 치료받기를 완강히 거부하기도 한다. 그리고 자포자기 상태가
점점 심해져감에 따라 병세도 더욱 더 악화된다.

　오로라토운 필름에서는 색채가 매우 중대한 의미를 갖게 되는데, 그 이
유는 색채에 의해서 환자가 좀더 '사귀기 쉬운' 사람으로 변하기 때문이
다. 즉 이 영화를 보게 되면 감정의 홍수가 환자를 휩쓸고 지나가며, 추
상적인 색채와 음악이 환자에게서 정신적·정서적인 긴장을 제거하도록
도와준다는 것이다. 또 이때 어떤 환자들은 울기도 한다. 한편 이에 관해
루빈과 캣츠의 말을 빌자면 '이처럼 환자에게 접근하기가 용이한 상태에
서는 정신병을 치료하는 의사가 환자 개개인과 친밀한 관계를 수립할 수
도 있었다'고 한다.

　다음에는 루빈과 캣츠가 보고한 어떤 환자의 예를 보기로 하자.

　"환자 E. 26세. 전신에 2도 화상과 3도 화상을 입고 1945년 6월에 좀
더 상세한 치료를 받기 위해 이송됨…… 그는 1945년 8월 16일에 미 적
십자 사무국에 '자살할 수 있도록 독약을 보내주시오'라는 편지를 냈을
때까지는 정신적으로 아무런 증세도 보이지 않았다. 이 환자는 양손 및
양쪽 귀까지 포함한 안면 전체에 심한 화상을 입은 결과 형체가 일그러
지고 흉터가 생겼다. 그는 잠을 자지 못했고 초조해했으며 기가 꺾였
고, 치료가 지연되었으며 자신의 생각에 깊이 빠져들었다. 그는 자기가
차라리 죽어버렸더라면 어땠을 것인가 하고 곰곰히 생각하고 있다. 그
는 자신의 정서적인 문제점들을 해결하기 위해 죽는다는 말을 자주 한
다."

　색채와 음악이 환자 E의 화상을 치료해 주지는 못했다. 그러나 그것들
이 환자 E에게 주었던 도움은 매우 귀중한 것이다. 이에 관해서 루빈과
캣츠의 보고서를 다시 인용해 보기로 하자.

　"1945년 9월 21일. 오로라토운 필름을 보기 전까지 환자는 다소 침울한

듯이 보였다. 그는 고개를 숙이고 앉아서 신발을 만지작거리고 있었다. 오로라토운 필름을 보는 동안 내내 그는 그 영화의 색채와 음악에 완전히 빠져든 것처럼 보였다. 오로라토운 필름의 상영이 거의 끝나갈 무렵에 그는 일어서서 방안을 둘러보았다. 그때 그의 표정은 이미 풀이 죽은 표정은 아니었다. 영화를 본 후에 있었던 집단토론에서도 그는 정신병 의사에게 협조적인 태도를 보였으며 자유로이 질문을 하기도 했다. 방을 나설 때 보니 그는 이제 다리를 끌지 않았다."
분명히 환자 E에게는 새로운 희망이 생겨났던 것이다.

색채와 정신분열

지금으로부터 약 수십여년 전에 색채의 효력에 관한 여러 가지의 실험들이 이루어졌고 세계 도처의 여러 정신병원에서는 환자에게 고통을 덜어주고 질병을 효과적으로 치료하기 위해 그 실험결과들을 이용해 왔다. 그러한 연구의 한 예로 폰자(Ponza)라는 유럽인 의사는 1875년에 색유리로 창문을 끼우고 벽에도 유리창의 색과 같은 색을 칠한데다 가구까지도 같은 색으로 칠한 몇 개의 방을 만들었다. 그는 그 방들 가운데서 주로 빨간색으로 된 방과 파란색으로 된 방을 실험에 사용했는데, 빨간색으로 된 방의 효과에 관해서는 '태시턴데릴리움(taciturndelirium ; 일시적으로 말을 하지 않게 되는 정신 착란증의 한 종류 : 역주)에 걸린 사람이라도 빨간 방에서 세 시간만 지내고 나면 명랑해지고 쾌활해졌다. 또 그 다음날 아침에 식사를 들여보내면, 전날 저녁까지만 해도 아침식사로 뭘 먹겠냐는 물음에 묵묵부답이던 사람이 음식이란 음식은 모두 다 먹어치우는 또다른 미친 사람으로 변해 있었다'고 기술했다. 그는 또 파란색의 효과에 관해서도 다음과 같이 적었다.
"미치광이 구속용 쟈켓을 입혀놓아야만 했던 광란적인 환자라도, 파란 유리창을 끼운 방에 가두어 놓으면 한 시간도 채 지나지 않아서 조용해졌다."

그러나 오늘날에 와서는 정신병원에서 빨간색이나 파란색으로 칠한 방을 사용하지는 않는다. 왜냐하면 색채는 환자의 기분에 영향을 미치는 것이므로 색채의 작용은 고통의 경감에 있는 것이지 질병의 치료에 있는 것이 아니기 때문이다. 그리고 또 현대의학에서는 인슐린 쇼크(인슐린의 대량주사로 일으키는 충격요법. 인슐린이란 췌장에서 생기는 호르몬으로 당뇨병의 치료에 쓰이는 것임 : 역주)나 인공발열요법 등을 사용하여 색채요법보다도 훨씬 더 강력한 효과를 얻고 있다.

그러나 병원에서도 색채의 사용은 필요하며 색채의 효력에 관한 좀 더 깊은 연구가 아직도 이루어지고 있다. 그 한 예로 메사추세츠주에 있는 워체스터 주립병원에서는 1938년에 일련의 실험을 실시했는데, 그 결과는 메사추세츠 의료협회지 1938년 7월호에 보고되었다. 이 실험은 정신병원의 한 조그만 병실에서 이루어졌는데, 간호원과 환자의 시중을 드는 사람들이 실험에 참여했고, 색광이 사용되었으며 환자의 반응이 면밀하게 검토되었다.

이제 메사추세츠 의료협회지에 게재되었던 내용을 보기로 하자.

"정신착란증 환자들에게 처방된 진홍색 빛에는 수주일 동안 환자를 진정시키는 효과가 있었으나 시간이 지날수록 그 효력이 차차 감소했고 나중에는 오히려 긴장감 같은 것을 불러일으키는 자극효과가 있는 듯했다. 그러나 한달이 지난 후에 진홍색 빛을 흰 빛으로 바꾸었더니 환자가 극도로 흥분했다."

"파란 빛에는 현저하고도 지속적인 진정효과가 있었다. 심지어는 환자들과 환자의 시중을 드는 사람들까지도 파란 빛에 진정효과가 있다는 평가를 내렸다. 이 빛은 사용되었던 모든 빛들 가운데서 가장 효과가 큰 빛이었다."

"소침증 환자들과 우울증 환자들에게 처방되었던 노란 빛에는 극히 미약한 자극효과가 있었다. 한편 동일한 환자들에게 처방했던 빨간 빛은 노란 빛보다는 좀 더 자극적이었다. 그러나 소침증 환자들의 색채에 대한 반응은 그 지속 시간도 짧았을 뿐더러 정신분열증 환자들의 반응처럼 뚜렷하지도 않았다."

본 저자는 웨체스터병원에서 위의 실험이 더 이상 계속되지 않고 있다는 말을 들었다. 생각컨대, 그 병원에서 시도했던 당시의 실험상황은 이상적인 것과는 거리가 멀었던 듯싶다. 그리고 또 이미 알려진 색채의 효력을 증명하기 위한 색채실험은 별 쓸모가 없는 일이기도 하다. 더구나색채의 효력을 실험하는 일에서 일광(日光)을 배제한다거나 색채분류법—이것은 '과학적'일 뿐 아니라 '예술적'이기도 하다—및 색채의 효력에 관한 적절한 주의가 결여된다면 실험결과가 무가치한 결론으로 이끌릴지도 모르는 일이다. 결국 인간은 도이취가 지적했던 바와 같이 색채에도민감할 뿐 아니라 색채가 표현되어지는 환경의 영향에도 민감하다. 그러므로 색채를 사용하는 심리요법에서도 질서와 조화와 아름다움이 요구되는 것이다.

색채의 의미

정신이 온전하지 못한 사람들과 색채 사이에는 미묘한 관계가 존재한다. 말하자면, 정신 이상자들은 각자의 특유한 정신상태에 따라 어떤 색은 받아들이기도 하고 또 어떤 색은 거부하기도 한다는 것이다.

우리에게 익히 알려진 로르샤하검사—추상적인 형태로 된 잉크얼룩 모양의 그림을 보여주고 그것에서 연상되는 느낌을 구체적인 물체로 표현하도록 하는 검사—에서도 색채는 중요한 의미를 지니고 있다. 그 한 예로마거리트 에머리(Marguerite Emery)와 같은 학자는 이 로르샤하검사와관련하여 다음과 같은 말을 하고 있다.

"정신분석 학자들은 이처럼 '기가 꺾인' 정신분열 증세로 고통을 받는사람들의 잠재의식 속에는 흔히 죽음에 대한 갈망—누군가를 죽여서피를 뿌리려는 욕망—이 깔려있다는 것을 보여주었다. 그러므로 어떤 사람이 빨간색을 선택한다면 그의 정신상태는 정상이라고 볼 수 없다."

또 마음이 약한 사람들도 색을 사용해 보라고 하면, 솔직히 빨간색을 선택할 것이다. 그밖의 색에 대해서도 에머리는 '성심리 유치증(幼稚症) 환자들 및 마음이 약한 소녀들은 간혹 초록색을 선택하기도 한다…… 그리고 어린아이의 정신연령 수준으로 후퇴했거나 또는 그 수준을 넘어서지 못한 환자들은 거의 예외없이 노란색을 선택한다'고 주장했다.

한편 에릭 모스(Eric P. Mosse) 박사가 지적한 바에 의하면, 정신이상자들은 자기가 언제나 위험에 직면해 있다는 생각을 한다고 한다.

그러면, 다음에서는 모스박사가 지적한 바를 보기로 하자.

"결국 정신이 온전한 사람들과 정신질환을 앓고 있는 사람들 사이에 존재하는 차이는 자기에게 닥친 난관을 어떻게 처리하느냐 하는 것일 뿐이다. 정신이 온전한 사람들은 자기에게 닥친 문제에 직면해서 용감하게 대처하며 그 문제에 자신을 적응시키지만 정신이 온전하지 못한 사람은 그 정도는 다를지라도 문제로부터 도피하려는 경향을 보인다. 그리고 이러한 사실을 기억하고 있기만 한다면, 히스테리성 전색맹(全色盲)이 진행될 경우, 색을 감지하지 못하게 되는 순서가 어떻게 하여 보라·초록·파란색의 순으로 진행하며, 맨 마지막으로 빨간색을 감지하지 못하게 되는 것인가 하는 문제를 쉽게 이해할 수 있다. 또 이러한 사실을 제쳐두더라도 히스테리 환자들과 정신상태가 불안한 정신신경증 환자들은 초록색을 특히 좋아하는 경향이 있는데, 이는 이미 언급된 바 있는 도피경향을 상징하는 것이다.

왜냐하면, 이런 사람들에 있어서는 외계를 향한 감정적인 공격이 억제되면 미움·공격·성적 충동을 나타내는 '빨간색'을 향한 충동도 억제되기 때문이다. (따라서 빨간색의 보색인 초록색을 선택한다 : 역주) 또 이와 같은 논리로, 광증(狂症) 환자나 경조증(輕躁症)환자가 빨간색을 선택하는 이유는 그 빨간색이 그들의 소용돌이 치는 감정에 '불타는' 느낌과 '유혈이 낭자한' 느낌을 주기 때문이라는 점도 그리 놀랄만한 것은 못된다. 그리고 우울증과 소침증 또한 감정의 욕구가 완전히 '말

살'되기 때문에 생겨나는 것이라는 점도 전혀 의심할 여지가 없다. 마지막으로, 노란색에 대한 선호는 정신분열 증세를 의미한다. 왜냐하면 이 노란색은 병적인 정신상태를 나타내는 적절하고도 본질적인 색이기 때문이다. 그러므로 어떤 사람이 노란색을 누적적으로 선택한다면, 이제는 고질병적인 정신분열증 환자를 다루어야겠구나 하고 확신할 수도 있는 것이다."

제13장

- - - - - - -

연상(聯想)과 유추(類推)

색채의 연상은 매우 다양한 방식으로 일어난다. 이 말은 즉 사람들이 어떤 소리라든가 형태, 맛, 냄새 등에 접하게 되면 그것들을 색채와 관련시켜서 마음 속으로 유추하게 된다는 뜻이며, 또 한편으로는 색채와 관련된 표현이 언어라든가 상징, 관습, 미신 등에 널리 침투되어 있다는 말이기도 하다.

색채가 이처럼 다양하게 연상되는 이유는 아마 색채와 관련되어 일어나는 느낌이 가장 원초적(原初的)인 것이기 때문인 듯싶다. 사실상 우리가 색채에 대해 반응하고 또 그것을 감지(感知)하는 데에는 그리 많은 지력(知力)이나 상상력이 요구되지는 않는다. 왜냐하면 색채는 제각기 독특한 분위기를 지니고 있어서 그 분위기가 저절로 우리의 느낌에 와 닿기 때문이다. 실로 색채는 인간의 심리구조와 긴밀한 관련을 맺고 있는 것이다.

208

색채와 음향

타고나면서부터, 그리고 또 무의식적으로 어떤 소리를 듣게 되면 그 소리에서 색채를 '보는' 사람들이 흔히 있다. 그리고 이런 심리적인 현상이 바로 '공감각(共感覺)'이라고 알려진 것인데, 이에 대한 논의는 제 15장에서 좀 더 자세하게 이루어질 것이다.

음악과 미술에는 서로 의미를 교환해 가면서 사용할 수 있는 용어들이 많이 있다. 톤(Tone ; 음조 또는 색조)이라든가 피치(Pitch ; 고저 또는 피치), 볼륨(Volume ; 음량 또는 量感), 칼러(Color ; 음색 또는 색상), 크로매틱(Chromatic ; 半音符 또는 색채) 같은 말들이 모두 음악과 미술에 공통으로 쓰이는 용어들이다. 그리고 이와 관련하여 크리스토퍼 워드(Christopher Ward)는 소리가 들려올 때 정서적으로 일어나는 색채의 연상을 다음과 같이 기술했었다.

"들릴락말락한 속삭임으로부터는 진주색이 연상된다. 깃발이 펄럭이는 소리에서는 파란색이 연상되고 오보에(Oboe ; 금관악기의 일종 : 역주)의 음색에서는 자주색이 연상된다. 나뭇가지 사이를 스치는 맑은 바람 소리로부터는 초록색이 연상되고 파이프 오르간의 부드러운 소리에서는 노란색이, 그리고 바스(Bass ; 저음을 내는 관악기 및 현악기 : 역주)의 음색에서는 갈색이 연상된다. 또 나팔을 부는 소리에서는 자주색이 연상되고 금관악기의 음색에서는 주황색이 연상된다. 색채는 바로 음악인 것이다."

또 뉴우튼은 17세기에 무지개의 색을 7음계와 연관시키기도 했었다. 즉 그는 빨간색은 '도'에, 주황색은 '레'에, 노란색은 '미'에, 초록색은 '파'에, 파란색은 '솔'에, 남색은 '라'에, 그리고 보라색은 '시'에 연관시켰던 것이다.

알렉산더 스크레빈(Alexander Scriabin)은 자기가 작곡한 프로메테우스

(Prometheus ; 불의 신. 하늘의 불을 훔쳐 인류에게 준 벌로 바위에 묶였다
가 독수리에게 내장을 파먹혔다고 함 : 역주)를 공연하면서, 공연의 일부를
그가 '류스(Luce)'라고 이름붙였던 색채 오르간을 사용하여 진행시켰다.
그 작품은 깜깜한 곳에서 공연하도록 작곡된 것이었는데, 공연이 진행되
는 동안 여러 가지 색의 빛이 스크린에 비추어지도록 되어 있는 것이었
다.

스크레빈 이외의 작곡가들 가운데에서는 리스트(Liszt)가 색채로 표현
하는 말을 애용했던 것으로 알려져 있다. '여기를 좀더 핑크색으로'라든
가 '이건 너무 검군', '그걸 모두 파란색으로 해' 같은 것들이 그가 즐겨
썼던 표현들이다. 베토벤은 나단조(短調)를 블랙 키이(Black Key)라고
불렀다. 또 슈베르트는 마단조를 무척이나 좋아해서 다음과 같은 말을
했다.

"마단조는 하얀 옷을 입은 소녀가 장미빛 활(현악기의 현을 마찰해 주는
활을 뜻함 : 역주)을 가슴께에 들고 있는 것 같다."

림스키 코사코프(Rimsky Korsakoff)의 경우엔 햇빛은 다장조였고 빨간
딸기색은 올림 마장조였다.

오늘날의 연구

색을 '듣는' 현상에 관하여는 데오도르 카보스키(Theodore F. Kar-
woski)와 헨리 오드버트(Henry S. Odbert)가 공동 작성한 전공(專攻)논
문에서 광범위하게 다루어졌다. 이 논문에서는 148명의 대학생들을 연구
대상으로 하여 조사했는데, 적어도 60 % 이상의 학생들이 음악을 들을 때
일종의 색채 반응을 경험한다고 응답했으며, 39 % 는 한 가지 색 또는 여
러 가지 색들을 '볼' 수 있다고 했다. 또 53 % 의 학생들이 색채를 '연상'
할 수 있다고 했고, 31 % 는 색채 반응을 '느낀다'고 응답했다. '대부분의
사람들이 한 방법 또는 다른 방법으로 색채를 음악에 연관시킨다고 말해

도 좋을 것 같다.'

　카보스키와 오드버트는 느린 음악은 대체로 파란색을 연상시키며, 높은 음색은 밝은 색을, 낮은 음색은 어두운 색을 연상시킨다는 것을 발견했다. 또 색과 더불어 무늬까지 함께 연상된다는 점도 발견했다. 그러나 그들의 발견 가운데에서 가장 의미심장한 것은 이런 말로 집약된다.

　"수평축은 그때 그때 전개되는 음악과 관련될 수 있고, 수직축은 음의 높낮이가 변화하는 것과 관련될 수 있다. 그리고 깊이를 나타내는 제3의 축은 음량이나 음의 강도와 관련될 수 있을 것이다."

　음악과 형태 및 색의 상호관계에 관해 생각을 해보았던 대부분의 사람들은 틀림없이 다음의 결론에 공감하여 찬성하게 될 것이다. 음악은 그 템포에 따라 빠르게 또는 느리게 전개되어 나간다. 또 높은 음일 때는 밝은 색으로 뛰어올랐다가 낮은 음일 때는 어두운 색으로 떨어지기도 한다. 음의 세기가 강할 때 느껴지는 색감은 가깝고, 강렬하고, 짙고 거대하다. 그러나 음의 세기가 약할 때는 색이 엷고 흐릿하고 멀리 있는 듯하다.

　색을 '듣는' 것은 어린아이들에게 흔히 있는 일이며 원시인(원시시대에 살던 인종이 아니라 현재 원시적인 생활을 하는 토인들을 가리킴 : 역주)들 사이에서도 널리 존재한다. 이러한 현상은 정신병에 걸린 사람들, 특히 정신분열 증세가 있는 사람들에게서도 발견된다. 또 메스칼린(mescalin ; 단맛의 알칼로이드 흥분제 : 역주)과 같은 약을 복용해도 그런 현상이 유발될 수 있다. 이러한 현상에 관해 베르너(Werner)의 말을 인용하면 다음과 같다.

　"메스칼린의 영향을 받고 있는 피험자는 색과 음을 동시적으로 경험한다. 높은 음은 생생하게 빛나는 색들을 그에게 연상시키고 낮은 음은 어두운 색감을 일으킨다. 만일 누군가가 벽을 계속해서 두드린다면, 피실험자는 그 일정하게 두드리는 노크 소리에 맞춰 춤을 추는 듯한 심상(心像)을 눈 앞에서 보게 된다. 어떤 피험자는 이런 식으로 그의 느낌을 묘사했다. '나는 소리를 들으면서 모습을 보는 것 같다. 그렇지만 보는 것과 듣는 것이 하나로 합쳐진 똑같은 느낌이다. 나는 내가 보는 것인지 듣는 것인지 구별할 수가 없다. 나는 느끼고 맛보고 냄새맡고 듣지만 그건 하나로 합쳐진 느낌 뿐이다. 나 자신이 바로 소리다.'"
이러한 감각의 혼동은 꿈을 꾸거나 심한 병을 앓는 동안에도 경험할 수 있다.

그러나 토마스 윌프레드(Thomas Wilfred)나 탐 더글라스 죤스(Tom Douglas Jones)처럼 음악과 무관한 색채 예술을 발전시키기 위해 노력해 왔던 사람들도 있다. 여러 가지 면에서 보아, 색채는 그 본질상 음악보다 더 감정적이고 그것을 즐기기 위한 노력도 덜 든다. 위대한 물리학자인 앨버트 미첼슨(Albert A. Michelson)은 그런 관점에서 새로운 예술을 상상해 보고 그것을 그의 저서인 「빛의 파동과 그 용도」에 다음과 같이 적어 두었다.

"정말로, 나는 이러한 색채 현상에 마음이 몹시 강하게 끌린다. 그래서 나는 머지않은 장래에 소리의 예술과 유사한 색의 예술이 생겨날 것이라고 감히 예언하겠다. 그것은 이름하여 '색채 음악'이라고도 할 수 있겠는데, 연주자는 문자 그대로 '색채 음계' 앞에 앉아서, 스크린 위에 동시적으로, 또는 적당한 간격을 두고 온갖 색의 변화를 비추어 줌으로써, 색의 가락과 화음을 연주할 수 있다. 그 뿐 아니라 가장 섬세하고도 미묘한 빛과 색의 조절, 또는 가장 화려하고도 격렬한 빛과 색의 대비까지도 자유자재로 연출할 수 있는 것이다! 이제 우리에겐 고대의 종합예술에 있어서와 마찬가지로, 인간의 마음에 일어나는 모든 환상과 감정과 정서를 연출할 위대한 가능성이 있는 것이다."

모빌 칼러(mobile color ; 추상파 조각 예술로 여러 색의 금속조각을 매달아 운동을 표현하려는 예술 : 역주)라는 예술이 많은 가능성을 지니고 있다. 그 한 예로, 탐 더글러스 죤스(Tom Douglas Jones)는 크로마톤(Chromaton ; 이 말은 색채를 의미하는 chromo 와 음을 의미하는 tone 이 합쳐서 이루어진 합성어임 : 역주)이라는 것을 고안해 냈는데, 이것은 색채 오르간을 좀 더 발전된 양식으로 개량한 것이다. 이 특수한 장치는 아직도 개발 중이며, 현재는 예술의 지도와 표현에만 제한적으로 사용되고 있다. 그러나 이 장치의 가장 중요한 가치는(그러나 아직도 좀 더 적절히 평가되어야 할 필요가 있다) 인간의 개성을 연구하는 데 있는 것이다. 실제로 크로마톤을 이용하면 로르샤하 검사에서 쓰이는 기법에 색채, 동작, 시간 등의 요소를 더해줄 수 있는데, 이 모든 요소들은 신경질환과 정신질환의 치료에 더욱 더 충분하고 확실한 단서를 제공해주는 것들이다. 또 리듬의 자유로운 흐름이나 갑작스런 중단, 부드럽거나 거센 형태, 어두침침하거나 밝은 색채까지도 모두 이 크로마톤을 사용하여 연출해 낼 수 있으므로 만일 이 장치가 질병의 진단에 쓰이기만 한다면, 심리요법이 올바른 방향으로 나아갈 수 있도록 하기 위해 효과적이고도 만족스러운 사용법을 알아낼 수도 있을 것이다.

색채와 냄새

색채와 냄새 사이에서 일어나는 연상작용은 그리 명확한 것이 못되지만 그럼에도 불구하고 이 연상작용은 많은 사람들의 경험 속으로 침투되어 있다. 사람들이 가장 좋아하는 냄새는 장미라든가 라일락, 소나무, 계곡에 핀 백합, 오랑캐꽃, 커피, 전나무, 삼나무, 윈터그린(Wintergreen ; 북미대륙 동북부에서 자라는 바위 앵도류의 관목 : 역주), 쵸컬릿, 카네이션, 오렌지, 바닐라 등의 냄새이고, 가장 싫어하는 냄새는 돼지비계에서 짜낸 기름의 냄새라든가 고무, 올리브유, 석유기름, 생선·테레빈유 (油畵를 그릴 때 안료를 녹여주기 위해 쓰는 기름 : 역주), 식초, 양파·휘발유·마늘·인체에서 발산되는 땀 따위의 냄새이다.

또 우리가 냄새를 가장 잘 연상할 수 있는 색은 분홍색, 연보라색, 연노랑색, 초록색 등이고 회색이나 갈색, 검은색 등 일반적으로 어둡게 느껴지는 색에서는 냄새를 거의 연상하지 못한다. 또 냄새는 흐릿한 색을 띤 것처럼 느껴지며 구조적(構造的 ; 여기에서의 뜻은 확실한 형체를 갖고 있다는 뜻임. 냄새의 '형체'가 안개처럼 느껴지기 때문에 대조적으로 쓴 표현

인 듯함 : 역주)인 물체에서는 냄새가 연상되는 일이 거의 없다.

한편, 과학계에서는 어떤 감각과 다른 감각들 사이에서 생겨나는 상호관계가 연구되어 왔는데, 그 연구결과를 보면 감각들은 서로 협조해가면서 작용하는 것 같다. 그 한 예로 '감각의 단일성'이라는 말을 들 수 있는데, 이 말은 색채, 소리, 냄새, 맛, 촉감 등의 느낌이 모두 '무겁다'거나 '가볍다'라는 느낌으로 바뀔 수 있을 뿐 아니라, '양감(量感)' 및 이와 유사한 수십종의 심리적인 느낌과도 관련될 수 있다는 뜻이다. 그리고 이와 관련하여 에드윈 보링(Edwin G . Boring)은 다음과 같은 말을 하고 있다.

"폰 혼보스텔(Von Hornbostel)은 1931년에 색채에는 명도(明度)가 있을 뿐 아니라 그 명도는 유채색의 특성에 커다란 영향을 미치는 한 요소가 된다는 사실을 주목하고 나서, 우선 무채색의 명도를 냄새의 산뜻함과 일치시켜 보려는 연구에 착수한 다음, 유채색의 명도까지도 후각적인 상쾌감과 일치시키려는 연구를 시도했다. 그 결과 그는 같은 냄새에 해당하는 색들은 서로 같다는 것, 즉 유채색과 무채색이 어떤 냄새에 일치할 때 그 두 색의 명도도 같아진다는 사실을 발견했다."

색채와 음식

사실상 우리는 누구나 음식의 색에 민감한 반응을 보인다. 말하자면 우리는 어떤 음식의 색에 거의 즉각적이라고 할 수 있는 반응을 일으키며, 그에 따라 식욕이 증진되기도 하고 감퇴되기도 한다.

순색(純色)들 가운데서는 빨간색이 가장 식욕을 돋구어 주는 색인 것같다. 이 빨간색은 사과라든가 버찌열매, 쇠고기의 갓 베어낸 살 등에서 볼 수 있는 풍요로운 색이다. 또 음식물의 색이 빨간색에서 주황색 쪽으로 접근해가면 식욕은 더욱 더 자극된다. 그러나 노란색에서부터는 식욕을 자극하는 정도가 현저하게 감소되기 시작하며 연두색에서는 상당히 낮아

진다. 한편 음식물의 색이 대자연의 신선함을 나타내는 초록색으로 되면
식욕을 다시 자극시키지만 파란색은 그 심미적인 아름다움에도 불구하고
어떤 음식에 쓰이거나 좀체로 식욕을 자극하지 못한다. 또 보라색이나 자
주색도 식욕을 거의 자극하지 못하는 색이다. 그러므로 위에서 본 바에
따르면 스펙트럼 상으로는 인접한 색들—노란색과 주황색, 노란색과 초
록색, 빨간색과 보라색 등—사이에서 식욕의 자극정도는 가장 현격한 차
이를 보인다.

엷은 색을 띤 음식들은 순색들처럼 거부감을 일으키지도 않고 몹시 맛
있게 보이지도 않는다. 그러므로 순수한 빨간색은 썩 먹음직스러운 색이
지만 분홍색은 전혀 그렇지 못한 색이다. 엷은 색들 가운데서 가장 맛있
게 보이는 색은 주황색 계통의 색인 것같다. 엷은 노란색도 순수한 노란
색보다는 좀 더 맛있게 보이는 색이다. 엷은 초록색도 역시 맛이 괜찮아
보이는 색이다. 또 엷은 파란색이나 엷은 자주색도 그런 색들의 순색이나
어두운 색들처럼 입맛에 맞지 않는 색은 아니다.

어두운 색들 가운데서는 주황색 계통의 색이 가장 식욕을 돋구는 색이
다. 또 이 계통의 색들 가운데는 잘 익은 고기라든가 빵 또는 모든 종류
의 곡물들을 연상시키는 고동색도 포함되어 있다. 그러나 어두운 빨간색
은 대체로 자주색과 비슷하기 때문에 식욕을 돋구지 못한다. 한편 어두운
연두색은 순수하고 깨끗한 초록색과 좀 닮은 데가 있어서 식욕을 돋구어
준다. 그러나 어두운 파란색과 어두운 보라색은 그 어느 것도 음식의 색
으로는 적합하지 못하다.

눈을 가리고 먹어야 맛있는 음식(예를 들자면 거무스름한 무화과)은 미각
이 시각을 적절히 변경시켜준다면 그것의 색에 관계없이 맛있게 보일 수
도 있겠지만 색채와 맛 사이에서 느껴지는 연상이 머리 속에 깊이 박혀
있는 한, 색채와 맛은 불가분의 관련을 맺게 된다. 그 한 예로 어떤 빵장
수는 초록색과 엷은 파란색으로 물들인 빵을 만들어 팔려다가 결국엔 참
담한 실패를 맛보기도 했다.

대부분의 사람들에게는 복숭아색, 빨간색, 주황색, 갈색, 담황색, 진노

랑색, 맑은 초록색 등이 가장 식욕을 돋구어주는 색이다. 그러나 분홍색, 엷은 파란색, 엷은 자주색 같은 색들은 '들쩍지근하게' 느껴지는 색이어서 음식의 색으로는 잘 쓰이지 않는 색들이다.

파란색은 식욕을 돋구어주지는 못하는 색임에 틀림없지만, 다른 색으로 된 음식물들을 더 맛있게 보이도록 만들어주는 색이다. 즉 파란색은 음식 그 자체의 색으로는 적합하지 못할지라도 음식의 배경색으로는 아주 좋은 색이므로 파란색의 식탁 위에 놓인 음식은 깔끔하고 맛있게 느껴진다.

색채와 촉감

색채는 촉감과 관련되어 따뜻하거나 서늘하게 느껴지기도 하고 메마르거나 습기차게 느껴지기도 한다. 그리고 이러한 느낌은 대부분의 사람들이 심리적인 기질로서 타고나는 것인데, 그렇게 느껴지는 이유는 아마도 사람들이 뜨거운 것들, 즉 태양이라든가 불 같은 것에서 빨간색이나 주황색을 연상하고 서늘한 것들, 즉 물이나 하늘 같은 것에서 파란색이나 초록색을 연상하기 때문인 것 같다.

그러나 색채와 관련된 촉감이 거의 모든 사람들에게 일치되어 있음에도 불구하고 색채에서 느껴지는 따뜻한 느낌이라든가 서늘한 느낌은 착각에 불과하다는 것을 증명하기 위한 시도가 이루어져 왔다. 그 한 예로 조명공학협회에서 발간한 「조명편람」을 들 수 있는데, 거기에는 '이러한 느낌은 실제로 아무런 근거도 없는 것처럼 보인다'는 말이 적혀 있기도 하다. 그러나 심리적인 영역을 다루는 검사에서는 피험자가 검사방법과 검사과정을 너무 의식하게 되면 검사 자체가 무효로 되는 일이 흔히 있다는 점을 알아 두어야 한다. 즉 검사자가 피험자에게서 타액의 흐름을 측정하기 위해 냉정한 태도를 취하면서 반창고처럼 생긴 전극을 피험자의 혀에 이리저리 갖다 대면 피험자는 식욕 그 자체를 상실할 수도 있는 것이다.

또 뉴홀(S. M. Newhall)과 같은 사람도 이와 관련하여 미국 물리학

216

협회지(1940년 2월 5일)에 기고했던 글에서 '검사시의 상황이 실제 상황과 아주 흡사하지 않다면, 그러한 검사들로부터 도출된 결과는 실제상황에 적용할 경우엔 전혀 맞아떨어지지 않는다'고 기술했던 바 있다. 뉴홀은 자신의 연구를 수행하면서 297명의 피험자들에게 50종의 색샘플을 제시하고는 그것들 가운데 어떤 색이 가장 따뜻하게 느껴지고 어떤 색이 가장 서늘하게 느껴지느냐는 질문을 던졌다. 그 결과 '가장 따뜻한 색에 대해서는 소수의 사람들은 보라색이 가장 따뜻하다고 대답했으나 대다수의 사람들은 빨간색—주황색 범위의 색이 가장 따뜻하다고 응답했다. 그러나 가장 서늘한 색에 대해서는 자장 따뜻한 색의 경우처럼 뚜렷한 반응이 나타나지 않았으며 그 범위도 노란색으로부터 초록색, 파란색 및 자주색에 이르기까지 불규칙한 분포를 보였다'고 한다. 말하자면, 빨간색—주황색 범위의 색은 분명히 대다수의 사람들에게 가장 따뜻한 색으로 느껴졌으나, 서늘한 느낌을 주는 색은 그 분포 범위가 매우 넓어서 어떤 사람들에게는 초록색이 가장 서늘하게 느껴지는 색이었고, 다른 사람들에게는 파란색이, 그리고 또 다른 사람들에게는 자주색이 그런 색이었다는 것이다. 한편, 뉴홀은 이러한 결과에 대해 다음과 같은 논평을 가하고 있다.

"서늘하게 느껴지는 색이 비교적 넓은 범위에 걸쳐있다는 사실로부터, 심리적으로 서늘하다는 느낌을 주기 위해서는 비교적 넓은 범위의 색들을 쓸 수 있다는 점을 알 수 있다."

이 책의 제10장 마지막 구절에서도 지적되었던 바 있지만, 색은 우리에게 따뜻하는 느낌을 줄 수도 있고 서늘하다는 느낌을 줄 수도 있으며, 또 색을 순전히 물리학적 생리학적인 관점에서 본다면 우리에게 능동적인 효과를 줄 수도 있고 수동적인 효과를 줄 수도 있다. 즉 빨간 빛은 자율신경계를 자극하는 반면 파란 빛은 그것을 진정시키며, 그밖에 인체의 평형, 맥박수, 심장의 활동 호흡수, 신경의 긴장도, 심지어는 소화기능까지도 모두 색채로부터 영향을 받는 것이다.

그러므로 조명공학협회의 편집진이나 그밖의 의심많은 사람들이 주장하는 것처럼 색채에 따뜻하다거나 차갑다는 느낌이 없다고 한다면, 배고

프다는 느낌같은 것도 있을 수 없다. 이제 위에서 보았던 바를 입증하기 위해 하나의 장면을 설정하기로 하자.

한 어린아이가 저녁을 먹으러 와서는 제가 먹을 음식을 보고 '어휴 배고파!' 하고 소리를 지른다. 이때 배가 고프다는 느낌은 위액의 분비에 의해 생겨나는 느낌이다. 그러나 아이의 아버지는 '앉아! 너 손이 왜 그렇게 더럽지? 또 밥먹는 꼬라지는 그게 뭐냐!' 하고 야단을 쳐댄다. 아버지의 잔소리가 끝나자마자 위액의 분비가 멈추고 배고프다는 느낌도 싹 사라져버린다.

실제로 생활하는 중에 일어나는 느낌 가운데는, 위에서 본 것과 같은 방식으로 망쳐버리게 되지 않는 느낌이란 거의 없다. 그러므로 색채의 연구도 인간적인 방법으로 자연스럽게 이루어져야지 조직적인 방법으로 이루어져서는 안된다. 또 이와 같은 방법으로 색채의 연구가 이루어지지 않는다면, 그럴싸하긴 하지만 아무런 가치도 없는 연구만이 조장될 뿐 아니라 인간의 정신적, 심리적 생활이 모든 면에서 육체적인 생활만큼이나 현실적이고 기능적이라는 사실을 등한시하게 될 것이다.

색채와 언어

색채에 대한 우리의 정서적 태도는 우리가 쓰는 언어, 속어, 은어 및 일상 회화 등에 잘 나타난다.

우리에게는 빨간색이 성자와 범죄자, 애국자와 무정부주의자, 사랑과 증오, 연민과 전쟁 등을 동시에 나타내는 격렬하고도 열정적인 색이다. 우리는 빨간색으로 사람들을 선동하고 화가 나면 빨간색을 보며(see red 에는 '격노하다'라는 뜻이 있는데, 이 뜻은 투우가 빨간색을 보면 흥분한다고 믿었던 데서 연유한 것이다 : 역주) 사업에서 이익을 보지 못했을 때는 적자

(赤字)를 보았다고 한다. —그뿐 아니라 실제로 금전 출납부에도 빨간 잉크로 기재한다. —또 정치가들은 빨간 청어(red herring ; 훈제한 청어를 말하며, 관계없는 일을 꺼내어 논제에서 벗어나게 한다는 뜻임. 이 뜻의 유래는 사냥개에게 여우의 냄새를 분간하도록 훈련을 시킬 때 여우냄새와는 전혀 다른 훈제 청어를 썼던 데서 연유한 것임 : 역주)를 써서 이야기를 다른 곳으로 돌리며 반대파를 빨갱이니 급진파니 하고 몰아 붙인다. 그밖에 빨간 글자로 쓴 날(red letter day ; 달력에 빨간 글씨로 쓴 날. 즉 경축일이나 축제일을 뜻한다. 교회 달력에는 경축일과 축제일만 빨간 글씨로 적혀 있다 : 역주) 빨간 모자(red caps ; 헌병을 뜻하는 말임 : 역주), 빨간 머리(red head ; 성질이 급한 사람을 뜻함 : 역주), 빨간 동전 한 푼 없는 건달 따위의 말들도 있다.

노란색은 사람들에게서 경멸당하는 색이다. 한때는 노란색이 이교도와 연관되었던 적도 있었지만 지금은 악당이나 겁쟁이를 나타낸다. 또 노란 저널리즘(yellow journalism ; 선동주의를 뜻하는 말임 : 역주)이라는 말도 있는데, 이 말은 1895년에 뉴욕에서 발간되는 한 신문이 어린이 만화인 노란 꼬마(Yellow Kid)를 시험삼아 게재했던 데서 비롯되었다.

초록색은 질투를 나타내는 색이다. 또 그리너(greener)라는 말은 풋내기 직공을 의미하고 그린혼즈(greenhorns)는 시골에서 갓 올라온 촌뜨기를 의미하기도 한다.

파란색은 필링블루(feeling blue ; 기분이 우울하다는 뜻임 : 역주) 블루뮤직(blue music ; 우울한 음악 : 역주) 등과 같은 말들에서 그 의미가 아주 잘 나타나 있다. 한때는 파란색이 정신이상자와 관련된 적도 있었으나 그 후로는 대체로 기가 죽었다는 의미로 쓰여왔다. 그밖에 파란 법률(blue law ; 엄한 법이라는 뜻 : 역주), 파란 우울함(blue gloom), 파란 월요일 (blue Monday ; 우울한 월요일이라는 뜻 : 역주), 파란 혈통(blue bloods ; 명문가 출신이라는 뜻 : 역주) 등의 말도 있다. 또 사람들은 파란 살인사건 (blue murder ; 아무것도 아닌 일을 큰일이나 난 것처럼 소리친다는 뜻 : 역주)이 났다고 소리를 지르고 파랗게 질리기도 한다. 살아가는 동안 행운은 파란 달(blue moon) 속에서 한 번 일어나거나(매우 드물게 일어난다는 뜻임 : 역주) 파란 하늘에 번개가 치듯이 갑자기 찾아온다는 말도 있다.

디킨즈(Dickens)가 1832년에 쓴 「픽윅 페이퍼(Pickwick Paper)」라는 소설(善意와 익살로 가득 찬 내용의 소설임 : 역주)에 '그는 너무 철저하게 갈색이 될 것이므로(He'll come done so exceeding , brown that ; 철저하게 속일 것이라는 뜻임 : 역주) 그의 친구들은 그들을 알아보지 못할 것이다'라는 구절이 나온다. 검은색은 절망과 악의(惡意)를 나타내는 색이다. 그리고 이 검은색과 관련된 말로는 블랙볼(blackball ; 반대투표를 한다는 뜻 : 역주), 블랙메일(blackmail ; 공갈이라는 뜻 : 역주), 블랙리스트(blacklist ; 요시사찰인 명부를 뜻함 : 역주)같은 것들이 있다. 흰색은 백인종의 자만심을 나타내는 색이다. '사람은 하얗다'고 하는 말은 1877년부터 생겨난 미국말(미국에서만 쓰이고 영국에서는 쓰이지 않는다는 뜻임 : 역주)인데, 이 말은 인디언들과 흑인들을 경멸하기 위해 쓰이는 말이다. 그러나 흰머리 소년(White haired boy)이라는 말은 아일랜드 말이며 아일랜드계 사람들의 자존심을 나타내는 말이다.

색채와 형태

추상적인 관념 속에서는 색채가 형태와 연관되기도 한다. 그 한 예로, 빨간색에서는 사각형이나 6면체가 연상된다. 빨간색은 그 성질상 뜨겁고 건조하며 불투명한 느낌을 주는 색인데, 그 빨간색의 특징은 눈길을 강하게 끌며 단단하고 견고하게 보인다는 데 있다. 그리고 그 이유는 빨간색이 눈에 날카로운 초점을 맺음으로 구조적으로 평면이나 날카로운 모서리를 연상하게 하기 때문이다.

주황색에서는 장방형이 연상된다. 이 색은 빨간색보다는 좀 덜 야한 색이며 백열한다는 느낌이 좀 더 가미되어 있다. 그러나 주황색도 시각적으로 날카로운 상을 맺고 또 눈에 초점을 명확하게 맺기 때문에 날카로운 모서리나 세세한 물체를 연상케 한다.

노란색은 추상적으로는 역삼각형이나 피라밋꼴과 연관된다. 이 색은 모든 가시색(可視色) 가운데서 명료도가 가장 높은 색이며 따라서 뾰족하고 날카로운 느낌을 준다. 그러나 이 색은 세속적인 색이라기 보다는 영적인 느낌을 주는 색이며 질감과 중량감이 부족하다.

초록색은 6각형이나 20면체를 연상케하는 색이다. 이 색의 느낌은 서늘하고 신선하고 부드러운데, 그 이유는 이 색이 눈에 초점을 명확하게 맺지 않으므로 모난 느낌을 그리 많이 주지 않기 때문이다.

파란색은 원이나 구(球)를 연상케 하는 색이다. 이 색은 차갑고 축축하며 투명한, 영적인 느낌을 주는 색(후퇴색)이며 망막에 흐릿한 상을 맺는 색이다. 그러므로 파란색의 물체는 멀리서 보면 그리 잘 보이지 않는다.

자주색은 난형(卵型)을 연상케 하는 색이다. 이 색은 부드럽고 흐르는 듯한 느낌을 주며 눈에 초점이 잘 잡히지 않는 색이다. 그러나 이 색은 파란색과는 달리 속세와 좀 더 밀접한 관련을 맺고 있는 색이다.

색채와 개성

우리가 지금 보고 있는 이 장에서 몇 가지의 공론(空論)을 해보는 일이 허용된다면, 인간의 개성에 의해 암시되는 색채와 관련하여 좀 더 매혹적인 논의가 전개될 수 있을 것이다.

근육형인 사람들은 빨간색을 좋아하고, 두뇌형인 사람들은 노란 색을 좋아하며, 이기적인 사람들은 파란색을 좋아하고, 사교적인 사람들은 주황색을 좋아한다는 말이 있다. 그런데 이러한 '성격분석'은 독자들이 무가치하다고 생각하는 것과 달리 의미가 전혀 없는 것은 아닐지도 모른다. 왜냐하면 색채선호는 개성을 알려주는 하나의 단서가 되기 때문이다.

사람들에게 특히 좋아하는 색이 무슨 색이냐고 질문을 해본다면, 외향적인 사람들은 빨간색을 좋아하는 반면, 내향적인 사람들은 파란색을 좋

아한다는 점이 발견될 것이다. 실제로 골드슈타인을 위시한 여러 학자들
도 인체의 기관이 빨간색으로 자극을 받으면 활성화되고 초록 빛이나 파
란 빛으로 자극을 받으면 진정된다는 점에 관해 언급했던 바 있다. 그러
므로 충동적인 기질의 사람들과 온건한 사람들은 자연히 서로 다른 색을
좋아하게 된다. 또 같은 색이라고 해서 그 색이 모든 사람들에게 똑같은
느낌을 주는 것도 아니다.

　예술가들은 대체로 자주색을 좋아하는데―선천적으로든 아니면 훈련
에 의해서라도―그 이유는 자주색에 다른 색들에서는 찾아낼 수 없는 미
묘한 특질이 있기 때문이다. 노란색은 흔히 영적인 기질이 강한 사람 또
는 형이상학적인 기질의 사람들에 의해 선호된다. 청록색과 같은 어중간
한 색을 좋아하는 사람들에게서는 이재(利財)의 재능을 엿볼 수 있다. 또
논리적으로 생각해 보면, 그저 그런 사람들은 단순한 색을 좋아하는 반면
색채선호가 몹시 까다로운 사람들은 다른 사람들과 잘 어울리지 못한다는
것도 알 수 있을 것이다.

색채의 상징적 의의

　개개의 색채에 함축된 상징적 의의는 어느 모로 보나 심리적인 속성을
띠고 있는데, 이러한 상징적 의의는 여러 세기를 거쳐 내려오면서 역사,
종교, 관습 및 미신에 의해 확립되어 온 것들이다. 그리고 이 상징적 의
의에는 문명의 발달과 더불어 전개되었던 인간의 감정과 관념들이 표현되
어 있으므로 간단하나마 언급해 두는 편이 좋을 듯하다.

　로마 가톨릭교회의 교리를 예로 든다면, 사람들이 입는 옷의 색에는 제
각기 특별한 상징적 의의가 부여되어 있다.

　이제 그것들을 하나 하나 살펴보기로 하자.

　흰 옷은 빛의 상징이며, 무죄와 순결, 기쁨과 영광을 의미한다.

　빨간 옷은 불과 피의 상징이며, 박애와 고결한 희생을 의미한다.

초록색 옷은 자연을 상징하며, 영생(永生)에의 희구(希求)를 나타낸다.

자주색 옷은 억압당한 자의 울분을 상징하며, 고난과 음울을 나타낸다.

검은 옷은 죽음의 슬픔과 무덤 속의 어두움을 상징하는 것이다.

옛 전통이 오랫동안 지속되어 온 또 하나의 예는 문장(紋章)에서 찾아 볼 수 있다.

빨간 문장은 용기와 열망을 나타낸다.

파란 문장은 경건과 신의를 의미한다.

노란 문장이나 황금색 문장은 명예와 충성심을 나타낸다.

초록색 문장은 발전과 희망을 의미한다.

흰색이나 은색 문장은 믿음과 순결을 나타낸다.

검은 문장은 슬픔과 회개를 의미한다.

주황색 문장은 힘과 인내력을 나타낸다.

자주색 문장은 충성 또는 높은 지위를 나타낸다.

미국의 대학에서는 1893년 이래 각 학과의 전공분야를 나타내기 위해 색부호를 사용해왔는데 그 색부호들이 나타내는 전공분야는 다음과 같다.

주홍색은 신학을 나타내고, 파란색은 철학을, 흰색은 미학 및 문학을, 초록색은 의학, 자주색은 법학, 노란색은 자연과학, 주황색은 공학을 나타내며 분홍색은 음악을 나타낸다.

옛말에 '인간의 몸은 빨간색이고 마음은 노란색이며 정신은 파란색이다'라는 말이 있다. 실로 문명이 태동하기 시작한 이래 사람들이 색채에 그토록 중요한 역할을 부여해 왔다는 사실은, 그것만으로도 심리학적인 흥미를 끄는 것이다. 왜냐하면 역사적인 관점에서 본 색채의 상징적 의의에 깃들인 정서와 속성은 여러 가지 면에서 현대의 과학적인 연구에 의해 밝혀진 것과 부합하기 때문이다. 단지 오늘날에는 색채에 관한 지식이 좀 더 완전해졌고, 또 색채의 조절에 관한 연구가 좀 더 개발되어 있다는 것 뿐이다.

제14장
·······

미의 분석

어떤 색을 특히 좋아하거나 싫어하는 것이 자기의 개성 — 정신적 특질의 일부로서 — 에 속하는 문제라고 생각하는 사람들이 있을지도 모르지만, 여러 사람들의 견해를 분석해 보면 색을 선호하는 경향이 놀라우리만큼 유사하다는 것을 알 수 있다. 그래서 심지어는 아름다움이라는 애매모호한 특질까지도 보편적인 법칙을 따르는 것처럼 보인다.

색채를 심미적인 관점에서 광범위하게 연구한 결과, 예술적인 측면에서의 색채 및 색채의 조화를 과학적인 기초 위에서 논의할 수 있게 되었다. 즉, 어떤 색채와 색채의 배열이 가장 마음에 끌리는가를 정의하는 데 그치지 않고 다수의 정서적인 반응들을 심리학적인 용어로 설명할 수도 있게 된 것이다. 이러한 견해는 색채에 관한 용어 가운데서는 좀 생소한 것이며 지금까지 소개되었던 적이 거의 없다. 그러나 이 책에서는, 이 견해가 색채의 수수께끼에 관하여 좀 더 실제적인 자료들을 제공하므로 상당히 중요한 위치를 점하고 있다. 실로 색채에 대한 선입적(先 入的) 애호는 개개인의 정신 속에서만 우러나는 것이 아니라 내분비선에서도 우러나는 것인 듯 싶다.

224

보편적 색채 선호 순서

사람들이 어떤 색을 선호하는가에 관해서는 적어도 10여 회의 권위있는 실험들이 행하여졌다. 그러한 실험들에서 사용된 용어는 매우 완벽한 것이었고 또 실험결과도 일치되어 있으므로 실험을 통해 도달된 결론에 대하여 의문을 제기하기란 상당히 어려운 일이다.

이 색채 선호에 관한 몇 가지 순서를 정하기 위해 우선 갓난아기들의 반응이 연구되었다. 생후 1개월쯤 된 아기는 눈이 잘 보이지 않기 때문에 어느 한 물체에 눈길을 고정시킬 수 없고 눈에 보이는 것이 무엇인지를 알지도 못한다. 몇몇 권위자들은 갓난아기 시절에는 촉각과 형태감각이 우세하고 생후 2년이 훨씬 지나서야 정말로 좋아하는 색이 어떤 색인지 분명해진다고 단언한다. 생후 1개월에서 좀 더 지나면 색채감각이 형태감각과 경합하기 시작한다. 스테이플즈(R . Staples)는 아기들이 좋아하는 색을 알아보기 위해서 아기들에게 여러 가지로 색이 칠해진 원판을 보여주고 눈길이 지속되는 시간을 측정해 보았다. 그리고 아기들의 눈길이 원판에 지속되는 시간과 그것을 잡으려고 애쓰는 정도에 따라 판단해 본다면, 아기들이 가장 좋아하는 색은 빨간색과 노란색이었다. 따라서 아기들의 눈을 가장 많이 끄는 색은 밝고 화려한 색이라는 점이 분명해졌다.

발렌타인(C . W . Valentine)도 이와 마찬가지로 생후 3개월 된 아기들에게 여러 가지 색으로 착색된 실타래를 두 개씩 동시에 보여주고 각각의 실타래에 눈길이 머무는 시간을 측정했다. 아기들은 노란색을 가장 오랫동안 쳐다보았고, 그 다음은 흰색, 핑크색, 빨간색의 순이었다. 검은색, 초록색, 파란색 및 보라색의 실타래에는 거의 눈길이 돌아가지 않았다.

아기들은 생후 6개월이 지나면 원색(原色)들을 구별할 수 있는 것 같다. 그리고 아기들이 점점 더 자라감에 따라 색채에 더욱 흥미를 보이게 되어

형태보다도 색채에 더 민감해진다. 데이비드 캣츠(David Katz)는 만 세
살부터 다섯 살 사이의 어린아이들을 대상으로 하여 색채와 형태의 추상
작용(抽想作用)에 관한 매우 이례적인 실험결과를 보고하였다. 그의 실험
에서는 어린아이들에게 몇 개의 빨간색 트라이앵글과 초록색 원판이 주어
진 다음, 빨간색 원판과 같은 것이 어느 것인가를 가려내라는 문제가 주
어졌다. 그러자 이상하게도 그 아이들은 서슴없이 빨간색 트라이앵글이
있는 곳으로 가서 모였다. 이는 그 어린아이들이 '같다'고 생각하는 것은
형태가 아니라 색채라는 것임을 보여준다. 더 나이가 든 아이들이나 성인
들에게 이와 똑같은 실험을 한다면 그들에게는 이 문제가 너무 애매하고
당혹스러운 것이 되는데 그 이유는 말할 것도 없이 그들이 모양과 형태에
대해 더 많은 이해를 하고 있기 때문이다.

아기들이 자라서 어린아이가 되면 노란색에 대한 선호가 사라지기 시작
한다. 그리고 나이가 들어갈수록 점점 더 사라져간다. 그리고는 보편적으
로 선호되는 색인 빨간색과 파란색을 좋아하게 되는데, 이런 경향은 일생
을 통하여 지속된다. 그러므로 어린아이 시절에 좋아하는 색의 순서는 빨
간색, 파란색, 초록색, 자주색, 주황색, 노란색 등의 순이다.

성인이 되면 파장이 짧은 색(파란색, 초록색)을 파장이 긴 색(빨간색, 주
황색, 노란색)보다 훨씬 더 좋아하게 된다. 그러므로 성인들이 좋아하는
색의 순서는 파란색, 빨간색, 초록색, 보라색, 주황색, 노란색이 된다. 그
리고 이 순서는 영원히 변하지 않는 것이며 전세계적으로도 일치한다.

사람들이 좋아하는 색의 순서는 성별, 국적 및 인종을 불문하고 거의
모든 점에서 일치한다는 것이 실증되었다.

그러나 가드(T. R. Garth)는 아메리카 인디언들이 좋아하는 색의
순서가 빨간색, 파란색, 보라색, 초록색, 주황색, 노란색의 순이라는 것
을 발견했다.

또 필리핀 사람들의 경우에는 빨간색, 초록색, 파란색, 보라색, 주황
색, 노란색의 순이다.

그리고 흑인들 사이에서는 그 순서가 파란색, 빨간색, 초록색, 보라색,

주황색, 노란색이 되어 실제로는 일반적인 순서와 같아진다.

캣츠(S. E. Katz)는 심지어 정신이 이상한 사람들 사이에서도 그 순서가 거의 동일하다는 것, 즉 파란색, 초록색, 빨간색, 자주색, 노란색, 주황색의 순이라는 것을 발견했다. 아마도 따뜻한 색들은 공포증 환자들이 더 좋아하는 듯하며 차가운 색은 히스테리에 걸린 환자들이 더 좋아하는 듯하다.

이상의 연구들을 전체적으로 요약하기 위해서 아이젠크(H. J. Eysenck)는 2만 1천60명에 달하는 사람들을 대상으로 하여 방대한 연구를 하고, 그 연구결과를 도표로 작성했다. 그 결과는 파란색이 가장 선호되는 색이었고 그 다음은 빨간색, 초록색, 보라색, 주황색, 노란색의 순이었다. 성별을 분류해서 작성했던 도표에서도 남성들이 좋아하는 색의 순서는 주황색이 다섯번째이고 노란색이 여섯번째인데 대해 여자들의 경우에는 노란색이 다섯번째이고 주황색이 여섯번째라는 점 외에는 순서가 모두 일치했다.

색의 배합

색의 배합에 관하여는 이제껏 많은 연구노력들이 기울여져 왔다. 이마다(M. Imada)는 아동들을 대상으로 한 연구에서, 비록 아름다움에 대한 안목이 충분히 개발되어 있지는 않더라도 어떤 색에 대한 선호가 우연히 생겨나지는 않았다는 점을 발견했다. 그가 아동들에게 검은색 크레용을 주었을 경우, 아동들은 무생물, 말하자면 탈것이라든가 건물을 그리는 경향이 있었다. 그리고 같은 아동들에게 여러 가지 색의 크레용을 주자 아동들은 좀 더 상상력을 발동하여 사람이라든가 동물·나무 같은 것들을 그리려고 하였다. 그는 또 아이들이 가장 좋아하는 색의 배합은 빨간색과 노란색, 빨간색과 파란색이라는 것도 알아냈다.

안 반 니스 게일(Ann Van Nice Gale)은 이와 비슷한 실험을 통하여 노란색이 붉은 보라 또는 파란색과 배합되었을 때 사람들에게 인기를 끈다는 것을 발견했다. 파란색과 초록색의 배합도 역시 인기가 있었다. 이는 서로 대비되는 색이 유사한 색 또는 잘 구분되지 않은 색보다 더 선호된다는 것을 보여준다.

윌리엄 월튼(William E . Walton)과 불라 모리슨(Beulah . M . Morrison)은 성인들을 연구대상으로 한 실험을 통하여 파란색과 빨간색을 배합한 것이 가장 선호되고 그 다음으로 파란색과 초록색, 빨간색과 초록색, 말간색(무색)과 파란색, 호박색과 파란색, 호박색과 초록색, 빨간색과 호박색, 그리고 가장 선호하지 않는 색의 배합은 말간색과 호박색이라는 것을 발견했다.

길포드의 연구

색의 배합에 관한 분야에서 가장 뛰어난 연구자로는 길포드(J . P . Guilford)를 들 수 있다. 그는 이제까지 색채와 색의 배합에 관하여 무수히 많은 실험들을 행해 왔다. 그는 조화를 이룬 색의 배열에 대하여 다음과 같이 적고 있다.

"거의 비슷한 색끼리 배합하거나 또는 서로 다른 색끼리 배합했을 경우가 중간정도로 다른 색을 배합했을 경우보다 더 유쾌한 효과를 가져다 준다는 증거가 몇가지 있다. 그리고 이러한 경향은 남성들보다 여성들에게 훨씬 더 강하다."

· 그러므로 사람들은 아주 밀접하게 연관된 색들 사이에서나 또는 정반대로 되는 색들 사이에서 조화를 느끼고 그밖의 색들 사이에서는 조화를 느끼지 못하는 것 같다. 이것을 색원(色圓 ; 여러 가지의 유채색을 서로 비슷한 색끼리 연결하여 하나의 원주상에 배치한 것 : 역주)으로 표시한다면 노란색의 경우엔 등황색이나 연두색, 또는 파란색이나 남색, 보라색과 결합되었을 때 조화를 이루게 된다. 그리고 노란색이 주황색이나 초록색, 빨

간색 등과 결합되었을 때는 특히 선호되지 않는다.

그 외에도 길포드는 그의 연구를 통하여 탁한 색(濁色)과 맑은 색(淸色) 사이에서 어느 하나를 선택할 경우 맑은 색이 더 선호된다는 것도 확인했다. 또 어두운 색과 밝은 색 가운데서 색을 선택할 경우에는 밝은 색이 선호될 것이다.

조화의 자연법칙

길포드의 연구에 의하면, 사람들은 서로 밀접하게 관련된 색들의 배합이나 서로 반대되는 색(보색 : 補色)들의 배합을 좋아한다.

하나씩 따로 떨어져 있는 색들에 대해서는 다른 사실이 알려져 있다. 그리고 이러한 색들의 변화는 색상을 명확하게 표현하는데 매우 중요한 것이다. 이 말은 즉, 화려하고 강렬한 표현을 할 경우엔 순색을 써야 하고, 밝고 섬세한 표현을 할 경우엔 흰 빛이 섞인 색을 써야 하며, 깊고 점잖은 표현을 할 경우엔 검은 빛이 섞인 색을 써야 한다는 말이다. 그러나 위에 있는 '표현 형식'들 사이에서 어중간하게 끼어있는 색은 보기 흉한 색이 될 수도 있다. 따라서 빨간색에 흰색을 약간 섞으면 빨간색의 매력이 줄어든다. 그렇지만 흰색을 충분히 섞어서 색의 느낌이 순색으로부터 섞인 색으로(분홍색) 옮아가면 매력이 다시 살아난다. 또 빨간색에 검은색을 조금만 섞으면 그것은 특징도 없는 '더러운'색으로 보인다. 그러나 검은색이 충분히 가해져서 색의 표현 양식이 깊숙한 적갈색으로 옮아가면 아름다움이 분명히 되살아난다.

고드러브(I. H. Godlove)는 색을 배합하는 '자연적인 질서'에 대해 다음과 같이 언급했다.

"여러 가지로 다른 색들에 흰색이나 검은색을 섞어 변화를 줄 경우 밝은 순색에 흰색을 섞은 색과, 어두운 순색에 검은색을 섞은 것이 가장 좋게 보인다. 그러므로 연한 녹색과 짙은 파란색의 배합이 짙은 녹색과 연한 파란색의 배합보다 더 좋게 보인다. "

담황색과 짙은 보라색의 배합은 갈색(이것은 주황색에 검은 색을 섞은 것이다)과 연보라색의 배합보다 더 좋게 보인다.

분홍색과 짙은 파란색 또는 분홍색과 자주색의 배합은 연보라와 적갈색의 배합보다 더 좋게 보인다.

연노랑색이 갈색이나 파란색, 보라색과 배합된 것은 연한 녹색이나 파란색, 또는 보라색이 흐린 황록색(이 색은 노란색에 검은색을 가한 것이다)과 배합된 것보다 더 좋게 보인다.

흰색이나 검은색을 섞어서 변화를 준 색들을 조화시킬 경우에는 자연적인 순서를 따르는 것이 가장 매력있는 배합이 된다. 그러므로 순색들은 흰빛이 섞인 색 및 흰색과도 멋진 조화를 이룬다. 순색은 모두 공통적인 요소들을 지니고 있기 때문이다. 따라서 순색들은 검은빛이 섞인 색 및 검은색과도 잘 조화된다. 모든 색들 가운데서 가장 중립적인 색은 회색 계통의 색들이다. 왜냐하면 그런 색들은 순색, 흰색 및 검은색을 모두 구성요소로 지니기 때문이다. 그리고 또 이 회색 계통의 색들은 다른 색 계통의 색들과도 조화를 잘 이룬다.

과학적인 이론

외향적인 사람들은 빨간색을 좋아하고 내향적인 사람들은 파란색을 좋아한다는 점에 관해서는 지난 장에서 이미 언급한 바 있다. 그런데 이러한 점은 머리칼의 색이 갈색인 사람과 금발인 사람들에게도 적용되는 듯하여, 전자는 빨간색을, 후자는 파란색을 더 좋아한다. 이에 관해 젠쉬 (E. R. Jeansch) 같은 사람은 그의 저서인 「직관적 심상(心像)」에서 '이러한 현상은 적도지방에 가까워질수록 〈일광〉이 우세해지고, 극지방에 가까울수록 〈산광〉이 우세해지기 때문에 생겨난다'고 설명한다. 말하자면 우리가 추운 지방으로부터 더운 지방으로 옮겨감에 따라 일광이 증가하고 산광은 감소하며 그에 따라 강렬한 빛을 받게 되면 눈이 그 강한 햇빛에 적응하거나 '빨간색에 적응한 시각'으로 바꾸어져야 하는데, 그럴려면 먼저 망막의 안와(망막에 있는 움푹 패인 부분으로 가장 민감하게 빛을 느끼는 부분이다. 황점이라고도 한다 : 역주)에 색소가 짙게 침착되어야 한다는 것이다.

시각이 빨간색에 적응된 사람들은 라틴인들처럼 체색이 전형적으로 가무잡잡한 사람들이다. 그들은 눈빛, 머리칼의 색 및 살빛이 대체로 모두 짙다. 그들은 타고나면서부터 빨간색뿐 아니라 그외의 모든 따뜻한 색을 선호하는데, 그렇게 된 근본적인 원인은 정신적인 데 있는 것이 아니라 아마도 파장이 긴 빛에 적응하는 동안에 진행된 심리적인 과정에 있는 것 같다.

한편 살빛이 흰 사람들은 라틴인들과는 달리 시각이 초록색에 적응되었으며 망막에 침착된 색소도 라틴인들과는 다르다. 그 전형적인 사람들로는 북구나 스칸디나비아 반도에서 사는 사람들을 들 수 있는데, 그들은 머리칼의 색이 연하고 살빛이 희며 파란색과 초록색을 좋아한다.

젠쉬의 이론은 색채선호를 결정짓는 요인이 햇빛(또는 햇빛의 부족)인 것처럼 보인다는 관찰가능한 사실에 의해 뒷받침된다. 즉 햇빛이 풍부한 곳에서는 사람들이 따뜻하고 생생한 색을 선호하는 경향이 있으며, 햇빛이 비교적 적은 곳에서 사는 사람들은 차갑고 부드러운 색을 선호하는 경향이 있다는 것이다. 낮의 길이가 식물의 성장과 동물의 성주기(性週期)에 영향을 미친다는 점에 관하여는 언급한 바 있지만, 색채에 대한 사람들의 느낌과 반응 또한 이와 비슷한 생물학적 기초에 의거한다. 실제로 어떤 권위자는 위의 사실에 기초하여 봄철에 내분비선의 기능이 더욱 왕성해지는 현상과 대부분의 사람들이 이 특별한 계절에 가볍고 밝은 색을 더 좋아하게 되는 현상 사이에는 어떤 관계가 있을 것이라는 가설을 내놓기도 했다.

사람들은 점점 나이가 들어감에 따라 파란색을 더 선호하게 되는데, 이러한 사실도 인간의 색채선호 경향에 관해 훌륭한 설명을 제공해준다. 즉

사람의 눈 속에 들어있는 안구액(眼球液)은 나이가 들어갈수록 노르스름
하게 변하며 또 눈의 수정체도 어린아이의 경우에는 파란 빛을 10 % 정도
만 흡수하지만 노인의 경우에는 85 % 정도나 흡수하므로, 이 때에는 다른
종류의 적응—눈에서 파란 빛이 더 많이 차단됨에 따라 파란색을 더욱
더 갈망하게 되는 반응—이 일어난다고 가정할 수 있다는 것이다.

　이름 밝히기를 꺼리는 한 권위자는 식사와 색채의 분별력 사이에 존재
하는 관계를 중점적으로 연구해 왔다. 그는 멕시코의 취학 아동들을 대상
으로 한 연구를 통해 칼슘이 결핍될 경우에는 빨간색, 노란색, 초록색,
파란색 등의 단색을 선호하는 경향이 생겨난다는 것을 발견하였다. 그러
나 식단이 바뀌어 충분한 칼슘이 공급되면 색채선호 경향이 색을 좀 더
세세하게 구분함으로써 비슷한 색 사이의 좀 더 미묘한 차이점을 구별하
게 되는 방향으로 바뀌어 표현된다고 한다.

느낌의 요소

　인간의 시각은 모든 경험과 느낌을 단순화하려는 경향이 현저하다. 그
리고 이 과정은 뇌에서 이루어지기 때문에 고도로 심리적인 것이다. 그렇
다면 우리들의 눈에 보이는 색들은 그 종류가 몇 가지나 되는 것일까?
몇몇 권위자들이 산출한 바에 의하면 그 수는 수백만에 이를 것이라고 한
다. 그러나 우리들이 흔히 생각하는 바에 따른다면, 색의 가지수는 놀라
울 정도로 적다.

　‘무지개의 모든 빛깔’이라는 말도 색의 가지수를 한정적으로 다루는 말
인데, 이에 관하여 젤리히 헤이트(Selig Hecht)는 다음과 같은 말을 하고
있다.

　“정상안(正常眼)이라면 스펙트럼 상의 모든 색을 180가지 정도로 명확
　히 구분할 수 있으며, 이때 빛의 강도가 변한다고 해도 어떤 한 색을
　다른 색과 혼동하지는 않는다.”

그런데, 여기서 스펙트럼 상의 색이라는 말은 물론 순색만을 의미하며 흰색, 회색 및 검은색이 섞여 변화된 색들은 포함하지 않는다.

실제로 인간의 시각은 스펙트럼(또는 무지개)을 보면서 여러 가지의 색을 '하나로 뭉뚱그리는' 경향이 있다. 이 말은 즉 우리의 눈이 셀 수도 없을만큼 여러 종류의 빛으로 자극을 받게 되더라도 인간의 감각으로는 빨간색이 주황색으로, 주황색이 노란색으로, 노란색이 초록색으로, 초록색이 파란색으로, 파란색은 남색으로, 그리고 남색은 또 보라색으로 섞여들어가는 것 밖에는 보지 못한다는 말이다. 한편 빨간색과 보라색은 그 파장을 가지고 생각한다면 서로 반대되는 양 극단을 대표하는 색이지만 심리적으로는 서로 관련되어 있는 것처럼 느껴지며 자주색을 사이에 두고 서로 연결될 수도 있다. 또 자주색은 스펙트럼 상의 색이 아니므로 서로 관련되어 있는 것처럼 느껴지며 자주색을 사이에 두고 서로 연결될 수도 있다. 또 자주색은 스펙트럼 상의 색이 아니므로 그 고유의 파장을 갖지 못하지만(자주색은 단지 빨간색에 보라색이나 파란색의 파장이 섞인 색일 뿐이다) 보라색과 빨간색을 연결하여 색원(色圓)이 이루어지는 것을 가능케 한다.

시각을 심리학적으로 다루는 입장에서는 빨간색, 노란색, 초록색, 파란색의 4가지 색을 기본적인 색 또는 원초적인 색으로 본다.(그 외에 검은색과 흰색이 포함되기도 한다) 이 원초적인 색들 가운데서 노란색은 초록색과 빨간색이 섞여서 생겨나는 색이지만—빛을 혼합할 경우—이 노란색이 주는 느낌은 매우 독특하며, 그 속에 빨간색과 초록색이 섞여있다는 암시 따위는 전혀 주지 않는다. 또 이 빨간색, 노란색, 초록색, 파란색 등은 가장 심플한 색이며 시각적으로는 다른 어떤 색을 혼합하여도 생겨날 수 없는 색들이다. 그뿐 아니라, 주황색은 어떻게 보면 빨간색 비슷하고 또 어떻게 보면 노란색 비슷하지만, 빨간색과 노란색은 주황색과 비슷하게 보이는 일이 없다.

이런 양식의 심리적 단순화는 흰색, 회색 및 검은색이 다른 색들과 혼합될 경우에도 생겨나는데 독자들은 자신의 경험에 비추어 봄으로써 다음과 같은 사항들을 확인해 볼 수 있을 것이다.

색은 원래 삼각형으로 구성되어 있다. 즉 순색(Pure hue ; 삼원색의 혼합으로만 이루어진 색. 순색이라면 전부 다 포함된다)이 삼각형의 제 1꼭지점에 위치하고 검은색과 흰색이 각각 제2, 제3의 꼭지점에 위치한다. 흰색과 검은색은 그 느낌이 매우 독특한 색이며, 두 색 상호간에도 다를 뿐아니라 여타의 순색들과도 다르다.

흰빛을 띤 색은 엷은 색이라고도 할 수 있는데, 순색에 흰색이 혼합되어 생기는 색이다. 또 검은빛을 띤 색은 그늘진 색이라고도 할 수 있는데, 순색과 검은색이 혼합되어 생기는 색이다. 검은색과 흰색이 혼합되면회색이 생겨난다. 그리고 이 세 가지의 색—순색·검은색·흰색—이 모두 결합하면 희읍스름한 색이 생긴다.

색채가 주는 느낌은 대략 다음과 같은 일곱 가지 즉 순색, 흰색, 검은색, 흰 빛을 띤 엷은 색, 검은 빛을 띤 그늘진 색, 회색, 희읍스름한 색으로 분류되는데 인간의 눈과 뇌는 무수히 많은 색들이 주는 느낌에 대해이런 식으로 공통된 이름을 찾아내는 것이다.

몇몇 권위자들이 주장하는 것처럼 인간의 눈이 수백만 종류의 색을 구분할 수 있다고 한다해도 그것은 조명과 색의 배열이 극히 이상적으로 이루어져 있을 경우에만 가능한 것일 듯싶다. 그러므로 보통 밝기의 빛, 또는 어슴푸레한 빛 속에서 색을 구별한다든가 혹은 좀 멀리 떨어진 곳에서스펙트럼 상으로는 사이가 별로 떨어지지 않은 색들을 관찰한다면, 미세한 차이는 거의 알아볼 수가 없는 것이다.

또 우리가 흔히 쓰는 말만 보아도 사람들이 여러 종류의 색을 보는 것이 아니라 몇 가지밖에 안되는 색만을 볼 수 있다는 사실이 충분히 증명된다. 즉 웬만한 사람들은 알고 있는 색을 말해보라면서 아무리 충분한시간을 준다고 해도 기껏해야 30가지 정도밖에는 대지 못한다. 그뿐 아니라 이름을 댄 색들도 대개는 동의어(주홍색, 빨간색, 진홍색, 아니면 다른것에서 빌려온 이름. 오렌지색, 제비꽃색)이다. 언어가 인간을 둘러싸고 있는 것들에 대한 인간의 관심을 표명하는 것이라고는 해도 색채를 세세하게 분류하는 일은 사람들에게 그리 큰 관심사가 되지 못한다. 왜냐하면 그들의 사전에는 색을 나타내는 단어가 아주 조금밖에 없기 때문이다.

외견적인 양식(樣式)

파란 하늘의 한 자락이라든가, 파란 종이 한 장, 또는 한 병의 파란 용액 등은 물리적인 관점에서 본다면 모두 똑같은 것이 될 수도 있다. 그런 것들이 지닌 색은 파장도 같고 밝기도 같기 때문이다. 그러나 그것들을 심리적인 관점에서 본다면, 그 하나하나에서 느껴지는 시각적인 인상이 제각기 다르다.

오스트발트(Ostwald), 캣츠(Katz)를 위시한 여러 학자들은 '연관된' 색과 '연관되지 않은'색 사이에 존재하는 차이점들을 지적해왔다. 이 구별은 심리학자들에게는 매우 중요한 것이나 현재에 이르기까지도 그 차이점이 충분히 인식되지는 못하고 있다. 실제로 헬름홀츠(Helmholtz ; 1821~1894. 독일의 생리학자, 물리학자 : 역주)와 같은 위대한 물리학자조차도 그러한 차이점을 알지 못했다.

연관되지 않은 색은 빛의 색이다. 빛의 색은 그 성질상 영묘(靈妙)한 느낌을 주는 색이며 주위의 상황에 영향을 받지 않고, 보통은 검은색을 포함하지 않는다. 또 이러한 색들은 안정된 색이며 공간을 채워주는 성질을 띤 것으로 여겨진다.

연관된 색은 표면색, 또는 물체의 색이다. 이러한 색들은 대체로 주위의 상황과 연관되는 것으로 보이며, 어떤 물체가 페인트라든가 직물, 또는 기타의 다른 물질로 이루어져 있다는 것을 구별할 수 있는 색이다. 또 이러한 색들은 눈길을 집중시키는 색이며 질감을 느낄 수도 있는 색이고, 색의 구성요소에 검은색이 포함되는 색이기도 하다. 그리고 이 표면색은 가운데에 구멍이 뚫려있는 판자를 통해서 보면 색이 흐릿하게 변한 것처럼 보이기도 한다.(Film Color)

세번째 유형의 색은 입체적이라고도 할 수 있을 것이다(캣츠). 이 색은 3차원적인 성질을 갖으며 공간 속에서 일정한 부피를 차지한다. 그 한 예로 안개를 들 수 있는데, 안개는 그것을 통해 어떤 사물이 보이지 않는 한에서는 흐릿한 색이지만 그 곳에 어떤 사물이 보이면 입체색으로 감지된다.

관련된 색과 관련되지 않은 색 사이에서 가장 중요한 차이점은 검은색의 경우에서 찾아볼 수 있다. 심리학자들의 입장에서는 시각적인 느낌은 모두 색채를 포함하는 것으로 이해되는데, 검은색 또한 시각적으로 감지될 수도 있고 여타의 다른 색들과 마찬가지로 독특한 느낌을 주는 것이므로 물론 색채에 포함된다. 페디(Peddi)와 같은 이는 이 검은색에 관하여 '검은색은 생리학적으로 본다면, 빛의 자극이 없는 상태를 뜻하나 심리학적인 면에서는 빛의 자극이 없다는 사실 그 자체를 하나의 적극적인 자극으로 감지하는 것이다'라는 말을 하고 있다. 헬름홀츠도 이러한 점을 이해하고 있었으므로 그 또한 '검은색은 실제로 존재하는 느낌이다. 그러므로 검은색이라는 느낌이 비록 빛이 없기 때문에 생겨나는 느낌이라고 할지라도, 검은색을 보는 느낌은 아무런 느낌도 없다는 것과는 전혀 다르다'고 했다.

검은색은 어느 모로 보나 빨간색, 파란색 또는 흰색과 마찬가지로 명백하고도 독특한 색이다. 그리고 검은색이 어떤 색과 섞이면 원래의 두 색과는 다른 색이 생겨난다. 그 한 예로, 어두운 방에 비춰진 주황색의 빛(연관되지 않은 색)은 그 세기가 강하거나 약하거나 간에 대체로 똑같은 색을 유지한다. 그것은 단지 밝은 주황색의 빛 또는 어슴푸레한 주황색의 빛일 따름이다. 그러나 명도가 높은 주황색의 페인트에 검은색의 페인트가 혼합되어 명도가 낮아지면 그 혼합색은 주황색과는 전혀 다른 갈색으로 변한다.

밝은 빛 속에서는 검은색이 그리 큰 역할을 해내지 못한다. 또 무지개의 여러 색이나 석양에도 갈색이나 적갈색같은 색은 없다. 그러나 실생활에서는 검은색이 어느 곳에서나 발견될 뿐 아니라 검은색은 모든 형체(여기서는 눈에 보이는 물체의 모습을 말하는 것이며, 그 물체의 밝게 보이는 부분과 어둡게 보이는 부분을 전체적으로 생각한 것임 : 역주)의 절대적인 구성요소이며, 그것들의 모양을 수정하기도 하고 또 눈에 명확히 띄게 하기도 한다. 사우드홀(Southall)은 이 검은색에 대하여 다음과 같은 말을 하고 있다.

"검은색의 물체가 망막에 별다른 물리적 자극을 주지 않는 것이 명백하다고 해서 검은색을 아무 색도 없는 것, 또는 느낌이 전혀 없는 것이라고 주장한다면, 그 주장은 시말(始末)이 전도된 것일 뿐 아니라 '느낌'이라는 증거를 부정하는 것이기도 하다."

색채와 물리학과 심리학

색채의 연구는 본질적으로는 심리적인 현상을 연구하는 것인데 사우드홀은 색채연구의 이러한 측면을 '심리학의 견지에서 본다면 색채는 빛을 발하는 물체도 아니고 빛을 지닌 광선도 아니다. 그것은 단지 의식의 내용(마음으로 생각한 것이라는 뜻 : 역주), 즉 시각적으로 한정된 특질일 뿐이다'고 표현했다. 시각을 심리학적인 관점에서 논의하려면, 에너지로서의 색채가 느낌으로서의 색채와는 다른 점을 몇 가지 지적해두는 편이 좋을 듯하다. 그리고 또 인간은 빛의 자극에 대해 무조건적으로 반응하지 않는다는 점도 알아두어야 한다. 왜냐하면 눈은 단지 빛에 반응하는 하나의 매개체로 그치는 것만은 아니기 때문이다.

빛 에너지와 색채라는 느낌 사이에서 무엇보다도 먼저 알아두어야 할 일은 그것들 사이엔 밀접하고 규칙적이며 측정가능한 관계가 존재하지 않는다는 점이다. 따라서 우리의 눈으로는 어떤 파동의 파장이나 강도를 파악하는 것이 불가능하며 또 그러한 파장이나 강도가 일정하게 정해져 있다고 하더라도 그것을 언제나 똑같이 보이는 '고정된 자극'으로 느낄 수도 없다. 한 가지 예를 들자면, 검은색이라는 느낌과 흰색이라는 느낌,

또는 회색이라는 느낌 사이에는 어떤 차이점이 있는 것일까? 이 차이점
은 분광분석기(分光分析器)나 명도, 또는 반사되는 빛의 양이라는 관점들
만으로는 만족하게 설명될 수 없다. 왜냐하면 흰색이라고 해서 밝은 빛과
동일시되는 것은 아니며 검은색 또한 약한 빛—또는 전혀 빛이 없는 상
태—과 동일시 되는 것은 아니기 때문이다.

우리가 깜깜한 방에서 눈을 꼭 감고 있으면 우리의 눈에는 검은색이 보
이는 것이 아니라 '주관적인 느낌으로는' 짙은 회색이 온 방안을 가득 채
우고 있는 것처럼 느껴진다—이 현상이 이른바 '망막의 혼돈'이라는 것
이다—이때의 회색은 검은색 물체의 표면에서 느껴지는 깊은 느낌이나
딱딱한 느낌을 주지는 않는다. 또 한 가지 이상한 점은 검은색은 빛을 더
많이 받을수록 더 검게 보인다는 점이다. 사실 우리가 흔히 볼 수 있는
어떤 물체도 그 표면에서 빛이 완전히 흡수되지는 않으며, 우리에게 검게
보이는 물체도 그 물체에 비쳐진 빛의 5% 또는 그 이상의 빛을 반사한
다. 그런데도 검은 물체의 표현은 더 많은 빛을 반사할 때—그래서 실제
로는 더 많은 빛이 눈에 들어올 때—더 검게 보인다.

그러나 이러한 현상보다도 더 이상한 것은 어떤 물체의 표면에서 반사
되는 빛의 양이 전혀 변하지 않았는데도 그 물체의 표면이 흰색에서 회
색으로 바뀔 수 있다는 점이다. 이제 이러한 현상의 한 예를 위대한 심리
학자인 에드워드 헤링(Edward Hering)이 고안해 낸 실험을 통해 알아보
기로 하자.

창문턱에 흰색의 판지를 한 장 놓는다. 이때 관찰자는 빛이 오는 방향
을 향한다. 다음에는 두번째의 판지를 첫번째의 판지와 평행하게 하여 첫
번째의 판지 바로 위에 고정시킨다. 두번째의 판지 중앙에는 네모진 구멍
이 나 있고 그 구멍을 통하여 아래쪽에 있는 판지를 들여다 볼 수 있다.
이때 두 장의 판지가 정확히 수평으로 놓여있고 위쪽의 판지가 아래쪽의
판지에 그림자를 지게하지 않는다면, 두 장의 판지는 모두 흰색으로 보일
것이다.

그러나 위쪽에 있는 판지를 기울여서 더 많은 빛을 반사하도록 하면 구멍을 통하여 보이는 아래쪽의 판지는 회색을 거쳐 심지어는 검은색으로까지 바뀌게 된다.

위의 실험에서는 실험조건을 바꾸어줌으로써, 아래쪽에 있는 판지를 흰색으로부터 회색으로 바뀌어 보이게 할 수 있다는 것을 보여주었다. —그러나 아래쪽의 판지가 반사하는 빛의 양은 조금도 변하지 않았다. 그러나 방사(放射) 에너지로서의 색과 느낌으로서의 색은 전혀 다른 것이다.

기타의 심리현상

앞에서 논의했던 현상들 외에도, 인간의 시각에는 빛에너지와 관련시키는 것만으로는 해명할 수 없는 특수한 성질들이 몇 가지 더 있는데, 그것들 가운데 하나는, 인간의 눈은 주요 색들이 섞여서 이루어진 어떤 색을 그 하나하나의 요소로 분리할 수가 없다는 것이다. 피아노를 칠 경우에는 몇 개의 건반을 동시에 눌러도 음에 숙달된 귀는 쉽게 그 하나하나의 음을 가려낼 수 있지만 몇 종류의 빛이 섞이게 될 경우라면 눈은 단지 그 결과만을 보게 될 뿐이다.

이는 눈이 색채의 물리적인 구성을 거의 알아보지 못한다는 뜻이다. 그러므로 편광(偏光 ; 완전한 파동의 파형은 연속적인 곡선으로 이루어져 있으나 편광의 파형은 파형의 일부만이 나타난다 : 역주)도 보통의 빛과 똑같게 보인다. 또 색소(色素 ; 이 말은 색을 띤 素體라는 뜻이 아니라 빛이 어떤 입자에 의해 반사되거나 흡수된다고 가정하여 쓴 말임 : 역주)가 빛을 흡수하거나 반사함에 따라 나타나는 색도 빛의 회절(廻折), 간섭, 분산에 의해 생기는 젖빛의 색이나 진주광택의 색과 다를 것이 별로 없다. 흰색과 검은색이 결합하여 생긴 회색 계통의 색들 또한 빨간색과 초록색 또는 주황색과 파란색이 결합하여 생긴 회색계통의 색들과 시각적으로 다르게 보이지는 않는다.

그 외에도 노란색은 검은색을 배경으로 했을 때, 흰색을 배경으로 했을 때보다 더 밝게 보인다. 또 밝은 곳은 불투명한 것처럼 보이고 그늘진 곳은 투명한 것처럼 보인다. 결합된 그늘(어떤 물체든 밝게 보이는 부분과 어둡게 보이는 부분이 공존하는데 그중 어둡게 보이는 부분을 말함 : 역주)은 물체로 녹아들어가서 그 물체의 일부분이 된 것처럼 보이고 던져진 그늘(다른 물체에 의해 그림자가 진것 : 역주)은 마치 투명한 막으로 그 물체를 덮은 것처럼 보인다.

마지막으로, 전자기파(빛을 다른 말로 표현한 것 : 역주)의 에너지와는 별 관련이 없는 주관적인 착각들이 몇 가지 있다. 그 한 예로 눈을 누르면 색채감이 생겨나는 것을 들 수 있다. 또 빨간색이 칠해진 곳을 보면 그 역반응으로 초록색이 보이는 것처럼 느껴지기도 한다.

명주처럼 광택이 있는 물체의 표면에서는 또다른 시각현상이 생겨난다. 우리의 눈에는 흰 무명천과 흰 명주천이 서로 다르게 보이는데, 그 하나는 윤기와 광택을 지녔고, 다른 하나는 그렇지 못하다. 아무리 밝은 빛에 비추어 보아도 무명천은 무명천으로 보일 것이고 또 아무리 어두운 곳에서라도 명주천은 명주천으로 보일 것이다. 이런 경우에는 물체에서 반사되는 빛의 양이 그리 큰 중요성을 갖지 못한다.

민감한 사람들 가운데는 마음 속으로 빨간색의 심상(心像)을 떠올린 후 실제로 초록색의 잔상을 볼 수 있는 사람들이 있다. 그러나 마음과 심상에 의해 색채에 대한 느낌이 영향을 받게 되는 일은 누구에게나 일어나는 반응이다. 우리들 인간은 실로 푸른 눈은 더 푸르게, 빨간 머리는 더 빨갛게 보도록 되어 있다. 색채를 느끼는 감각은 인간의 몸 속에서 끊임없이 능동적으로 싸우고 있으며, 인간이 보는 사물에 영향을 미치기 위해 밖을 향하여 그 세력을 뻗치고 있는 것이다.

제15장

. . . .

착각의 세계

'본다'는 것은 시각(視覺)기관과 관련된 문제일 뿐만 아니라 뇌 (腦)와 관련된 문제이기도 하다. 왜냐하면 '감지(感知)한다'는 것 은 대개 단순히 자극에 대하여 '반응한다'라는 문제이기 보다는 오히려 그 자극을 어떻게 '해석하는가'라는 문제이기 때문이다. 인간의 시각과 관련된 의문점은 수도 없이 많지만, 그 중에서도 가장 흥미를 끄는 것은 조도(照度)가 천차만별적으로 변화하는 상황에서도 인간의 눈에 보이는 세계는 별로 변화하지 않는다는 사실을 중심으로 전개되는 문제이다.

사람들은 대체로 낮동안의 천연광(天然光)이 동틀 무렵으로부 터 해질무렵까지, 그 강도와 색조가 상당히 많이 변화한다는 사 실은 별로 의식하지 않는다. 동틀녘의 색조는 누르스름할 것이 고 하늘에서 반사되는 빛은 푸르스름할 것이다. 해질녘의 색조 는 짙은 분홍색일 것이다. 또 빛의 조도도 한낮에 햇볕이 쬐는 곳에서는 10,000촉광쯤 되며, 나무그늘 밑에서는 1,000촉광쯤 되고, 황혼의 어스름 속에서는 100촉광 이하일 것이다. 그러나 이처럼 극심한 차이가 있는데도(만일 광도계로 측정한다면 매우 현 격한 차이를 보일 것이다) 인간의 시각은 그 차이를 놀라울 정도 로 상쇄시키므로 외계를 언제나 변함없는 모습으로 보며 다양하 게 변화하는 시각적 자극을 단순화하고 통합한다.

색채와 조명

조명과 색채 사이의 관계에 있어서는 양자간에 매우 불가사의한 점이
몇 가지 존재하는데, 데이비드 캣츠는 이와 관련하여 '본다는 것은 빛 그
자체를 보는 것이 아니라 빛을 통해 나타난 외부의 물체를 보는 것이다.
말하자면 우리의 눈은 우리에게 외계의 물체로부터 매순간마다 우리의 눈
에 들어오는 빛의 강도와 색을 보라고 가르치는 것이 아니라 물체 그 자
체를 보라고 가르친다'는 말을 하고 있다. 빛 그 자체는 눈에 거의 보이
지 않으며, 그것에 의해 비추어지는 물체가 보여야 우리는 비로소 빛이
있다는 것을 알 수 있다. 그러므로 우리의 눈은 시야에 어떤 사물이 나타
나야만 빛의 존재를 감지한다. 즉 눈은 빛 그 자체의 존재를 검토하거나
분석할 필요가 없는 것이다. 이 말을 달리 하자면, 조명이 밝다는 느낌은
주위상황과 주위에 있는 물체의 표면이 전반적으로 밝기 때문에 생겨난
다. 그러므로 밝게 보이는 물체는 강한 빛과 관련되고 어둡게 보이는 물
체는 약한 빛과 관련될 수밖에 없는 것이다.

그러나 빛의 강도가 아무리 변화한다고 해도 색은 언제나 그 본연의 모
습을 유지하려고 한다. 이 현상이 바로 색채불변 현상인데, 이것은 시각
의 모든 기능 가운데에서도 가장 놀라운 기능이다. 기술적으로 말하자면,
흰 표면은 모든(또는 거의 모든) 빛을 반사하기 때문에 희게 보인다. 물론
흰색의 표면이라도 어떤 특수한 상황하에서는 회색으로 보일 수도 있다는
점이 헤링의 실험을 통하여 밝혀진 바 있다. (제 14장에서 논의되었음) 그
러나 흰 표면을 일반적인 조명조건 하에서 관찰한다면 흰색은 빛의 세기
가 강하거나 약하거나간에 항상 흰색으로 보인다. 또 흰색의 물체가 광원
에 대해 서로 다른 각도로 놓여 있어서 각기 다른 양의 빛을 반사한다고
해도 눈에는 언제나 흰 물체로만 보인다. 창문 가까이에 놓인 흰 종이나
창문에서 멀리 떨어진 곳에 놓인 흰종이도 모두 똑같이 흰색으로 보이는

데 이것도 원리는 마찬가지다. 그러나 카메라로 사진을 찍을 경우에는 이
러한 현상이 생겨나지 않는다.

색채 불변의 마술

　인간의 시각에는 색채불변 현상이라는 것이 있으므로, 과소노출이나 과
대노출(이 말은 눈을 카메라에 비유하여 쓴 것임 : 역주)같은 것은 여간해서
일어나지 않는다. 그러므로 5월의 빛나는 햇빛을 받는 물체로부터 어둠침
침하고 후미진 지하실 구석에 놓여있는 물체에 이르기까지 흰 물체는 언
제나 희게만 보인다. 또 회색의 암탉은 햇빛을 받으며 서 있더라도 회색
으로 보일 것이고, 흰색의 암탉은 헛간 그늘 속에 서 있더라도 흰색으로
보일 것이다. ─비록 회색 암탉이 실제로는 눈에 더 많은 빛을 반사시켜
줄지라도 말이다. 색채불변 현상은 심지어 색광이 비추어질 때조차도 그
대로 유지된다. 예를 들어 어떤 넓은 장소나 방 전체에 빨간빛이 비추어
진다면, 우리의 눈은 조명의 색이 빨갛다는 것을 미리 느끼고서는 흰 물
체를 사뭇 희게만 보려고 한다. ─빨간빛의 조명 때문에 물체의 색이 심
하게 바뀌고 그에 따라 흰 물체에서 반사되어 눈에 들어오는 빛 또한 실
제로는 빨간빛인데도 말이다.

　그러나 몹시 어둠침침한 빛 속에서는 모든 색이(아주 희거나 검은색을
제외하고는) 평상시와는 전혀 다른 색으로 보인다.

　숯조각과 같은 물체가 열을 받아 백열(白熱)할 때는 스펙트럼상의 빨간
색 말단에서부터 빛을 발하기 시작하며 그 물체가 점점 더 뜨거워짐에 따
라 주황색, 노란색을 거쳐 청백색에 이르기까지 점점 더 파장이 짧은 빛
을 발하게 되는데, 눈에 보이는 외계의 색도 조명의 강도가 점점 더 약해
짐에 따라 이와 비슷한 방식으로 시계에서 사라져 버리게 된다. 이러한
현상은 퍼킨지 효과(Purkinje effect)라고 알려져 있는데, 그 개요(槪要)
는 다음과 같다.

햇빛이 비치는 상황에서는 노란색과 연두색이 가장 뚜렷하게 보이는 색이지만, 어둠침침한 빛 속에서는 그 휘황한 색이 푸르스름한 녹색으로 바뀌어져 버린다. 즉 원래는 밝게 보이는 색이라도 어두운 곳에서는 파란색이나 보라색처럼 파장이 더 짧은 색으로 바뀌는 것처럼 보이게 된다는 것이다. 따라서 결과적으로 본다면, 어둠침침한 빛은 차가운 색을 더 돋보이게 하는 반면 따뜻한 색은 더 희미하게 보이도록 만든다. 그러므로 주황색이나 빨간색은 한낮의 햇빛 속에서라면 상당히 돋보이는 색이 될 수도 있겠지만, 어둠침침한 빛 속에서는 그런 색들이 초록색이나 파란색보다 더 어둡게 보인다.

이러한 착각은 누구나 흔히 겪을 수 있는 일이다. 그리고 어스름한 빛속에서는 빨간색이 검은색처럼 보이는 반면, 파란색과 초록색은 상당히밝게 보이는데, 그 이유는 대체로 빛이 감소할 때는 눈의 간상체가 보는작업을 떠맡게 되기 때문이라고 설명된다―간상체는 빨간색의 빛보다 파란색이나 보라색의 빛에 더 민감하기 때문이다―그러나 어두운 곳에서작용하는 간상체는 넓은 범위의 주파수(빛은 그 색에 따라 제각기 특유한주파수를 지닌다 : 역주)를 느낄 수 없으므로 뇌에 특별한 색감각을 전달하지는 못한다.

해리 헬슨(Harry Helson)은 색채의 특이한 성질을 여러 가지로 연구하는 중에, 조명이 색채의 감지에 미치는 역할을 연구해왔다. 그는 회색의물체에 비추어진 색광의 효과를 연구하면서 다음의 세 가지 현상이 생겨나는 것을 관찰했다.

1. 회색의 물체가 매우 강한 빛을 받으면 광원의 색과 같은 색을 띤다.
2. 회색의 물체가 중간 밝기의 빛을 받게되면 회색을 그대로 유지한다.
  (이러한 현상은 색채불변의 영향을 받기 때문에 생겨난다)
3. 회색의 물체가 약간 빛을 받게되면 광원의 잔상과 같은 색 즉 광원의 보색을 띤다.

그는 또 배색(背色)이 변화하면 샘플로 주어진 색의 '겉보기 색'이 상당히 심하게 변화한다는 사실을 발견하기도 했다. 그러나 조명을 변화시킬 경우에는 그 변화가 강도의 변화든 색의 변화든 간에 '겉보기 색'이 별로 변화하지 않았다고 한다.

헬슨은 여러 가지 색으로 된 샘플들을 사용한 실험을 통하여 그 샘플들에 색광을 비추어줄 경우, 그것들이 중립적인 회색(회색은 광원의 색에 따라 겉보기색이 변하기 쉬우므로 이와같은 표현을 썼음 : 역주)보다는 고유색을 유지하는 경향이 있었으나 그 고유색들이 지닌 풍부함과 순수함을 잃고 좀더 흐릿한 색으로 바뀐다는 것을 발견하기도 했다.

공감각
— 색채로 생각하는 사람들

색채를 '보는' 사람들에 관해서는 제13장에서 이미 언급했던 바 있지만, —이 현상은 색채공감각이라고 알려져 있다. —이러한 현상들은 그 종류가 매우 다양하다. 말하자면 스펙트럼상의 여러 색들은 선, 형태, 형상뿐 아니라 문자, 숫자 및 단어들과도 연관될 수 있는 것이다. 심지어는 냄새, 향기, 소리 등과 연관되기도 한다. 또 어떤 사람들은 피부 및 체내의 각 기관에서 일어나는 느낌까지도 색채와 닮았다는 말을 하기도 한다.

이러한 현상을 맨 처음으로 진지하게 연구했던 사람으로는 프란시스 갈톤(Fransis Galton)을 들 수 있는데, 그는 지금으로부터 약 50여 년 전에 「인간능력의 탐구」라는 책을 저술하기도 했었다. 그는 또 '색채로 생각하는 사람들'을 찾아내기도 했지만 일반인들이 그러한 사람들을 인정해주지 않으리라는 점은 알고 있었다. 그러나 색채로 생각하는 사람들은 자기네들이 경험한 색채의 연상이 매우 생득적(生得的)인 것이며, 그 대부분은 설명할 수가 없는 것이라고 주장했다. 그러므로 이 현상을 좀더 깊이 연구한다면 공감각이 유전적인 것이며 유전의 법칙에 따르는 현상이라는 점이 밝혀질지도 모르는 일이다.

갈톤의 연구보고서들은 대체로 흥미를 끄는 것들일 뿐 아니라 몇 가지의 전형적인 경험들을 해명하는 데도 도움을 줄 수 있을 것이다. 이하에서는 갈톤과 서신을 교환하던 사람이 보냈던 편지를 인용하기로 한다.

"나는 이러한 느낌이 다른 느낌들과 어떻게 연관되는지는 잘 모릅니다. 그러나 내게는 어떤 모음(母音)에서나 색이 강하게 느껴지므로, 그 모음들이 내가 느끼는 색과 다른 색을 띠었다고는 생각조차 할 수 없습니다. 또 모음이 색채를 띠지 않았다고도 생각할 수 없습니다. 내게는 그 모음들이 언제나 다음과 같은 색을 띤 것처럼 느껴집니다.

- A : 순수한 흰색, 질감은 도자기와 같음.
- E : 불투명한 빨간색, 흰 도자기에 칠해진 빨간색이라고 표현하면 적당할 듯함.
- I : 가볍고 밝은 노란색, 또는 등황색
- O : 투명한 검은색, 두껍고 깨끗한 얼음을 통해 보이는 깊은 물의 색
- U : 자주색
- Y : I보다 좀 칙칙한 색

또 장모음은 단모음보다 더 생생하고 순수한 색을 띤 것 같습니다. 자음의 경우에는 M에서 검은색을 느끼는 것 외에는 거의 색채를 느끼지 못합니다.

내게는 딸이 둘 있는데, 그 가운데 하나는 나와 전혀 다르게 느낍니다. (A : 파란색 E : 흰색 I : 검은색 O : 희읍스름한 갈색 U : 불투명한 갈색) 또다른 딸은 A와 O에 대해서만 나와 다르게 느끼는데, 그애는 A에서 검은색을 느끼고 O에서는 흰색을 느낀다고 합니다. 내 여동생은 모음에서 색채를 전혀 느끼지 못한다고 합니다. 그래서 나는 내 두 형제들이 모음에 대해 색을 느끼는지 그렇지 못한지가 의심스럽습니

다."

또 여학교의 교장이었던 다른 서신교환자는 다음과 같은 편지를 보내오
기도 했다.

"나는 영어의 모음을 생각하기만 하면 그 모음들에서 언제나 색을 느낍
니다. 또 자음은 모음과 떼어서 생각한다면, 자주빛이 도는 검정색으로
느껴집니다. 그러나 하나의 단어를 전체적으로 생각할 때는 자음의 색
이 모음의 색에 끌리는 것 같습니다. 예를 들어서, 튜스데이(Tuesday)
라는 단어의 경우 그 단어의 글자를 하나씩 떼어서 생각한다면, 자음은
검은색이나 자주색이고 u 는 밝은 비둘기색이며 e 는 흐릿한 초록색,
a 는 노란색입니다. 그러나 이 단어의 모든 글자를 한꺼번에 생각한다
면 단어의 앞 음절은 밝은 회녹색인 것처럼 느껴지고, 뒤음절은 노란색
인 것처럼 느껴집니다. 나는 언제나 같은 글자에 대해서는 같은 색을
연상하는데, 아무리 애를 써봐도 어떤 글자의 색이든 다른 색으로 바뀌
지는 않습니다. 그래서 나는 레드(red)라는 단어에서는 밝은 녹색을
연상하는 반면 옐로우(yellow)라는 단어에서는 첫음절에서 밝은 녹색
을, 그리고 뒤음절에서는 빨간색을 연상합니다. 또 나는 어떤 단어의
철자법을 잘 모를 때면 그 단어의 색이 어떤 색이어야 할 것인가를 생각
해보고 나서 그 색과 맞도록 쓰곤 하는데, 나로서는 이 방법이 영어든
또는 외국어든 간에 어떤 단어를 옳게 쓰는데 큰 도움이 될 것이라고
믿습니다. 왜냐하면 글자의 색은 절대로 혼동이 되거나 기억에서 흐려
지는 일이 없기 때문입니다. 나는 내게 처음으로 글자에서 색을 연상하
게 해준 것이 무엇인지를 전혀 기억해낼 수가 없습니다. 또 나의 어머
니에게도 내가 늘 하던 식으로 색채의 연상을 통하여 —아마도 나는 이
방법을 어렸을 적부터 써온 듯 합니다— 어떤 글자나 읽을거리를 기억
하도록 할 수도 없습니다. 그러나 나는 악보에서는 아무런 색채도 느끼
지 못할 뿐 아니라 다른 어떤 느낌도 일어나지 않습니다."

갈톤은 또 이와 같은 방식으로 숫자에서 색채를 연상하는 사람에 관해
서도 기술한 바 있는데, 이 경우 1에서는 검은색을, 2에서는 노란색, 3에

248

서는 흐릿한 벽돌색, 4에서는 갈색, 5에서는 검은 회색, 6에서는 붉은 갈색, 7에서는 초록색, 8에서는 푸르스름한 색을 연상했고 9에서는 붉은 갈색을 연상했다고 한다.

"이런 색들은 내가 숫자를 하나씩 따로 따로 생각할 때는 아주 분명하게 느껴지지만 숫자가 여러 개씩 겹쳐있으면 좀 덜 분명해집니다. 그러나 내게 이런 색들이 가장 명확하게 느껴질 때는 연대기(年代記)를 외우고 있을 때입니다. 내가 몇 세기에 일어났던 어떤 사건을 생각하고 있을 때면, 내게는 언제나 그 사건이 일어났던 연대 가운데서 가장 중요한 숫자의 색과 같은 배경이 떠오르는 것입니다. 그러므로 18세기에 일어났던 사건은 언제나 7이라는 숫자의 색인 초록색을 배경으로 해서 떠오릅니다."(18세기의 사건에서 7이라는 숫자의 색이 떠오르는 이유는, 18세기가 1700~1799년까지이므로 그 숫자들 가운데 가장 중요한 숫자인 7이 떠오르기 때문이다 : 역주)

갈톤은 또 색채의 연상이 도식(圖式)으로 나타내어진 도표를 몇 가지 제시하기도 했는데, 그는 그 도표들을 이용하여 런던(London), 어그리(agree), 그라인드(grind), 그랜드(grand), 레인지(range), 스위트(sweet)와 같은 단어들을 어떤 한 개인—글자에서 색채를 연상할 수 있는—이 느낀 바에 따라 특정한 글자, 즉 자음과 모음을 몇 가지의 색을 이용하여 나타내는 방식으로 도식화했다. (글자에서 색을 연상할 수 있는 사람이라도 모두 똑같은 색을 연상하지는 않으므로 갈톤은 어떤 단어, 예를 들면 London, 곁에 그 단어의 글자수만큼 칸을 만들어 두고 각 글자에서 연상되는 색으로 칸을 칠하도록 하여 그 단어의 느낌을 연구하려 했던 것 같다 : 역주)

공감각은 선천적으로 생겨난다. 말하자면, 이 진기한 현상은 어렸을 적부터 생겨날 뿐 아니라 일생동안 변하지 않고 지속되는 것이다. 그러므로 이 현상은 어린시절의 기억으로부터 생겨나는 것이라거나 또는 어떤 경험을 근거로 해서 생겨나는 것이라고 보기는 어렵다.

색채의 비약(飛躍)

색채에 관한 연구 가운데는 특기할만한 주관적인 효과들이 많이 있다. 그것들 가운데 한 가지는 2000여년 전에 아리스토텔레스에 의해 발견된 것인데, 그는 해를 쳐다보고 나면 '색채의 비약'이 생긴다고 하면서 다음 과 같이 기술했다.

"해나 그밖의 다른 밝은 물체를 쳐다본 다음에 눈을 감고 눈 속에서 떠 오르는 장면을 가만히 지켜보고 있으면, 눈길을 돌리는 방향과 같은 쪽 에서 처음에는 물체의 색과 같은 색이 나타났다가 다음에는 진홍색, 자 주색으로 바뀌고 그 다음에는 검은 색으로 되면서 사라져 버린다."

한편, 괴테는 이 경우에 색채의 비약이 생기는 순서를 처음에는 밝은 빛이 나타났다가 그 다음에는 노란색, 자주색, 파란색의 순으로 바뀐다고 했다. 그러나 해를 똑바로 쳐다보는 것은 위험한 짓이다. 그러므로 위험 을 좀 덜기 위해서는 젖빛 유리로 만들어진 전등을 쳐다보거나 강한 빛을 받고 있는 흰 종이를 쳐다보는 것이 좋을 듯하다. 그리고 만일 이때 빛자 극의 강도가 몹시 강하다면, 색채의 비약이 생겨나는 순서는 초록색으로 부터 노란색, 주황색, 빨간색, 자주색을 거쳐서 파란색으로 되었다가 다 시 초록색을 거쳐 검은 색으로 된다. 또 빛자극의 강도가 약하다면 그 순 서는 자주색에서 시작되어 파란색, 초록색을 거쳐서 검은색으로 된다. 그 런데 이처럼 눈 속에서 보이는 색들은 어떤 물체를 실제로 봄으로써 느끼 게 되는 것은 아니지만 감각적으로는 실제로 보이는 색이며, 눈동자의 움 직임에 따라 같이 움직이고 형태도 갖고 있으며 눈길을 집중시킬 수도 있 는 것이다.

젠쉬의 연구

최근에 들어오면서 심리학자들은 마음 속에서 보편적으로 일어나는 심상(心像)을 연구해왔고 그에 따라 상당수의 놀라운 현상들을 발견하였다. 이 분야의 저명한 연구가로는 젠쉬(E. R. Jaensch)를 들 수 있는데, 그는 인간이 경험하는 심상을 세 가지의 유형—기억에 의한 심상, 잔상, 직관적 심상—으로 나눌 수 있다고 한다. 그 가운데서 기억에 의한 심상은 마음 속에서 상상에 의해 생겨나는 것이며 관념이나 사고와 같은 특질을 갖는다. 잔상은 기억에 의한 심상보다는 좀더 현실적이다. 이것은 실제로 보이는 것이며 형태, 무늬, 크기 및 분명한 색을 지닌다. 또 잔상은 눈이 먼 곳을 보았다 가까운 곳을 보았다 함에 따라(눈을 감고서도 눈의 초점거리는 조절할 수 있다 : 역주) 작아졌다 커졌다 하기도 한다. 잔상의 색은 대체로 원 물체의 색과 보색이므로 검은 물체를 보면 흰색의 잔상이 생기고 빨간 물체를 보면 초록색의 잔상이 생기게 된다.

그러나 모든 심상 가운데서도 가장 중요한 것은 세번째의 유형, 즉 직관적 심상인데, 젠쉬는 이것을 '직관적 심상은 느낌과 심상의 중간 지점에서 일어나는 현상이다. 이 심상은 보통의 심리적인 잔상과 마찬가지로 언제나 현실적인 느낌 속에서 눈에 보이며 어떤 조건 하에서도 이 특성(현실적인 느낌 속에서 눈에 보이는 특성 : 역주)을 잃지 않을뿐 아니라 이 특성을 감각과 공유하기도 한다'고 설명한다.

직관적 심상은 어린 시절과 청소년기에만 생겨나는 현상인 것같다. 또 이것은 어찌보면 초자연적인 현상과도 유사하지만, 그럼에도 불구하고 하나의 현실적인 감각임에 틀림없다. 어쩌면 장난감을 가지고 노는 어린아이는 제 마음 속에다 장난감들의 살아있는 모습을 영사(映射)하고 있는 것인지도 모른다. 또 이 직관적 심상을 단순한 상상력의 산물이라고도 할 수 없을 것이다. 왜냐하면 이것은 그 본질상 매우 실체적(實體的)이며 크기, 색을 가질 뿐 아니라 움직이기도 하기 때문이다. 이 직관적 심상은 눈길이 집중된 어떤 공간에서 영사되는 눈과 뇌의 '환등기'이며 환등기에 의해 영사된 상 만큼이나 현실감을 주는 것이다.

그러나 이 현상은 최근에 이르기까지도 별다른 주의를 끌지 못했다. 왜냐하면 이 현상은 나이가 들어감에 따라 점점 없어지다가 사춘기쯤에 가서는 완전히 소멸되므로, 이 현상을 다룰 능력을 지닌 성인들은 이것을 열정적인 어린시절에 생겨났던 환각쯤으로 생각하고 제쳐두기 때문이다. 그러나 이 심상은 분명히 보이는 것이며, 마치 그림을 바로 눈 앞에 놓고 보는 것과 같아서 그 세세한 모양을 구별할 수도 있고 색이 몇 가지나 되는가를 세고 확인할 수도 있는 것이다. 젠쉬의 말에 의하면 직관적 심상은 다른 감각이나 식별력을 지배하는 법칙(성장과정에서 생겨나는 만인에게 공통된 발달 단계를 뜻함. 그 한 예로 쾌감을 느끼는 부위가 유아기에는 입이었다가 1세~3세에는 항문, 그 이후에는 성기로 옮아가는 것을 들 수 있음 : 역주)과 같은 법칙에 따른다고 한다. 말하자면 직관적 심상은 실제로 '어린 시절의 정상적인 인격형성을 나타내는 가장 명백한 표징'이라는 것이다. 또 이 직관적 심상은 하나의 매혹적인 연구 분야가 될 수도 있을 것이다.

직관적 능력

대부분의 사람들에게는 느낌과 심상 사이에 어떤 간격이 있게 마련이다. 그러나 젠쉬는 '어떤 사람들은 느낌과 심상 사이에서 특별한 '중간적 경험'을 겪기도 한다'는 말을 하고 있다. 또 그런 사람들은 그네들의 응답이 아주 솔직하고 자발적인 것이기만 하다면 정말로 직관적인 사람들인데, 그들에게는 느낌과 심상이 현실적이고 또 눈 앞에 생생히 보이는 시각적 경험 속에서 혼연일체를 이루며 결합되어 있다는 것이다.

젠쉬는 직관적인 능력을 지닌 사람을 찾아내기 위해 세 단계의 시험절

차를 설정했다. 또 그는 직관적인 능력이 어린아이들에게 있다는 것을 알고는 있었으나 자신의 실험에서는 10세 안팎의 소년들을 실험대상으로 택했는데, 그 이유는 그런 아이들이 심리학자가 알아내려고 하는 것이 무엇인가를 더 잘 이해할 수 있을 뿐더러 자기의 생각을 조리있게 표현할 수 있기 때문이었다.

첫 단계의 실험.

피험자(또는 피험자의 집단)에게 '기억에 의한 그림'이 아니라 '실제로 눈에 떠오르는 그림'을 말해야 한다고 주지시킨다. 이때 정말로 직관적 심상이 생겨나는 아동을 가려내기 위해서 잔상에 관한 간단한 실험이 이루어지는데, 여기서는 피험자에게 회색의 바탕 위에 놓인 네모꼴의 빨간 색종이를 약 20초 동안 응시하도록 한다. 그 다음에 피험자는 빨간 색종이와 크기가 비슷한 초록색의 잔상을 보게 된다. 이때 피험자에게 그 잔상은 실제로 겪는 경험이며 생리적으로 생겨나는 느낌이라고 말해준다.

위의 실험을 계속하면서 색종이에 대한 주시(注視) 시간을 줄여가면 오랫동안 계속해서 잔상을 볼 수 있는 아동이 드러난다. 또 몇몇 아동들에게는 잔상이 실제로 보았던 색과 보색(빨간색에 대한 초록색의 잔상)인 것이 아니라 같은 색이다. 이런 아동들은 직관적인 능력이 비교적 높은 편이다.

두번째 단계의 실험.

피험자들 가운데서 찾아낸 직관적인 아동들에게 상당히 복잡한 무늬와 세세한 모양으로 이루어진 우편엽서보다 조금 더 큰 그림을 보여주고, 그 그림을 약 15초 동안 주시하게 한다. 보통의 아동들이라면 이 경우에 원래의 그림과는 밝은 부분과 어두운 부분이 반대로 된(따라서 보통의 잔상에 가까운) 흐리멍텅한 상 밖에는 보지 못한다. 그러나 직관적인 아동들은 그림의 모든 부분, 또는 거의 모든 부분을 원 그림의 색과 같은 색으로 보게 된다.

세번째 단계의 실험.

아동들의 관심을 끌기 위해 다른 그림들을 사용하여 위의 실험을 계속하면서 주시시간을 점점 줄여간다. 그러면 정말로 직관적인 아동이 드러나게 되는데, 이 경우에는 심상이 마치 사물을 실제로 보는 것처럼 그 아동의 눈 앞에서 영사되며 생생하게 지속된다.

직관적 심상은 잔상과 마찬가지로 흐릿하게 보인다. 비록 직관적 심상을 불러일으키는 원래의 물체는 질감이 있는 색을 띠고 있다 하더라도 직관적 심상은 오히려 빛처럼 보인다. 또 이 직관적 심상은 이미 언급했던 바와 같이 음화(陰畫 : 사진필름처럼 명암과 색이 거꾸로 된 그림 : 역주)라기 보다는 양화(陽畫)라고 볼 수 있으며, 어떤 경우에는 입체로 보이기도 한다. 젠쉬가 보고한 바에 의하면 이 직관적 심상은 기억에 의한 심상보다 불러내기가 더 쉬우며, 일단 불러내지면 기억에 의한 심상보다 훨씬 더 '실제처럼' 느껴진다고 한다.

젠쉬는 또 피험자에게 칼슘을 투여하면 직관적인 기질이 약해진다는 것을 발견하기도 했는데, 이 경우에는 심상이 대체로 원래의 그림과 명암 및 색이 반대로 된다고 한다. 그러나 피험자에게 칼슘을 투여했을 경우에는 때에 따라 잠재적인 직관적 능력이 표출되기도 하고, 직관적 능력을 강하게 해주기도 한다는 것이다.

심리학과 정신의학

직관적인 심상이라는 현상에는 영감(靈感)과 관계되는 매혹적인 요소들이 많이 있다. 그러나 좀더 실제적인 관점에서 본다면 이 직관적 심상을 유익하게 이용해볼 수도 있을 것이다. 젠쉬도 이러한 견지에서 '직관적 심상을 연구하는 사람들은 이미 어린아이의 사고방식이 논리학자의 정신구조와 같은 것이 아니라 예술가의 정신구조와 같다는 것을 보여주었다'는 말을 하고 있다. 또 교육에 있어서도 어린아이들에게 어른들의 견해와 사고방식과 태도를 강제로 주입시킨다면, 어린아이들의 직관적인 개성을 억압하게 되어 결과적으로 창조적이고 자연스러운 표현력의 발달을 방해할지도 모른다. 미국의 학자인 하인리히 클뤼버(Heinrich Kluver)는 또 다음과 같은 말을 하고 있기도 하다.

"직관적인 아동은 많은 노력을 하지 않고도 페니키아 문자나 헤브류어 등에서 뽑아낸 상징적인 부호들을 재현할 수 있다. 또 직관력이 강한 사람은 여러 개의 낱말이 인쇄되어 있는 책을 본 다음 깜깜한 방으로 들어가서 그 책에 적힌 낱말들을 직관적으로 재현할 수도 있다. 이 경우, 직관적으로 책을 읽을 때 일어나는 눈동자의 움직임도 촬영이 가능하다."

이 직관적 능력은 원시적인 사람들 사이에 존재한다는 사실이 알려져 있으며 약물을 복용했을 때도 생겨난다. 또 정신이상자가 느끼는 이상스러운 환각이라든가, 동상이 움직이고 말을 하며 피를 흘리게 되는 '기적', 종교적인 고행자(苦行者)들이 보는 '환영(幻影)' 같은 것들도 부분적으로는 직관적 능력에 기인하는 것이다. 베르너(Werner)도 이와 관련하여 '소위 원시 사냥족(에스키모, 부쉬맨 등)의 사실적 예술이란 것도 실상은 그들이 그림을 그리거나 색을 칠할 물체의 표면에 영사된 직관적 심상에 의해 그려졌다고 하는 편이 훨씬 더 적절할 것 같다'고 한다.

몇몇 권위자들은 직관적 심상과 개성 사이에 존재하는 관계를 알아내려고 노력해 왔는데, 그 결과 외향적인 사람들은 의미심장하고 전체로써 통합된 직관적 심상을 보는 반면, 외향적인 사람들은 좀더 객관적이고 분석적인 심상을 보는 경향을 띤다는 점이 알려져 있다. 한편 정신병학에서는 직관적 심상을 '정신이상의 잠재요인'이라는 용어로 불러오기도 했다. 또 직관적 심상에 관한 연구가 정신병학적인 중요성을 띠고 있다는 점도 의심할 여지가 없는 것이다. 그러므로 이 연구는 '환각의 이론'이라는 것을 배태(胚胎)하고 있는지도 모르며, 또 인간의 느낌이라는 불가사의와 인간생활의 동태학(動態學 ; 학문을 분류하는 방법 가운데 한 가지인데, 정태학은 어느 한 시점에서 영향을 미치는 제 요소들이 변화하지 않는다는 가정 하에서 연구하는 것이고 동태학은 어느 한 단위의 기간에 제 요소들이 변화한다는 가

정 하에서 이루어지는 연구이다 : 역주)을 연구하는 일에 새로운 빛을 던져
줄지도 모른다.

심리적인 현상들

심리적인 현상이나 정신적인 현상들을 설명하기란 항상 쉽지만은 않은
일이며 또 굳이 설명해야만 하는 일도 아니다. 그리고 인간은 색채와 관
련된 이상스럽고도 설명할 수도 없는 불가사의를 많이도 지니고 있다. 이
제 뉴욕 헤럴드 트리뷴지에 실렸던 죤 오닐(John J. O' Neill)의 기사를
인용하는 것으로 이 장을 끝마치기로 한다.

"캘리포니아 대학교의 심리학과 교수인 가드너 머피(Gardener Murphy)
와 어니스트 테이브즈(Earnest Taves)는 미국 심리학협회에서 추진한
연구계획의 일환으로 영감을 연구하는 실험을 통하여 사람들이 빨간색
에 대하여 품고 있는 적개심은 정신감응적(精神感應的 ; 텔레파시에 의
해)으로 일어난다는 사실을 밝혀냈다."

"실험은 대체로 두 가지의 제한적인 응답—그렇다, 아니다. 처음이다,
끝이다. 검다, 희다 등—중에서 하나를 선택하는 방식으로 이루어졌
다. 한편 다른 연구에서는 보통의 영감카드(텔레파시를 시험하기 위해
각기 다른 색의 카드에 문자나 숫자, 또는 그림을 그려 넣은 카드이며 두
사람이 서로 보이지 않는 곳에 앉아서 한 사람이 어떤 카드를 집어들면 다
른 사람은 그 집어든 카드와 같은 카드를 골라내는 식으로 실험한다 : 역
주)와 '룩카드(Rook cards)'라는 카드가 한 벌 채용되었는데, 룩카드
는 4조 56매로 되어 있고, 각 조는 각기 다른 색으로 되어 있으며 조마
다 1에서 14까지의 숫자가 적혀 있다.

룩카드의 판독(여기서의 뜻은 영감 카드를 사용하는 방식에서처럼 텔레파
시에 의해 알아 맞춘다는 뜻임 : 역주)을 표로 만들어서 분석해보니 어떤
집단의 판독점수가 전체적으로 볼 때 평균치보다 약간 더 높다는 점이

발견되었다. 그러나 위의 결과를 카드의 색에 따라 세분해 보니까 흰색 바탕에 빨간 숫자가 적힌 카드를 찾아내라고 했을 경우에는 판독점수가 다른 어떤 카드의 판독점수보다 현격히 낮다는 점이 발견되었다. 머피 교수는 빨간색에 수반되는 이 결과가 매우 흥미있다고 생각했기 때문에 전국 각지의 대학에 있는 몇몇 교수들에게 위의 실험을 추시(追試 ; 어떤 사람이 했던 실험을 똑같은 방법과 절차에 따라 다른 사람이 다시 해보는 것 : 역주) 해보라는 편지를 보내는 한편 미국심리학연구협회 산하의 한 단체에서 빨간색 카드를 사용하여 더욱 더 광범위한 연구를 시도했는데, 총 판독횟수는 6,975회에 이른다. 그러나 이 경우에도 빨간색에 대한 적대감이 재확인되었다.

피험자들은 자기네들이 빨간 카드를 가지고 판독한다는 사실을 통고받지 못했는데도, 그 사실을 알게 되었다. 그들은 의식과 무의식 사이의 어느 선에서 자기네들이 판독하는 카드에는 그들이 평상시처럼 텔레파시를 써서 카드를 일치시키게 하지 못하도록 하는 어떤 힘이 있다는 것을 느꼈다. 이 힘은 텔레파시의 작용에 대해 빨간 교통신호등이나 위험보호등과 같은 효과를 갖고 있었다.

콜롬비아 대학교의 학자들은 빨간색 카드의 판독점수가 낮은 것에 대해 논평하면서 다음과 같은 견해를 표명했다. '우리는 시험적으로 하나의 가설(假說)을 제시하겠지만, 이러한 현상에 관해 많은 것들을 이야기하기에 앞서 좀 더 깊은 연구가 필요하다. 그러나 적어도 부정적인 반응을 불러일으키는 이 빨간색과 흰색 간의 관계에는 무엇인가가 있는 것 같다. 어쩌면 아직 밝혀지지 않은 어떤 요인들이 영향을 미치는 것인지도 모르겠다. 그러나 적어도 빨간색과 흰색의 상징적인 가치는 우리의 문화에 깊이 뿌리를 박고 있으므로, 카드에 적용된 이 일반적인 효과를 지닌 색은 실험에서 얻어진 결론과 어떤 관련을 맺고 있는지도 모르겠다.'

제16장

— • • • • • • • • —

시각의 변태

　조도(照度), 광도(光度) 및 색채가 눈에 직접적으로—그리고 인체의 기관에 간접적으로—미치는 효과는 그 자체만으로도 하나의 연구분야가 된다. 최근에 들어와서는 이 분야에 과학의 관심이 끌리게 되었고, 그 결과 다수의 주목할 만한 발견들이 이루어졌다. 그리고 이러한 연구노력을 통하여 시각(視覺)의 과학, 광도공학(光度工學) 및 색채를 연구하는 과학이 생겨났다.

　본 저자는 이 연구분야에서 실제적인 역할을 떠맡아 왔으며, 색채를 산업기지, 사무실, 학교, 병원 등에 실제적으로 적용하는 일에 많은 시간을 바쳐왔기 때문에, 숙련된 기술을 지혜롭게 적용하는 가운데서 직접적으로 도움이 되는 지식들을 찾아내 왔다.

　오늘날에 와서는 눈에 해를 끼치는 여러 가지 조건들로 말미암아 능률이 저하되고 피로가 누적되며 사고가 발생하기 쉽다는 점이 대체로 인식되어 있다. 이 해로운 조건들에 포함된 여러 요인들은 외견적(外見的)이거나 심미적인 요인들과는 거의 관련이 없을지도 모르지만, 시각이 이루어지는 과정에서 일어나는 바람직하지 못한 반응들에 직접 기인한 것일 수도 있다. 그러므로 색채가 소위 '안정피로'를 덜어주기 위해 사용되는 곳에서는 새로운 기술과 과학이 활용될 수 있을 것이다. 이 책에서는 이러한 점에 관하여 언급된 바가 거의 없지만, 실제로 이것은 색채의 연구에 있어서 독립적이고 특색있는 한 분야를 구성하는 것이다.

원초적 시각

인간의 시각이 지닌 신비한 힘을 이해하기 위해서는 하등동물의 시각기
관에 관해 간단히나마 고찰해 보는 편이 좋을 것 같다. 하등동물들에 있
어서는 대체로 빛에 대한 반응이 생존과 직결되는 것이어서, 심지어는 최
하등 동물인 아메바마저도 몸 전체로 빛을 느끼고 빛의 강도에 따라 몸이
커졌다 작아졌다 한다. 아메바보다는 좀 더 진보된 생물인 유글레나(연두
벌레)는 편모의 기저부(基低部)에 몇 개의 빛을 감지하는 세포(유글레나는
단세포 생물이므로 실제로 세포가 아니라 眼點이다 : 역주)를 가지고 있다.
몇몇 종류의 지렁이들에 있어서는 체강(몸의 마디 : 역주)마다 빛을 감지하
는 세포가 흩어져 있다. 달팽이의 경우에는 대체로 촉수 끝에 시각세포가
달려 있다. 가리비(조개의 일종 : 역주)는 외피(外皮) 가장자리에 안점을
가지고 있고 대합은 흡관(吸管)의 내부에 안점을 가지고 있다. 앵무조개
의 눈은 둥글게 생긴 체강의 기저부에 있는데, 체강 바깥쪽에 있는 조그
만 구멍을 통하여 빛이 들어와 기저부를 자극한다. 이 생물체의 망막(체
강의 기저부)에는 빛이 여러 다른 방향으로부터 들어와 닿게 되므로 앵무
조개에는 방향감각이 조금은 있는 듯하다.

그러나 이러한 '눈'들로는 형체라든가 세세한 모양, 색채 등을 거의 볼
수가 없다. ―어쩌면 전혀 못보는 지도 모른다. ―영원(蠑蚖 ; 도마뱀의 일
종 : 역주)과 도롱뇽의 뇌에는 피부가 두꺼워져서 생긴 렌즈로 덮여있는
컵모양의 돌기가 나 있다. 그런데 이 렌즈는 절단되어도 다시 자라나며
또 컵모양의 시각조직을 영원의 꼬리에 이식하면 그 시각조직 위에 곧바
로 렌즈가 형성된다.

어떤 사물을 보고 망막에 초점을 맺을 수 있는 능력은 어류나 개구리,
오징어 등의 동물들에서부터 진화하기 시작하는 것 같다. 그러나 그런 동

물들의 눈에 들어있는 렌즈는 신축성이 없으므로 카메라의 렌즈처럼 앞뒤로 움직여서 거리를 조절해야 한다. 렌즈만으로 초점거리를 조절하는 눈은 뱀이나 거북이 등의 눈에 발달되어 있는데, 이런 동물들의 눈에는 눈꺼풀이 있고 망막에 안와[眼窩 ; 황반(黃盤)이라고도 한다 : 역주]가 있으며 색감각이 생기기 시작한다.

조류의 경우에는 색을 느끼는 감각이 고도로 발달되어 있다. 그러나 포유동물의 경우에는 원숭이와 인간을 제외하고는 거의 색을 느끼지 못한다. 밤에 활동하는 새들의 눈은 파장이 짧은 빛(파란 빛)에 가장 민감한 듯하고 낮에 활동하는 새들의 눈은 파장이 긴 빛(빨간 빛)에 가장 민감한 듯하다. 또 밤에 활동하는 동물들의 눈에는 망막 뒤에 반사층이 있어서 그 반사층 때문에 어두운 곳에서 눈이 빛나며, 낮에 활동하는 동물들의 눈은 안구나 렌즈가 노란색으로 착색되어 있는데 이것은 번쩍번쩍 빛나는 햇빛의 눈이 멀 듯한 강도를 줄여서 더 잘볼 수 있도록 하기 위한 것이다.

동물들의 시각은 인간의 경우와는 달리 추리력 있는 두뇌와 관여되어 있지 않다는 점을 이해해 두어야 한다. 동물들의 경우 눈의 구조 그 자체는 인간의 눈보다 더 좋을지도 모르지만, 눈을 뒤에서 받쳐주는 '대뇌의 회백질'이 좋지 못하다. 그럼에도 불구하고 동물들은 제각기 그 나름대로의 생활과 주위환경에 썩 잘 적응한다. 동물들의 시각반응은 인간의 그것보다 좀 더 자동적이고 본능적이며 생존 그 자체도 본질적으로 역동적(力動的)이다. 실제로, 개구리는 먹이가 움직이지 않고 있으면 굶어 죽는다. 한편 베르너(Werner)는 이와 관련하여 다음과 같이 적고 있다.

"바이텐디이크(Buytendijk)는 결정적으로 중요한 실험을 통하여, 가만히 앉아있을 때는 삼각형과 원도 구별하지 못하는 개가 자유롭게 돌아다닐 때면 온갖 묘기를 부릴 수 있다는 것을 보여 주었다."

장차 언젠가는 시각의 동태학(動態學)이라고도 할 수 있는 학문이 조명과학을 혁신시킬 것이며 더 나아가서는 학교, 사무실, 공장 같은 곳에 적용되는 기능적 색채의 과학까지도 혁신시킬 것이다. 그와 더불어 세심하게 조절되며 변환하는 광도 및 색채가 현재의 표준을 능가하는 것이며, 따라서 오늘날 받아들여진 정태적(靜態的)인 광도 및 색채의 가치보다도 더 우월하다는 점도 밝혀질 것이다.

시각기관

인간의 시각기관은 어쩌면 썩 좋은 것이 못될지도 모른다. 실제로 인간의 눈에 들어있는 수정체의 구조도 어떤 조건 하에서는 색이나 형체가 불안정하게 나타나도록 되어 있는 그런 정도의 것에 지나지 않는다. 그리고 이 점에 관하여 라이트(W. D. Wright)는 '다행히도 이러한 수차(收差 ; 렌즈가 균일하지 못할 때 색이나 형체가 일그러지는 것 : 역주)들로부터 생겨나는 좀 더 심각한 영향들은 망막이나 뇌에서 어떤 방법으로든 보상이 이루어질 뿐 아니라 전형적(典型的)인 실험결과를 통해서는 그런 수차가 생긴다는 것을 알아내지도 못할 정도로까지 충분한 보상이 이루어진다'는 말을 하고 있다.

우리들에게도 대개는 알려져 있는 바이지만, 눈의 기능은 대체로 카메라의 기능과 비슷하다. 우선 눈에는 각막이 있는데, 이것은 시계의 유리 덮개 비슷한 모양이며 안구의 바깥쪽을 싸고 있는 외피이다. 각막 뒤에는 홍채가 있는데 이것은 고리와 같은 구조로 되어 있으며 눈동자의 크기를 조절한다. 눈동자 뒤에는 눈과 물체와의 거리에 따라 원근을 조절하는 수정체가 있다. 홍채는 수정체의 앞에 위치하며 눈동자의 크기를 조절하기 위해 확장하거나 수축한다. —즉 어두운 빛을 받으면 확장하고 밝은 빛을 받으면 수축한다. —이것들 뒤에는 시신경 말단이 그물처럼 얽혀진 망막이 있는데, 이곳에서 눈으로 들어온 빛이 초점을 맺고 그에 따라 생겨난 자극이 뇌로 전달된다.

어느 모로 보나, 인간의 눈은 빛의 세기가 상당히 심하게 변화하여도 매우 효율적으로 볼 수 있도록 만들어졌다. 비록 인간의 눈이 어두운 곳

에서는 고양이나 올빼미의 눈처럼 잘 볼 수가 없다고 해도 낮동안의 밝은
빛 속에서는 고양이나 올빼미보다 훨씬 더 잘 볼 수 있다. 또 인간이 프
레리도그(모르모트의 일종, 모르모트와는 다르다 : 역주)나 독수리처럼 태양
을 똑바로 쳐다볼 수는 없다고 하더라도 해가 넘어간 다음에 그것들처럼
활동을 중단해야 하는 것은 아니다. 그러므로 인간이 낮에 가장 적합한
눈 또는 밤에 가장 적합한 눈을 가지지는 못했지만 모든 생활조건을 전부
고려해 본다면 인간은 어떤 생물의 시각도 능가하는 시각을 가지고 있는
것이다.

눈에 들어오는 빛의 양은 홍채에 의해서 조절된다. 한편, 동공의 모양
은 사람에게 있어서는 둥근 모양이지만 고양이나 호랑이의 경우에는 위아
래로 갈라진 모양이고 염소나 말의 경우에는 옆으로 갈라진 모양이다. 이
러한 동공의 모양은 모두 그 동물들의 필요에 알맞게 되어있는 것이다.
즉 동공의 모양이 위아래로 갈라진 것은 그 동물들이 나무나 바위에서 뛰
어내릴 때도 잘 볼 수 있도록 하기 위한 것이고 옆으로 갈라진 것은 수평
선 전체를 '잘 감시할 수 있도록'하기 위한 것이다.

인간을 포함하는 모든 동물들은 태어날 당시에는 파란 눈을 갖고 있다.
그리고 이러한 상태에서는 홍채에 색소가 침착되어 있지 않으며 또 눈이
파랗게 보이는 것은 자궁의 내부에서 눈이 산란된 빛에 적응한 결과라고
도 할 수 있다. 어떤 종류의 조류들은 시간이 경과함에 따라 홍채의 색이
변화하는데, 대개는 짙은 색으로 변한다. 또 이 경우에 수컷의 홍채는 암
컷의 홍채와는 다른 색으로 착색되기도 한다. 우리가 흔히 볼 수 있는 갑
거북이의 예를 보면, 수컷의 홍채는 붉은색이고 암컷의 홍채는 노란색 또
는 노르스름한 색이다. 또 어떤 종류의 펭귄은 홍채뿐 아니라 부리까지도
계절에 따라 빨간색으로부터 노란색으로 그리고 다시 검은색으로 변화하
는데, 이러한 현상에 관하여 월즈(G . L . Walls)는 다음과 같이 기술하
고 있다.

"이 두 가지의 변화는 펭귄의 혈류(血流) 속에서 성호르몬의 농도가 짙
어졌다 엷어졌다 하는 것을 나타내지만 그것들 가운데 어느 한 가지만

이 변화한다면, 그 변화에는 아무런 의미도 없는 것이다."

망막

그러나 시각 그 자체만으로는 가장 간단한 광학법칙에 대해서도 해답을 제공할 수 없다. 실제로 인간의 시각기관이 매우 불완전한 것이라고 한다면, 망막 두뇌피질(회백질)은 기적을 행하도록 설계되었다는 말이 된다. 그리고 이 분야에서 가장 훌륭한 저서로는 스테펜 폴리약(Stephen L. Polyak)의 「망막」을 들 수 있는데, 독자들이 참조해 본다면 큰 도움을 얻을 수 있을 것이다.

라이트(W. D. Wright)의 견해에 의하면 '구조적으로는, 망막은 대뇌가 빛을 감지할 수 있도록 확장된 기관이라고 볼 수 있다'고 한다. 이 망막은 안구의 뒤쪽에 위치하여 그 내면에서 빛을 감지하는데, 여기서 물리적인 자극이 신경을 자극하면 그 자극이 뇌로 전달된다. 또 인간의 망막에는 빛을 감지하는 세포가 두 종류 있는데, 그 하나는 간상체(한쪽 눈에 약 1억3천만개씩 있다)로써 망막 전체에 비교적 고르게 분포되어 있으며, 다른 하나는 원추체(약 700만 개)로써 망막의 중심부와 안와에 집중적으로 분포되어 있다.

시각이 이루어지는 정확한 과정은 아직도 불가사의로 남아 있지만 과학계에서는 대체로 1866년에 막스 슐츠(Max Schultz)가 발표했던 소위 '중복이론'이라는 것을 합당한 이론으로 받아들이고 있다. 이 이론에 의하면, 빛의 강도가 낮을 때 이루어지는 시각은 간상체의 기능에 의한 것이고, 빛의 강도가 높을 때 이루어지는 시각은 원추체의 기능에 의한 것이라고 한다. 간상체는 주로 명암을 구분하며 약한 빛 속에서 이루어지는 물체의 움직임을 감지하는 것으로 생각된다. 한편 원추체는 망막의 중심부에 집중적으로 분포되어 있는데, 명암을 구분하고 움직임을 감지할 뿐 아니라 색을 감지하기도 한다. 또 대부분의 시각활동은 망막의 중심부에

있는 안와와, 안와와 인접한 부분에서 일어나는데 그 이유는 이 부분에서
만 세세한 형태와 색을 볼 수 있기 때문이다. 안와에서 이루어지는 시각
은 본질적으로 원추체에 의해 이루어지는 시각이며, 낮에 작용하는 시각
이다. 한편 망막의 주변부에서 이루어지는 시각은 간상체에 의한 시각이
며 특히 밤에 유용한 시각이다.

　망막의 안와 부분은 노란색의 색소로 침착되어 있다. 그러므로 이 부분
을 황반(黃盤) 또는 황점(黃點)이라고도 부른다. 이 미세한 부분의 직경은
그 직경이 16분의 1인치밖에는 안되지만 이 곳에는 수백만 개의 시세포,
특히 원추체가 빽빽하게 들어차 있으며, 그것들 하나 하나는 제각기 뇌와
연결되어 있다고 한다. 이러한 사실은 안와가 세세한 형태에 특히 민감하
다는 점을 설명해 준다. 그러나 망막의 주변부에는 원추체와 간상체가 모
두 몇개씩 무리를 지어 신경과 연결된다고 한다. 그러므로 라이트는 이
망막의 주변부를 다음과 같이 설명하고 있다.

　"이 부분에는 세세한 모양을 보고 그것이 무엇인지 알아내지는 못하지
　만 약한 자극들을 한꺼번에 결합하여 감지할 수 있으므로 희미한 상을
　감지하는 데는 안와보다 더 유리하다."

망막의 외부

　두뇌피질[뇌는 신경섬유로 이루어진 피질(회백질)과 신경근으로 이루어진
속질(백질)로 분류된다 : 역주]에서 시각을 담당하는 부분은 안와에 관계되
는 부분과 망막의 주변부에 관계되는 부분으로 나뉘어 있는데, 여기에는
재미있는 차이점이 한 가지 있다. 즉 망막주변부의 시각에 할당된 부분은
비교적 좁은 반면, 안와부의 시각에 할당된 부분은 비교적 넓다. 그 이유
은 안와가 사실상 망막에 점을 하나 찍어놓은 것보다 조금 더 클 뿐이지
만 그것의 기능—세세한 모양과 색채를 식별하는—은 지극히 중대하므
로 '회백질'에서 상당히 넓은 부분을 필요로 하기 때문이다. 그러나 완와

264

를 제외한 망막의 주변부는 상대적으로 넓지만 그 기능은 명암—동작 및 개략적인 형태를 식별하는 것뿐이므로 안와가 차지하는 것보다는 더 적은 부분을 필요로 하게 된다.

오른쪽 뇌가 몸의 왼쪽을 지배하고 왼쪽 뇌가 몸의 오른쪽을 지배한다는 사실은 시각에도 적용되지만, 시각에서는 그것이 좀 다른 방식으로 적용된다. 즉 시각에 있어서는 양쪽 눈의 망막이 좌우로 반씩 나뉘어 그 나뉜 반쪽이 각각 같은 쪽의 뇌와 연결된다. 그러므로 오른쪽 망막의 오른쪽 부분과 왼쪽 망막의 오른쪽 부분은 모두 시야의 왼쪽을 보고 거기에서 나온 신경섬유는 대뇌의 오른쪽 반구(半球)에 연결된다. 또 왼쪽 눈과 오른쪽 눈의 왼쪽 부분은 시야의 오른쪽을 보며 거기서 나온 신경섬유는 대뇌의 왼쪽 반구에 연결된다. 그러나 몇몇 권위자들은 원추체 중 안와에 있는 것들은 대뇌의 양반구에 모두 연결되어 있다고 믿기도 하는데, 이에 관해 라이트는 다음과 같이 언급하고 있다.

"양쪽 눈의 안와에서 나온 신경섬유가 좌우의 시신경다발에 중복되게 연결되어 있는지, 또는 망막의 다른 부분에서 마찬가지로 안와의 각 반쪽에서 나온 신경섬유가 제각기 한쪽 시신경다발에만 연결돼 있는지는 아직 명확히 알려지지 않고 있다."

다음에는 몇 가지 이상한 사실들을 예시해봄으로써 시각이 눈에서 뿐 아니라 뇌에서도 이루어진다는 사실을 입증해 보기로 하자. 사람은 하등 동물들보다 훨씬 더 잘 볼 수 있는데, 그 이유는 바로 인간의 뇌가 그것들의 뇌보다 더 우수하기 때문이다. 실제로 눈에 의해서 받아들여진 자극은 뇌가 그것들을 해석하기 전까지는 아무런 의미도 갖지 못한다. 달걀에서 안배(眼胚; 눈의 싹이라는 뜻 : 역주)가 될 부분을 떼내어 소금물 속에서 배양할 경우에도 그것은 잘 자라나며 실제로 수정체를 형성하기까지도 한다. 그러나 그것에는 뇌가 연결되어 있지 않으므로, 사물을 볼 수 없다는 점은 명백하다.

이제 사우드홀이 기술했던 바를 보기로 하자.

"만일 눈이 어떤 자극을 받고서도 그 자극을 뇌로 전달해본 일이 한 번도 없었다면, 뇌에 자극이 전달된다 하더라도 뇌는 그 자극을 올바르게 해석할 수가 없을 것이다. 그러므로 시각기관의 중심부(눈을 뜻함 : 역주)와 그에 인접한 시각적인 기억의 통로(뇌를 뜻함. 통로라는 표현을 쓴 이유는 뇌가 시각적인 경험을 보관해 두었다가 필요할 때에 적절한 경험을 꺼낸다고 생각했기 때문인 듯 함 : 역주)사이에 있는 자극전달회로(시신경을 뜻함 : 역주)가 손상되어 있거나 완전히 못쓰게 되어있다면, 눈에서는 외부의 물체가 실제로 보인다고 하더라도 뇌는 그것이 무엇인지를 이해하지 못한다. 그런 상황에서라면 관찰자는 외부의 물체를 있는 그대로 보고 그 물체의 윤곽으로부터 어떤 형태를 끌어낼 수야 있겠지만, 그것을 만져보고 또 다른 감각의 도움을 받아 시각을 보강(補强)하지 않는 한 그것의 명칭이 무엇인지, 또 무엇을 하는데 쓰는 것인지도 알아내지 못한다."

간단히 말해서, 본다는 일은 외부의 자극을 받아들이는 일만은 아니며 마음 속에서 기억과 경험을 불러일으키는 일이기도 하다. 뇌와 눈은 하나로 합쳐져 있는 것이다.

월에 의해서도 이에 관한 또다른 현상이 언급되었던 바 있다.

즉 그의 말에 의하면 어떤 사람의 오른쪽 시신경다발 또는 왼쪽 시신경다발이 눈과 뇌 사이에서 전달되면 그 사람은 왼쪽 시야 또는 오른쪽 시야를 보지 못하게 된다. 그러나 어느 한쪽 시야를 볼 수 없음에도 불구하고 그는 여전히 대칭적인 효과를 경험하며 잔상을 느낀다. 어느 한쪽 시야에 밝은 빛이 보이면 볼 수 없게 된 쪽에서도 밝다는 느낌을 받는다. 어떤 특정한 색을 주시했을 때도 이와 마찬가지의 현상이 일어나서 볼 수 없게 된 쪽에 보충적인 잔상이 나타난다.

월은 이에 대해 다음과 같은 결론을 내렸다.

"이러한 현상을 설명해줄 수 있는 것은 대뇌회백질 양반구 사이에서의 상호관계 뿐이다."

시홍(視紅)

빛이 망막에 닿은 후에 이루어지는 복잡한 시각과정에 관해서는 알려져 있는 것이 그리 많지 않다. 르 그랑 하르디(Le Grand Hardy)도 '빛이 시세포에 닿은 후에 일어나는 일에 관해서는 실상 아무것도 알려져 있지 않다'는 말을 하고 있다. 그러나 시신경에서 전류가 발생하여 그것이 뇌로 전달되는 듯하다.

망막에는 시홍이라고 알려진 물질이 많이 분포되어 있다. 이것의 색은 보통 자홍색인데, 빛을 받으면 표백되고 어두운 곳에서는 재합성된다. 또 크라우제(A ． C ． Krause)의 견해에 의하면 '시홍이 실온(室溫)에서 빛을 받으면 그 색이 즉시 노란색으로 바뀌지만, 온도가 낮을 경우에는 천천히 주황색으로 바뀌었다가 그 다음에 노란색으로 바뀐다. 그리고 두 가지 경우 모두 시간이 지나면 탈색되어 색이 없어진다'고도 한다.

과학계에서는 최근에 와서 눈 및 인체의 전반적인 건강상태와 비타민 A 사이에 존재하는 중대한 관계를 밝혀냈는데, 크라우제의 견해에 의하면 시홍의 합성은 비타민 A 를 이용하는 정도 및 망막의 신진대사 활동에 따라 결정된다고 한다. 그리고 망막에 비타민 A 가 결핍되는 현상은 눈을 혹사한다든가 극히 번쩍이는 물체를 봄으로써, 또는 오랫동안 눈에 밝은 빛을 비추어 줄 때도 물론 생겨나지만, 어떤 질병에 걸렸을 때도 그런 현상이 생겨날 수 있다는 것이다.

최근에 들어와서는 죠지 왈드(George Wald)의 연구에 의해 매우 중요한 사실이 밝혀졌는데, 그는 다음과 같은 점을 지적하고 있다.

"빛을 받는 동안 비타민 A 가 유리되면 망막과 비타민 A 의 결합력은 더 커지게 되므로 대부분의 비타민 A 는 주위의 조직과 혈액의 흐름 속으로 확산된다. 이것은 매우 중요한 현상이다. 왜냐하면 이 현상은 인체의 모든 기관에 걸친 일반적 순환 및 비타민 A 의 신진대사와 더불어

또 하나의 폐쇄된 망막회로(망막에서 일어나는 비타민 A 의 순환회로. 폐
쇄되었다는 말은 순환회로가 전체로 보아 하나의 고리모양을 이룰 때 쓰이
는 말임 : 역주)와 관련을 맺고 있기 때문이다."

이는 눈이 시각기관일 뿐 아니라 인체의 모든 기관에 비타민 A 를 분배
해 주는 기관이기도 하다는 것을 뜻한다. 그러므로 비타민 A 가 결핍되면
사물을 명확히 볼 수 없게 될뿐 아니라(특히 어두운 곳에서), 몇몇 권위자
들의 견해에 의하면, 번쩍이는 빛이나 몹시 밝은 빛에 눈을 심하게 노
출시킬 경우에는 쓸데없이 비타민 A 의 순환이 저해되고 그에 따라 전반
적인 기능감퇴가 일어날 수도 있다고 한다.

인간방정식

우선 사우드홀이 기술하고 있는 내용부터 보기로 하자.

"완전하고 믿을만한 시각은 오랜 기간의 훈련, 연습 및 경험을 거쳐서
만 얻어질 수 있는 능력이다. 성인의 시각은 온갖 종류의 관찰과 연상
이 집적된 결과이며, 따라서 아직 눈을 조절해서 초점을 맞출 줄도 모
르고 제가 본 것이 무엇인지도 알지 못하는 어린아이의 원초적인 시각
과는 전혀 다르다. 우리는 어린시절에 무의식적이긴 하지만 상당히 많
은 시간을 우리 주위에 있는 방대한 자료들을 입수해서 통합하는 일에
소비했으며, 그 결과로 우리는 우리가 다리로 걷는 법을 배우고 혀로
말하는 법을 배웠듯이 눈으로 보는 법을 배웠던 것이다."

겹눈을 통해 이루어지는 곤충의 시각은 밝고 어두운 무늬로 이루어진
모자이크 모양의 거친 상을 볼 수 있을 것이다. 또 눈이 머리의 양 옆에
달려있는 조류나 어류들도 어느 한 물체에 대해 인간이 할 수 있는 정도
로 명확한 초점을 맺을 수는 없을 것이다. 실제로 그런 생물들은 서로 상
반된 두 세계를 동시에 보며 어느 한쪽 눈에 주의를 집중하려면 다른쪽
눈을 얼마간은 '꺼버려야' 한다.

그러나 인간의 양안(兩眼) 시각에서는 양쪽 눈의 망막에 있는 안와가 동시에 상을 맺어 명암, 색채 및 세세한 모습을 감지하므로 명확한 상을 맺을 수 있을뿐 아니라 크기, 형태, 거리 등을 완전하게 느낄 수 있는 것이다. 그와 동시에 망막의 주변부에서는 명암의 변화와 시야의 주변부에서 이루어지는 물체의 움직임을 감지한다. 그러므로 야구선수는 안와의 시각으로는 공을 쫓으면서 주변부의 시각을 사용하여 방망이의 움직임을 볼 수 있으며 또 프로복서는 눈으로는 상대편 선수의 턱을 노리면서 옆에서 날아들어오는 '넉아우트 펀치'를 피할 수 있는 것이다.

시각의 빠르기

세세한 물체를 식별하는 일에도 '인간방정식'은 그 기능을 발휘한다. 그 한 예로 랠프 에번즈(Ralph M . Evans)는 '4분의 1마일 이상이나 떨어진 곳에서도 전깃줄을 볼 수 있다'는 점을 들고 있다. 실제로 이때 맺히는 상은 너무 작기 때문에 사진을 찍어서는 아무리 좋은 조건 하에서도 그 형체가 나타나지 않지만, 인간의 눈과 뇌는 그것을 보고 놀라울 정도로 정확한 상을 조립할 수가 있는 것이다. 여하튼 망막에 전깃줄이 있다는 암시를 조금만이라도 주면 그 후로는 뇌가 전깃줄 조각들(망막에 맺히는 상은 죽 이어진 전깃줄이 아니라 토막토막 끊어진 상이 맺히므로 이런 표현을 썼음 : 역주)을 어떻게든 짜맞춘다.

시각의 빠르기에 있어서는, 눈에 어떤 장면 또는 물체가 수분의 1초 동안밖에 보이지 않는다고 해도 뇌는 그것들로부터 상당히 명확한 상을 기록한다. 또 섬광은 연속적으로 비치는 빛보다 주관적으로는 더 밝게 느껴진다. 두 빛이 동시에 번쩍일 때, 한 빛은 안와에 상을 맺고 다른 한 빛은 망막의 주변부에 상을 맺는다면 망막의 주변부에 상을 맺는 빛은 안와에 상을 맺는 빛의 앞쪽에서 번쩍이는 것처럼 보인다. 또 빛이 깜빡인다는 것을 알 수 있기 위해서는 파란 빛이 빨간 빛보다 더 천천히 깜빡여야 한다.

한편 월즈는 이 점과 관련하여 다음과 같은 예를 들기도 한다.

"최근 스웨덴의 철도회사에서는 빨간 신호등을 사용하면 1분당 75회나
깜빡여도 깜빡인다는 것을 알아볼 수 있지만 파란 신호등이 깜빡인다
는 것을 알아보게 하려면 1분당 20회밖에 깜빡이지 못한다는 것을 알아
냈다. 더구나 어두움에 적응된 기관사들의 눈으로는 그 깜빡임마저도
알아채지 못할 위험이 있는 것이다."

맹점

망막의 안와 가까이에는 눈과 시신경이 연결되는 '맹점'이 있다. 이것
의 위치는 망막의 정중앙에서 약간 안쪽으로 코를 향해 있으며 눈길과 비
스듬히 기울어져 있다. 이 맹점은 17세기 말경에 프랑스의 학자인 프리아
르 마리오뜨(Friar Marriotte)에 의해 발견되었는데, 스크립쳐(E. W.
Scripture)는 1895년에 맹점과 관련하여 다음과 같은 말을 남기기도 했었
다.

"인류와 인류의 조상격인 여러 동물들은 눈을 갖고 있는 한 맹점도 갖
고 있었지만, 이 맹점은 마리오뜨가 영국의 궁정에서 사람들에게 왕의
모습이 완전히 사라지게 하는 방법을 보여줌으로써 일대 센세이션을
일으켰던 약 200여년 전까지만 해도 알려지지 않았었다."

물체와의 거리가 조금밖에 떨어져 있지 않을 경우라면, 맹점은 시야 가
운데서 비교적 좁은 범위만을 커버한다. 그러나 거리가 7피트 정도 떨어
져 있을 경우라면 맹점이 커버하는 범위는 그 직경이 약 8인치 정도로 측
정되며 거리가 멀어질수록 그 직경도 점점 더 커진다. 또 하늘을 바라본
다면 맹점은 달크기의 약 11배 되는 범위를 커버한다. 비록 이 맹점이 커
버하는 범위에서는 아무것도 보이지가 않는다고 하더라도 그 안보이는 부
분이 텅 비었다거나 깜깜하다고 느끼는 사람들은 하나도 없다. 왜냐하면

대뇌가 그 부분을 주위에서 일어나는 상황들로 어떻게든 채워주기 때문이다. 말하자면 맹점의 주위가 어떤 유형의 것들로 둘러싸여 있으면 맹점도 그런 유형의 것들로 채워진다는 것이다. 또 이러한 현상은 색채를 보았을 때도 마찬가지로 일어나므로 맹점 주위의 색이 빨간색이라면 눈은 맹점에서도 빨간색을 보았다고 '생각한다'.

잔상

우리가 어떤 물체나 색을 보게되면 망막에서는 그 물체나 색의 상이 잠시 지연되는데, 그 이유는 시각이 망막의 자극과 동시적으로 이루어지는 과정이 아니기 때문이다. 눈길이 어떤 공간을 가로질러 지나갈 때도, 그 눈길은 연속적으로 이어지면서 지나가는 것이 아니라 단속적으로 끊어지면서 지나간다. 그리고 이 경우, 어느 한 순간에 받아들여진 자극은 그 다음의 자극으로 이어지며(이러한 이유로 영화를 보는 일이 가능해진다) 시각적으로 받아들여진 느낌은 명료하게 지속되고 흐려지지 않는다.

그러나 시각에서는 이보다도 훨씬 더 중요한 현상이 일어나는데, 그것은 어떤 색을 보게 되면 눈의 일부에서는 그 색과 상반되는 반응이 강하게 일어난다는 사실이다. 그리고 이 반응은 몹시 강하게 일어나므로 실제로 잔상이 보이게 된다. 그 한 예로, 만일 빨간색으로 되어 있는 부분을 주시한 다음 중립적인 색으로 되어 있는 면을 바라본다면 초록색의 잔상을 보게 될 것이다. 또 노란색의 잔상은 파란색이 될 것이다. 이 현상은 색의 효과에도 강한 영향을 미쳐서 강한 대조를 이루는 색의 배합에 대해서는 강렬한 느낌을 주고 비슷한 색의 배합에 대해서는 부드러운 느낌을 준다.

그러나 최근에 이루어진 과학적인 실험들에 의해 밝혀진 바로는 잔상효과가 눈 그 자체에서라기 보다는 오히려 뇌에서 생겨나는 것 같다. 그리고 이러한 관점은 명도대비(明度對比)의 경우에 생겨나는 착시(錯視; 어두

운 색 바탕 위에 놓은 색은 상대적으로 밝게 보이고 밝은 색 바탕 위에 놓인
색은 상대적으로 어둡게 보이는 현상 : 역주)에 대해서도 맞는 것처럼 보인
다. 또 이 잔상과 관련된 현상으로서, 최면술에 걸린 피험자에게 실제로
존재하지 않는 어떤색을 주시하라고 하면, 눈에는 색이 전혀 보이지 않는
데도 불구하고 색을 본 것처럼 느끼며, 눈의 망막 또한 자극을 받지 않았
는데도 자기가 보았다고 느꼈던 색과 보색인 잔상을 보게 되는 일이 있
다. 그러나 이러한 현상들 가운데서도 가장 놀라운 것은 월즈가 다음과
같은 말로 지적했던 현상이다.

"최면에 걸리지 않은 상태에서는 잔상이 원래 보았던 색과 보색이어야
한다는 것은 제쳐두고라도 도대체 잔상같은 것이 있는지조차도 모르는
사람들이 있다."

시각의 역학(力學)

하등동물들의 생활에서는 시신경이 몸의 근육에 '직통전화'로 연결된
다. 그러므로 하등동물들의 빛에 대한 반응은 흔히 불수의적(不隨意的 ; 자
극에 강제되어 행동하는 것 : 역주)이다. 그런데 좀더 놀라운 사실은 이런
현상이 인간에게도 일어난다는 점이다. 그 한 예로 우리는 빛이 갑자기
밝아지거나 시야의 주변부에서 무엇이 갑자기 움직이면 생각할 겨를도 없
이 고개가 푹 숙여지고 근육이 바짝 긴장한다. 또 우리가 개인 날씨에 대
해 보이는 반응과 비오는 날씨에 대해 보이는 물체의 크기, 형태, 위치가
변화하며 가만히 있는 물체가 움직이는 것처럼 보이기도 한다.

실제로 인간의 시각은 체내에서 일어나는 모든 생리적 과정, 마음 속으
로 느끼는 기분 및 자연의 궁극적인 추이와 더불어 찼다 줄어들었다 하는
흐름에 따라 변화한다. 질병이 시력과 색시각에 영향을 미치기도 한다.
극심한 공포를 겪게되면 시각의 전부나 일부가 상실되기도 한다. 또 우리
는 시각을 통하여 화창한 날씨에 대해서는 음산한 날씨에 대해서와는 다

른 태도를 보이고 다른 느낌을 받기도 한다.

간단히 말하자면, 육체적으로나 정신적으로나 가장 쾌적하다고 느낄 때 눈도 가장 잘 보인다. 그리고 유쾌한 환경은 육체와 정신의 건강에 커다란 도움을 준다. 그러므로 우리의 삶에 색채를 적용하는 일은 ─가정에서건, 공장에서건, 학교에서건 ─일상적인 목적을 위해서나 고매한 목적을 위해서나 참으로 중대한 의미를 지니고 있으며, 정신적인 측면뿐 아니라 육체적인 측면과도 중대한 관련을 맺고 있는 것이다.

제17장

색맹과 야맹

　인간의 눈으로 감지할 수 있는 색채의 범위는 전자기파의 전 주파수에 비한다면 비교적 좁은 범위에 국한될 뿐이다. 그리고 인간의 눈으로 볼 수 있는 빛의 주파수 범위는 대체로 물을 통과한 빛의 주파수 범위와 같은 것으로 보아, 인간의 시각은 물 속에서 진화했던 것 같다. 그러나 윌즈는 이에 관해 다음과 같은 견해를 표명하기도 한다.

　"간상체가 감지할 수 있는 주파수 범위로는 물 속에서 보기에 꼭 알맞다. 공기 중에서 보려면 원추체가 감지할 수 있는 주파수 범위가 조금 더 낫다."

　시각이 이처럼 진화했던 것은 어쩌면 아주 자연스러운 것인지도 모른다.

　인간에게는 색시각이 정신적, 정서적, 심미적인 것들과 결부될지도 모르지만, 자연이 인간에게 색시각을 부여한 이유는 더 아름답게 보이도록 하려는데 있는 것이 아니라 더 잘 보이도록 하려는 것이다. 즉 우리는 색시각이 있음으로써 더 잘 볼 수가 있으며 또 색시각은 기능적인 의도에 그 기초를 두고 있다. 말하자면 자연은 인간을 즐겁게 해주려고 색시각을 준 것이 아니라 환경에 더 잘 적응할 수 있도록 해주기 위해서 인간에게 색시각을 준 것이다. 한편 빛과 색은 생물학적으로도 매우 중요한 의미를 지니고 있으며, 빛과 색이 인간의 눈과 뇌에 미치는 직접적인 작용에 의해 뇌에서는 좀더 복잡한 심리적 반응이 일어난다. 또 이러한 심리적 반응은 역으로 인간의 시각에 영향을 미치기도 한다.

　자연이 시각을 통하여 인간에게 영향을 미치는 것과 마찬가지로 인간은 자연을 뇌가 명령하는 대로 해석한다. 이 말은 시각이 두 가지 방식―외부의 세계로부터 눈으로 자극이 들어오면 그 자극이 뇌로 전해지고 그 다음에 뇌가 눈이 본 것에 대해 경험과 판단과 식별을 통해 다시 밖을 내다보는 방식 —으로 이루어진다는 것을 뜻한다.

색시각 이론

과학이 제아무리 발달되어 있다 하더라도 이제껏 색시각이라는 불가사
의를 제대로 설명했던 적은 한 번도 없었으며 단지 지난 몇년 동안 색시
각에 관한 논문들만이 상당수 제출되었을 뿐이다. 그 한예로 심리학자인
에드워드 헤링(Edward Hering)은 시각의 메카니즘에 세 가지의 전도(轉
倒)될 수 있는 과정, 혹은 물질이 존재한다는 이론체계를 제시했는데 그
과정은 흑—백 과정, 청—황 과정 및 적—녹 과정으로 되어있다고 한
다. 그리고 빛의 작용을 받아 위의 세 가지 물질이 분해되면 흰색, 파란
색 및 빨간색을 느끼게 되고, 합성되면 검은색, 노란색 및 파란색을 느끼
게 된다는 것이다. 헤링의 이론은 보색과 잔상을 설명하기에는 적합하지
만, 색시각에 관한 여타의 이론들과 매한가지로, 여러 가지의 다른 현상
들을 고려해 본다면 완전히 믿기는 어려운 이론이다.

한편, 라드(Ladd)와 프랭클린(Franklin)이 제시한 이론에 의하면, 색
감각은 빛에 민감한 어떤 물질이 분해되어 눈이 명암을 구별할 수 있게
되는 데서부터 전개되기 시작한다고 한다. 그리고 그 다음에는 그 물질이
다시 노란색에 민감한 물질과 파란색에 민감한 물질로 분해되고 맨 마지
막으로 노란색에 민감한 물질이 또다시 분해되어 눈이 빨간색과 초록색을
볼 수 있게 된다는 것이다. 이와 같은 가정은 몇몇 형태의 색맹을 설명하
기 위해 이용될 수도 있고, 또 한편으로는 자연과학자들의 3원색인 빨간
색—노란색—파란색에 어떤 구실을 제공하기도 하지만 망막에 있는 신
경섬유가 그런 식으로 작용한다는 증거는 거의 없다.

또 여러 학자들의 강력한 지지를 받고 있는 뮬러(Mueller)의 이론에
의하면, 맨 처음에는 광화학적인 반응이 일어나고 그 다음에 검은색, 흰
색, 노란색, 파란색, 초록색 및 빨간색에 대해 색감을 일으키게 하는 반
응이 뒤따른다고 한다. 즉 시신경이 여러 색을 띤 빛에 의해 자극되면 망

막에서는 화학반응이 일어나 뇌로 자극을 전달한다는 것이다. 그러므로 이 이론에서는 색맹을, 시신경 어딘가에 결함이 있기 때문에 특정한 자극들(적록색맹을 예로 들면 빨간색과 초록색에서 생겨난 자극 : 역주)이 뇌로 전달되지 않는 것이라고 설명한다. 한편 딘 져드(Dean B . Judd)는 이 이론에 대해 다음과 같은 논평을 하고 있다.

"뮬러의 이론이 자주 비판받는 까닭은 그 이론이 너무 정교하다보니 모든 것들을 설명하지만 아무 것도 예측하지 못하기 때문이다."

영
— 헬름홀츠 이론

져드(Judd)는 '모든 색시각 이론들은, 정상안의 원추체에 스펙트럼으로 선택되는 세 가지의 물질이 존재하며 그것들은 빛에너지의 작용을 받아 독자적으로 분해될 수 있다는 가정을 취하고 있다'는 말을 하고 있다. 영(Young)과 헬름홀츠(Helmholtz)가 공동주장한 이론에서도 망막에는 세 종류의 원추체가 존재한다는 가정이 함축되었는데, 그 중 한 가지는 빨간색 쪽으로 치우치는 스펙트럼에 가장 민감하고 다른 한 가지는 초록색 범위의 스펙트럼에 가장 민감하며 나머지 한 종류는 파란색 쪽으로 치우치는 스펙트럼에 가장 민감하다고 한다. 그리고 모든 색채에 대한 감각은 이러한 감각 수용기(受容器 : 원추체를 말함 : 역주)가 자극되어 생겨난다고 설명할 수 있다는 것이다. 말하자면, 빨간색에 민감한 원추체와 파란색에 민감한 원추체가 동시에 자극되면 노란색을 느끼게 되고 세 종류의 원추체가 동시에 자극되면 흰색을 느끼게 된다는 것이다.

망막에 여러 종류의 원추체들이 혼재(混在)되어 있다는 결정적인 증거가 없다고 하더라도 영 — 헬름홀츠 이론을 지지하는 사람들이 위축되거나 하지는 않는다. 오히려 폴리약(Polyak)같은 이는 최근에 들어오면서 원추체에 세 종류의 시신경이 연결되어 있다고 주장해 왔으며, 그래니트

(Granit)도 그 원추체들이 각기 다른 스펙트럼에 민감하다는 증거를 찾아 냈다.

오늘날의 색시각 이론 및 색맹을 다루는 연구는 어느 경우에나 인간의 눈에 세 종류의 수용체(受容體)가 있으며 세가지 빛(빨간, 초록, 파란 빛)에서 모든 종류의 스펙트럼이 만들어진다는 가정 위에서 이루어지고 있다. 져드도 이와 관련하여 '그러므로 이러한 사실은, 정상안을 지닌 관찰자의 시계(視界)에 나타나는 모든 색들이 제각기 구분되어질 수 있으려면 적어도 세 가지의 독립변수(獨立變數 : 세가지의 원추체를 뜻함. 독립변수라는 말을 쓴 이유는 세 가지의 원추체가 각기 자극을 받거나 받지 않게 됨에 따라 모든 색들을 느끼게 되므로 색시각을 종속변수로 보았기 때문임 : 역주)가 필요하다'는 견해를 피력한다. 그러므로 색맹은 이 3원색의 기초 위에서 분석될 수 있을 것이며 또 3원색을 이용한 색도계(色度計)와 분광광도계(分光光度計)를 완성하여 색채를 측정하고 분류하는 일에 사용할 수 있을 것이다.

색맹

색맹은 사람들에게서 꽤 흔히 볼 수 있는 현상이긴 하지만, 18세기 후반에 이르기까지는 색맹에 대해 별다른 주의가 기울여지지 않았다. 그러므로 이 색맹에 대한 납득할만한 견해도 1798년에 와서야 영국의 화학자인 존 돌턴(John Dolton)에 의해 최초로 제시되었던 것이다. 돌턴은 젊은 시절에 색채를 구분하지 못해서 실수를 범했던 일이 있었는데, 그는 나중에야 자기가 월계수 잎의 색과 지팡이의 색 또는 빨간 봉랍의 색을 구별하지 못한다는 사실을 알아차렸다. 여하튼 그는 자주색 가운의 색을 나뭇가지의 색과 똑같은 색으로 보았기 때문에 한번은 퀘이커교도(신교의 일파이며 간소한 복장을 착용함 : 역주)들의 모임에 우중충한 색의 코트를 입은데다 불타는 듯이 빨간 양말을 신고 나타났던 것이다. 그리고 그 일

이 신문에 보도되자 너무 유명해져서 '돌터니즘(Doltonism)'이라는 말은
색맹의 동의어로 통용되게 되었다.

색맹은 선천성일 수도 있고 후천적인 것일 수도 있다. 그러나 색맹으로
태어났다고 해도 명암, 형태, 세세한 모습 등을 구별할 수 있는 능력에는
대체로 별 결함이 없다. 이 색맹은 여성들 보다는 남성들 사이에 훨씬 더
많으며 대체로 모계(母系)를 통하여 유전된다. 그러므로 어머니는 색맹이
아니더라도 그 아들은 색맹이 될 수도 있다. 또 남성들 사이에서는 색맹
의 빈도가 약 8%에 이르지만 여성들 사이에서는 그 빈도가 0·5%에도
못미친다.

후천적 색맹은 눈 신경 또는 망막의 외피에 병을 앓게 되어 생겨날 수
도 있고 악성빈혈, 비타민 B 결핍증, 납중독, 탈륨(납모양의 연한 회백색
금속 원자번호 81 : 역주)중독 등에 수반되어 생겨나기도 한다. 그러나 후
천적 색맹의 경우에는 대체로 시각장애까지 함께 생겨나므로, 그런 현상
을 연구하는 일보다는 시각장애가 수반되지 않는 색맹을 연구하는 편이
좀더 가치있는 일일 것이다.

정상적인 색시각

색맹을 연구하는 분야에서 쓰이는 용어들은 거의 모두가 다 프로타노피
아〔Protonopia ; 전색맹(全色盲)이라는 뜻 : 역주〕니, 듀터노피아
(deuternopia ; 색맹의 뜻 : 역주)니, 트리크로마티즘〔trichromatism ; 3색수
차(三色數差)〕이니 하는 다음절의 말들로 되어 있다. 그러나 독자들의 흥
미를 자아내기 위해서는 그러한 현상들을 좀더 간단한 용어로 기술하려는
시도가 이루어져야 할 것이다.

정상적인 색시각의 가시범위는 빨간색, 주황색, 노란색, 초록색, 파란
색, 보라색을 모두 포함하는데, 그 가운데서 가장 밝게 보이는 범위는 노
란색에서 연두색에 이르는 범위이다. 그리고 이러한 스펙트럼 상의 모든

빛은 3원색의 빛, 즉 빨간 빛, 파란 빛 및 초록 빛이 혼합되어 이루어진다. 한편, 위의 사실들과 관련하여 져드는 '정상적인 시각을 판별하려면 색채를 명암, 노란색—파란색 및 빨간색—초록색으로 분류하는 것이 편리하다. 즉 정상적인 시각은 밝은 색과 어두운 색, 노란색과 파란색 및 초록색과 빨간색을 구별한다'는 말을 하기도 한다.

3색구분 색맹과 2색구분 색맹

첫번째 집단의 색맹인 사람들에게는 정상인의 경우와 마찬가지로 스펙트럼 상의 모든 색들을 형성하기 위해서는 세 가지의 색광이 모두 필요하지만, 그것들이 결합하여 어떤 색을 이루는 데 소요되는 빛의 비율이 정상인들과는 본질적으로 다르다. 따라서 어떤 사람들에게는 초록색을 느끼는 기능에 이상이 있을 수도 있다. 이러한 사람들은 상당히 쓸만한 색채 감각을 지니고 있어서 노력만 한다면 꽤 많은 색들의 이름을 욀 수도 있고, 또 대개는 하늘은 파랗고 풀은 초록색이며 버터는 노랗다는 것 쯤은 알고 있다. 그러나 그런 식별력은 경험에 따라 얻어진 것일 수도 있으며 (실제로는 정상인이 보는 색과 동일한 색으로 보는 것이 아니지만 다른 사람들이 파랗다거나 빨갛다거나 하니까 그대로 따라서 그렇게 부른다는 뜻임 : 역주), 따라서 세세한 구별을 요하는 색이나 회색 계통의 색들을 대하게 되면, 소위 '변태적인 3원색 판별자'들은 어쩔 수 없이 혼동을 하게 된다.

두번째 집단의 색맹인 사람들에게서는, 그들이 스펙트럼 상의 모든 색에 대응하기 위해서 단지 두 가지의 색광만을 필요로 한다는 사실이 발견되었다. 실제로도 그런 사람들(2색 판별자)은 명암 및 노란색—파란색은 구별하지만 빨간색과 초록색은 구별하지 못한다. 그들은 또 정상안을 지닌 사람이 '이것은 무슨 색이다'라고 하면 대체로 동의하지만 그들 스스로 무슨 색인가를 말해보라고 하면 이상한 대답을 하기도 한다. 이에 관해 라이트가 했던 말을 인용해 보기로 하자.

"그런 사람들에게 회색의 물체를 보여주고 무슨 색인가 말해 보라고 하면 어떤 때는 회색이라고도 하지만 또 어떤 때는 회녹색이라고 하기도 하고 자주색이라고 하기도 한다. 또 한편으로는, 빨간색이나 짙은 노란색 또는 초록색의 물체를 보고 갈색이라고도 한다."

아마도 그런 사람들에게는 파장이 짧은 색은 푸르스름하게(그러나 초록색은 아니다) 보이고 파장이 긴 색은 누르스름하게(그러나 빨간색이나 주황색은 아니다) 보이는 것 같다.

색맹인 사람들이 가장 흔히 구별하지 못하는 색은 빨간색과 초록색이다. 그러므로 남성 전체의 약 8%에 이르는 색맹들 가운데서는 다른 유형의 색맹들보다 적녹색맹이 가장 흔하다. 또 드물게는 노란색과 파란색을 구별하지 못하는 사람들도 있고 스펙트럼 상의 모든 색을 전혀 구별하지 못하는 색맹들도 좀 있다.

이제까지 실험적인 연구들이 많이 이루어져 오기는 했지만, 아직까지도 선천성 색맹의 치료법은 알려지지 않고 있다. 그리고 흔히 약물요법, 심리요법, 특수훈련요법, 식이요법 등의 형태로 엉터리 치료행위가 행해지기도 하지만 딘 프랜스워드(Dean Fransworth)는 그가 미해군에 제출했던 보고서에서 다음과 같은 점을 분명히 밝히고 있다.

"색시각을 연구하는 분야에서 가장 박학다식한 전문가들까지도 선천적인 색시각의 결함은 식이요법이나 약물치료, 훈련요법, 또는 지금까지 과학계에 알려진 어떤 치료법을 동원한다고 해도 치료할 수 없다는 점을 거듭 강조하고 있다."

그런데도 무지몽매한 대중들은 2차대전 중에 라디오를 통한 선전에 현혹되어 옥도정기나 코브라의 독을 주사한다든가 안구에 전기자극을 가한다든가, 비타민을 투여한다든가, 색광으로 눈을 훈련시킨다든가, 색안경을 낀다든가 하는 따위의 만병통치술을 배우려고 통신교육과정을 이수하기까지 했던 것이다.

산소의 부족

인체의 신경계는 혈액 중의 산소압(酸素壓) 저하에 지극히 민감하다. 그러므로 혈액 속에서 산소가 부족하게 되면 시각에 영향을 미쳐서 명확히 볼 수 있는 능력을 감소시킨다. 소위 '무산소증'이라는 증세는 정상기압 하에서 산소의 농도가 부족하거나 또는 고산지대의 '희박한' 대기에 노출되었을 때 생겨날 수 있다. 그리고 이 증세가 일어나면 시각의 명료도가 감소되고 명암과 색채의 구별이 불분명해지며 부분적, 또는 전체적으로 잔상이 보이지 않게 된다. 또 안구의 수의운동(隨意運動)이 제대로 되지 않고 독서와 같은 작업을 하기가 어려워지는데, 이러한 모든 증세를 보상하기 위해서 동공이 확대되어 망막에 더 많은 빛을 받아들이는 경향이 있다.

일시적 시각상실(의식이 상실되지는 않는다)은 급강하폭격을 할 때처럼 갑자기 빠른 속도로 높은 압력에 마주치게 될 때 일어날 수 있다. 그러나 안구의 외부에서 일정한 흡인력을 유지시켜 준다면 그와같은 시각상실은 예방될 수도 있다.

밤의 시각

은유법을 쓰자면, 인간에게서 시각이 이루어지는 과정은 우물의 밑바닥으로부터 물이 차오르듯이 이루어지지는 않는다. 이 말은, 즉 볼 수 있는 능력이 어두움으로부터 밝음을 향하여 일직선적으로 변화하는 것도 아니며 시각반응 또한 자극에 정비례하지도 않는다는 뜻이다. 말하자면, 시각은 우물의 중간쯤에서부터 생겨나기 시작하는데, 그 이유는 시각이 어둠침침한 빛 속에서 볼 수 있도록 되어있는 구조로 나뉘어 있기 때문이다.

이 두 가지의 시각은 각기 독립적으로 작용하는 경향이 있으며, 특히 원추체 시각은 빛이 점점 약해짐에 따라 그 기능을 상실하는 반면 간상체 시각의 기능은 점점 확대된다. 또 매우 이상스러운 일이긴 하지만, 주어진 빛의 강도가 약할 경우에는 빛이 실제로는 점점 더 어두워지고 있는데도 더 밝아지는 것처럼 느껴지는 때가 있는데, 그 이유는 눈에 들어오는 빛의 양이 점점 적어질수록 간상체 시각의 기능이 점점 더 확대되기 때문이다.

제 15장에서 우리는 눈이 한낮의 밝은 빛 속에서는 노란색—초록색 범위의 색을 가장 잘 보지만, 어두움에 적응된 눈에는 파란색—초록색 범위의 색이 가장 잘 보인다는 사실에 관해서 논의했던 바 있다. 이 말은 즉 시각이 원추체 시각에서 간상체 시각으로 옮아감에 따라 빨간색 계통의 색들을 잘 볼 수 있는 능력은 감소하고 파란색 계통의 색들을 잘 볼 수 있는 능력은 증가한다는 뜻이다. 이 현상은 퍼킨지효과(Purkinje effect)라고 알려져 있으며, 시각현상을 연구하는 일에 불가사의와 매력을 더해주는 것이기도 하다. 그리고 이 퍼킨지효과의 예로는, 빨간색과 파란색이 통상적인 빛을 받고 있을 때는 그 밝기가 비슷하지만 어둠침침한 빛을 받을 때는 밝기가 서로 달라져서 빨간색은 어둡게 보이고 파란색은 밝게 보인다는 것을 들 수 있다.

그러나 색은 적당한 강도의 빛을 받아야만 보이고 그것도 눈의 중심부에서만 보인다는 사실을 알고 있어야 한다. 우리는 이와 같은 사실을 실증하기 위해서 머리 주위에 색종이 조각을 늘어뜨리고 실험을 해볼 수도 있다. 물론 머리의 양옆으로 드리워진 종이조각들이 보이기야 하겠지만, 그것들이 웬만큼 눈 앞으로 옮겨오기 전까지는 그것들의 색을 명확히 구분할 수 없을 것이다. 이 실험을 하는 동안, 눈길은 똑바로 앞만 보도록 고정되어야 한다.

눈이 어두움에 적응되었을 동안에는 색맹이 된다는 사실은 어둠침침한 빛 속에서 적어도 30분 정도의 시간을 보낸 후 임의의 색을 구별해 보려는 일을 통해서도 밝혀질 수가 있을 것이다. 또 이 일은 잠 안오는 밤에 시간을 보내기 위해서 해보아도 좋을 듯하다. 한 걸음 더 나아가서, 한쪽 눈을 손으로 가리고 가려지지 않은 눈으로 불이 켜져 있는 전구를 본 다음 전등을 끄고 나면, 어두움에 적응된 눈은 매우 잘 보이지만 전구를 쳐다보았던 눈에는 거의 아무 것도 보이지 않는다는 사실도 알게 될 것이다.

어두움에 적응된 눈

찰스 시어드(Charles Sheard)는 미국 안과학회지(1944년 8월호)에 기고했던 논문에서 '시역(視閾 ; 사물을 볼 수 있는 가장 약한 빛의 범위. 명암에 따라 자주 변한다 : 역주)의 변화 가운데서 가장 현저한 변화는, 우리가 어두운 곳으로 들어가 있을 때면 경험하는 일이지만, 그 범위의 변화이다. 시역은 10만 단위의 강한 빛으로부터 1단위의 어두운 빛에 이르기까지 전 범위를 쉽게 커버할 수 있다.'

시각이 원추체 시각에서 간상체 시각으로 옮아감에 따라 색채와 명암을 구분하기가 힘들어진다. 그 한 예로, 통상적인 빛이나 밝은 빛을 받고 있을 때는 중간 밝기의 색들과 어두운 색들이 하나로 뭉뚱그려져서 검은색과 비슷하게 되는 경향이 있다. 그러므로 밤시각은 무채색이고 모양이 흐릿하며 세세한 것을 구분할 수 없고, 따라서 물체의 윤곽이 평면적으로 희미하게 나타나므로 눈의 초점을 맞추기가 매우 어려워진다.

한편 깜깜한 곳에서는 눈의 안와도 얼마쯤은 그 기능을 발휘하지 못한다. 그러므로 어둠침침한 곳에서는 물체가 곁눈질로 볼 때 더 잘 보이며, 실제로도 밝은 색을 띤 조그만 물체는 똑바로 쳐다보면 사라져 버린다.

아주 깜깜한 곳에서라면 흑인들이 다른 인종들보다 훨씬 더 잘볼 수 있다고 한다. 또 짙은 갈색 눈을 지닌 사람들도 눈이 푸른 사람들보다는 어두운 곳을 더 잘볼 수 있다고 한다. 어두운 곳을 잘 보기 위해서는 비타민 A가 반드시 필요한데 비타민 A는 암순응[暗順應 ; 어두운 곳에서 로

돕신(Rhodopsin ; 시홍소, 視紅素)이라는 물질이 합성되는 과정 : 역주]이
일어나는 동안에 축적되므로 비타민 A가 결핍되면 어두운 곳을 잘 보지
못하게 된다. (이 구절은 순환논리에 빠진 것처럼 보인다. 실제로 암순응이
일어나는 과정은 인체의 다른 부분으로부터 비타민 A가 망막으로 모여들고,
이 비타민 A가 옵신이라는 물질과 결합되어 약한 빛을 받을 때 광화학적 에
너지를 방출하는 로돕신이라는 물질로 합성된다. 그러므로 이때 비타민 A가
결핍되면 로돕신의 합성이 일어나지 못해서 야맹증이 생겨난다 : 역주) 인체
에서 일어나는 비타민 A 결핍증은 피부염 따위로 인해 생겨나기도 한다.
타스맨(Tassman)이 보고한 바에 의하면, 임신한 여자들 가운데 약 50%
는 야맹증에 걸리지만, 그들에게 필요량만큼의 비타민 A를 투여하면 야
맹증이 고쳐진다고 한다. 야맹증은 가난한 사람들에게 생겨나는 질병이
다. 그들에게는 흔히 충분치 못한 식사가 제공되기 때문이다. 그러므로
이 야맹증은 식사가 부적당하거나 불충분한 식민지 주민들에게 매우 흔한
질병이다.

색시각과 밤의 시각

2차대전 중 군대에서는 밤에도 잘볼 수 있는 눈이 커다란 중요성을 띠
고 있었다. 왜냐하면 비행사들, 잠수함이나 해상선박의 감시원 및 정찰대
원들에게는 밤중에 그리고 새벽녘과 저녁의 어스름 속에서도 사물을 명확
히 볼 수 있는 시력이 필요했기 때문이다. 따라서 그런 사람들에게는 비
타민 A가 충분히 함유되어 있는 식사가 제공되었다.

한편, 영미 양국에서는 야맹증과 밤시각의 불가사의를 규명하고 또 가
능한 한 최대한으로 똑똑히 볼 수 있는 수단과 방법을 개발하기 위해 집
중적인 연구가 이루어지기도 했다. 눈이 어두움에 빨리 적응하도록 하기
위해 깜깜한 어두움 속을 주시하는 것이 별 효과가 없었다면 어떤 색 또
는 어떤 빛을 보는 것이 가장 효과적이었을까? 또 계기나 문자판들을 보

아야 하는데, 그것도 깜깜한 밤중에 보아야만 한다면, 어떤 색이 그것들을 똑똑히 보는데 가장 덜 방해가 되었을까?

이미 언급했던 바와 같이, 눈이 어두움에 적응되었을 때는 빨간색보다는 파란색이 비교적 더 잘 보인다. 달리 말하자면, 빨간색이나 빨간 빛은 눈의 중심부(안와)에서만 똑똑하게 보이며, 눈의 주변부에서는 아주 안보이는 것은 아니더라도 거의 보이지가 않는다. 또 밤시각은 본질적으로 간상체 시각이기 때문에, 어두움에 눈을 적응시키려면 빨간 빛을 비춰주는 것이 가장 효과적이라는 사실도 밝혀졌다. (빨간빛은 원추체 시각에만 영향을 미치므로 간상체에서는 암순응이 그대로 진행되기 때문이다 : 역주)

눈이 어두움에 적응되어야 하거나 밤 시각을 유지하고 있어야 하는 곳에서는 우선 빨간 조명이 일반적인 광원으로서 흔히 채용된다. 똑같은 목적을 이루기 위해서 빨간 보안경을 착용하기도 한다. 그러므로 야간비행 작전을 수행하려는 비행사나 야간감시를 하러 나가는 수병(水兵)은 그 임무를 수행하기 전에 빨간 빛을 바라보면 눈을 어두움에 썩 잘 적응시킬 수 있을 것이다. (따라서 자기의 임무를 수행하기 전에 깜깜한 곳에 있어야 할 필요가 있다) 또 빨간 빛을 계기나 문자판을 비추어주는 국부(局部) 조명으로 사용한다면, 어두움에 적응된 눈이 그 기능을 방해받지 않을 것이다.

간상체는 거의 모두가 다 망막의 중앙에 있는 안와 바깥쪽에 몰려있으며 낮은 광도의 빨간 빛에 전혀 무감각하다. 그러므로 낮에 활동을 하는 동안에도 빨간 보안경을 착용하면 눈이 어두움에 적응할 수 있게 된다. 즉 빨간 필터를 통해 들어온 빛을 받으면 원추체는 제 기능을 발휘할 수 있지만 간상체는 활동을 하지 못하므로 어두운 곳에서 볼 준비를 하며 기다리고 있는 것과 마찬가지인 셈이 된다.

또 간상체에 들어있는 시홍도 빨간 빛을 별로 많이 흡수하지는 못하므로 표백되거나 화학적인 영향을 받거나 하지는 않는다. 한편 빨간 빛이 비추어질 때는 중심부 시각은 상당히 선명하고 똑똑하게 나타나지만 주변부 시각은 거의 작용을 하지 못한다. 반대로 파란 빛이 비추어질 때는 중심부 시각은 흐릿해지지만 주변부 시각은 기능을 상당히 잘 발휘한다. 그러므로 어두운 곳에서는 계기와 문자판이 빨간 빛의 조명을 받을 때 가장 선명하게 보인다. 그러나 밤중에 더 안전하게 돌아다닐 수 있으려면 파란 전지불을 쓰는 편이 좋을 것이다. 왜냐하면 그 전지가 내는 빛은 빨간 빛보다 훨씬 더 멀리까지 비춰주기 때문이다.

가속적인 암순응(暗順應)

대부분의 사람들은 정상적인 상태 하에서라면 어두움에 완전히 적응하기 위해서 30분 혹은 그 이상의 시간을 소모해야 한다. 그렇다면 어두움에 적응하는 시간을 단축할 방법은 없는 것일까? 비행사들이 하는 말을 들어보면, 조명이 비쳐진 계기판을 이따금씩 쳐다봄으로써 밤시각을 계속해서 예리하게 유지시킬 수 있다고 한다. 이는 분명히 완전한 암흑보다는 약한 빛이 비추어질 때 눈이 어두움에 더 잘 적응한다는 것을 의미한다. 눈을 '잠자게' 하는 일과 어두움에 적응시키는 일 사이에는 커다란 차이가 있는 것이다. 숨을 빠르게 쉬는 일도 그 효과가 오래 지속되지는 않지만 밤시각에 도움이 될 수 있다. 산소의 부족은 앞에서도 언급했던 바와 같이 시각에 장애를 일으킨다. 그러나 알콜 및 각성제를 복용할 경우에는 어둠 속에서 볼 수 있는 능력이 증가된다고 한다.

소련에서는 눈의 간상체가 어두움에 더 빨리 적응할 수 있도록 촉진하기 위한 일련의 예외적인 실험들이 이루어졌다. 이러한 연구들은 제 11장에서 기술했던 크라프코프의 연구와 유사한 것들로서, 어떤 감각기관이든 자극을 받게되면 그 영향이 시각에 미친다는 점을 보여주고 있다. 인체의 신경계가 시각과 밀접히 관련되어 있다는 점은 분명하며 명확히 볼 수 있는 능력이 맥박수, 혈압, 호흡수에 의해 영향을 받는다는 점도 의심할 여지가 없다.

위의 연구를 통하여 밝혀진 것들 가운데 하나는 약한 자극을 줌으로써

밤시각을 증진시킬 수 있다는 사실이다. 생각컨대, 어떤 사람이든 졸리게
되면 시력과 청력이 점차 둔감해진다는 점은 분명하다. 소련의 학자들도
시각 이외의 자극이 뇌의 시각 중추를 자극하고 그에 따라 시각이 예민해
진다는 점을 밝히고 있다.

어떤 냄새를 맡거나 찬물로 세수를 하거나 근육을 활동시키거나 하는
일들은 모두 밤시각에 도움이 되는 듯하다. 한편 케크체예프(K.　Kek-
cheev)는 이러한 현상을 다음과 같이 설명한다.

"자율신경이 망막에 있는 시홍의 합성에 영향을 미치는 것에 착안하여,
교감신경계(交感神經系)를 자극함으로써 눈이 어두움에 더 빨리 적응할
수 있도록 하는 실험이 이루어졌다……실험결과 냄새, 차가운 자극 및
자기(自己)자극에 감응(感應)하는 자극(육체적 활동)을 동원함으로써 눈
을 어두움에 적응시키는 시간이 5~6분 감소되었다."

위의 실험을 통하여 시각이 복합적인 감각이라는 점, 즉 뇌와 인체의
모든 감각기관이 시각과정에 관여되어 있다는 사실이 다시 한번 더 강조
되었다. 또 한편으로는 눈이 어두움에 적응하는 과정의 연구를 통하여 시
홍의 생성량이 눈에서 더 이상의 시홍을 필요로 하지 않게 되는 포화점을
넘어섰는데도 눈 이외의 다른 감각기관에 자극을 가하면 눈이 더 잘 보이
게 된다는 사실도 관찰되었는데, 케크체예프는 이러한 현상에 대해 다음
과 같은 논평을 가하고 있다.

"다른 감각기관의 자극으로 인해 어두움에 적응된 눈의 예민성이 증가
하는 현상은 대뇌의 시각중추에 있는 교감신경이 즉각적인 반응을 일
으키기 때문에 생겨나는 현상임이 명백하다."

인간의 시각은 이처럼 다른 감각기관을 자극함으로써 더 민감해지기도
하지만 더 잘 보려는 정신적인 노력을 하는 것만으로도 눈의 예민성이 증
가될 수 있다.

제18장

안정(眼睛)피로에 관한 문제들

근래에 이르러서는 눈을 혹사하면 여러 가지로 해로운 결과를 초래한다는 점이 일반적으로 인식되어 있다. 그리고 안정(女睛) 피로라는 문제와 더불어 눈부심, 조명도, 광도, 색채 등에 관한 문제들이 매우 날카롭게 부각되자, 이러한 문제들에 대처하기 위하여 '광도공학(光度工學)' 또는 '색채조절학'이라고 알려진 응용과학들이 지난 10여 년에 걸쳐 개발되어 왔다. 그리하여 색채의 효용을 연구하는 새로운 분야가 열리게 되었는데, 이러한 연구들은 기능적(技能的)인 관점에서의 접근방법에 기초를 두고 있을 뿐 아니라 측정 가능한 여러 가지 사실들 및 전문적인 조사연구, 신빙성 있는 공학적 방법에 의해 증명된 것이다.

눈이 지나치게 피로해지면 체내에서는 여러 가지의 반응들이 연속적으로 일어난다. 그러므로 우리가 이 장에서 다루어야 할 목표는 안정피로의 주요 원인들을 밝히고, 그것들을 생리적인 반응과 결부시킴으로써 불리한 시각조건(視覺條件)을 교정하는 데에 실제적으로 널리 적용할 수 있는 과학적인 원칙들을 몇 가지 확립하려는 것이다. 이러한 연구는 넓은 범위에 걸쳐 실제적인 가치를 지니고 있기도 하다.

안정피로란 무엇인가?

안정피로라는 용어는 결코 흔히 사용되는 말은 아니다. 그러나 과학자
들 사이에서도 이 용어가 널리 사용되는 실정이므로 '눈의 피로'라는 말
을 좀 더 정확하게 기술하기 위하여는 이 용어를 사용하는 것이 불가피하
게 되었다. 언뜻 생각하기로는 눈의 연속적인 사용, 그리고 심지어는 과
도한 사용까지도 인체의 다른 기관이라든가 근육을 그처럼 연속적으로,
또 과도하게 사용하는 것보다는 더 해로운 것이 없을 것처럼 보인다. 또
한 육체적인 운동을 심히 힘드는 일이라고 생각하는 사람들도 거의 없다.
그러므로 근무시간 중에 눈을 많이 쓰는 사람이 같은 시간 동안 도랑을
치는 사람보다 더 불리한 작업조건에 있다고 단정해야 할 이유는 더더구
나 없는 것이다.

극단적으로 밝거나 눈이 부신 경우를 제외한다면, 눈은 여간해서 '녹
초'가 되지는 않는다. 그리고 또 실제로도 눈은 사용할수록 더 좋아진다
는 증거가 얼마든지 있다. 사람들은 흔히 눈의 피로―좋지 못한 시각조
건 하에서 생겨날 수 있는―가 망막에 있는 시신경과 관련되어 있다고들
생각하는데, 그것은 전혀 잘못된 생각이다. 눈의 피로는 오히려 근육의
피로와 관련되어 있는 것이기 때문이다. 이 점에 대하여 간단히 설명해
보기로 하자. 눈에 들어오는 빛의 세기가 상당히 심하게 변화한다고 해도
눈은 쉽게 '지치지'는 않는다. 물론 태양을 똑바로 쳐다보거나 할 경우에
는 눈이 손상될 수도 있을 것이다. 그러나 이와는 달리 럭키쉬(Luckiesh)
는 다음과 같은 견해를 보이기도 한다.

"빛의 강도가 100만배 정도 변화한다고 해도 시각이 이루어지는 과정에
서 그 변화를 보상(補償)할 수 있으므로, 빛의 강도가 100배쯤 변화하
는 것만으로는 눈에 긴장을 주거나 또는 인체에 바람직하지 못한 영향
을 미친다고 할 수는 없을 것이다."

인간의 눈은 수백만년 동안에 걸쳐 늘 그래왔듯이, 정상적인 조건 하에서의 '보는' 작업을 매우 안전하게 수행하고 있으며, 그 주어진 작업이 자연의 의도를 넘어설 정도로 지나치게 자극적이 아닌 한 쓰면 쓸수록 더욱 더 좋아진다.

또한 인간의 눈은 연속적인 사용과 격렬한 사용까지도 감당해 낼 수 있으므로 안정피로가 눈을 너무 많이 쓰기 때문에 생겨난다는 말은 너무 많이 듣거나 촉감을 느끼거나 맛을 보거나 하면 '청각피로', '촉각피로', 또는 '미각피로'가 생겨난다는 말과 마찬가지로 비논리적인 말이다. 따라서 눈이 남용된다고 한다면, 그것은 대체로 눈의 기능을 방해하거나 불가능하게 하는 해로운 자극에 눈을 노출시키기 때문이지, 눈을 너무 많이 사용한다든가 지나치게 사용하기 때문은 아니다.

불완전한 시력의 빈도

미공중위생국에서 발표한 수치에 따르면, 국민학교 학생들 중 약 22%는 시력이 나쁘다고 한다. 또 대학생들의 경우에는 그 비율이 40% 정도로 뛰어오르며, 30대와 40대의 사람들에 있어서는 그 비율이 50%에 달한다고 한다. 50대에 이르면 불완전한 시력의 빈도가 70%에 달하며, 60대에서는 그 비율이 90% 이상이라는 것이다.

그러나 하몬(D. B. Harmon)과 같은 학자는 국민학교 학생들을 연구대상으로 한 최근의 연구를 통하여 미공중위생국에서 발표한 것보다도 더 높은 수치를 제시하고 있는데, 그는 '북미의 국민학교 학생들 가운데 약 59%가 근시안 또는 난시안이며, 그 때문에 시각에 좋지 못한 영향을 미치거나 시각이 왜곡(歪曲)되기도 한다'고 말한다. 하몬은 여타의 권위자들과 마찬가지로 좋지 못한 시각과 육체적·생리적인 장애 사이에서 생겨나는 관계를 주시해 왔는데, 그 한 예로 그는 연령에 비해 생리적 기능의 발달이 충분치 못하고 학업성적이 불량한 아동들 가운데 62%는 눈이 나쁘다는 사실을 지적했다. 따라서 뒷자리에 앉은 아동들에게는 그 아동들이 책벌레가 아닐지라도 안경이 필요하다는 것이다.

안정피로의 원인들

여러 권위자들, 특히 조명분야에 종사하는 권위자들은 시력의 결함에 관한 수치들을 부당하게 늘어놓으면서 시력의 손상이 주로 눈을 심하게 쓰는 작업과 충분치 못한 조명에 기인한다고 주장한다. 또 문외한들로서는, 눈을 너무 많이 사용한다든가 또는 일을 할 때 조명이 충분치 못하면 눈이 나빠질 것이라고 믿기도 쉬울 것이다. 그러나 그보다는 오히려 시력이 좋으려면 우선 유전적으로 타고나야 한다고 말하는 편이 훨씬 더 정확할 듯싶다. 즉 부모의 눈이 좋으면 자식들의 눈도 대체로 좋다. 한편 유전적인 원인 외에도 눈은 (1)심한 질병, (2)영양실조, (3)눈을 몹시 혹사시키는 작업, (4)몹시 번쩍이거나 명암의 대비가 극심한 주위환경, (5)불충분한 조명 등으로 인해 나빠지기도 한다.

위의 예에서 적힌 순서를 보면 조명은 맨 마지막에 놓여 있다는 것을 알 수 있다. 실제로 이제까지는 눈에 해를 끼치지 않고 또 편하게 보기 위해서는 조명이 밝아야 한다는 점을 너무 지나치게 강조해 왔던 것 같다. 그러나 너무 지나치게 밝거나 번쩍이는 조명은 불충분한 조명보다도 더 나쁠 때가 많다. 그뿐 아니라 조명의 밝기만으로는 이상적인 시각기준을 판가름하는 기준이 되지 못한다. 에른스트 시몬슨(Ernst Simonson)과 요셉 보어제크(Josef Borzek)에 의해 이루어졌던 포괄적인 연구에서도 '조명 기사들은 대체로 조명도의 변화가 미치는 영향을 너무 과장하는 경향이 있다'는 결론이 나왔다. 위의 두 연구자들은 광원의 밝기가 5촉광에서 300촉광에 이르기까지 여러 가지로 변화한다고 해도 안정피로에는 별 차이가 생기지 않는다는 것을 알아냈다. 그들은 또 매우 완벽한 실험을 거친 후에 다음과 같은 결론을 내리기도 했다.

"눈을 쓰는 작업으로부터 야기되는 피로는 조명의 밝기와는 관계없는 요인에 의해 생겨난다고 설명할 수밖에 없다. 조명도는 결코 시각피로를 일으키는 가장 중요한 요인이 될 수는 없다."

인간의 눈은 보는 임무를 경이적인 정도로까지 잘 해낼 수 있지만 극단적으로 눈부신 빛을 본다든가 조명이 너무 지나치게 밝다든가 또는 눈에 해로운 연기나 방사선을 쪼이게 되면 눈이 손상될 수도 있다. 또 지속적으로 눈길을 집중시켜야 하는 작업, 세세한 부품을 조립하는 작업, 정신적인 판단과 분별을 요하는 정밀한 작업 등은 모두 눈에 피로를 초래하며 인체기관 전반에 걸쳐 간접적인 영향뿐 아니라 직접적인 영향을 미치기도 한다.

안정피로의 결과

눈을 혹사하거나 또는 잘 보이지 않는 것을 억지로 보려고 할 경우에는 여러 가지의 생리학적·심리학적인 반응들이 일어나는 것을 볼 수 있다.

우선 눈의 깜빡이는 횟수가 증가한다. 몇 시간이 경과하면 빛의 세기가 변화하지 않는데도 동공이 확장된다. 눈길을 한 곳으로 집중시키는 능력, 미세한 밝기의 차이를 구별하는 능력 및 명확한 상을 맺는 능력이 감소되기도 한다.

시야의 주변부를 볼 수 있는 능력이 감소하며 망막의 주변부에서도 상이 더 흐릿하게 맺혀진다.

위에서 본 안정피로의 결과들은 눈을 쉬게 하면 대개는 없어진다. 그러나 눈을 오랫동안 계속해서 혹사하면 이러한 결과들이 영구적으로 지속될 수도 있다. 안정피로에 관한 병리학(病理學)은 페레(Ferree)와 랑(Rand)에 의해서 상세히 다루어져 왔는데, 그들의 견해에 의하면 안정피로의 주원인은 대체로 시야가 너무 밝아서 잘 보이지 않는 것에 기인한다고 한다. 즉 너무 밝은 빛을 받으면 동공이 수축되어 눈에 사물을 명확히 볼

수 있는 충분한 양의 빛이 들어가지 못한다는 것이다. 그 결과 눈의 혈관
이 비정상적으로 충혈되고 젊은 사람들에게서는 그와 같은 충혈로 말미암
아 안구가 앞뒤로 잡아늘여져서 실제로 근시안이 되는 경우도 있다고 한
다. 또 페레와 랑은 눈이 충혈되면 홍채와 수정체의 구조가 일그러지기도
하고, 망막 그 자체도 손상을 입게 되어 염증이 생겨나거나 기능을 상실
할 수도 있다는 결론을 내리면서 다음과 같은 점을 지적하기도 했다.

　"눈은 햇빛의 영향을 받으며 발달해 왔다. 그리고 이러한 조건하에서는
세 가지의 조절기능만이 발달하며 또 실로 이 세 가지의 기능만이 필요
할 뿐이다. 세 가지의 기능이란 눈에 들어 오는 빛의 양을 조절하는 동
공의 기능과, 거리가 각각 다른 물체로부터 오는 빛을 받아 초점을 맞
추는 수정체의 기능, 그리고 수정체의 주축(主軸)으로 모아진 빛을 받
아 상을 맺는 망막의 기능이다."

기타의 증세

　시각적인 조건이 몹시 나빠서 사물을 똑똑히 볼 수 없게 되더라도 눈은
그 기능을 최대한으로 발휘하려고 한다. 그러므로 우리가 초점이 잡히지
않은 영화를 보게 될 경우, 눈의 수정체는 초점을 잡아보려고 헛된 노력
을 계속하게 될 것이다.

　안정피로가 지속되면 몸 전체에 걸쳐 근육의 긴장도가 증가한다. 그리
고 더 나아가서는 혈압과 맥박수까지도 증가하며, 그에 따라 두통, 구토,
신경과민, 흥분증세 등이 일어나기도 한다.

　럭키쉬(Luckiesh)는 생각해가면서 눈을 쓰는 작업과 현대인에게서 빈
발하는 심장질환 사이에는 어떤 관계가 있음직하다는 견해를 표명하면서
다음과 같은 말을 했었다.

　"최근에 미공중위생국에 의해 조사된 직업병과 직업병적인 사망율의
연구결과를 보면, 어떤 회사에서는 약 6천여 명의 노동자들이 세세한

부품들을 정밀하게 조립하는 작업에 종사하고 있는데, 그들 중 거의 80
% 가 그 일을 계속하게 될 경우 5년 내에 심장병에 걸려 생명이 위험해
질 염려가 있다고 한다. 또 직업과 질병의 기록이 연구되었던 나머지 5
만 9천명의 노동자들에게서 나타나는 증세도 거의 유사하다. 그러므로
생각해가면서 보아야 하는 직업과 그 직업에서 생긴 심장질환에 기인
하는 빈번한 사망률 사이에는 되먹임효과(어떤 원인이 결과로 나타나고
그 결과가 다시 원인으로 되돌아가서 결과를 더욱 더 가중시키는 효과 : 역
주)가 있다고 볼 수도 있을 것이다.”

때로는 안정피로의 증세가 거의 전적으로 정신적, 심리적 원인에 기인
하는 것일 수도 있다. 그 한 예로 본 저자는 병력(病歷)의 연구를 통해 여
성근로자들 사이에서 일어나는 구토와 질병은 불충분한 조명에 기인하는
것이 아니라, 복잡한 전자부품을 조립하는 일을 하는 동안 색을 제대로
분간할 수 없기 때문에 생겨난다는 사실을 밝혀내기도 했다. 말하자면,
경영자는 정확성에 주안점을 두었던 것이고(색별법을 써서 수치를 나타내
면 일부가 지워져도 알아볼 수 있으므로 부품을 잘못 써서 조립할 위험성이
훨씬 줄어들기 때문이다 : 역주), 근로자들은 어떤 특정한 색들(주황색과 갈
색, 파란색과 청록색)을 구별하기가 힘들기 때문에 작업을 수행하는 데 요
구되는 극도의 정신적 노력으로 인해 인내력이 고갈되었고, 따라서 근로
자를 쉬게 하거나 기운을 차리게 하려면 구내 양호실로 보내야만 했던 것
이다.

정신적인 원인이 안정피로에 영향을 미친다는 점은 우리가 극히 어둡거
나 극히 밝은 빛을 받으며 독서를 하거나 어려운 일을 할 때 흔히 경험할
수 있다. 한낮에 벤취에 앉아서, 또는 밤중에 현관에 앉아서 먼 곳을 바
라보는 일에는 별 긴장이 따르지 않는다. 그러나 위의 상황과 똑같은 상
황에서 책을 읽으려고 한다면 조명도를 적절하게 조절하지 않는 한 얼마
안가서 피곤해지고 마음이 산란하게 될 것이다.

극심한 공포감을 느꼈을 때도 시각이 심각하게 손상될 수 있다. 실제로
병사들 가운데서는 심리적인 맹인이 생겨나기도 한다. 이런 경우에는, 눈

은 극히 정상적이지만 뇌가 눈으로부터 전해진 자극을 전혀 받아들이지 않는다. 왜냐하면 뇌에 보고된 감각이 아무런 의미도 주지 못하기 때문이다. 심리적인 맹인은 흔히 급작스러운 충격을 받을 경우에 생겨나며, 또 다시 급작스러운 충격을 받음으로써 시력이 회복되기도 한다.

조명의 영향

살아 있는 생물체는 동물이건 식물이건 간에 빛이 오는 방향으로 몸을 향한다. 그리고 이와 관련하여 하몬(Harmon)은 교실의 밝기가 고르지 못하면 아동들의 자세가 흐트러질 수 있다는 점을 지적하기도 한다. 즉 그런 상황에서는 아동들이 좀 더 잘 보기 위해 등을 굽히기도 하고 어깨를 움츠리기도 하며 머리를 이리저리 빼기도 한다는 것이다. 그리고 그런 일이 날마다 계속되면 아동들의 자세가 눈에 띄게 나빠지며 심지어는 뼈가 정상적인 성장을 하지 못할 정도로까지 변형된다고 한다.

이상적인 시각조건을 마련하는 데 있어서, 조명의 밝기는 결코 가장 중요한 요소가 되지 못한다. 페레와 랑도 이와 같은 견지에서 '우리의 실험을 통해 나타난 바로는, 시야에 빛이 고르게 분배되어 극단적으로 밝은 면이 존재하지 않는 한 눈은 사실상 조명의 밝기와는 무관하게 기능하는 것 같다'고 언급했던 적이 있다. 이것은 틀림없이 맞는 말이다. 왜냐하면 우리의 눈에는 색채불변현상이라는 기능이 있는데다 수백만년에 걸쳐 진화한 우리의 눈은 빛의 밝기가 아무리 달라지더라도 매우 효율적으로, 또 매우 효과적으로 적응하기 때문이다.

그러나 빛의 강도를 제외한다면, 눈은 갖가지의 색을 지닌 발광체에 의해 어떤 영향을 받는 것일까? 인간의 눈은 노란색을 띠는 햇빛의 영향을 받으며 진화해 왔다. 이 범위의 스펙트럼은 가시도(可視度)가 가장 높다. 또 노란 빛은 눈에도 가장 잘 보이고 명확한 상을 맺으며 수차(收差)의 영향을 받거나 흐릿해지지도 않을 뿐 아니라 심미적인 즐거움까지도 줄 수 있는 빛이다.

사람들이 흔히 믿는 것과는 달리, 명확히 볼 수 있는 능력은 조명의 색이 파란 빛의 극단을 향해 접근할수록 점점 더 감소한다. 페레와 랑도 이와 관련하여 '가장 명확하게, 가장 빠르게 볼 수 있는 능력과 오랫동안 계속해서 볼 수 있는 능력은 스펙트럼의 중간범위에 있는 파장, 즉 노란 빛, 등황색의 빛 및 연두색 빛을 받을 때 생겨난다'고 기술했던 바 있다. 광원의 색으로 가장 바람직하지 못한 것은 초록색, 빨간색, 파란색인데 그 중에서도 파란색은 가장 못마땅한 색이다.

흔히 쓰이는 형광등과 백열등은 3500℃의 온도에서 내는 빛을 발하며 잘 보이고 눈을 편하게 하는 시각조건을 마련하기에는 대체로 만족할 만하다. 왜냐하면 그것들이 내는 빛은 눈에 초점을 잘 맺히게 해주기 때문이다. 그러나 원시안인 사람들에게는 따뜻한 색 계통의 빛을 내는 광원이 바람직하고 근시안인 사람들에게는 찬 색 계통의 빛을 내는 광원이 바람직하다. 왜냐하면 따뜻한 색 계통의 빛은 눈의 수정체를 볼록하게 만들어서 원시안에 도움이 되고, 찬 색 계통의 빛은 수정체를 평평하게 만들어서 근시안에 도움이 되기 때문이다.

몇몇 권위자들은 형광등이나 자외선을 내는 기타의 광원들이 눈의 혈액 속에 들어 있는 비타민을 빨리 파괴하므로—그리고 그에 따라 체내에서 특정한 영양분을 파괴하므로—해로울지도 모른다는 의견을 내놓기도 했는데, 그러한 공론(空論)의 진위에 대해서는 열띤 논쟁이 있었지만, 아직까지도 그런 말을 하는 사람들이 간간이 눈에 띈다. 어쩌면 럭키쉬가 말했던 대로 '돌팔이 의사들과 엉터리 치료의 입장에서는 빛과 색채와 방사선 에너지를 다루는 분야만큼 울궈먹기 좋은 분야가 없는' 것인지도 모르겠다.

사람들은 대체로 광원의 색이 햇빛의 색과 현저히 다른 것은 좋아하지 않는 듯한데, 그 이유가 심리적인 원인에 기인하는 것인지, 또는 아직까지 알려지지 않은 생리적 효과에 근거를 둔 것인지는 알 수 없다. 그러나 조명의 색은 가능한 한 햇빛의 색과 같아야 한다고 결론을 내리는 편이 좋을 것 같다.

광도공학

럭키쉬는 '눈을 써서 하는 일을 주위환경과 분리시킬 수는 없다…… 높은 가시도라든가 보기에 편하고 잘 보이는 작업환경은 거의 대부분이 적절한 조명공학의 산물이다'라는 견해를 피력한 바 있다. 그러므로 우리는 안정피로의 치료법을 적절한 식이요법이나 의학적인 치료에서만 찾을 것이 아니라, 눈에 효율과 안락함을 더해주는 색채와 색채의 기능에서도 찾아야 한다. 예를 들어 시야에 극단적으로 밝은 면과 어두운 면이 동시에 나타난다면, 눈동자는 눈에 들어오는 빛의 양을 조절하기 위해 끊임없이 변화할 수밖에 없을 것이다. 또 주위의 색이 너무 밝아도 마음이 분산되기 때문에 어떤 사물이나 작업에 눈길을 집중시키기가 매우 어렵게 된다. 럭키쉬도 이러한 점과 관련하여 '눈은 어느 쪽을 바라보고 있거나 대체로 시야의 주변에서 보이는 밝은 물체에 맞게 조절된다'는 말을 했던 바 있다. 사실 위에서와 같은 상황이라면 본다는 일은 누군가가 벨을 울리고 있는 동안 말소리를 들으려고 애쓰는 것만큼이나 어려울 것이다.

바람직한 시각조건에 필요한 사항들을 요약하기 위해 그리고 다음장에서 논의될 기능적 색채의 여러 원칙들과 그 사례(事例)들을 미리 알아보기 위해 이하에서는 몇 가지의 일반적인 결론들을 제시하겠다.

이상적인 시각조건을 마련하기 위해서는 조명, 색채 및 광도에 관한 여러 사항들이 복합적으로 고려되어야 한다. 또 이러한 사항들과 더불어 생리적, 신경적, 심리적인 요인들까지도 모두 함께 고려되어야 하므로 이상적인 시각조건이라는 문제는 안과학의 견지에서만 해결할 수는 없는 문제이다.

시각적인 효율과 안락함, 또는 이상적인 시각조건이라는 문제는 빛의 밝기에 의해서만 결정되는 문제는 아니다. 사실상 어둠침침한 빛이 밝은 빛보다 눈에 더 해롭다고 권위있게 장담할 수는 없는 것이다. 물론 눈이 보이기 위해서는 빛이 필요하며 또 밝은 빛이 어둠침침한 빛보다 더 바람직하다는 것에는 의심할 여지가 없다. 그러나 밝은 조명에 부수되는 색채의 조절이 따르지 않는다면 빛을 낭비하게 될 뿐 아니라 시각에 불리한 영향을 미치는 번쩍임이나 극단적인 명도차가 생겨나기 쉽다.

한편, 페레와 랑도 이러한 사실과 관련하여 다음과 같은 견해를 제시했던 바 있다.

"시야에 매우 밝은 물체가 나타나면 눈길이 강하게 끌려서 눈이 그 물체에 적응되지만 우리는 자발적인 노력을 들여서라도 그처럼 눈길이 끌리는 것을 제어하기 마련이다. 그러나 눈길이 반사적으로 강하게 이 끌리는 것을 자발적으로 제어하게 되면 결과적으로 눈이 곧 피로해지며 작업대상물을 명확히 보는 데 필요한 조절능력을 지속시킬 수 없게 된다."

실내의 시설물들이 어두운 색으로 되어 있고 또 교체할 수도 없는 것일 경우에 벽의 색이 연한 색조로 되어 있다면 광원의 밝기가 25~30촉광 이상일 때는 문제점이 발생하기 쉽다. 만일 실내의 명도를 더 밝게 할 수 있다면(그러나 천정을 제외한 곳의 반사율은 60% 이하이어야 한다) 더 밝은 광원을 쓸 수도 있고 또 매우 바람직한 시각조건이 이루어질 수도 있을 것이다.

그러므로 위에서 본 사실에 비추어 본다면, 오늘날 미국의 사무실, 공장, 학교 등지에서 쓰이는 조명의 강도가 일반적으로 크게 향상되었다고는 하지만, 바닥재, 책상, 서류함, 기계류, 목공물, 페인트 등을 제조하는 사람들이 광도공학적인 견지에서 충분한 협동적 노력을 기울이지 않는 한 조명이 밝아진 것만으로는 실제적인 향상이 이루어졌다고 할 수 없을 것이다.

따라서 여러 사람들의 협동적인 노력이 이루어지기 전까지는, 그리고 오늘날의 일상적인 실내에서 일상적으로 마주치는 일들을 하기 위해서는, 광원의 밝기가 25촉광 근처인 것이 안전하다. 그러나 생각해가면서 보아야 할 때는 25~50촉광의 광원을 사용해도 무방할 것이다.

본 저자의 견해로는, 일반적인 실내조명의 밝기가—극히 세심하게 조절된 조건일 경우를 제외한다면—100촉광을 넘어서는 안될 것 같다. 그러므로 밝은 빛이 필요할 것 같으면 작업대나 작업물 바로 위에 보충적인 광원을 설치해야 한다.

반사율에 관한 문제에 있어서도 다음 한 가지 사항만은 간과하지 말아야 한다. 백인종의 피부에서는 대체로 50% 정도의 빛이 반사된다. 그런데 모든 실내공간은 사실상 인간이 거주하기 위해 설계된 것이므로 벽의 색(또한 마루, 장비, 기계류 등의 색)은 그 명도가 너무 높으면 안된다. 벽의 명도가 너무 높으면 사람의 모습이 흉해지기 때문이다. 어쩌면 머리둘레로 후광이 나타날 수도 있고 피부색이 거무스레하게 진흙처럼 보일지도 모른다. 또 주위가 너무 밝으면 눈길이 강제적으로 끌리기 때문에 주의가 심히 산만해지고 작업에 주의를 집중시키기가 어려워진다. 정말로 이상적인 실내환경이 조성되려면 반사율이 25% 이하이거나 60% 이상인 색을 써서는 안된다. (천정은 제외)

명도차가 적은 것이 바람직하다. 눈부심을 없애야 한다. 작업물의 조도가 주위의 조도보다 약간 더 밝을 때 시각의 기능이 최대한도로 발휘된다. 단조로움은 피해야 한다. 시각의 심리적인 관점 및 색채불변과 같은 현상에 많은 연구가 기울여져야 한다. 왜냐하면 시각과정은 시각기관에서뿐 아니라 개개인의 심리적 기질 속에서 그리고 뇌에서도 이루어지기 때문이다.

제19장

. . . .

기능적 색채

'기능적(機能的) 색채'라는 말은 대체로 색을 사용하거나 적용함에 있어, 아름다움이라든가 겉모양 따위보다는 실제적인 목적이 주가 되는 경우에 쓰이는 용어이다. 색채가 시각의 명료성(明瞭性)에 도움을 주기 위해 사용되는 곳에서는 — 병원에서의 외과수술 등 — 반드시 주관적인 태도에 앞서 객관적인 태도를 취해야 한다. 즉 뚜렷하게 잘 보이도록 해야 하지 개인의 호불호(好不好)를 따져서는 안된다. 바꾸어 말하자면, 색채에 관한 문제는 대개 기술적(技術的)인 방법으로 다루어지고 예술적인 방법으로 다루어지지는 않는다는 것이다. 기능적 색채는 측정 가능한 사실들과 관련되어 있다. 그러므로 그것은 연구결과라든가 이미 알려진 시각적 반응, 또는 통계적으로 분석되어질 수 있는 데이타에 그 기초를 둔다. 또 기능적 색채는 소위 '실내장식'이라는 것과도 다르다. 왜냐하면 질서정연한 과학을 실행하기 위해 개인의 선호(選好)라든가 감정적인 태도 같은 것은 배제되기 때문이다. 그리고 좀 더 다른 상이점(相異點)에 대해서는 다음과 같이 강조할 수도 있을 것이다. 장식적 색채구성의 관건인 아름다움에는 취향이나 소견(所見) 외에 달리 기준이 없다. 그러나 기능주의적 색채 구성은 전적으로 확실한 증거에 의존한다.

가시도(可視度)

색채의 성질 가운데서 가시도(可視度)는 쉽게 측정할 수 있는 요소 중의 하나다. 이 가시도는 실험이나 실측(實測)을 통하여 결정되는 것이지 느낌이나 판단으로 결정되는 것은 아니다. 앞에서도 언급했던 바와 같이, 인간의 눈은 흰 빛, 노란 빛 또는 연두색 빛 속에서 가장 잘 보이고, 파란 빛 속에서는 가장 안보인다. 그러므로 색안경을 쓴다면 노란색이나 연두색으로 된 색안경을 쓰는 것이 가장 좋다. 이런 색들로 된 안경은 모든 색이 다 포함되어 있는 태양광선으로부터 과도한 '번쩍임'을 제거하여 가시도와 명료도를 높여줄 뿐 아니라, 눈에 악영향을 미치는 자외선까지도 차단해 준다. 실제로 햇빛이 쨍쨍 내리쬐는 날에는 노란색 색안경을 쓰고 있으면 더 잘 보이기도 하고, 또 멀리까지도 뚜렷이 볼 수가 있다.

불빛으로 신호를 할 경우에는, 밝은 빛이 흐릿한 빛보다는 분명히 더 잘 보인다. 그러나 빛의 밝기가 똑같다고 한다면, 빨간 빛이 가장 잘 보이고 그 다음으론 초록 빛, 노란 빛, 흰 빛의 순으로 잘 보인다. 파란 빛과 자주색 빛은 눈에 초점이 잘 잡히지 않고 흐릿하게 보이는 경향이 있다. 또 그런 빛들은 대기(大氣)에 의해 '산란(散亂)'되기도 한다.

크기가 같은 물건들을 놓고 볼 때면, 노란색과 흰색의 것이 가장 크게 보이고, 그 다음으로는 빨간색, 초록색, 파란색의 순이다. 그처럼 크기가 달라 보이는 이유는 눈이 거리감에 직접 영향을 미치기 때문이다.(전진색과 후퇴색) 그 한 예로 빨간색은 정상안(正常眼)의 경우, 망막 뒤에 초점을 맺는다. 그러므로 빨간색을 똑똑히 보기 위해서는 눈의 수정체가 두꺼워져서(볼록해져서) 그 색을 앞으로 끌어당긴다. 그와는 반대로 파란색은 정상안일 경우, 망막 앞에 초점을 맺어 수정체를 납작하게 만든다. 따라서 색이 뒤로 후퇴한다. 이와 관련하여 월즈(Walls)는 다음과 같이 적고 있다.

"시력 보정용(굴절 렌즈를 사용한) 안경은 대개 노란색의 초점이 시세포
(視細胞) 층에 초점을 맺도록 되어 있다. 그러므로 우리가 파란색 물체
로부터 그와 같은 거리에 있는 빨간색 물체로 눈을 돌릴 때면 사실상
눈의 초점을 조절해야 하고 또 파란색 물체로 다시 눈을 돌리면 눈의
초점도 다시 조절될 수밖에 없다."

노란색은 그것이 직접 빛을 낼 경우 뿐만이 아니라 페인트 등으로 칠을
했을 경우에도 가시도가 가장 높은 색이다. 그리고 노란색이 검은색과 결
합되면 가장 눈에 잘 띄는 색배합(色配合)이 이루어진다. 그 다음 순으로
눈에 잘 띄는 색배합은 흰 바탕에 녹색, 흰 바탕에 빨간색, 흰 바탕에 파
란색, 파란 바탕에 흰색이고 여섯 번째는 흰 바탕에 검은색이다. 그러나
이처럼 특히 눈에 잘 띄는 색배합은 책보다는 포스터나 가로 표지판에 더
많이 이용된다. 또한 '보기 쉽게 한다(가시도만을 뜻하는 것은 아님)'라는
문제에는 다른 요소들도 고려에 넣어야 한다. 그런 요소들 가운데 한 가
지로는, 노란색 같은 밝은 색을 오랫동안 응시하고 나면 눈이 피로해지
고, 시각을 교란시키는 잔상(殘像)이 생겨난다는 점을 들 수 있다.

바탕색

독서의 경우에서와 같이 생각해 가면서 '보는' 작업에 도움을 주기 위
하여, 이상적인 바탕색을 개발해 내려는 데에 과학자들은 많은 노력을 기
울여왔다. 그 결과 녹색 바탕이 눈을 편하게 해준다는 일반 사람들의 추
측은 몇 명의 권위자들에 의해 반증(反證)되었다. 그 점에 관하여 페레
(Ferree)와 랑(Rand)은 다음과 같이 적고 있다.

"책장을 녹색에 가까운 색도지(色度紙)로 하는 것은 눈의 피로와 불쾌
감을 증가시키므로 전혀 바람직하지 못하다."

광원(光原)과 관련하여 생각해 보더라도 책장이나 배색(背色)은 흰색으
로 하는 것이 가장 이상적이다. 그리고 꼭 배색이 필요하다면 노란색이나

진한 노란색 또는 연두색 계통의 색을 쓰는 편이 좋을 것이다. 페레와 랑도 그와 같은 견해를 표명하고 있다.

"인쇄된 활자가 검은색일 경우에는 어떠한 색도지도 흰색인 것만 못하다."

흰색 다음으로 연한 아이보리색, 또는 연한 크림색이 좋고 그 다음은 연한 황녹색이 좋다. 그러나 읽기 쉽다는 것은 색의 대비도(對比度)와 직접 관련된 문제이므로 흰 바탕에 검은 글자나 아이보리색 바탕에 검은 글자나 어느 것이 더 좋다고 잘라 말하기는 어렵다.

가시도 또한 빛의 세기가 달라짐에 따라 달라질 수 있다. 강한 빛에서는 검은 바탕에 흰 물체를 놓아둔 것이 가장 드러나 보인다. 그러나 약한 빛에서는 흰 바탕 위에 놓은 검은 물체가 가장 잘 보인다. 이러한 사실들은 본 저자가 2차대전 중에 미 해군이 사용하는 계기판들을 연구대상으로 하여 실험해 본 것들이다. 조명도가 낮은 상황에서는 바탕색이 흰색인 계기판이 가장 눈에 잘 띄었을 뿐 아니라 문자판 위에 적힌 글자도 가장 빨리 읽을 수 있었다. 이러한 점과 관련하여 페레와 랑도 다음과 같이 기술한 바 있었다.

"실험을 해 본 결과, 시각의 빠르기는 명료도와 직접적인 관계가 있다는 것을 알 수 있었다. 즉 흰 바탕에 검은 글자가 쓰여 있을 때처럼 시각(視角)이 좁고 명도가 낮을 경우가, 검은 바탕에 흰 글자가 쓰여 있을 때보다 식별하는 속도가 더 빨랐다."

색채 조절학

오늘날 '색채 조절학'이라고 알려져 있는 응용 과학은 가시도, 명료도 및 눈의 피로도와 커다란 관련을 맺고 있다. 이 학문은 우리가 공장이라든가 사무실, 학교, 병원 같은 곳에서 마주치는 시각조건(視覺條件)들을 다루고 있으며 믿을만한 과학적 원칙들을 전문적으로 적용함으로써 그런 장소에 가장 이상적인 색채를 제공하려는 것이다.

간단히 역사적인 면을 고찰해 보자면 색채 조절학이 생겨난 것은 금세기의 20년대 중반이었다. 그 당시 이 학문은 눈부심을 방지하고 외과의들의 시력을 향상시킬 목적으로 병원에서 연구가 시작되었다. 그리고 이 연구를 수행하기 위하여 새로운 기술이 생겨났고 그에 따라 눈의 피로도가 검사기구를 사용하는 방법으로 측정될 수 있게 되었다. 그 결과 조명도와 색채의 조절에 관한 여러 가지 성과가 이루어져서, 색채가 인간의 능률과 행복을 증진시키는 가치를 지니고 있다는 점이 명백해졌다.

색채 조절학이 병원과 학교에 — 그리고 나중에는 산업 기지와 사무실에 — 채용된 이래, 이 학문은 생산고의 증가, 제품의 질 및 기술수준의 향상, '2등품'과 '불합격품'의 감소, 사고율의 저하, 공장회계(會計) 및 기계유지 수준의 향상 등에 적용되어 왔다.

또한 이 색채 조절학은 생산량은 증가되어야만 했고, 노동자는 부족했으며, 생산업체에서는 희생을 감수할 수밖에 없었던 2차대전 기간 동안 여러 가지로 많은 자극을 받았다. 그리하여 색채 조절학의 가치가 광범위하게 실험되었고 또 받아들여졌다.

흰색이 좋지 않은 경우

인간의 시각 기관은 눈에 들어간 빛의 양에 따라 조절되므로 빛의 밝기는 보는 행위에 있어서 중요한 요소 가운데 하나가 된다. 어느 한 장소에서는 빛의 밝기가 균일한 것이 능률을 위해서나 눈을 편하게 해주기 위해서도 바람직하며, 빛의 밝기가 극단적으로 균일하지 못할 경우에는 여러 가지 문제점이 생겨날 수도 있다.

예를 들어 똑같은 촉광수의 빛을 작업대에 비쳐주는 조명 설비가 두 가지 있다고 하자. 그 중 한 가지는 전구가 노출되어 있고 다른 하나는 전구가 노출되어 있지 않다면, 눈이 적응하는 정도도 각기 다르다. 그리고 전구가 노출되어 있는 경우에는 눈동자가 너무 지나치게 수축되어 잘 보이지가 않으므로 눈이 아파질 수도 있다. 영국의 리드고(R. J. Lythgoe)에 의해 행해진 권위 있는 연구에서도, 주위의 조명도가 작업대의 조명도와 같은 정도로 유지되면 시각의 명료도가 증가한다는 점이 발견되었다. 그러나 주위의 조명도가 작업대의 조명도보다 더 높으면 명료도가 급격히 감소한다. 럭키쉬(Luckiesh)는 이 점과 관련하여 다음과 같이 언급한 바 있다.

"주위의 조명도가 중심부의 조명도보다 다소 낮은 것이 가장 바람직하다고 결론지을 수 있겠다. 모든 실험의 결과로 보아 주위의 조명도가 중심부의 조명도보다 더 높은 경우에는 바람직하지 못하다는 점이 명백하다."

그러나 이러한 사실에도 불구하고 어떤 조명기사들은 제멋대로 흰색이나 흰 빛을 띤 누르스름한 색이 (될 수 있는 대로 전력 소모량에 비해 많은 빛을 끌어내기 위해서) 작업환경에 좋다고들 하는데, 그런 조명환경은 절대로 바람직하지 못한 것이다. 벽이 흰색일 경우에는 눈동자가 축소되고 잘 보이지를 않으므로 주의가 산만해져서 좋지 않다. 겨우 5 % 나 10 % 의 조명효율을 높이기 위해서 인간의 효율은 25 % 또는 그 이상 떨어질 수도 있는 것이다. 작업환경 가운데서 마루가 짙은 색이거나 또는 시설물 및 작업 대상물이 짙은 색일 경우에, 올바른 시각 환경이 이루어지려면 벽은 부드러운 색조로 구성되어야 한다.

여러 원칙들의 고찰

공장이나 사무실에서 사용될 조명설계에 대해 세부적으로 밝히는 일은 전혀 불가능한 일이 아니다. 천정은 거의 예외없이 흰색이라야 한다. 그렇게 하는 것이 간접조명 방식의 효율을 늘리는 데 필수적이다. 직접조명 방식에 있어서도 머리 위쪽에 흰색이 있으면 전등설비와 그 주변에 있는 것들 사이에서 이루어지는 강한 대비를 줄여준다. 흰색은 '중립적'인 색이므로 심리적으로 별다른 관심을 끌지 않기 때문에 주의의 집중을 증가시킨다.

벽의 상단부(대체로 지붕의 서까래나 트러스의 하단과 같은 높이)는, 바닥이나 시설물의 색이 어두운 편일 때는 반사도(反射度)를 50~60% 사이로 하고, 실내의 대부분이 밝은 편일 때는(또는 밝게 할 수 있을 때는) 반사도를 60~70%로 해야 한다. 벽의 반사도는 가장 완전하고도 현대적인 조명설비를 갖춘 동시에 바닥이나 시설물의 색이 여린 색일 때만 70% 이상으로 할 수 있다. 그 외에는 창고 등의 경우와 같이 보는 행위에 사고(思考)를 수반하지 않는 장소에서만 쓸 수 있다. 그러나 벽의 색이 밝으면 그 벽을 등지고 있는 사람의 모습이 절대로 더 나아 보이지는 않는다는 점을 잊지 말아야 한다.

벽의 밑둥은, 얼룩을 숨기려면 빛을 25%보다 적게 반사하거나 40% 이상 반사시키는 색을 써서는 안된다. 바닥은 가능하다면 적어도 25%의 빛을 반사시켜야 한다. 기계류나 시설물, 책상 등은 바닥의 색이 밝으면 좀 더 밝은 색으로, 바닥의 색이 어두우면 좀 더 짙은 색으로 하여, 반사도가 25% 내지 40% 사이에서 정해져야 한다.

이러한 반사비율은 무수히 많은 공장에서 성공적으로 적용되어 왔으며 그에 따라 널리 시도되고 또 연구되게 되었다.

그 밖에도 다음과 같이 세세하게 구별할 수도 있다. 창문틀은 창문 밖의 밝기와 대조되는 것을 줄이기 위해 흰색이나 흰빛이 섞인 밝은 색을 써야 한다. 기계류는 뒤퐁(Du Pont)의 '3차원적 시각의 원칙'에 따라 중요한 부분과 작업자의 관심이 집중되는 부분을 밝은 색으로 강조할 수도 있을 것이다. 다수의 미세한 물체들을 보아야하는 작업일 경우에는 작업대 뒤에 차폐막(遮蔽幕)을 설치해야 하는데 그것은 첫째 빛을 반사시켜서 작업 대상물들이 잘 구별되도록, 둘째 작업자의 시계(視界)를 한정하여 작업자의 눈길이 고정되도록, 셋째 떨어져 있는 곳에서 움직이는 물체나 그림자가 보이지 않도록 넷째, 작업자에게 고립되어 있다는 느낌을 더 잘 줄 수 있도록 설치되어야 한다. 보통 그런 차폐막은 작업자의 시계를 45도 내지 60도 사이에서 가릴 수 있어야 한다.

벽면의 색을 중간 밝기 정도의 색으로 처리하는 방법도 널리 적용되어 왔다. 대부분의 작업자들이 눈을 긴장시켜야 하는 작업을 수행하면서 눈길을 한 방향으로만 돌리도록 되어 있을 경우에는 전면의 벽이 25% 내지 40%의 빛을 반사할 때 유쾌한 색이 될 수 있다. 그리고 그런 벽면을 쳐다봄으로써 눈동자가 불필요하게 수축하는 것도 막을 수 있다. 그런 벽은 눈에 번쩍이는 듯한 자극을 주는 것이 아니라 편안한 휴식을 준다. 또 오랫동안 지속된 긴장을 늦추어줌으로써 심리적인 즐거움과 휴식도 준다. 이 점이 바로 산업계에서 널리, 그리고 성공적으로 활용되어온 원칙인 것이다.

색채의 유형

산업용으로 쓰이는 색은 부드럽고 약간 회색빛을 띤 색이 가장 좋다. 그런 색들은 공격적이지 않고 덜 산만하며 먼지와 얼룩을 가장 효과적으로 숨겨준다. 원래 파란색이나 노란색 같은 원색들은 싫증이 나기 쉬운 색이다. 그러나 그런 색들이 약간씩 섞여 있을 경우(푸르스름한 녹색·복숭아색)에는 더 쾌적한 환경을 제공할 수도 있을 것이며, 오랫동안 보아도 '지겹지 않은' 색이 된다.

작업자들이 비교적 고온의 작업환경 속에서 일하는 경우에는 초록색이나 파란색과 같은 '서늘한 색'을 쓰는 것이 논리에 맞다. 그와는 반대로 상아색이나 크림색, 또는 복숭아색 같은 '따뜻한 색'은 천정이 높거나 썰렁한 곳을 부드럽게 해주며 자연광선의 부족을 보상해 주기에 적합하다.

목욕실이라든가 휴게실, 간이식당 등과 같이 전혀 부담을 주지 않는 장소에는 맑고 깨끗한 색을 쓰는 편이 좋다. 그런 곳에서는 일반적으로 선호되는 색을 고려하여 남성용은 파란색을, 여성용은 장미색을 쓰는 것이 이상적이다. 계단이나 복도처럼 대체로 자연광선이 차단되는 곳에는 노란색 계통의 밝은 색을 쓰는 것이 효과적이다. 창고의 경우에는 흰색을 쓰는 것이 가장 좋으며 그렇게 함으로써 조명의 효율을 극대화할 수 있을 것이다.

그러나 머리를 써가면서 보아야 하는 작업을 하는 장소와 주의를 집중해야 할 필요가 있는 장소에는 초록색, 회색, 파란색 등을 부드럽게 변화시킨 색들이 가장 좋다. 넓고 천정이 높은 장소에는 벽 전체를 상아색, 크림색 또는 복숭아색으로 칠하거나 벽의 상단과 하단에 노란색을 사용하면 유쾌한 분위기를 연출할 수 있다. 우중충한 회색빛의 기계류는 중요부분과 작동부분을 담황색으로 강조하는 것이 가장 효과적이다. 중간 밝기의 회색은 덮개, 톱니바퀴, 선반 등 별로 중요하지 않은 부분에 가장 적합하다. 색채는 중립적이라기 보다는 지시적이라는 점을 기억해 두어야 한다. 색채가 전략적으로 사용될 경우에는 무질서한 가운데서 순서를 정하고 중요한 부분과 중요하지 않은 부분을 구별하며 작업자가 자기의 일에 집중할 수 있도록 도와줌으로써 정신적인 노력을 덜어주기도 한다.

실제에 있어서와 마찬가지로 이론에서도 색채의 목적이 작업자를 너무 '고취시키는' 것이어서는 안된다. 고취된 정도가 지나치게 되면 소란스럽고 엉뚱한 결과가 초래될 수도 있는 것이다. 그와는 반대로, 색채는 작업과 내면적인 통합을 이루어야 하며 외부적인 자극을 주는 것이어서는 안된다. 피로가 제거되면 능률의 향상은 자동적으로 수반된다. 더 쉽게 볼 수 있으므로 긴장이 덜해지기 때문이다. 색은 참고 견딜 수 있도록 구성되어야 하는 것이 아니라 보기에 알맞도록 구성되어야 한다. 알맞게 구성된 색은 시력을 향상시킬 뿐 아니라 기분까지도 유쾌하고 활기차게 해준다.

능률향상과 색채조절

응용과학의 한 분야인 색채 조절학은 어느 곳에서나 사실들, 즉 생산
고, 사고집계, 시력측정 등을 다룬다. 색채 조절학의 목적은 페인트를 더
팔려거나 여러 가지 시설물들에 더 밝은 색을 칠하려는 것이 아니다. 이
학문의 목적은 능률을 향상시키고 인간의 노력을 절감시킴으로써 이익을
얻으려는 것이다. 그러므로 기능적 색채를 좀 더 명료한 사실에 비추어
고찰하고 적절히 수행된 조사연구의 결과들을 몇 가지 전제(前提)하는 것
이 좋을 듯하다.

본 저자는 의학계에서 전국 대표자 회의가 열리기 전부터도 색채의 조
절을 과학적인 관점에서 제시해 왔다. 또 한편으로는 색채의 조절에 관한
최선의 원칙들이 안과의사들을 양성하는 대학 과정에서 사용될 수 있도록
여러 가지의 서적과 특수한 출판물들을 통하여 집적되어 왔다. 그리하여
이제는 의학계에서도 색채가 안전 및 위생 등의 문제와 밀접하게 관련되
어 있다는 점을 대체로 인식하고 있다. 오늘날 미국의 주요 의과대학들에
서는 시각과 관련된 분야에 종사하는 내과의 및 외과의들이 색채의 산업
적인 관점에 특별한 주의를 기울이고 있다.

전국 산업연합위원회의 보고서

산업계에 적용된 색채 조절의 가치를 철저히 조사한 책이 전국 산업연
합위원회에서 출판되었다. 이 위원회에서는 그 전에 대규모로든 소규모로
든 색채 조절을 적용해왔던 350여 업체에 대해 상당히 긴 설문에 응답해
달라는 요청을 했었다. 그러나 색채의 조절로 생겨나는 효과는 색 그 자
체 만큼이나 애매모호한 것이어서 측정하기가 매우 어렵다는 난점이 있었

으므로 대부분의 회사에서는 색채조절 계획을 평가할 준비가 되어있지 않았다.

그러나 색채 조절학이라는 학문이 매우 생소한 것임에도 불구하고 그 책에 나타난 여러 사실들은 매우 인상적인 것이었다.

64.7%의 업체에서는 색채를 조절함으로써 조명효과를 높였다고 응답했다.

27.9%의 업체에서는 생산고가 증가되었다고 보고했다.

30.9%의 업체에서는 제품의 질이 향상되었다고 응답했다.

19.1%의 업체에서는 눈 및 신체의 피로가 감소되었다고 논평했다.

14.7%의 업체에서는 색채의 조절이 방심을 줄여준다고 했는데 이 경우에는 종업원들의 사기가 더 높아졌다는 점이 지적되기도 했다.

결국, 통틀어서 75%의 업체들이 색채조절 계획에 대해 완전히, 또는 매우 만족한다는 응답을 했고, 만족하지 못한다고 응답한 업체는 5.9%이며, 19.1%의 업체에서는 긍정도 부정도 하지 않았다.

미 공중위생국의 평가보고서

색채조절의 효과에 관한 온당하고도 믿을 만한 평가보고서로는 워싱턴 소재 공유건물관리국과 미 공중위생국에 의해 준비되어온 것을 들 수 있다. 이 보고서에는 2년에 걸쳐 정부기관의 생산성을 조사한 내용이 들어 있으며, 모든 세부 사항들이 시각, 조명 및 색채를 연구하는 분야의 권위자들에 의해 다루어졌다는 점에서 매우 특기할 만한 것이다. 또 이 보고서의 생산성에 관한 자료들은 미 재무성 연방사세국에 의해 모아진 것들이다.

이 조사에서는 사업용의 기계를 다루는 노동자집단의 작업효율을 측정하기 위해서 통제된 연구가 이루어졌고 다음의 세 가지 조건들이 분석되었다.

1) 아무런 설비도 부가하지 않은 방

2) 새로운 조명설비를 부가한 방

3) 새로운 조명설비에 색채조절까지 부가한 방

상기 보고서에 의해서, 효율적이고 안락한 시각조건에는 균일한 조명도가 필수적이라는 사실이 확인되었다. 첫번째 상태에서는 실내의 가장 밝은 곳이 1195였고, 두번째 상태에서는 47이었으며, 세번째 상태에서는 20이었다. 그러나 그보다 더욱 심각했던 점은 첫번째 상태의 경우 명도비(明度批)가 100 : 1이 넘었다는 사실이다. 새로운 조명설비를 부가했을 때는(상태 2) 명도비가 40 : 1로 떨어졌으나 이 상태에서도 아직 명도비가 너무 심하며, 적절한 색채조절이 이루어진 상태(상태 3)에서야 명도비가 이상적인 비율인 4.7 : 1로 떨어졌다.

작업자의 효율이라는 면에서 본다면 어떤 작업에서는 37.4% 의 작업량 증가를 보이기도 했으나 전반적인 증가율은 대략 5.5% 가량 되었다.

이것을 금액으로 따진다면, 5.5% 의 생산량 증가분은 약 95명의 정부 고용인들에 대해 13,229달러의 급료를 절약한 것과 동일하다. 그러므로 만일 이 수치가 믿을 수 있는 것이라면—본 저자는 분명히 믿을 수 있다고 확신하지만—적절한 조명과 적절한 색채의 채용으로 인해 오늘날 미국의 산업체에서 근로하는 노동자 1인당 연간 139.25달러의 경비를 절감하는 효과가 생기는 것이라고 할 수 있다. 따라서 100명의 근로자를 고용한 업체라면 연간 13,925달러를 절약할 수 있고, 1000명의 근로자를 고용한 업체라면 연간 절약액이 139,250달러에 상당할 것이다. 물론 이 금액은 색채조절 전후의 조건이 정부의 연구대상(미 재무성 연방사세국에서 조사했던 기관들을 뜻함 : 역주)과 비슷한 조건을 가진 곳에서만 적용될 수 있을 것이나 무수히 많은 공장 및 사무실의 색채환경이 정부기관 못지않게 나쁘거나 더 나쁠 수도 있다는 점을 감안한다면 색채의 가치를 금액으로 환산한 수치는 실제적으로도 맞는 것이며, 건전한 기업투자라는 면에서도 간과(看過)할 수 없는 것이다.

안전과 색채

안전을 위한 색채분류법은 1940년에 본 저자와 뒤퐁(Du Pont)사와의 협력으로 개발된 것이며, 그 이후로 미국표준협회에 의해서 실질적인 국가표준제도로 인정되었다. 이 색채분류법은 중요한 의미를 지니고 있는데, 그 개요는 다음과 같다.

노란색(또는 노란색 바탕에 검은 줄무늬)은 충돌위험, 장애물 또는 추락위험이 있다는 것을 경고하기 위한 표준색이다. 이 색은 장애물, 난간, 지선(枝線)의 종점, 플랫폼의 모서리, 수갱(豎坑; 탄광 등의 수직굴 : 역주)의 모서리 등에 칠해지는데, 명료도가 가장 높은 색이어서 여하한 조명조건 하에서도 눈에 잘 띄므로 위의 목적에 매우 적합하다.

주황색은 절단, 분쇄, 화상 또는 전격(電擊; 강한 전압의 전기로 받는 충격 : 역주)등의 극심한 위험으로부터 작업자의 신체를 지키기 위한 색이다. 이 색은 절단기나 압연기의 주위에 칠해지기도 하고 기계 방호물(防護物)의 안쪽이나 전기스위치함의 안쪽에 칠해져서 그런 장치가 제거되거나 열려질 경우에 '요란스러운' 경고를 발한다.

초록색은 구급장비, 상비약함, 가스 마스크, 의약품 등에 쓰이는 표준색이다.

빨간색은 전적으로 소방기구를 나타내기 위해서만 쓰이는 색이다. 이 색은 소화기 뒤의 벽, 방화벽, 밸브와 호스연결구 등에 칠해진다.

파란색은 주의신호에 쓰이는 색이다. 철도회사에서는 이 색을 옮겨놓아서는 안되는 차량을 표시하는 데 쓴다. 공장에서는 이 색이 엘리베이터, 기계류, 탱크, 가마 등의 장비를 수리하려고 동력을 끊었을 때 사용된다. 이 색은 또 기계를 작동시키기 전에 정비가 잘 되어 있는지를 살펴보도록 작업자를 일깨워주기 위해서 스위치 콘트롤 박스에 칠해질 수도 있다.

흰색, 회색 및 검은색은 교통정리와 건물보존에 쓰이는 표준색이다. 이 색은 통로를 표시하는 데 쓰이며 쓰레기통에 칠해지기도 한다. 또 흰색을 벽의 밑둥과 모서리에 칠하면 방이 어질러지는 것을 줄일 수 있으며 청소기로 구석구석을 청소하는 데도 유리하다.

이와 같은 색채분류법은 2차대전 중에 광범위하게 채용되었으며, 오늘날에는 미해군용의 모든 해안시설물에 반드시 쓰여지도록 되어 있다. 또 미육군이 발표한 보고서에 의하면, 어떤 국립공장에서는 색채분류법을 채용함으로써 사고발생율이 46.14%에서 5.58%로 감소되었으며 또 어떤 병참기지에서는 사고로 불구가 되는 비율이 13.25%에서 6.99%로 감소되었다고 한다.

3만 8천명을 고용하고 있는 뉴욕 운송회사에서 안전색채분류법을 적용했던 경우에도 사고율은 42.3% 감소했다. 이 경우에는 색채분류법이 집중적인 안전훈련 계획으로 보강되었으며 그 결과 매우 극적인 효과를 거두었는데, 3만 8천명의 근무자에 대해 42.3%의 사고율이 감소한 것을 금액으로 환산한다면 매년 50만 달러의 보험료를 절약한 셈이 된다.

정부에서 제시한 보고서를 보면 산업재해 한 건당 손실액은 1,044달러로 되어 있다. 그러므로 생명을 잃거나 불구가 되는 재난에 대해 적절한 방어책을 채용하는 것은 인간적인 견지에서 뿐 아니라 재정적인 견지에서도 필수적인 일인 것이다.

위에서 본 바와 같은 사례들이 집적되어 감에 따라 색채조절의 효과에 관한 실제적인 예도 점점 늘어갈 것이며, 그에 따라 색채를 실제적으로 적용하는 일도 점점 많아질 것이라는 점은 분명하다. 그리고 또 그렇게 되면 환경의 조절도 더욱 더 개선될 것이며, 더 현명한 방향으로 나아가게 되어 우리가 당면한 많은 문제점들을 줄일 수 있을 것이다. 실로 색채조절의 적용은 여러 곳에서 몹시 필요하며 또 일단 적용하기만 하면 투자액의 몇배를 되돌려 받을 수 있는 일이라는 점이 밝혀지게 될 것이다.

· · · · · · ·

제 20 장

색채의 처방

색채를 실용적으로 다루는 응용기술 및 응용과학에는 커다란 잠재력이 내포되어 있다. 즉, 치료학적·심리학적 관점에서 색채를 연구해 온 결과 이제는 더욱 더 넓은 범위에 걸쳐 색채요법을 적용할 수 있게 되었으며, 그에 따라 여러 가지 매우 중대한 결론들을 얻어낼 수 있게 되었다. 그뿐 아니라 색채가 인간생활에 미치는 영향을 좀 더 확실히 앎으로써 인간의 취향이나 기질까지도 개선할 수 있는 것이다. 그러므로 예전 같으면 미술가나 실내장식가들이 영감(靈感)을 얻기 위하여 색채를 연구할 수도 있었겠지만, 이제부터는ㅡ그들이 색채를 연구하려고만 한다면ㅡ색채의 처방에 관하여 공상보다는 사실에 기초를 둘 뿐 아니라 아름다움에다 명확히 한정된 기능까지 더해주는 책을 써낼지도 모른다. 물론 이러한 탐구과정은 끝이 없겠지만, 그래도 오늘날에 와서는 활용할 수 있는 막대한 자료들을 요약하고 적용할 수도 있으며 또 지난날의 여러 원칙과 실천방안을 개선할 수도 있게 되었다.

316

색채와 예술가의 입장

색채는 인간의 안락과 행복에 관계되는 것이지만, 그것이 심미적으로
또 예술적으로 적용되지 않았을 경우에는 그 본래의 가치를 발휘하지 못
한다. 예를 들어, 빨간색은 거의 모든 사람들에게서 흥미를 끄는 색이지
만 그것이 병원이나 가정의 휑뎅그렁한 벽에 칠해진다면 그 색이 주는 생
경한 느낌 때문에 저절로 반발심이 생겨나므로 생리학적인 효과가 모두
무효로 될 수도 있다. 빨간색—또는 다른 어떤 색이라도—이 치료학적
으로 혹은 심리학적으로 자극을 주기 위해서는 심미적인 즐거움도 함께
주어야 한다.

이러한 필요조건이 충족되지 않았기 때문에 다수의 색채에 관한 실험들
이 실패했다는 점에 대하여는 구태여 말할 필요조차 없다. 또 누군가를
이런 색 혹은 저런 색으로 칠해진 좁은 방이나 칸막이 속에 앉혀놓고 그
들이 색채에 대하여 어떻게 반응하는가를 알아보려고 해보아도 그것은 우
스꽝스럽고 쓸데없는 시도에 불과하다. 왜냐하면 그러한 검사절차가 색채
를 적용하는 데서 일어날 수 있는 상황들에 따라 적절히 대응되지 못한다
면, 또 그 절차가 유쾌하게 진행되지 않는다면, 인간의 방정식(절차상의
오류로 말미암아 결론이 잘못 유도될 수도 있는 방정식 : 역주)이 과학의 방
정식(원인과 결과 사이의 관계가 확정적으로 규명된 방정식 : 역주)을 온통
파괴할 수도 있기 때문이다.

공장이라든가 사무실, 또는 학교같은 곳에 색채를 적용했다가 실패했던
예가 상당히 많은데, 그 이유는 사람들이 마치 텅빈 벽면에 칠해진 색채
에만 신경을 쓰고 색이 칠해진 형태라든가, 균형 조화 따위에는 관심을
두지 않기라도 하는 것처럼 색채의 적용이 '설계'되었기 때문이다. 그뿐
아니라 색채 이외의 느낌에 영향을 미치는 다른 요인들—뜨거움, 차가
움, 번쩍임, 소음, 냄새, 향기, 육체적 또는 직업적 위험 등—까지 동시

에 고려되지 않는다면, 색채는 절대로 많은 기적을 행할 수 없는 것이다.

그러나 또 한편으로 생각한다면, 색채의 처방을 너무 예술적인 관점에만 의존하게 할 수도 없다. 또 그 때문에 색채의 적용이 잘못되는 경우도 흔히 있다. 색채를 너무 심미적으로 사용한다든가 또는 선택된 색들이 지나치게 밝다든가 해서 색채의 배합이 너무 '극적으로' 된 경우에는 그 효과가 당초의 목적과는 완전히 달라질 수도 있으며, 또 작업자가 그것을 봄으로써 자기의 업무로부터 주위가 흐트러지거나 주위의 환경을 불편하게 느낄 수도 있는 것이다.

적용의 방법론

본 저자가 명확한 목적을 달성하기 위해 색채를 적용하는 일에는 매우 풍부한 경험을 갖고 있다고는 해도, 아직 손이 미치지 못한 분야 또한 상당히 많다는 사실을 인정하지 않을 수 없다. 그러므로 비술(秘術) 따위와는 전혀 관련이 없는 어떤 새로운 색채요법을 수립한다든가 생물학자, 안과의사, 정신병학자 및 심리학자들의 연구 성과를 종합한다든가, 또는 단순한 느낌을 따르기 보다는 조직적인 방법을 따름으로써 색채가 인류에게 최대한의 이익을 줄 수 있도록 하는 일 등에는 아직도 기회가 얼마든지 남아 있다.

본 저자는 상당히 분주했던 몇 년 동안에 걸쳐 여러 공장, 연구소 등지에서도 안정(眼精)피로의 문제들에 직면해 왔다. 그리하여 본인은 여러 가지 사고에 대처하기 위해 색채를 적용하는 한편, 교육가, 병원의 실무자들 및 눈이 머는 것을 방지하기 위해 노력을 아끼지 않는 여러 단체들과도 협력해 왔다. 비록 본인이 순수학문의 연구를 수행했던 적은 거의 없다고 하더라도 본인은 이 책에서 논급되었던 여러 실험결과 및 원칙들을 해명하고 적용하는 등 실제적인 업무를 떠맡아 왔다.

색채의 분류에 있어서는 분류의 방법이 가장 중요하다. 사실 의학계로부터 드러난 그 숱한 증거들로 미루어 본다면 시행착오가 생겨나는 것은 어쩔 수 없는 일인 것처럼 보일 때도 많다. 그러나 색채가 현명하게 적용되기 위해서는, 그리고 색채 예술가나 색채 기술자들이 자기는 인간에게 일어나는 여러 문제점들을 다룰 자격이 있다고 생각할 수 있으려면, 통찰력보다는 규칙성 있는 법칙이 더 필요하게 된다. 그러므로 색채를 다룰 능력이 있는 사람이란 곧 색채의 특별한 작용 및 그것이 인체기관에 미치는 직접적인 효과, 시각을 통한 색채의 영향 등을 잘 이해하고 있는 사람이라 할 것이다. 왜냐하면 여러 가지의 연구자료들로 뒷받침을 받을 수 있을 때라야 결과를 기대하기가 더 쉬워질 뿐더러, 좀 더 타당성과 규칙을 갖고 연구과제에 접근할 수 있기 때문이다.

주요색들의 효과

몇 가지 주요색들이 지닌 효험에 관해 간단히 논의해 보기로 하자. 이러한 논의를 통하여 이 책에서 언급되었던 몇 가지 중요한 사항들이 집약될 것이며, 또 독자들이 참고하기에 편리하도록 각각의 색채가 지니는 대표적인 속성들이 정의될 것이다.

빨간색의 중요성

빨간색은 아마도 모든 색 가운데서 가장 현저하고 역동적(力動的)인 색일 것이다. 빨간 빛에 들어있는 에너지는 식물의 성장에 강한 영향을 미친다. 또 빨간색은 어떤 하등동물의 성장을 촉진하기도 하고, 호르몬의 활동 및 성적인 기능을 증진시키기도 하며 상처를 치료하기도 한다는 사실이 알려져 왔다.

빨간 빛이 인체에 작용할 경우에는 몸의 균형을 흐러뜨리는 경향이 있다. 햇볕에 덴 화상, 염증, 류마티스 등을 치료하는 데는 빨간 빛이 이용되어 왔다. 또 빨간 빛에는 혈압과 맥박수를 높이는 작용이 있지만, 시간이 경과되면 그와 반대되는 효과가 생겨날 수도 있다.

심리학적으로 본다면, 빨간색은 자극적이고 불안과 긴장을 증가시키는 색이다. 또 이 색은 자극을 유발시키는 가장 대표적 색이며, 그런 이유로 어떤 아이디어를 창안해내는 데는(그러나 아이디어의 실행에는 해당되지 않는다) 매우 좋은 환경을 제공해 준다. 빨간색의 영향을 받고 있을 때는 시간은 길게, 그리고 물체의 무게는 더 무겁게 느껴진다. 빨간색은 강한 빛을 받았을 때 가장 현저하게 드러나 보인다. (약한 빛 속에서는 빨간색이 다른 어떤 색보다도 먼저 사라진다)

그러나 실제적인 상황에서는 빨간색의 순색은 거의 사용되지 않는다. 순빨간색은 너무 강렬해서 매우 강한 인상을 남기기 때문이다. 선명한 빨간색은 사람들의 주의를 끄는 특질이 있다. 그러나 남자들 사이에서 높은 빈도를 보이는 색맹의 경우에는 그러한 특질이 적용되지 않는다. 빨간색의 변색—장미색, 적갈색, 분홍색 등—은 아름답고 표현력이 풍부한 색이며, 사람의 마음을 끌어 깊은 정서를 불러일으키는 색이다. 빨간색 계통의 색들은 외향적인 사람들에게 선호되기 때문에 심리요법에서는 이러한 색들을 소심증이나 우울증을 치료하는 데 이용한다. 빨간색은 내면적인 주의 집중을 분산시켜서 밖으로 쏠리게 한다.

주황색 계통의 색들

주황색은 빨간색과 비슷한 성질을 띠고 있다. 이 색의 순색은 일반적으로 선호되지는 않지만 여린색(복숭아색, 살색)이나 짙은색(갈색)은 상당히 선호되는 색이다. 왜냐하면 주황색의 여린색(복숭아색)은 대체로 병원이라든가 가정, 공장, 학교같은 곳의 내벽을 칠하는데 이상적인 색이기 때문이다. 이 색은 부드럽기도 하고 빨간색처럼 야하지도 않기 때문에 좀더 '눈에 거슬리지 않는' 매력을 지닌다. 또 이 색은 식욕을 돋구어주는 색이므로 음식을 접대하는 장소에 딱 맞는다. 주황색의 빛이 피부에 닿으면 피부가 싱그러운 색으로 멋지게 빛난다.

노란색

노란색은 인체의 신진대사에 유리한 영향을 미친다고 알려져왔다. 그러나 노란 빛에 대한 생물학적 반응들을 여러 가지로 연구하여 본 결과 이 색은(연두색과 함께) 대체로 인체에 별다른 영향을 미치지 않는다는 점이 밝혀졌다. 노란색은 명료도가 매우 높기 때문에 안전표지판 같은 것(어린이의 비옷 같은 것은 노란색으로 하면 좋다 : 역주)에 많이 쓰인다. 이 색은 망막에 뚜렷한 상을 맺게 하며 상쾌하고 찬란하다는 느낌을 준다.

색채조절을 할 경우에는 노란색이 흰색보다도 더 밝게 보이는 경향이 있다. 그러므로 이 색은 조명이 어둠침침하다든가 또는 넓고 천정이 높아서 조명상태가 바람직하지 못한 곳에 쓰면 제격이다.

초록색 계통의 색들

생물학적인 견지에서 보자면, 연두색은 대체로 무해무익한 색이다. 그러나 초록색 및 청록색은 마음을 평온하게 해주는 색이며 신경 및 근육의 긴장을 완화시킨다. 또 초록색은 심리적으로 거의 자극을 주지 않는다. 따라서 이 색은 앉아서 하는 작업, 주의를 집중해야 하는 일, 깊이 생각해야 하는 일 등에 이상적인 환경을 제공해 준다.

푸른빛을 띤 녹색에는 야한 성질이 없으므로 이 색은 유쾌한 색인 동시에 '사귀기 쉬운' 색이다. 복숭아색도 이 색과 똑같은 성질을 띠고 있는데, 이 두 색이 어울리면 정말로 멋진 색배합이 이루어진다. 또 청록색은 대체로 사람들의 피부색과 반대되는 색이어서 청록색을 배경으로 하고 있으면 용모가 상당히 돋보인다.

파란색의 중요성

파란색은 빨간색과 정반대되는 성질을 띠고 있다. 즉 파란 빛은 식물의 성장을 지연시키고 호르몬의 활동을 감퇴시키며, 상처의 치료를 방해하는 듯하다. 또 이 파란 빛은 인체기관에 작용하여 혈압과 맥박수를 낮춰주지만 시간이 흐르면 이와는 반대의 효과가 생길 수도 있다.

파란색의 영향을 받고 있으면 시간은 빠르게, 그리고 물체의 무게는 가벼게 느껴진다. 파란색은 본래 별로 눈길을 집중시키는 색이 아니므로 거의 모든 방식으로—여린색, 짙은색, 순색, 회색을 띤 색—변색시켜 쓸 수 있다. 그러나 파란색이 넓은 벽면에 칠해졌을 경우에는 언뜻 보기에 을씨년스러운 경향이 있다. 또 이 파란색은 가정에 적용하기에는 알맞지만 사무실이나 공장, 학교 같은 곳에서라면, 부대(附帶)시설물에 중간 밝기의 색이나 짙은 색을 적용하는 경우를 제외하고는 별로 적합하지 못하다는 점이 밝혀졌다. (연한 파란색은 눈을 '괴롭히는' 것 같으며, 인접한 물체를 흐릿하게 보이게도 만든다.)

파란색은 초점이 잘 잡히지 않는 색이므로 광원(光原)의 색으로는 적당하지 못하며 또 별로 주의를 끌지도 못한다. 그러나 파란색이 어둠침침한 빛과 어울리면 안락하고 편안한 느낌을 주기 때문에, 이 색은 전세계를 통틀어 매우 애호되고 있다.

자주색 · 회색 · 흰색 및 검은색

자주색은 스펙트럼의 양 극단인 파란색과 빨간색의 혼합색이라서 생리학적으로는 다소 중립적인 성질을 띤다. 이 색은 눈의 초점을 어지럽히는 경향이 있으므로 넓은 범위에 칠하기에는 적합하지 못하다. 그러나 이 색은 모든 색들 가운데서 가장 아름답게 보이는 색에 속한다.

흰색은 완전히 균형을 이룬 색이며 그 색채가 주는 느낌도 깨끗하고 자연스럽다. 또 검은색은 부정적인 느낌을 주고 회색은 수동적인 느낌을 준다. 이 세 가지 색은 모두 정서적으로 중립적이며, 부정(否定)의 표현이 바람직한 표현이 될 수도 있는 특별한 경우를 제외한다면 심리요법에는 거의 적용되지 않는다.

단조로움과 다양함

따뜻한 색에는 자극효과가 있고 차가운 색에는 진정효과가 있는 것과 꼭 마찬가지로, 밝은 빛은 사람을 흥분시키고 어두움은 마음을 편안하게 해준다. 그러므로 색의 교체, 변화 및 배열순서는 모두 색을 사용함에 있어서 극히 중요한 것들이다. 실제로 시각을 포함하는 인간의 모든 감각은 그 어느 것도 고정된 자극에 대해 일정불변하게 반응하지는 못하며, 일반적인 체험(여기서의 뜻은 모든 감각이 느낀 것들을 총괄적으로 생각하는 것이라는 뜻 : 역주)이 찼다 줄었다 하는 것인지도 모른다. 눈 또한 다른 인체기관들과 마찬가지로 끊임없이 변동하는 상태에 있어서 빛의 강도가 변하지 않는데도 동공의 직경은 변할 수도 있다. 또 망막에 맺히는 상이나 귀에 들리는 소리가 실제로는 전혀 변하지 않는데도 느끼기에는 분명해졌다 희미해졌다 하는 것처럼 보이기도 한다.

혼돈과 무질서가 정신적으로 또 정서적으로 우리에게 괴로움을 주는 것인지도 모르지만 어쩔 도리가 없는 단조로움은 아마도 더 나쁠 것 같다. 물론 이 견해는 본 저자의 개인적인 것이지만, 기괴한 무늬와 야한 색채로 '사람을 미치게 만드는' 미신 보다는 미신과 정반대의 상황에서 똑같은 효과를 미치는 단조로움이 더욱 더 사람을 미치게 만드는 것이다. 그러므로 누구든 상아색이나 누르스름한 색으로만 둘러싸인 사무실이나 집 안에서 일을 해야만 한다면 그가 타고난 좋은 기질, 더 나아가서는 그의 온전한 정신까지도 위협을 받게 될 것이다. 서커스를 하는 곳보다는 오히려 햇볕이 쨍쨍 내리쬐는 기차역의 대합실이 사람을 더 쉽게 정신병자로 만들 듯싶다.

위에서 본 바와 관련하여 1차 대전이 끝난 후에는 밝은 색들로 이루어진 야한 무늬가 '탄환충격(현재 쓰이는 용어로는 '전쟁피로')'을 치료하는 데 쓰이기도 했다. 이 치료법에 포함되어 있는 원리는 매우 간단한 것으

로서, 몇몇 종류의 정신병에 있어서는 감각의 역(閾 ; 감각이 생겼다 생기
지 않았다 하는 경계 : 역주)이 넓어지지만 그 감각의 역은 또 쉽게 '세로로
세워지는' 경향이 있다는 것이다. (이 표현은 감각의 역을 문지방에 비유하
여 쓴 것임 : 역주) 이런 병에 걸린 사람들은 단조로움으로 인해 신경과민
증세가 악화될 수도 있고, 흥분을 하면 증세가 호전되기도 한다. 또 그들
은 밝은색을 보면 주의를 쉽게 다른 곳으로 돌려서 마음이 평온해지고 병
이 낫기도 하는데, 그 이유는 아마도 밝은 색에서 느껴지는 자극의 강도
가 그들이 앓고 있는 정신병의 강도와 같기 때문인 것같다.

연계 (連繫) 의 중요성

가시광선의 생리적, 심리적인 작용에 관한 여러 사실들을 고찰한 다음
에 알아두어야 할 것은, 색채는 한 가지만을 계속해서 적용할 때보다 몇
가지를 연계적으로 적용할 때 가장 큰 힘을 갖게되어 가장 효율적이고 또
치료 효과도 가장 크다는 점이다. 그러한 예로, 독자들은 빨간 빛이 그
즉시는 혈압과 맥박수를 정상치 이상으로 올려주지만 시간이 경과하면 혈
압과 맥박수를 정상치 이하로 떨어뜨린다는 사실을 기억할 수 있을 것이
다. 소리가 들릴 때도 이와 유사한 현상이 일어나서 처음에는 빨간색 계
통의 색들이 흐릿하게 보이지만 나중에는 정반대되는 효과가 생겨나게 된
다.

한편, 파란 빛은 처음엔 맥박수를 낮추지만 나중에는 맥박수를 올려준
다. 또 어둠침침한 빛도 파란색에 대한 눈의 예민성을 높여준다.

밝은 빛, 시끄러운 소리, 그밖에 감각을 자극시키는 모든 것들은 대체
로 빨간색 및 따뜻한 색 계통의 모든 색들과 가장 효과적으로 연관된다.

한편, 어둠침침한 빛, 고요함, 그밖에 감각을 진정시키는 모든 것들은
대체로 파란색 및 차가운 색 계통의 모든 색들과 가장 효과적으로 연관된
다.

노란색과 연두색의 효과는 중립적이다.

그러므로 위의 사실에 비추어본다면, 색채요법에는 두 가지의 원칙이 있다.

우선 자극효과를 주기 위해서는 따뜻한 색, 밝은 조명, 상당히 시끄럽지만 귀에 거슬리지 않는 소리로 치료를 시작해야 한다. 그렇게 하면 혈압과 맥박수가 높아질 것이다. 그 다음에는 갑자기 차가운 색, 어두운 조명 및 정적을 도입한다. 그런 다음 갑자기 처음의 상태로 되돌아가거나 또는 연한 노란색이나 흰색의 강한 빛을 비춰주면서 치료를 끝마친다.

진정효과를 주기 위해서는 차가운 색, 어두운 조명 및 조용한 소리로 치료를 시작한다. 그렇게 하면 혈압과 맥박수가 낮아질 것이다. 그 다음에는 따뜻한 색, 밝은 조명, 적당한 소리로 천천히 옮겨간다. 그런 다음 천천히 처음의 상태로 되돌아가거나 연한 노란색, 또는 흰색의 어둠침침한 조명을 비춰주면서 치료를 끝마친다.

본 저자는 이 두 가지의 원칙이 순수한 가정이며 임상적인 실험에 기초를 둔 것이 아니라 논리에 입각한 것이라는 점을 거듭 밝혀두고 싶다. 그러나 색채가 작용을 미치는 중에 일어나는 역효과는 위의 두 과정과 조화를 잘 이루므로, 흥분된 상태나 진정된 상태가 일시적인 것에 그치지 않고 오랫동안 지속된다는 점은 분명하다.

색채의 연계 — 마치 영화에서처럼 — 를 이용하여 최대한도의 자극을 줌으로써 극적이고도 감동적인 효과를 얻어내려면 짙은 파란색을 밝은 빨간색으로 급작스럽게 '잘라내야' 한다. 그러나 좀 더 우울한 분위기를 연출하는 것이 바람직할 경우라면 빨간색을 부드럽고 서늘한 색 속으로 '사라지게' 하거나 '녹아들게' 해야 한다. 왜냐하면 빨간색의 템포는 빠르지만 파란색과 초록색의 템포는 느릿느릿하기 때문이다.

색의 세분화

병 원

정신질환을 치료할 목적으로 색채를 적용한다면 간단한 색채구성을 하는 편이 안전하고 또 치료효과를 얻기에도 유리할 것이다. 그러나 병원에서도 주로 방문객들이 찾아오는 곳인 로비나 접견실은 따뜻한 색과 서늘한 색을 다양하게 섞어서 꾸며야 하고, 그런 곳에 있는 비품들도 병원 냄새를 풍기지 않는 것으로 써야 한다. 왜냐하면 색채가 그런 식으로 대조를 이루고 있어야 그곳에 와있는 사람들이 편하고 즐거운 느낌을 받게될 것이며, 아울러 색채가 주는 명확한 영향—그것의 영향이 황홀하건 우울하건 간에—까지도 서로 절충될 것이기 때문이다. 말하자면 일반적인 느낌이란 원래 정서적인 것이라기 보다는 시각적인 것이다.

복숭아색이라든가 장미색같은 따뜻한 색은 산부인과에 적합하다. 그런 곳에 있는 환자들은 심한 병에 걸린 것도 아닐 뿐더러 빨리 나으려는 의지가 생기면 원기가 북돋워지기 때문이다.

파란색, 초록색 및 회색과 같은 서늘한 색은 정신병 환자들에게 적합하다. 왜냐하면 그들은 병원에서 장기간 체류해야 한다는 사실에 대해 체념해야 하기 때문이다.

외과에서는 번쩍임을 막고 눈을 편하게 하기 위해, 그리고 피와 조직의 빨간색을 보상하기 위해 초록색이나 회녹색으로 벽을 칠해야 한다.

상아색이나 연노란색, 연두색 등은 되도록 피해야 한다. 그런 색들은 보기에도 '혐오감을 주는' 색일 뿐더러 사람의 얼굴을 유령처럼 보이게 하는 색이다.

학 교

국민학교 교실에는 노란색, 복숭아색, 핑크색 등의 따뜻한 색으로 색채

조절을 하는 것이 가장 좋다. 그런 색들은 어린이의 마음을 자극하며 골드슈타인이 지적했듯이 '정서적으로 결정되는 행동'을 위해 바람직하다.

어린이들의 충동적인 기질은 원래 따뜻한 색과 관련이 깊으며, 나이가 들고나서야 사고(思考)를 도와주는 서늘한 색과 관련을 맺게 된다.

항공기와 선박

비행기나 배를 타고 여행할 경우에 생겨나는 초조감이나 신경과민 증상을 덜어주기 위해 색을 사용하려면, 복숭아색과 같은 중간밝기의 색이(특별한 부분을 제외하고는) 가장 좋을 것 같다.

따뜻한 색은 우선 끝없이 펼쳐져서 눈을 흐리게 하고 눈을 괴롭히는 파란색을 중화시킨다. 그밖에도 따뜻한 색은 적당히 자극적이라서 승객의 기분과도 잘 어울린다. 즉 따뜻한 색은 '밝은 웃음'을 주는 색이며 '우울하게 찡그린 표정'을 주는 색이 아니다.

변화와 조화를 주기 위해서는 카페트나 실내장식에 청록색을 도입할 수도 있을 것이다. 이 색은 복숭아색의 보색이 된다. 또 청록색을 오랫동안 주시하고 나면 분홍색의 잔상이 생겨나므로 세상이 부드럽고 멋진 모습으로 보이게 된다.

가 정

가정에서도 색채를 기능적인 관점에서 고려할 수 있다. 예를 들어, 거실에 따뜻한 색을 사용하면 화기애애한 분위기를 연출할 수 있다. (그러나 좀 더 딱딱한 분위기를 원한다면 파란색을 쓸 수도 있다) 식당에서는 가장 식욕을 돋구는 색인 복숭아색을 쓰는 것이 좋을 것같다. 주방에는 초록색이나 청록색과 같은 서늘한 색을 쓰는 것이 좋다. 왜냐하면 그런 색들은 시간이 빨리 가는 것처럼 느끼게 해주는 색이기 때문이다.

노란색은 자연광선이 들어오지 않은 방, 즉 지하실이나 오락실(서양의 오락실은 대개 지하에 있음 : 역주) 등에 알맞다. 사실(私室)이나 서재에는 작업물이나 책에서 주의가 다른 곳으로 흩어지지 않도록 좀 짙은 색 ─ 따뜻한 색이건 서늘한 색이건 간에 —을 써야 한다. 욕실에는 반사광을 받아 살빛이 밝게 보이도록 하기 위해 분홍색을 써야 한다. 침실에는 어떤 색을 써도 좋지만, 연한 색을 쓰는 편이 바람직하다. 또 강한 대조를 이루는 색의 무늬가 큰 벽지를 쓰면 일찍 일어나는 데 도움이 된다. 그러나 늦잠을 즐기는 사람들에게는 평범한 무늬와 수수한 색으로 된 벽지를 쓰는 것이 좋을 듯하다.

색채와 의학

의식적이건 무의식적이건 간에, 인간은 언제나 본능적으로 색채의 효험을 믿어왔다. 또 인간이 색채에 중요한 의미를 부여해 왔다는 점도 생활 주변을 둘러보면 명백히 나타난다. 색채는 항상 인간의 역사 및 종교와 관련을 맺어왔던 것이다.

제 21 장

새로운 생물학적 · 심리학적 발견들

　의학계에서는 — 물론 그럴만한 이유가 있겠지만 — 색채를 이용하여 병을 치료할 수 있다는 주장에 대하여 항상 의혹에 찬 눈길을 던져왔다. 그러나 대부분의 경우에 있어서는 '보는 행위'라는 '전체로서 통일된 과정'을 육체적, 생리적인 요인과 심리적인 요인으로 나누어서 생각하기가 매우 어렵다. (이 말은 육체적, 생리적, 심리적 요인들이 한꺼번에 융합되어 있으므로 의학에 의한 육체적, 생리적 치료 뿐 아니라 색채요법에 의한 심리적 치료도 효과가 있다는 것을 주장한 말임 : 역주)

　여러분이나 내가(또는 강아지라도 좋다) 화창하게 개인 날이면 몹시 즐거운 반응을 보인다고 해서 누구에게나 똑같은 반응을 보이라고 요구할 수는 없는 일이다. 또 여러분에게는 빨간색이 마음에 들지도 모르지만 다른 사람들의 마음에는 들지 않을 수도 있는 것이다. 색채와 관련된 모든 경험은 사실상 개개인의 주관에 따라 평가되고 판단되는 것이기 때문에 확실하고 객관적인 자료들을 모으기란 쉬운 일이 아니다.

　그러므로 흔히 아주 유사한 검사를 하면서도 어떤 연구자들은 긍정적인 결과를 보고해 오는 반면, 다른 연구자들은 부정적인 결과를 보고해 오기도 한다. 이러한 사실들은 검사방법 그 자체가 면밀히 재검토되어야 한다는 점을 명백히 지적한다. 실제로 그런 검사가 심리적인 조건 또는 인간적인(여기서의 뜻은 심리적인 지배를 받아 마음이 변화무쌍하게 변할 수 있

다는 뜻임 : 역주) 조건에 의해 편견에 이끌리거나 정신적으로 간섭을 받게 된다면 생리적인 반응 그 자체도 검사에 적합하지 못한 영향을 받게 될 것이다. 그리고 부적절하게 나타난 반응들을 지적하는 것만으로도 다수의 정상적인 반응들까지 무효가 되는 일이 많다. 가령, 빨간색이 따뜻한 색이라는 느낌은 우리들에게 전반적으로 일어나는 무의식적인 반응이다. 그러나 빨간색의 특징을 설명해 보라고 한다면, 그런 질문을 받은 사람은 마침내 빨간색이 정말로 따뜻한 색인가를 의심하게 될 것이다.

가시광선과 색채가 생물체에 영향을 미치고 변화를 초래한다는 점에 관하여는 의심할 여지가 거의 없다. 실제로 모든 식물들은 가시광선을 받아 성장하고 적외선과 자외선에 의해 성장을 저해받는다. 그러나 의학계에서는 가시광선의 양 극단을 넘어선 방사선(적외선과 자외선)에 대하여는 생리적인 효과를 인정하고 또 그것들을 치료에 이용하면서도, 인간의 눈으로 볼 수 있는 특수한 파장의 빛에 대해서는 그 효능을 무시하거나 백안시해 왔다. 가시광선—인류는 이 빛을 받으며 지금까지 번영해 왔고 인간의 눈도 이 빛에 적응해 왔다—이 아무런 효능도 없다는 주장은 전혀 조리가 맞지 않은 주장이다.

그러나 추리와 논리만으로 모든 사실들을 다 설명할 수는 없는 일이다. 실로 가시광선의 신비함이라든가 가시광선이 지닌 생리학적, 정신생리학적 중요성은 지금까지 너무도 등한시되어왔음에 틀림없다. 그러므로 본 저자는 지금까지 이 책에서 다루어왔던 빈약한 사실의 기록들에 최근의 연구성과를 몇 가지 더 보탤 수 있게 되어 기쁘게 생각한다.

로버트 제럴드(Robert Gerald)는 최근의 연구노력을 통하여, 연구방법을 확립하고 방대한 양의 인상적인 자료들을 제공함으로써, 색채심리학계와 색채의학계에 커다란 공헌을 하였다. 제럴드는 U. C. L. A (캘리포니아 주립대학교 로스앤젤레스 분교)에 제출했던 불세출의 심리학 박사학위 논문에서 빛과 색채 및 그것들이 정신생리학적으로 미치는 영향 등에 관하여 전분야를 면밀하게 고찰했다. 아마도 그는 진보적이고도 현대적인 기법을 사용하여 인간의 반응을 검사했던 최초의 사람일 것이다. 그는 다른 사람의 경험으로부터 장점을 취하는 동시에 새로운 접근방법을 시도함으로써 매우 중요한 사실들을 발견해낼 수 있었다.

제럴드는 하나의 의문을 제시하고 그에 부수되는 몇개의 다른 질문들로 대답을 대신한다. 즉 다음과 같은 식이다. 색채에 대한 반응은 특이한 것인가? 말하자면, 빨간색이나 파란색 같은 빛깔은 서로 다른 느낌과 정서를 불러일으키는가? 그 빛깔들은 자율신경의 기능, 뇌의 활동 및 주관적인 느낌들 사이에서 상호 관련된 변화를 유발하는가? 반응의 양상은 색자극의 상대적인 강도와 부합하는가?

제럴드는 그의 실험에서 넓은 스크린에 비쳐진 빨간 빛, 파란 빛, 흰 빛을 실험도구로 사용했다. 빛의 광도와 순도는 일정하게 조절되었다. 측정대상은 혈압, 손바닥의 저항치(전극을 손바닥에 부착시키고 땀샘을 통하여 나타나는 자율신경계의 반응을 측정한다), 호흡수, 맥박수, 근육의 이완도(弛緩度), 눈의 깜빡임 수 및 뇌파측정기에 의한 뇌파 등이었다.

개인의 경험에 바탕을 둔 감정적인 반응 및 주관적인 판단과 느낌도 역시 기록되었다. 이러한 반응들은 우연히도 전통적으로 인정되어 왔던 반응들과 맞아 떨어지는 경향이 있었다. 즉 주관적인 면으로 본다면, 불안해하는 사람은 빨간 빛에 의해 얼마쯤은 마음이 동요된다는 것을 알 수 있었다. 실제로, 불안으로 인한 긴장이 오래 지속된 사람일수록 생리적으로 더 큰 영향을 받았다. 파란색은 빨간색과 정반대의 효과, 즉 불안해하는 사람을 진정시키는 효과를 보였다. 이러한 점은 임상심리학의 견지에서 보더라도 매우 중대한 발견이 될 수 있을 것이다. 왜냐하면 긴장이나 불안이 생겼을 경우, 파란색을 효과적인 진정제로 이용할 수 있을 것이기 때문이다. 간단히 말하자면, 파란색은 행복감, 평온감 및 즐거운 생각을 더 많이 일으키는 작용을 하고, 빨간색은 긴장, 흥분 및 각성을 일으키는 작용을 한다. 그리고 이 두 가지 색이 모두 임상적으로 실제 적용될 수 있는 것이다.

생리적인 측면에서는 제럴드의 실험결과가 다음과 같이 요약될 수 있다. 즉, 혈압은 대체로 빨간 빛을 받으면 증가하고 파란 빛을 받으면 감소했다. 손바닥의 저항치는 빨간 빛을 받거나 파란 빛을 받거나 바로 감소했다. 그러나 일정한 시간이 지나자 빨간 빛을 받았을 때의 저항치가 파란색을 받았을 때의 저항치보다 항상 낮게 유지되었다. 호흡수는 빨간 빛을 받았을 때 증가했고, 파란 빛을 받았을 때 감소했다. 맥박수는 빨간 빛을 받았을 때나 파란 빛을 받았을 때나 별다른 변화가 없었다. 눈의 깜빡임 수는 빨간 빛을 받는 동안에는 증가했고, 파란 빛을 받는 동안에는 감소했다.

두뇌 피질의 활동은 세 가지 빛(빨간 빛, 파란 빛, 흰 빛)을 받았을 때 모두 현저한 영향을 보였다. 그러나 시간이 지나자(10분) 빨간 빛을 받았을 때의 활동이 파란 빛을 받았을 때의 활동보다 계속하여 크게 유지되었다.

두뇌 피질과 손바닥의 저항치는 빛자극이 어떤 색의 빛이든간에 영향을 받는다는 점을 반드시 알아두어야 한다. 또 빛의 색에 관해서는 빨간 빛이 파란 빛보다 항상 더 현저한 반응을 나타낸다는 점이 중요한데, 이러한 현상은 빛을 받았을 당시 뿐만이 아니라 빛자극이 없어진 후에도 한동안 지속되었다.

제럴드는 자신의 실험결과를 해석하는 일에서 몹시 신중한 태도를 보였다. 그는 빛의 파장이 파란색에서 빨간색 쪽을 향해 갈수록(파장이 점점 더 길어진다는 뜻 : 역주) 심리물리학(자극과 대뇌의 물리적 과정 사이에서 생겨나는 巨視的 대응관계를 연구하는 심리학 : 역주)적인 활성이 증가하는 경향을 보인다는 견해를 제시했는데, 자신의 실험에 함축된 의미를 해석하는 그의 조심스러운 태도는 실로 칭찬받을 만한 것이 아닐 수 없다. 그는 정상인들을 대상으로 연구를 수행해왔으며, 자신의 연구가 좀더 깊이 연구되어야 할 필요가 있다는 점을 그의 모든 저서를 통해 지적하고 있다. 한편, 의학계에서는 색채가 정서적으로 매우 강한 영향력을 지니고 있기 때문에 색채를 다루는 일에 있어서는 엄격히 치우치지 않는 태도를 취하기가 항상 쉽지만은 않다는 점을 잘 알고 있는데, 제럴드는 이 점을 알고 있었으므로 감탄할 만한 객관성을 유지해왔던 것이다.

효과의 면에서 본다면, 파란 빛에는 특유한 치료효과가 있는 것처럼 보

인다. 이하에서는 파란 빛의 치료효과에 관한 제럴드의 논문을 보기로 하
자.

"파란 빛의 실험을 통해 얻어진 결과로 미루어보면, 파란 빛은 여러 가
지 상태의 긴장을 완화시키는 치료에 부가적 또는 보충적으로 사용될
수도 있을 것 같다.

또 파란 빛은 불안해하는 사람들에게 효과가 있었던 점으로 보아, 그런
사람들에게서 정신생리학적 흥분을 경감시키는 완화제나 진정제로 작
용할 수도 있을 것 같다.

파란 빛은 혈압을 내려주므로 고혈압의 치료에 쓰일 수도 있을 것이다.

피험자들에게 파란 빛을 비추어주면 일반적으로 간장이 완화되거나 경
감되므로 파란 빛은 근육의 경련, 사경(斜頸) 및 진전(震顫 ; 몸이나 손
이 떨리는 증세 : 역주) 등을 치료하는 데 도움이 될 수 있을 것이다.

파란 빛에는 눈의 깜빡임 수를 줄여주고 자극을 진정시키는 효과가 있
으므로, 눈이 쓰라릴 때 얼마쯤은 도움이 될 수 있을 듯하다.

또 파란 빛에는 마음을 평온하게 가라앉히는 효과도 있으므로 어둠침
침한 푸른 빛의 조명은 불면증 환자들에게 잠을 유도해줄 수 있을 것이
다.

더 나아가서는 파란 빛의 진정작용을 이용하여 환자에게서 고통을 덜
어줄 수도 있을 것이다."

제럴드가 관찰했던 바에 의하면, 빨간 빛의 자극효과와 흰 빛의 자극효
과는 거의 동일하다고 한다. 그리고 이와 같은 사실로부터 빨간색 및 기
타의 따뜻한 색들은 대체로 흥분과 관련이 깊다는 점을 추정할 수 있는
것이다. 그러나 파란색 및 기타의 서늘한 색들은 각각의 특유한 효과에
따라 좀더 세분되어질 수 있다고 한다.

빨간색은 반동적인 우울증이나 신경쇠약 증세로 고생하는 사람들을 각
성시켜 주는 데 도움이 될 수 있고, 파란색은 근육조직의 긴장을 풀어주
거나 저혈압인 사람들의 혈압을 올려주는 데 효과적인 것 같다. 한편 흰
빛은 생리적인 면에서 본다면 자극적이지만, 심리적으로는 싫증나는 것일

334

수도 있다. 이 말을 달리 하자면, 자극 그 자체만 가지고는 모든 것을 다 해결할 수 없다는 것이다. 왜냐하면 흰 빛을 보고 생겨나는 싫증은 짜증을 초래하고 그에 따라 생리적으로 바람직하지 못한 효과가 생겨날 수도 있기 때문이다. 또 빨간 빛으로 인해 생겨나는 역효과는 공격성, 성적 욕망 및 침해당할지도 모른다는 공포 따위와 관련되는 것 같다. 자율신경계의 반응도 이와 비슷할 것이다. 그러나 이런 반응에는 상당히 심한 개인차가 있다.

마지막으로, 색채의 연구에 있어서 더욱 더 필요한 일은, 제럴드도 지적했던 바 있듯이 빨간색 뿐 아니라 주황색 및 보라색에 대해서도, 그리고 또 파란색 뿐 아니라 초록색 및 보라색에 대해서도 그 특유한 효과에 관해 좀더 깊은 연구가 이루어져야 한다는 점이다.

그 다음으로 나는 존 오트(John Ott)에 의해 이루어진 최근의 연구성과를 들고 싶다. 오트의 연구성과는 그의 저서인 「나의 상아색 밀실(시카고 20세기 출판사 간, 1958년)」에도 자세히 적혀 있다. 오트는 미국에서 가장 뛰어난 미속도촬영(微速度撮影 ; 식물의 성장 등 완만한 변화과정을 압축 기록하기 위해 일정한 간격을 두고 촬영하는 촬영방식 : 역주)기사이다. 그가 발견했던 사실들 가운데는 놀라운 것들이 상당수 있으며, 그의 미속도촬영 방식은 의학을 연구하는 분야에까지 도입되었다. 그러나 오트 자신은 미속도촬영에 관해 다음과 같은 말을 하고 있다.

"미속도촬영의 원리는 매우 간단하다. 말하자면 이 방식은 우리가 익히 알고있는 고속도촬영 방식(슬로우모션 픽쳐)과 정반대되는 것이다. 미속도촬영 방식은 고속도촬영 방식이 동작을 천천히 보여주는 것과는 반대로 꽃이 피는 과정이라든가 식물의 성장과정 등을 정상적인 상태보다 훨씬 더 빠르게 해서 단 몇 초 사이에 보여준다."

만일 독자들이 텔레비젼이나 월트 디즈니의 '생명의 신비'에서 이러한 매혹적인 장면을 본 적이 있다면, 여러분은 존 오트의 재능과 기술에 대해 알고 있다는 말이 된다.

오트는 미속도촬영 방식을 통해 앵초꽃이 피는 모습을 월츠로 바꿨고

참나리꽃이 피는 모습을 딕시랜드 재즈로 바꿨는데, 이러한 묘기는 식물이 성장하고 꽃이 피는 과정을 촬영하면서 빛과 습도를 적절히 조절함으로써 이루어질 수 있었던 것이다.

일반적으로 알려진 바에 의하면, 빛은 식물의 성장에 도움이 되지만 적외선과 자외선은 거의 내지 전혀 도움을 주지 못한다고들 한다. 그러나 오트는 자외선이 옥수수의 정상적인 성장이나 사과의 숙성에 필수적이라는 사실을 발견했다. 그는 또 국화나 포인세티아 같은 꽃들의 개화시기를 조절하는 데는 낮의 길이가 매우 중요하다는 사실을 확인하기도 했는데, 이러한 사실은 현재 직업적인 원예가들 사이에서 실제로 활용되기도 한다.

그렇다면, 빛의 파장이 다를 때는 어떤 효과가 생겨날까? 오트는 나팔꽃과 달맞이꽃의 실험을 통하여 빨간 빛은 개화를 저지시키지만 촬영용의 광원에 파란색 필터를 사용하면 빨간 빛이 걸러져서 개화가 촉진된다는 사실을 발견했다.

그는 또 수꽃과 암꽃이 따로 분리되어 있는 호박꽃의 실험을 통하여 수꽃과 암꽃 사이에는 동일한 빛에 대해서도 각기 다른 반응이 생겨난다는 사실을 발견하기도 했다. 즉 약간 따뜻한 색의 형광을 비춰주면 수꽃은 잘 자라지만 암꽃은 시들었던 것인데, 오트는 이러한 사실에 관해 다음과 같은 결론을 내렸다.

"빛의 파장을 조금만 변화시키면 수꽃이나 암꽃 중 어느 하나만 자라난다는 사실은 좀더 재미있는 연구가 이루어질 수도 있다는 가능성을 제시하는 것이다."

낮의 길이를 조절함으로써 동물들에게도 중요한 영향을 미칠 수 있다. 낮의 길이가 짧은 겨울철이 되어야 털빛이 흰색으로 바뀌는 갈색 담비는 빛이 비치는 시간을 적절히 줄여주기만 하면 한 여름에도 흰 담비로 바뀌게 된다. 또 밍크도 7월이나 그 밖의 어느 달, 아니 실제로는 1년 중 어느 때라도 털이 빽빽한 겨울용 모피를 입을 수 있다.

오트는 친칠라종 토끼의 사육을 통하여 이 동물들에게 백열등으로 빛을

336

보충해 주면 수놈인 새끼를 많이 낳고, 낮 동안에 파란 전구의 불빛을 비
춰주면 암놈인 새끼가 많이 나온다는 사실을 발견하기도 했는데, 그는 이
발견이 새끼의 성은 임신기간 동안에도 영향을 받을 수 있다는 점을 지적
하는 것이라고 결론지었다.

한편 오트는 '밤의 길이를 늘이면 조류에게서 계절적인 이동의 원인이
되는 내분비선의 변화가 생겨난다는 사실이 밝혀졌다'고도 언급한 바 있
다.

또 달걀의 생산을 늘리기 위해서는 보충적인 광원이 흔히 채용되는데,
이 점에 관해서도 오트는 다음과 같은 말을 하고 있다.

"처음에는 보충적인 광원이 암탉을 오랫동안 깨어있게 해줄 뿐이라고
생각되었지만 최근에 와서 이루어진 연구에서는 밝은 빛이 닭의 눈을
통하여 뇌하수체에 영향을 미치기 때문에 달걀의 생산량이 늘어난다는
사실을 밝혀냈다."

또 이와 관련하여 영국의 생물학자인 졸리 주커만(Solly Zukerman)은
도시에서 사는 새들 가운데는 시골에서 사는 동종의 새보다 수놈이 훨씬
더 많다는 사실을 보고해오기도 했는데, 그의 보고 내용은 다음과 같다.

"지난달 말경에 로완(Rowan)이 브리티쉬콜롬비아(캐나다 서부 태평양
연안에 있는 곳 : 역주)로부터 이곳으로 왔다. 그는 트라팔가 광장과
피카디리 극장 근처에서 사는 찌르레기 새들이 조명, 즉 광고불빛에 의
해 어떤 영향을 받는가를 연구하기 위해 이곳으로 왔던 것이다. 그는
옥스포드 지방의 숲에서 새들을 잡아 대조실험용으로 삼고 매일밤을
번갈아가면서 옥스포드와 런던에서 새를 잡았다. 그런데 런던에서
잡은 새―내가 알기로는 국립미술관의 난간에서 위험을 무릅쓰고 잡
은 것들이었다―와 옥스포드 지방에서 잡아온 새를 대조해 본 결과 런
던에서 잡은 새는 생식기가 매우 발달되어 있는 반면에 옥스포드에서
잡은 새는 생식기관이 완전히 퇴화했거나 기능을 발휘하지 못한다는
사실을 발견했다."

오트가 연구한 것들 가운데 몇 가지는 아직도 가설의 단계를 벗어나지

못했고 또 그의 이론이 지지를 받을 수 있으려면 더욱 더 깊은 연구가 이루어져야 하기는 하지만, 그래도 우리는 그의 연구에 풍부한 잠재력이 내포되어 있다는 사실을 인정하지 않을 수 없다.

지난 10여년 동안 이루어진 발견들 가운데는 켈너(A. Kelner)가 발견한 것들도 포함되어 있는데, 의학계에서도 그의 발견, 즉 가시광선이 자외선의 해로운 영향을 역전시키거나 저지한다는 사실은 분명히 인식하고 있다. 또 리이크(A. F. Rieck)와 칼슨(S. D. Carlson)과 같은 연구자들은 흰 쥐에 강한 자외선을 쬐어주면 흰 쥐의 사망율이 증가하지만 완화제로 가시광전을 쬐어주면 사망율이 감소한다는 사실을 증명하기도 했다. 한편, 발광성(發光性)간질이라는 병의 경우에는 깜빡이는 빨간 빛을 비추어주는 것이 다른 어떤 빛을 비추어 줄 때보다도 더 발작적인 뇌파를 유도하는 경향이 있는데, 이와 관련하여 밴 버스커크(C. Van Buskirk)는 '몇몇 경우에는 빨간색 계통의 주파수 범위를 차단시키는 안경을 착용케 함으로써 약물치료가 중단되었을 때도 이 임상적인 발작의 발생빈도가 감소한다'고 보고하기도 했다.

색채와 더불어, 그리고 각 계층의 사람들과 더불어 일하는 것이 나의 오랜 작업이었다. 나는 의학, 안과학, 심리학 등의 분야에서 색채의 연구를 계속해왔으며 전문과학자들에 의한 좀더 이론적인 연구들을 실제적인 용도에 적용하기 위해 노력해왔다. 또 나는 언제나 나의 일을 과학적인 방법으로 실천하기 위해, 그리고 색채라는 즉흥적이고 심미적인(때로는 미신적이기도 한) 매체를 다룰 때 흔히 따르게 되는 억측을 피하기 위해 노력해왔다. 깊은 연구와 실천적인 경험을 겸비한 나의 안목으로 일상생활에 적용되는 색채에 관해 결론을 내리자면 다음과 같다.

1. 색과 빛에는 원심적(遠心的) 작용—자신을 떠나 환경을 향하게 하는 작용—이라고도 할 수 있는 작용이 있다. 이 작용은 밝은 조명과 따뜻하고 밝은 색채(노란색, 복숭아색, 분홍색)로 둘러싸여 있을 때 일어나며, 우리의 관심을 밖으로 쏠리게 하는 작용이다. 이런 경우에는 몸의

활동성이 전반적으로 증가하며 동작도 더 민첩해지고 좀더 외향적이
된다. 또 이런 환경 하에서는 근육의 활동이 증진되고 유쾌한 기분이
생겨난다. 그러므로 이런 환경은 공장, 학교, 가정 등 손작업을 하는
곳이나 운동경기를 하는 곳에 적당하다.

2. 한편, 색과 빛에는 구심적인 작용―환경을 떠나 자신을 향하게 하는
작용―도 있다. 좀더 부드러운 환경, 즉 서늘한 색(회색, 파란색, 초록
색, 하늘색)과 어슴푸레한 조명으로 둘러싸인 곳에서는 주의가 덜 산만
해지기 때문에 좀더 어려운 시각적, 정신적인 작업에 몰두하기가 쉬워
진다. 또 이 경우에는 자신의 내면을 향해 관심이 쏠리므로 이런 환경
은 사무실, 공부방, 세밀한 부품을 조립하는 공장 등 앉아서 눈과 머리
를 많이 써야 하는 장소에 적합하다.

3. 그러나 위의 1항과 2항에서 본 색채적 용법이 항상 실천에 옮겨지지는
않는다. 조명기사들은 인간의 환경을 단지 빛의 밝기와 색의 명도라는
관점에서만 다루고 있는 것 같다. 물론 그것들도 중요하기는 하다. 그
러나 색채에 대해서도 주의를 기울이지 않는다면 정말로 이상적인 환
경이 이루어질 수가 없다. 그러므로 오늘날에는 흔히 생각해가면서 보
아야 하는 작업이 필요한 곳에만 광도가 높은 조명을 사용한다. 똑똑히
볼 수 있으려면 다량의 빛이 눈에 들어와야 한다는 사실을 인정한다고
하더라도 그런 이유로 주위를 온통 밝게 한다면 시각기관에는 매우 심
각하게 불리한 영향이 미칠 수도 있다. 주위가 너무 밝으면 해야 할 일
로부터 주위가 다른 곳으로 쏠리게 될 뿐 아니라 시각을 적절하게 조절
하고 집중하는 일에도 방해가 될 것이다. 매우 밝은 조명이 꼭 필요하
다면, 적어도 주위의 색만큼은 명도가 낮은 색으로 바꿔야 한다. 그리
고 더 나아가서는, 조명은 전체적으로 적당하게 조절되어야 하며 국부
적인 조명을 첨가함으로써 작업에 주의가 집중되도록 해야 한다. 또 그
렇게 함으로써 주의가 당연히 주의를 쏟아야 할 곳에 집중되고, 작업물
이외의 다른 곳에 주의가 분산되지 않을 것이다. 이상에서 본 사항을
확인하려면, 어떤 사람이 복잡하고 머리를 써야 하는 문제를 풀 때 얼

마나 자주 눈을 감는가를—눈을 감으면 환경의 자극이 완전히 제거된다—보기만 하면 된다.

4. 학교와 병원에서 이루어졌던 실험적인 연구들로 미루어본다면, 심리적인 영역에서도 색채에 관한 전략이 필요하다는 것을 알 수 있다. 외향적으로 통합된 사람들, 신경질적인 사람들 및 어린아이들은 활동적인 색으로 이루어진 환경 속에서 마음이 편해진다. 왜냐하면 그들이 환경으로부터 받는 시각적인(그리고 정서적인) 흥분은 그들의 기질과 효과적으로 어울리기 때문이다. 그러므로 색채나 또는 다른 수단을 사용하여 그들을 평온하게 해주려고 한다면 그들은 그런 것들로 인해 억눌림을 당할 뿐이어서 결국은 폭발점에 이르고 말 것이다.

5. 한편 내향적으로 통합된 사람들은 대체로 좀 더 마음을 안정시키는 색으로 이루어진 환경을 좋아하며 또 그러한 환경은 그들에게 그들이 선천적으로 좋아하는 평온감을 준다. 성정이 조용한 사람들은 빨간 옷을 입거나 빨간 넥타이를 매고서도 절대로 통상적인 방식에 따라 반응하지는 않는다. 오히려 그와는 반대로 그들은 그런 대담한 색으로 인해 더욱 더 부끄러워하고 당황해 할 수도 있다. 그러나 정신착란 증세가 있는 사람들에게는 정상인의 경우와 정반대되는 정책이 필요할지도 모른다. 따라서 피 같은 빨간색을 몹시 갈망하는 사람—그 때문에 곤란한 일이 생길 수도 있는—에게는 그의 기질을 상쇄하기 위해 파란색을 써야 한다. 반면에 우울한 기질의 사람—우울한 것에만 마음을 쓰는—에게는 정신적으로 또 생리적으로 자극을 주기 위해 빨간색을 써야 한다.

색채의 연구는 지금도 계속해서 이루어지고 있으며 앞으로도 끝없이 연구되어질 것이다. 그리고 그에 따라 순전히 물리적이고 생리적인 현상들이 정신적이고 정서적인 현상들과 결합될 수만 있다면 인류의 미래는 틀림없이 밝아질 수 있을 것이다.

Bibliography

Altogether, several hundred volumes, articles, and reports have been examined in the writing of this book over the past several years. In many instances, however, too little has been gleaned from them to warrant inclusion in this bibliography. The items listed below are the ones that have been most profitably consulted. Thus they hold major significance and constitute a rich source of reference on the therapeutic and psychological aspects of color.

Abbott, Arthur G. : *The Color of Life*, McGraw–Hill Book Company, Inc., New York, 1947.

Allen, Frank, and Manuel Schwartz : The Effect of Stimulation of the Senses of Vision, Hearing, Taste, and Smell Upon the Sensibility of the Organs of Vision, *Journal of General Physiology*, September 20, 1940.

Babbitt, Edwin D. : *The Principles of Light and Color*, published by the author, East Orange, N.J., 1896.

Bagnall, Oscar : *The Origin and Properties of the Human Aura*, E. P. Dutton & Co., Inc., New York, 1937.

Bartley, S. Howard : "Visual Sensation and Its Dependence on the Neuro–physiology of the Optic Pathway." See Klüver, *Visual*

Mechanisms.

Birren, Faber : Color and Psychotherapy, *Modern Hospital*, August–September, 1946.

Birren, Faber : *Functional Color*, Crimson Press, New York, 1937.

Birren, Faber : The Ophthalmic Aspects of Illumination, Brightness and Color, *Transactions of the American Academy of Ophthalmology and Otolaryngology*, May–June, 1948.

Birren, Faber : The Specification of Illumination and Color in Industry, *Transactions of the American Academy of Ophthalmology and Otolaryngology*, January–February, 1947.

Birren, Faber : *The Story of Color*, Crimson Press, Westport, Conn., 1941.

Bissonnette, T. H. : Experimental Modification of Breeding Cycles in Goats, *Physiological Zoology*, July, 1941.

Bissonnette, T. H., and A. G. Csech : Modified Sexual Photoperiodicity in Cottontail Rabbits, *Biological Bulletin*, December, 1939.

Bissonnette, T. H., and A. P. R Wadlund : Spermatogenesis in Sturnus Vulgaris : Refractory Period and Acceleration in Relation to Wave Length and Rate of Increase of Light Ration, *Journal of Morphology and Physiology*, December, 1931.

Blum, Harold Francis : *Photodynamic Action and Diseases Caused by Light*, Reinhold Publishing Corporation, New York, 1941.

Boring, Edwin G. : *Sensation and Perception in the History of Experimental Psychology*, Appleton–Century–Crofts, Inc., New York, 1942.

Bragg, Sir William : *The Universe of Light*, The Macmillan Company, New York, 1934.

Brombach, T. A. : *Visual Fields*, Distinguished Service Foundation of Optometry, Fall River, Mass., 1936.

Bucke, Richard Maurice : *Cosmic Consciousness*, University Books, Inc., New Hyde Park, N. Y., 1961.

Budge, E. A. Wallis : *Amulets and Talismans*, University Books, Inc., New Hyde Park, N. Y., 1961.

Celsus on Medicine, C. Cox, London, 1831.

Detwiler, Samuel R. : *Vertebrate Photoreceptors*, The Macmillan Company, New York, 1943.

Deutsch, Felix : Psycho–Physical Reactions of the Vascular System to Influence of Light and to Impression Gained Through Light, *Folia Clinica Orientalia*, Vol. I, Fasc. 3 and 4, 1937.

Duggar, Benjamin M. (Editor) : *Biological Effects of Radiation*, McGraw–Hill Book Company, Inc., New York, 1936.

Eaves, A. Osborne : *The Colour Cure*, Philip Wellby, London, 1901.

Ellinger, Friedrich : *The Biologic Fundamentals of Radiation Therapy*, Elsevier Publishing Co., Inc., New York, 1941.

Emery, Marguerite : Color Therapy, *Occupational Therapy and Rehabilitation*, February, 1942.

Evans, Ralph M. : *An Introduction to Color*, John Wiley & Sons, Inc., New York, 1948.

Eysenck, H. J. : A Critical and Experimental Study of Colour Preferences, *American Journal of Psychology*, July, 1941.

Farnsworth, Dean : "Investigation on Corrective Training of color Blindness," Publication 472, National Society for the Prevention of Blindness, New York, 1947.

Fergusson, James : *A History of Architecture in All Countries*, John Murray, London, 1893.

Ferree, C. E., and Gerturde Rand : Lighting and the Hygiene of the Eye, *Archives of Ophthalmology*, July, 1929.

Ferree, C. E., and Gertrude Rand : Lighting in Its Relation to the Eye, *Proceedings of the American Philosophical Society*, Vol.

LVII, No. 5, 1918.

Frazer, J. G. : *The Golden Bough*, Macmillan & Company, Ltd., London, 1911.

Galton, Francis : *Inquiries into Human Faculty*, Macmillan & Company, Ltd., London, 1883.

Gellhorn, E. : "Anoxia in Relation to the Visual System." See Klüver, *Visual Mechanisms*.

Goethe's Theory of Colours, translated by Charles Eastlake, John Murray, London, 1840.

Goldstein, Kurt : *The Organism*, American Book Company, New York, 1939.

Goldstein, Kurt : Some Experimental Observations Concerning the Influence of Color on the Function of the Organism, *Occupational Therapy and Rehabilitation*, June, 1942.

Gruner, O. Cameron : *A Treatise on the Canon of Medicine of Avicenna*, Luzac & Co., London, 1930.

Guilford, J. P. : The Affective Value of Color as a Function of Hue, Tint, and Chroma, *Journal of Experimental Psychology*, June, 1934.

Guilford, J. P. : A Study in Psychodynamics, *Psychometrika*, March, 1939.

Haggard, Howard W. : *Devils, Drugs and Doctors*, Harper & Brothers, New York, 1929.

Hall, Manly P. : *An Encyclopedic Outline of Masonic, Hermetic, Qabbalistic and Rosicrucian Symbolical Philosophy*, H. S. Crocker Co., San Francisco, 1928.

Hall, Percy : *Ultra-Violet Rays in the Treatment and Cure of Disease*, The C. V. Mosby Company, Medical Publishers, St. Louis, 1928.

Hardy, LeGrand H., and Gertrude Rand : Elementary Illumination for the Ophthalmologist, *Archives of Ophthalmology*, January, 1945.

Harmon, D. B. : Lighting and Child Development, *Illuminating Engineering*, April, 1945.

Harmon, D. B. : Lighting and the Eye, *Illuminating Engineering*, September, 1944.

Hartmann, Franz : *Magic, White and Black*, Metaphysical Publishing Co., New York, 1890.

Hecht, Selig, and Yun Hsia : Dark Adaptation Following Light Adaptation to Red and White Lights, *Journal of the Optical Society of America*, April, 1945. ·

Helson, Harry : Fundamental Problems in Color Vision. I. The Principle Governing Changes in Hue, Saturation, and Lightness of Non–Selective Samples in Chromatic Illumination, *Journal of Experimental Psychology*, November, 1938.

Helson, Harry : Fundamental Problems in Color Vision. II. Hue, Lightness, and Saturation of Selective Samples in Chromatic Illumination, *Journal of Experimental Psychology*, January, 1940.

Hessey, J. Dodson : *Colour in the Treatment of Disease*, Rider & Co., London.

Hill, Justina : *Germs and Man*, G. P. Putnam's Sons, New York, 1940.

Howat, R. Douglas : *Elements of Chromotherapy*, Actinic Press, London, 1938.

"Influence of Lighting, Eyesight, and Environment Upon Work Production,"Report of a two–year study made jointly by the Public Buildings Administration and U. S. Public Health Service, Washington, 1947.

Iredell, C. E. : *Colour and Cancer*, H. K. Lewis & Co., London, 1930.

Jaensch, E. R. : *Eidetic Imagery*, Kegan Paul, Trench, Trubner & Co., London, 1930.

Jayne, Walter Addison : *The Healing Gods of Ancient*

Civilizations, Yale University Press, New Haven, 1925.

Jeans, Sir James : *The Mysterious Universe*, The Macmillan Company, New York, 1932.

Johnston, Earl S. : *Sun Rays and Plant Life*, 1936 Report of Smithsonian Institution.

Judd, Deane B. : Color Vision, *Medical Physics*, Year Book Publishers, Inc., Chicago, 1944.

Judd, Deane B. : Facts of Color–Blindness, *Journal of the Optical Society of America*, June, 1943.

Judd, Deane B. : "Hue, Saturation, and Lightness of Surface Colors with Chromatic Illumination," Research Paper RP 1285, National Bureau of Standards, 1940.

Kandinsky, Wassily : *The Art of Spiritual Harmony*, Houghton Mifflin Company, Boston, 1914.

Karwoski, Theodore F., and Henry S. Odbert : *Color–Music*, *Psychological Monographs*, Vol. 50, No. 2, 1938, Ohio State University, Columbus.

Katz, David : *The World of Colour*, Kegan Paul, Trench, Trubner & Co., London, 1935.

Kilner, Walter J. : *The Human Atmosphere*, Rebman Co., New York, 1911.

Klüver, Heinrich (Editor) : *Visual Mechanisms*, Cattell and Company, Incorporated, Lancaster, Pa., 1942.

Kovacs, Richard : *Electrotherapy and Light Therapy*, Lea & Febiger, Philadelphia, 1935.

Krause, A. G. : "The Photochemistry of Visual Purple." See Klüver, *Visual Mechanisms*.

Kravkov, S. V. : Color Vision and Autonomic Nervous System, *Journal of the Optical Society of America*, June, 1942.

Kravkov, S. V., and L. P. Galochkina : Effect of a Constant Current on Vision, *Journal of the Optical Society of America*, March, 1947.

Kuhn, Hedwig S. : *Industrial Ophthalmology*, The C. V. Mosby Company, Medical Publishers, St. Louis, 1944.

Leadbeater, C. W. : *The Astral Plane*, Theosophical Publishing Society, London, 1905.

Leadbeater, C. W. : *Man Visible and Invisible*, Theosophical Publishing Society, London, 1920.

Levi, Eliphas : *The History of Magic*, William Rider & Son, London, 1922.

Logan, H. L. : The Anatomy of Visual Efficiency, *Illuminating Engineering, December*, 1941.

Logan, H. L. : Light for Living, *Illuminating Engineering*, March, 1947.

Luckiesh, M. : Brightness Engineering, *Illuminating Engineering*, February, 1944.

Luckiesh, M. : *Light, Vision and Seeing*, D. Van Nostrand Company, Inc., New York, 1944.

Luckiesh, M. : *The Science of Seeing*, D. Van Nostrand Company, Inc., New York, 1937.

Luckiesh, M., and A. H. Taylor : A Summary of Researches in Seeing at Low Brightness Levels, *Illuminating Engineering*, April, 1943.

Lutz, Frank E. : Invisible Colors of Flowers and Butterflies, *Natural History*, November–December, 1933.

Maier, N. R. F., and T. C. Schneirla : *Principles of Animal Psychology*, McGraw–Hill Book Company, Inc., New York, 1935.

Menju, Kotaro : Effect of the Visible Light upon the Secretion of Milk, *Japanese Journal of Obstetrics and Gynecology*, June, 1940.

Mosse, Eric P. : Color Therapy, *Occupational Therapy and Rehabllitation*, February, 1942.

Ostwald, Wilhelm : *Colour Science*, Winor & Newton Limited,

London, 1931.

Panchadasi, Swami : *The Human Aura*, Yoga Publication Society, Chicago, 1915.

Pancoast, S. : *Blue and Red Light*, J. M. Stoddart & Co., Philadelphia, 1877.

Papyrus Ebers, translated by W. Bryan, Geoffrey Bles, Ltd., London, 1930.

Pleasanton, A. J. : *Blue and Sun-Lights*, Claxton, Remsen & Haffelfinger, Philadelphia, 1876.

Podolsky, Edward : *The Doctor Prescribes Colors*, National Library Press, New York, 1938.

Polyak, S. L. : *The Retina*, University of Chicago Press, Chicago, 1941.

Porter, L. C., and G. F. Prideaux : War on Insect Invaders, *Magazine of Light*, April 25, 1942.

Prescott, Blake Daniels : The Psychological Analysis of Light and Color, *Occupational Therapy and Rehabilitation*, June, 1942.

Pressey, Sidney L. : The Influence of Color upon Mental and Motor Efficiency, *American Journal of Psychology*, July, 1921.

Read, John : *Prelude to Chemistry*, The Macmillan Company, New York, 1937.

Redgrove, H. Stanley : *Alchemy* : *Ancient and Modern*, William Rider & Son, London, 1922.

Reeder, J. E., Jr. : The Psychogenic Color Field, American Journal of Ophthalmology, April, 1944.

Rickers-Ovsiankina, Maria : "Some Theoretical Considerations Regarding the Rorschach Method," Rorschach Research Exchange, April, 1943.

Rubin, Herbert E., and Elias Katz : Auroratone Films for the Treatment of Psychotic Depressions on an Army General Hospital, *Journal of Clinical Psychology*, October, 1946.

Sander, C. G. : *Colour in Health and Disease*, C. W. Daniel Co.,

London, 1926.

Simonson, Ernst, and Josef Brozek : Effects of Illumination Level on Visual Performance and Fatigue, *Journal of the Optical Society of America*, April, 1948.

Singer, Charles : *From Magic to Medicine*, Ernest Benn, Ltd., London, 1928.

Sloan, Raymond P. : *Hospital Color and Decoration*, Physicians' Record Co., Chicago, 1944.

Solandt, D. Y., and C. H. Best : Night Vision, *Canadian Medical Association Journal*, July, 1943.

Southall, James P. C. : *Introduction to Physiological Optics*, Oxford University Press, New York, 1937.

Tassman, I. S. : *The Eye Manifestations of Internal Diseases*, The C. V. Mosby Company, Medical Publishers, St. Louis 1946.

Thomson, J. Arthur : *The Outline of Science*, G. P. Putnam's Sons, New York, 1937.

Townsend, Charles Haskins : *Records of Changes in Color Among Fishes*, New York Zoological Society, New York, 1930.

Vollmer, Herman : Studies in Biological Effect of Colored Light, *Archives of Physical Therapy*, April, 1938.

Waite, Arthur Edward : *The Book of Ceremonial Magic*, University Books, Inc., New Hyde Park, N. Y., 1961.

Waite, Arthur Edward : *The Hermetic and Alchemical Writings of Paracelsus*, James Elliot & Co., London, 1894.

Waite, Arthur Edward : *The Occult Sciences*, E. P. Dutton & Co., Inc., New York, 1923.

Waite, Arthur Edward : *The Secret Tradition in Alchemy*, Kegan Paul, Trench, Trubner & Co., London, 1926.

Wald, George : "Visual System and the Vitamins A." See Klüver, *Visual Mechanisms*.

Walls, G. L. : The Basis of Night Vision, *Illuminating Engineering, February*, 1944.

Walls, G. L. : *The Vertebrate Eye*, Cranbrook Press, Blomfield Hills, Mich., 1942.

Walls, G. L. : "The Visual Cells and Their History." See Klüver, *Visual Mechanisms*.

Werner, Heinz : *Comparative Psychology of Mental Development*, Follett Publishing Company, Chicago, 1948.

White, George Starr : *The Story of the Human Aura*, published by the author, Los Angeles, 1928.

Williams, C. A. S. : *Outlines of Chinese Symbolism*, Customs College Press, Peiping, China, 1931.

Wolfram, E. : *The Occult Causes of Disease*, Rider & Co., London, 1930.

Woolley, C. Leonard : *Ur of the Chaldees*, Charles Scribner's Sons, New York, 1930.

Wright, W. D. : *The Measurement of Colour*, Adam Hilger, Ltd., London, 1944.

Wright, W. D. : *Researches on Normal and Defective Colour Vision*, The C. V. Mosby Company, Medical Publishers, St. Louis, 1947.

Yogo, Eizo : The Effect of the Visible Light upon the Vegetative Nervous System, *Japanese Journal of Obstetrics and Gynecology*, June, 1940.

Additional Bibliography
FOR REVISED EDITION

Birren, Faber : *Selling Color to People*, University Books, Inc., New Hyde Park, N. Y., 1956.

Budge, E. A. Wallis : *The Book of the Dead*, University Books, Inc., New Hyde Park, N. Y., 1960.

Budge, E. A. Wallis : *Osiris* : The Egyptian Religion of Resurrection, University Books, Inc., New Hyde Park, N.

Y., 1961.

Deck of 78 *Tarot Cards*, in four colors, University Books, Inc., New Hyde Park, N. Y., 1960.

Gerard, Robert : *Differential Effects of Colored Lights on Psychophysiological Functions*, Doctoral dissertation on file with librarian, U. of Calif., Los Angeles, 1957.

Gerard, Robert : Color and Emotional Arousal, *American Psychologist,* July, 1958.

Grillot de Givry Emile : *A Pictorial Anthology of Witchcraft, Magic and Alchemy*, University Books, Inc., New Hyde Park, N. Y., 1958.

Kelner, A. : Revival by Light, *Scientific American*, May, 1951.

Mead, G. R. S. : *Fragments of a Faith Forgotten*, University Books, Inc., New Hyde Park, N. Y., 1960.

Ott, John : *My Ivory Cellar*, Twentieth Century Press, Chicago 1958.

Rieck, A. F., and Carlson, S. D. : Photorecovery from the Effects of Ultraviolet Radiation in the Albino Mouse, *J. Cell & Comparative Physiology*, 46, 1955.

Tyrrell, G. N. M. : *Science and Psychical Phenomena and Apparitions*, University Books, Inc., New Hyde Park, N. Y., 1961.

Van Buskirk, G., et al : The Effect of Different Modalities of Light on the Activation of the EEG, EEG *Clin, Neurophysiology*, 4, 1952.

Waite, Arthur Edward : *The Holy Kabbalah,* University Books, Inc., New Hyde Park, N. Y., 1960.

Waite, Arthur Edward : *The Pictorial Key to the Tarot*, University Books, Inc., New Hyde Park, N. Y., 1960.

옮긴이
김화중(金化中)
서울대학교 문리대 심리학과 졸업
서울대학교 대학원 심리학과 졸업(문학 석사)
서울대학교 문리대, 서울대학교 경영대학원, 동국대학교, 숭전대학교 출강
경기대학교 심리학 교수 역임

색채심리

지은이 **파버·비렌** ｜ 옮긴이 **김화중**
펴낸이 **윤청광** ｜ 펴낸곳 **동국출판사**

초판 1쇄 발행 **1993년 2월 1일**
중판 1쇄 발행 **2003년 1월 20일** ｜ 중판 11쇄 발행 **2022년 5월 30일**

주소 **04144 서울특별시 마포구 마포대로 127 풍림빌딩 1321호** ｜ 전화 **02-715-6544**
등록번호 **1980년 2월 25일 제1-108호**

ISBN **978-89-7031-017-6 03180**

Printed in Korea.
※ 책값은 겉표지에 표시되어 있습니다.

영업대행 **한울엠플러스(주)**
　　　　　주소: 10881 경기도 파주시 광인사길 153 한울시소빌딩 3층
　　　　　전화: 031-955-0655 ｜ 팩스: 031-955-0656
공급처 **한국출판협동조합**
　　　　　주소: 04091 서울시 마포구 토정로222(서울사무소)
　　　　　　　　10802 경기도 파주시 적성면 적성산단3로 10(파주사무소)
　　　　　전화: 02-716-5616 ｜ 팩스: 02-716-2999